U0564438

珍藏版

老照片

叁拾壹

主编 冯克力

山东画报出版社

济南

图书在版编目（CIP）数据

老照片：珍藏版. 叁拾壹/冯克力主编. —济南：
山东画报出版社，2023.8
　ISBN 978-7-5474-4195-4

　Ⅰ.①老… Ⅱ.①冯… Ⅲ.①世界史 - 史料 ②中国
历史 - 现代史 - 史料 Ⅳ.①K106 ②K260.6

　中国国家版本馆CIP数据核字(2023)第060272号

LAO ZHAOPIAN：ZHENCANG BAN SANSHIYI

老照片：珍藏版. 叁拾壹
冯克力　主编

责任编辑　赵祥斌
装帧设计　王　芳

主管单位　山东出版传媒股份有限公司
出版发行　山东画报出版社
　　社　　址　济南市市中区舜耕路517号　邮编 250003
　　电　　话　总编室（0531）82098472
　　　　　　　市场部（0531）82098479
　　网　　址　http://www.hbcbs.com.cn
　　电子信箱　hbcb@sdpress.com.cn
印　　刷　山东临沂新华印刷物流集团有限责任公司
规　　格　140毫米×203毫米　32开
　　　　　　　24印张　517幅图　480千字
版　　次　2023年8月第1版
印　　次　2023年8月第1次印刷
书　　号　ISBN 978-7-5474-4195-4
定　　价　100.00元

如有印装质量问题，请与出版社总编室联系更换。

老照片

OLD PHOTOS

定格历史 收藏记忆

主编 冯克力

美在其中——民国摄影师嘉华露其人其作 王一飞

马海德与马家窑院 毕醒世

母亲的泪眼 祝 杰

德国人拍摄的胶济铁路 周 车

1937年：北平学生清明大旅行 王端阳

山东画报出版社

民国时期的上海嘉定魁星阁

　　"魁星阁"原作"魁星亭"，建始无考。1827年，重修孔庙时，改建魁星亭为魁星阁，为上下两层。经数次修建，至1928年，孔庙与其汇龙潭景区被辟为奎山公园，魁星阁为园内景点。嘉华露摄。（参阅本辑《美在其中——民国摄影师嘉华露其人其作》）

OLD PHOTOS

老照片

主编 冯克力

山东画报出版社

图书在版编目（CIP）数据

老照片.第135辑／冯克力主编. —济南：山东画报出版社，2021.2
ISBN 978-7-5474-3850-3

Ⅰ.①老… Ⅱ.①冯… Ⅲ.①世界史—史料 ②中国历史—现代史—史
料 Ⅳ.①K106 ②K260.6

中国版本图书馆CIP数据核字（2021）第045460号

老照片.第135辑
冯克力主编

责任编辑 赵祥斌
特邀编辑 张 杰 丁 东 邵 建
装帧设计 王 芳
特邀审校 王者玉 赵健杰

出 版 人 李文波
主管单位 山东出版传媒股份有限公司
出版发行 山东画报出版社
　　　　　社　　　址 济南市市中区英雄山路189号B座 邮编 250002
　　　　　电　　　话 总编室（0531）82098472
　　　　　　　　　　 市场部（0531）82098479 82098476（传真）
　　　　　网　　　址 http：//www.hbcbs.com.cn
　　　　　电子信箱 hbcb@sdpress.com.cn
印　　　刷 山东临沂新华印刷物流集团有限责任公司
规　　　格 140毫米×203毫米 1/32
　　　　　　　6印张 132幅照片 120千字
版　　　次 2021年2月第1版
印　　　次 2021年2月第1次印刷
书　　　号 ISBN 978-7-5474-3850-3
定　　　价 25.00元

目 录

我的少年时光

何康 口述　何达 何迪 整理

　　"远游良多艰，壮心未能已"是父亲何遂十五岁时写的一首诗中的结尾两句。六十年后，他重抄此诗时，加了一段注："此于1903年，由蜀返闽，舟过瞿塘所作。今已历六十年矣，以生平遭际一何近似乃尔。"回望一生，用父亲这首诗描述我的少年时光也是很恰当的。

一、父亲何遂

　　尽管父亲是福建人，但与北方，特别是河北结下了不解之缘。1907年，他十九岁时以第一名的成绩考入了保定陆军随营军官学堂（后改为陆军大学）第二期，与来自直隶高阳的孙岳同班，并与他成为挚友，孙岳后来成为我大哥的干爹。就在这一年，父亲在孙岳家加入了中国同盟会。辛亥革命时，父亲作为北方革命党人、北洋第六镇统制吴禄贞的亲信参谋参加了起义，在石家庄截断了清廷南下的军火列车，有力地配合了武昌起义军的行动。1915年，应北洋政府黎元洪的邀请，他回到北京，任陆军大学教官，后被派往欧洲观战二十个月。1922年4月，

图1 我满月时的照片。右为大哥何旭，左为二哥何鹏。

直奉战争爆发，父亲作为十五混成旅旅长兼冀南镇守使（俗称大名镇守使，辖42个县）孙岳的参谋长，又回到了河北，驻守邯郸。1923年2月23日（农历正月初八），我在大名降生了。在我满月的照片上，父亲写道："小三以正月八日生，方面大耳巨头，目光耿然有神，啼声极大。命者云是富贵寿考相。年十八即当发轫，为社会英终其身，无塞运也。"看来，父亲对我的出生与未来寄托了很大希望。

母亲只管生孩子，自己不带，将我交给了从保定来的奶妈高爱带着。而父亲是个待不住的人，在我尚不记事的幼儿时他四处奔走，干了几件大事情。头一件是参与策划了1924年的北京政变，驱逐了贿选上台的总统曹锟，将小皇帝溥仪赶出了紫禁城，迎接了孙中山北上；第二件是当了一年北洋政府的航空署署长，开辟了西北的航线；第三件是受了蒋介石的委托，说服直系军阀靳云鹗等反水，配合了北伐，深得蒋介石的赞誉。

黄埔军校随北伐进展，一部先迁武汉，后去南京，在广州的校本部急需一位代行蒋介石校长、李济深副校长领导责任的

图2 时任北洋政府航空署署长的父亲（左一），在开辟西北航线的飞机前和同事留影。

3

代校务（即代理校长）。蒋介石在几位候选人中选派了父亲，于是1928年春天，我随父母来到了广州。我已经五岁，开始有了较清晰的记忆。那时家住广州长堤，父亲每天早上乘专用的小火轮到长岛上班，副官苏鸿恩总是跟着，另外还有警卫。我还没有上学，父亲喜欢带我去上班。记得一上码头不远就是学校大门，往左走是一幢有宽宽走廊的二层小楼，就是父亲办公的地方；进大门往右走，就是礼堂，父亲常常在礼堂里讲话。此时我在宽敞的校园里玩，礼堂对面的小山上有座亭子，是我常去的地方。父亲穿军装，有时也穿便服，我最熟悉的教官是黄谦，父亲称他菊生，福建人，黄家的孩子黄夏、黄宋，和我们弟兄都很熟，父亲总是把我托付给他。最严肃的是教育长李扬敬。所有的人包括汽艇上的水手都喜欢我，水手还满足了我

图3　母亲陈坤立（左一）、父亲何遂（左二）带着五岁的我在黄埔军校，牵着我的手的是黄谦。

提出的驾驶汽艇的要求。

这期间给我留下印象最深的事情是，父亲在办公室用脸盆盛墨，把白纸铺在地板上，用扫帚写下七个大字："和平奋斗救中国。"父亲很兴奋，先教我认字，又对我说：孙总理弥留之际还念叨这七个字，这是他最后的遗言！这七个大字按原样，刻在了父亲主持兴建的孙总理纪念碑的东侧，也深深地刻在了我的头脑里。父亲还主持兴建了军校师生北伐阵亡烈士纪念碑、东征阵亡烈士纪念坊，坊中两米多高的碑文是他用颜体楷书书丹的。这些，至今仍为广州黄埔军校旧址中的盛景。

二、小学生活

大约在 1929 年秋天，父亲辞职不干了。我随父母先到上海接祖母（祖母本住在上海四叔何缵家里），然后回到北平住西城察院胡同 29 号老宅。我进入东铁匠胡同女师大附属小学开始上学。大哥、二哥仍在汇文中学读书。

家很大，前院南房是个大厅堂，前面有很高大的假山石，父亲在假山顶修了一个"慈恩塔"，供着祖母的青丝（头发），后院内宅房子很多。舅父陈裕时住在我家，他是清末湖北革命团体中最年长的同志，因为辛亥时期极力主张向袁世凯妥协，逼孙中山把临时大总统位子让给袁，引起众多党员（国民党员）的不满，袁称帝，他游说湖南汤芗铭、四川陈宧通电反袁。此后他对政治失去兴趣，当了居士。九一八事变后，他号召佛教徒抗日，当时是北平佛教协会的会长。他爱喝酒，经常在家里会见老朋友，还曾请过九世班禅到家住、开讲堂。父亲不管儿女，整天忙着考古，母亲忙着打牌，家中事均由祖母发号施令。

为逃避祖母的监管，大哥、二哥经常住在湖北宜昌会馆。

　　1931年，父母带我和妹妹先坐火车到郑州，转陇海线的专列，经三门峡、潼关至西安。我见一位全副武装的军官向迎上去的父亲行了一个军礼，叫了一声："老师！"后来才知道他就是杨虎城。我们被安排住在菊花园，一个四合院，杨虎城的家也住在菊花园，但他每天都坐车到西安新城去办公。杨夫人谢葆真（原名宝珍）漂亮而和蔼，杨的一个儿子杨拯民和我同班（小学三年级），每天有汽车送我们到学校上学。

　　父亲看上去公事不多，杨对他很好，有事情总是派车来接去新城，不是开会就是应酬吃饭。平常跟着父亲的有三个人：一个叫叶逎奇，教父亲画国画；一个叫贾班侯，帮父亲练字；

图4　黄埔军校苏制飞机前留影。右三为母亲，后面军人抱着的是我。

图5 父亲在黄埔军校和同事一起规划作战时的
情形。

另一个叫高尚穆，原本是卖古董的，专门陪父亲找古董，搞考古。

父亲的主要精力都放在画画、考古和旅游上，父亲多次带我登上西安古城，踏访"咸阳古道"，游乾陵、华清池，还去了一次终南山。父亲的游兴很浓，专门去寻找王宝钏等候薛平贵的寒窑，发现传说中的那地方立着一个旗杆，旗杆上挂着一个斗——木头制的圆东西；又专门去寻找项羽给刘邦设鸿门宴的地方，帐外也有斗。父亲还带我去了渭河边的一片古战场，暮色苍茫，驼铃阵阵，荒草漫漫，父亲让我在地上寻找箭镞。我居然真的找到了一个，青铜的，锈迹斑斑，我幼小的心中突然感到一抹苍凉。父亲的记忆力非常之好，不但古诗词，就是《左传》《战国策》等，也能成篇地背下来，他并不把我当孩子，而是满怀激情、滔滔不绝地讲着他的感受、他的见解，抒发他的感情。身处"大漠孤烟直，长河落日圆"的环境里，听着父亲激情的讲述，我常常感到内心里像种子遇到喜雨般，生发出对祖国广袤大地和悠久历史的热爱。

九一八事变打乱了我们全家人生活的节奏。大哥从沈阳逃回来，讲述了他在九一八事变中的经历，他像换了一个人，发疯一般投身学生抗日活动，他是我们弟兄的"领头羊"，二哥总是紧跟他走，我则跟着两个哥哥走。

他们多次带我去参加抗日集会，其中有叫"飞行集会"的，就是在热闹的大街上突然集会演讲、唱歌，警察一来，就一哄而散。大哥和二哥一人拉住我一只手，跑的时候，我感到真的是足不沾地。大哥、二哥经常在宜昌会馆里刻蜡版，印传单，有时塞给我一沓，让我到学校去散发。我就起个大早，到学校时教室里连一个人都没有，我就把传单一张张放进空着的课桌里。我学会了不少抗日歌曲、进步歌曲，我最爱唱的是《少年先锋队歌》，每天一觉醒来我就高唱："走上前去啊！曙光在前……"我最喜欢的一句是："通红的炉火烤干净了我们的血汗！"记得约在1932年春节前后，父亲带着大哥到前线去慰问东北义勇军了。傍晚时分，家里突然闯入多名黑衣大汉，黑色的长衫、黑色的帽子，有的拿短枪，有的扛长枪。他们不由分说，把全家老小都赶到后院厨房旁边的一间储藏室里，说是要"借

图6　父亲带我参加黄埔军校集会。

盘缠"。妈妈怀抱达弟护住祖母，很平静地说："你们要钱财，家里的东西随便拿，但不能伤人，伤了人你们一个也跑不了！"

　　大哥不在，二哥是年龄最大的，他想借敬烟去夺看守的枪，又想溜出去报警，都被母亲制止了。天黑下来，直到躲在外面的花把式（花匠）进来，才知道强人已经走了。母亲清点财物，发现只少了父亲在欧洲观战期间英国人发给他的一枚勋章，还有一只苏联代表团赠送给他的水晶盘子，我记得盘子里有一片绿叶，叶上有一只昆虫，工艺很细的。还有几件并不值钱的东西，显然这不是劫财。父亲接到电报回来，愤愤地说，这不是抢劫，

图 7 全家与祖母孙弄琴在慈恩塔前合影。祖母膝前为妹妹何嘉。

是恐吓！后来透露出，来抢的人中有北平行营卫队中的人。从此家里多了几名保镖，走江湖的，会打拳，常在院子里一展拳脚。

1933年热河失陷，父亲已决定南迁，先让我去南京住在黄谦家里，由北平汇文小学转入南京白下路小学四年级，与黄宋同班，走读。那一年的暑假，全家人到庐山避暑。庐山有个"庐林书院"，是宋代朱熹的读书处，有几个学者在那里办学，既读四书五经，也读现代文，是寄宿制的，要求很严。父亲把我一个人放在了庐林书院，一个月后，全家人都走了。我无人管，一个人在那里天天读古文，"子曰：学而时习之，不亦说乎"，心里很是悲伤。那时祖母已随四叔住在上海，祖母喜欢跟四叔住，因为四叔会讨她的欢心。我直接给祖母写了一封信，讲自己在这里很孤单很苦，最后画了一个小人，跪在祖母面前。两三天后，我在溪水边洗完脸，回到教室正大念"子曰"，电报就来了，说父亲接到电报："祖母病重，望康儿归。"于是我到了上海祖母身边。

三、马尾海军学校

此时，大哥和二哥都在上海。大哥考入了南京中央陆军军官学校第十期，二哥进入吴淞中学读书，我考入上海南洋模范小学。从1933年暑假至1935年初，我都在南洋模范小学读书，该校很严格，一律住校，每四个星期回家一天，学生不许在校吃零食，家里送来的东西一律放在训导处，每天下午四点，一个学生发四块饼干。学习方面，要求非常严格，五年级上学期，开始念英文。1935年上学期，我考入了南京金陵中学初中一年级，这时全家已迁至普陀路四号。我上学不久，突然发烧，是

肺病，于是休学。从 3 月到暑假，我到杭州莫干山四叔的别墅
里养病。四叔很有钱，不但在上海、杭州有房子，在莫干山也
有两幢别墅，姑姑、祖母都住在四叔家。此时，海军部要办所
模仿英国朴次茅斯海军学校的福建马尾海军学校，从多省招收
学生。海军部部长是陈绍宽，福建人，当年与父亲同去欧洲观
战的海军上校，参加过英国和德国的海战。父亲从他那里获得
消息时，福建的名额已经满了，我就用湖北（舅爹所在地）的
名额、以贡噶活佛保送的名义参考。一共只收一百名学生，每
个省两个名额，五十名学航海、五十名学轮机。考场就设在海
军部里，考试由陈绍宽亲自主持，我有点近视，在测视力时，
陈绍宽把我推前了几步，最后我考入了轮机班。学制八年，完
全是英国式的，航海班念五年书，上舰实习三年；轮机班念六

图 8　父亲（右二）访鸿门宴旧址。

年半书，上舰实习一年半。考进去的学生军衔是上士，实习时是少尉，毕业时是中尉。毕业考前十名送英国朴次茅斯海军学校深造。学校的地址就在福州马尾港，校名是"海军部海军军官学校"。我考取了轮机班，在家里一下子成了小英雄。按规定满十四岁才能参考，二十二岁毕业，当时我十三岁多一点，差一点。

记得是1936年6月出发，我剃了一个小光头，发了两套制服、衬衣、皮鞋、袜子、白色的包。两套制服中，一套属礼服，在检阅或举行重要活动时穿，另一套较差，平时穿，帽子是黑呢子的，帽檐外面有一道白色的箍。陈绍宽非常注重仪表，每一个铜扣子都要擦得锃亮。父母亲自送我去报到，几日后，我乘坐"通济"舰赴福州马尾港。"通济"舰是一艘练习舰，排水量一千九百吨，有高高的桅杆，动力为柴油机，时速十五海里。

我们住的船舱在甲板下，双层床，一个人发一个铁罐子放东西，四个人一间屋。早点名，晚点名，吃得也比较好。五十个人为一队，学生中有队长和副队长，教官是个上尉，姓蒋。刚开始在长江里航行，顺江而下，船行比较平稳。出了吴淞口，驶入大海，船便大摇起来，所有的学生都吐得不亦乐乎，我还算好的。走了三天，过舟山，到了马尾。马尾是个军港，学校就在军港的旁边，大门前有一棵大榕树，进门摆着一尊钢炮，一条长廊，房子是二层楼房，品字形，四方的院落。楼上住宿，楼下为教室。

校长是一名海军少将，姓李，训导主任叫周宪章，是个上校，是英国朴次茅斯海军学校毕业的。教官均为中校或少校，还有四名英国籍教官。学习和生活纪律都抓得很严，除了语文念古文、修身课念四书五经，几何、代数之类的数学课也要学，包括实验课都讲英文，授课的也多为英国教官。1936 年 8 月末，学生到齐，分为一个个队，分别叫"成功队""则徐队""宗棠队""继光队"等。学习抓得很严，每学年考两次。一般上午是文化课，下午游泳。刚开始在大游泳池游，而后乘运输舰到近海，在海里游。一年级五百米及格，每多游五百米，奖励大洋一元，游泳不及格便除名。每个星期天的上午整理内务，下午放假，可到马尾市里去吃一点米粉。一出校门就要换上礼服，每个铜扣子都要擦洗锃亮，皮鞋也要擦得锃亮。

四、向往延安

这期间，我在上海南洋模范小学读书时的一位姓张的同学，家里是资本家，他寄了很多书报给我，我的大哥、二哥也不断寄一些报刊给我，所以我成了同学中消息最灵通的人。

1937 年七七事变爆发，二哥寄来大量报刊，同学们得知消息，群情激愤，纷纷要求走出校门游行，表示支援抗战。校长对大家说："这只是局部战争，相信上峰会妥善处理，你们都是学生，军校的学生就要安心学习，不得参与外面的各种活动。"

这时候，我与同学何世庚、赖坚组成了一个小社团，名叫"三人"，就用钢笔在稿纸上抄小字报，在同学中传阅，看到的人当然并不多。我们又发展了一个同学，叫谭毓枢。

八九月间，日本来空袭马尾军港，军港损失虽然不大，却吓坏了学校领导，因为学校就在军港旁边，他们觉得不安全，于是将全校迁到了离马尾约二十里路的鼓山涌泉寺。从此，我们便在涌泉寺大门口的场地上操练，用竹篾子挡住菩萨，在大庙的佛堂里上课了。

图 9 父亲（山上居中者）与义勇军将领冯占海（山下居中者）等合影。

自从迁入涌泉寺，学校就很难管住学生了，一帮子小皮猴，有的学生挤到和尚身边去打坐，还可以混上菜包子吃，和尚不敢惹这帮军哥，后来干脆蒸了包子送给军哥们吃。

校方的管理松弛了，学生们便满山遍野地开小会。此时，大哥、二哥还有上海的张同学不断寄来各种宣传抗日的材料，我发现其中有范长江的《塞上行》和《中国的西北角》，如获至宝，由此知道了在陕北有红军，这时的思想发生了明显的改变。从家庭方面说，由于父亲思想比较开明，家庭氛围是和谐而民主的。我读了一些托尔斯泰的小说，特别是《复活》，深受托尔斯泰"勿抗恶"思想的影响。而此时，我还读了讲述产业革命的图书，有了阶级的观念。在"三人"小团体中，何世庚家是城市贫民，父亲是个工人，很早就劳累而死了。他讲到他父亲死的时候，脸是蜡黄的，家徒四壁，墙也是蜡黄的。我

图10 父母带我们游过庐山、黄山、终南山等名山大川。坐者左起依次为大哥何旭、母亲陈坤立、二哥何鹏、父亲何遂抱着我。

图 11 1936 年 6 月我复学了，当时是十三岁多一点。

便对阶级有了实际的感受，何世庚一家就是下层，而自己是生活在社会上层的，这就是社会的不平。我的思想朦朦胧胧开始从"勿抗恶"转向要革命，要改变不平，这是思想升华的一个起点，但不是很清晰。更为现实的是，学校不许学生抗日，而共产党是主张坚决抗日的，于是萌生了到延安去的想法。

这时，学生已经发了枪，每天要在大庙前面的广场上操练。下午不上课时，"三人"便跑到"渴水岩"开小会，抗战了，海军却上了山，我们不能再在这个学校待下去了。我们一致决定走，可如何走呢？学校有规定，考试不及格就开除。所以，我们决定到大考时罢考，交白卷，就可以名正言顺地走了。

我们开始做准备，考虑到北方冷，便把学校刚发下来的棉裤子里的新棉花抽了出来，买了布，准备到马尾城里一人做一件棉大衣。再把床上铺的被单刷上一层桐油和一层绿油漆，做成了绿油布。我与谭毓枢拿着东西，下山到马尾城里去找裁缝铺，刚好被队长看见，我们不顾阻拦地跑了。回来以后，就被叫到训导处，李校长和周教导主任对我说："你的父亲拜托过我们，你千万不要乱闹，犯了事，我们也帮不了你。"为此，学校以擅自离校为名，给了我和谭毓枢各记大过一次的处分。我们依旧每天只穿一件单衣，去爬山练脚力。

终于到了年终大考，我们原本准备故意考不及格，明明会答的题目，故意瞎答。考到最后一天，休息时，同学们唱起了

图12 十五岁辍学共赴延安的同学再聚首。摄于1960年。
前左赖坚、前右何进（何世庚）、后左何康、后右何澄石。

图 13 从马尾海军学校跑出来后，找到在长沙外国语补习所的大哥何旭（右）和二哥何鹏。

抗日歌曲，队长是一个上尉，他抓住年纪最小的谭毓枢，怒斥道："为什么要扰乱考场！"说着就要拿竹尺子打谭，我立即冲上去，把竹尺子抢下来，大喊："不许打人，我们唱抗战歌曲有什么错！"那个上尉怒吼道："你怎么敢对长官这样？你出去！"我说："出去就出去，我们不考了！"我愤然走出"教室"，好几个同学跟我一齐走了出来，罢考了。很快，学校就张贴公布告，说我临场犯规，侮辱师长，着即开除，限二十四小时以内离校。当天下午，我与谭毓枢、赖坚、何世庚等背上绿背包，高唱抗日歌，昂首挺胸，大步走下了鼓山。走到半山腰，听到教堂的钟声敲响了，这天正是 12 月 25 日，圣诞节。

我有一个叔叔住在福州苍前山，我们便先集中借住在他家两天。大家一算账，如果乘船坐车去武汉，钱根本不够，不满十五岁的我与谭毓枢年龄最小，就让我们两人乘船坐车去，赖坚与何世庚联络其他要去的同学共约十人，组成一个宣传队，步行去。

1937 年 12 月 28 日，我与谭毓枢乘装有发动机的平底木船从福州溯闽江直达水口，上面的河道就窄了，只能换乘小船，也是机器驱动的。到达南平后上岸，改乘汽车到建瓯，再换车到浦城，辗转到达江山。江山已属浙江，是浙赣路上的一个大站，我们一算账，发现买火车票的钱不够。不过，此时浙北的杭嘉湖已经失守，大批难民拥到这里，整个火车站乱成了一片，根本无法买票，谁有本事谁挤上车。我与谭毓枢带着四个包爬上了一列火车的车顶，火车一路上走走停停，开了两三天才到长沙。

我知道大哥二哥所在的外国语补习所已迁至长沙的岳麓山庄上课，便到那里找到了他们。大哥、二哥见我很意外。我告诉他们，海军学校一打仗居然上了山，我们要抗日，准备到延安去。大哥二哥也觉得国难当头，再在后方学外语没有意义。于是在岳麓山住了两天后，他们和我俩一起从长沙乘火车前往武汉。由于突然咯血，母亲担心我肺病复发，将我扣在家中，第一次去延安的努力因此中辍。

五、"抗宣七队"

不久，大哥随父亲到郑州第一战区司令长官部，当了政训处处长李世璋的机要秘书；二哥则通过林伯渠的秘书林居先介绍，到延安进入了抗大第四期。父亲带我去汉口的租界中街八路军办事处，在这里我知道了"孩子剧团"，并于1938年春节加入了"拓荒剧社"。

我接到通知，带着简单的行李到武昌的育婴堂集合，同行的有我舅爹的女儿陈怀端（我叫她端姐）和谭毓枢，到了武昌育婴堂才知道，"拓荒剧社"已正式改为政治部第三厅下属的"抗

图14 "抗宣七队"合影。后排右一是我，左一是胡宗温。我是宣传队里年龄最小的演员，胡宗温比我大三个月。

宣七队"，后来更名为抗敌演剧第三队，归政治部第三厅领导。队长光未然（张光年）尚未到任，由副队长徐世津和另一个副队长王虹梓主持，在他们之后，赵辛生（赵寻）、彭后嵘也担任过副队长。队员里有很多人后来成为文艺界的知名人士，如人艺的著名演员田冲、胡宗温、胡丹沸、邬析零、史民、兰光、田雨、黎霞（后在山西牺牲了）、陈璧（陈怀端）、钱辛道（画家，日本留学生）等。后来，"抗宣七队"在光未然的带领下渡过黄河，奔赴延安。由此，光未然写下了著名的《黄河大合唱》的歌词，由邬析零担任指挥，"七队"在延安做了《黄河大合唱》的首场演出。

在"抗宣七队"里，我印象最深的是周德佑，他的父亲周苍柏是湖北武汉著名的银行家和实业家，也是剧团的主要资助者，捐了二千银元。周德佑参加"抗宣七队"时，只给父母留了一封信，可以看出他行事的果断。周德佑当时只有十八岁，却已是共产党员了，而且是徐世津的主要助手。他的姐姐周小燕是著名的歌唱家，哥哥周天佑是钢琴家。他见我与谭毓枢年纪小，对我们十分关照。

春节后，我们坐汽车从汉口出发，一路上雨雪纷纷，第一站是汤池（温泉），那里有一个共产党主持的训练班，负责人是陶铸。我们在训练班住了半个多月，听了形势报告等，一边政治学习，一边排练节目。生活上是实行共产主义，每个人带的钱全部交出，由负责生活和财务的副队长王虹梓管理，王虹梓的夫人汪霓也是队里的演员。每个人每月发两元零花钱，每天每人的菜金是一毛二分。这期间，周德佑主动借给我好几本书，有高尔基的《童年》、艾思奇的《大众哲学》、莱昂捷夫的《政治经济学教程》等，这些书完全把我吸引住了，连上厕所手里都攥着一本。

过了半个多月，我们进发到应城。应城有一个膏盐矿，竖井打入地下，一层石膏一层盐，把石膏采上来，把水注下去，盐溶于水，再把水吸上来，晾晒，浓缩，整制成一块一块的岩盐。矿主很有钱，听说是从武汉上面来的，给我们摆了丰盛的接风宴，而且把附近一座富丽堂皇的法国教堂的神父请出来作陪。看起来，他们的生活是很奢侈的，一个个都穿着缎子做的长袍马褂。

图 15 周德佑所作"抗战演剧第七队"部分成员漫画手稿。前排为周德佑（左）、徐世京（中）、田冲（右），第二排为赵寻（左）、邬析零（中），后排左一是我。

可是工人的生活非常困苦，我和周德佑、谭毓枢都到一二百米深的膏盐矿看过，工人几乎是赤裸的，终日不见阳光，而且巷道低矮，直不起身子来。联想到矿主奢华的生活，内心产生了强烈的不平。这期间，我的思想发生了明显变化，进一步抛弃了"勿抗恶"的理念，产生了要起来反抗，改变社会不平的想法。

我们到应城的第一场演出，就是在膏盐矿，向工人宣传抗战的道理。后来，许多工人通过汤池政治训练班的培养，转到新四军去，有的成了新四军的骨干。

在应城待了约一个月，我们又去皂市继续演出。由皂市继续到六七十公里外的天门县，正好赶上下雨，道路泥泞，全体

1938年
由汉口赴重
庆船上,三峡

图16 1938年，我在武汉到重庆的船上过三峡时留影。

团员艰难地步行了两天才到，住在一所学校的教室里，大家都
累坏了。此时，天门附近岳口镇一支由土匪收编的部队殷切地
要求我们去演出，队上决定战胜劳累去作抗日宣传。我们就在
岳口镇汉水边上搭了台，白炽的汽油灯很明亮，所有演员都很
卖力气。我们仍然演周德佑编剧、徐世津导演的抗日剧，我扮
演的抗日小英雄被日本兵抓住了。演日本兵的是高高大大的田
冲，当演到"日本兵"用皮带抽我时，他糊涂地把皮带拿反了，
用皮带的铜头抽我，疼得我真的大哭起来，表情极为真切。在
白炽的汽油灯下，黑压压的士兵们有的愤怒地举起了枪，高喊
"打倒日本帝国主义"。田冲下场后，抱着我说："我弄错了，
我错了！"我一生都记得这件事。

　　在天门县，周德佑病倒了，发高烧，当地医疗条件差，徐
世津派人把他送回了汉口。但不久，噩耗传来，周德佑竟因伤
寒病加过度劳累，医治无效，去世了。我记得1938年3月20日《新

华日报》为此出了专版，刊登了他父亲周苍柏和母亲董燕梁的讲话。周恩来、邓颖超、董必武、叶剑英都参加了葬礼。周德佑非常关心我，一路上帮扛东西，借书给我，还把他用小字写的学习笔记、作的诗歌给我看。他是我的启蒙人。听到他去世的消息，全队一片哭声。直到现在，我想起他的音容笑貌，依然悲痛不已。

在天门县期间，副队长徐世津还宣布了一个惊人的消息：那就是另一位副队长王虹梓和汪霓携款潜逃，把周苍柏捐给队里的两千银元和大家上缴的钱全部卷走了。徐世津说，王虹梓吹嘘他是坐过大牢的左翼文人，但现在查明，他只是上海的一个文化痞子，他被逮捕坐牢是因为桃色事件。他生活腐化，大家反映他经常和老婆下馆子、开房间，看到风声不对，便卷了大伙的钱，跑得无影无踪了。

这件事对全队的打击很大，但大家并没有屈服，一路边筹钱边演出宣传抗日。先到岳口，乘船溯汉水而上，到达钟祥县。县政府比较友好，支持我们在县政府里演戏，给我们做饭吃。我们吃得狼吞虎咽的，因为从岳口到钟祥，为了补助队里的经费，包括我在内，很多人都参加了拉纤挣钱，体力消耗很大。数日后，钟祥县的领导用小汽船把我们送到了襄阳。就在从樊城到襄阳的路上，我突然发起了高烧。

襄阳是个较大的城市，医疗条件比较好，检查发现，我得了伤寒症，肺部还有阴影。前有周德佑的教训，徐世津立即派人顺汉水把我送回武汉，暂住在武昌的"海光农圃"里疗养（海光农圃原为周苍柏的私家花园）。那里有一幢小洋房，一位姓戚的大姐负责管理，周德佑的坟墓就在东湖的半岛上，在楼房前面立了一个石碑，上面写着"爱儿周德佑之墓"。周德佑的

图17　五兄妹于重庆合影。左起依此为小妹何嘉、我、
大哥、小弟何达、二哥。摄于1939年12月。邱崇禄提供。

父母和姐姐周小燕都来看望我，很是关照。我身体基本康复后，
才回到汉口的家。随抗宣七队奔赴延安的第二次努力再次受挫。

　　回想起来，这期间还有两件事情。第一件是大约5月下旬，
父亲很郑重地让我把一个密封的文件亲手交给邢契莘伯伯，邢
伯伯也住在江汉关附近，他的女儿邢文蔚、邢文燕都和我很熟。
当时，宋美龄是中国航空委员会秘书长（会长是蒋介石），主
持该会日常工作，邢契莘是宋的主要助手（邢是美国留学生，

作风西化，讲一口流利的美式英语），我当时并不知道文件的内容，只是遵嘱把文件交给了邢契莘伯伯。后来知道，父亲早在5月中旬就向第一战区司令长官程潜提出了决黄河堤，"以水代兵"阻止日寇利用豫东平原的有利地势，以机械化部队的优势，沿陇海线夺取郑州，再沿平汉线攻占武汉的计划。父亲还曾带大哥去开封向商震（三十二军军长、河南省主席）讲述他的建议，并把这个建议交给了林蔚，请林直接递交蒋介石。此时，因见我方局势极端恶化，所以才让我再一次去送材料。另一件是家事，父亲从南京带回了一个年轻的女子，我见到了这位姓于的女子，长得不错，衣着朴素，神态和举止是文静的。母亲说，她不是烟花女子，是逃难，她还有一个姐妹，都是由父亲带出来的。母亲认了，给了她红包和首饰，摆了一桌席，对近亲们宣告她就是"二房"。可是才两天，这个女子就走了，留下一封短信，说她感觉到这个家庭是很和美的，不愿因她而破坏了这个家庭的和谐与幸福。

六、加入共产党

大约在8月份，举家入蜀。大哥、二哥已去延安。我、小妹何静宜（何嘉）、达弟、高妈和徐祖善一家，包括徐伯母吴凤仪、姨太太小梅、徐鸣，乘坐太古轮船公司的火轮最上层的头等舱，溯江而上。我在夔门还照了一张相。

此时，我很懊丧，好像自己离了队。到了重庆，我仍然想去延安，妈妈哭得很厉害，不想让我离开她。父亲对周恩来说，我两个儿子都去了延安，老三再走，我就很为难了。博古把我带到机房街八路军办事处谈话，打消了我去延安的念头。

图18 1973年，兄弟重逢。左起依次为二哥、大哥、我和妹夫邓裕民。

　　我考入了由天津迁至重庆沙坪坝的南开中学，校长是张伯苓，但校名改为"南渝中学"。我上高一，妹妹何静宜在初中部。张伯苓很开明，学校的气氛比较活跃，语文老师姓周，对我很赏识。蒋介石夫妇还到学校里来过。当时我家住在"云庄"，是丁春膏的房子。我住在学校。我连续写了多篇文章介绍我在"抗宣七队"的生活，特别是我在膏盐矿的见闻。这些文章被张贴在壁报上，很快引起了学校地下党组织的注意。有一个高二的同学叫王世堂是共产党员（后脱党），他的父亲王勇公（王孝缜）是我父亲辛亥革命时期的战友，他约我到他家吃饭，问我愿不愿意参加共产党，我作了很积极的表示。从此，我经常被约到大操场的球门边谈话，由我的妹妹何静宜在远处放哨。我的入党申请就是趴在操场的讲台上写的。

　　记得是1939年5月22日，王世堂通知我，我的入党申请被批准了。1939年6月9日晚自习后，在学生宿舍后面一个农民的场地上，面对在一块大石头上贴的事先画好的马克思画像，我举手宣誓，要为共产主义事业奋斗终生。入党介绍人是王世堂和齐亮（齐亮是山东人，出身城市贫民，他曾是西南联大共产党的负责人，解放前夕牺牲于渣滓洞），参加人还有郝连杰和邓鸿举（高三学生，比我大两岁，时任支部书记，后来更名邓裕民，50代初成为我的妹夫）。此外还有梁淑敏（女）、刘慧兰（女）和雷学诗。

我入党后不久，风声突然紧了起来。因邓鸿举太活跃，首先撤出，跑到化龙桥的新华书店去当营业员了。经他推荐，全

图19 20世纪80年代，抗宣七队队员在我家重聚。左四为田冲（后为北京人民艺术剧院演员），左六彭后嵘（后为新闻电影制片厂厂长），左七是我，左八邬析零（后任中央歌舞团团长、人民音乐出版社副总编辑），左十赵寻（赵辛生，后为中国文联党组副书记、中国剧协分党组书记），左十一胡宗温（后为北京人艺演员），左十三张光年（光未然，后为中国作家协会党组书记），右一我的夫人缪希霞。

29

体党员选举，我这名新党员继任了南渝中学的党支部书记，属沙磁区（沙坪坝、磁器口地区）特委领导。放暑假前，我被通知到红岩村八路军办事处参加由蒋南翔主持的"沙磁区学生党支部负责人的培训班"。到了红岩村，没想到遇到徐鸣和我在同一个培训班学习，这位大我两岁的发小也加入了共产党。"跑警报"时，在防空洞正巧碰上了叶剑英和吴博，吴博是二哥在上海吴淞中学的同学，二人很要好，她常到家中玩。她见了我非常亲热，仍管我叫"小三"。叶剑英这时知道了我也像两位哥哥一样，加入了中国共产党。吴博告诉我："你爸妈还和叶参座提到了你大哥、二哥，说十分想念这两位去了延安的儿子。"

这年年底，根据叶剑英的指示，大哥、二哥分别从晋东南抗大四大队和闽北回到了重庆，我们兄弟三人分别一年多后又团聚在了一起。为了遵守保密纪律，没告诉他们我也入了党。所以他俩去曾家岩见叶剑英时，还责怪我不告诉他们我已入了党，叶剑英笑着说："你们让他来找我，我替你们打通关系。"再见到我们时，叶剑英交代大哥、二哥都不要回去了，留下来通过父亲及父亲的社会关系做上层的统战工作。在叶剑英的安排下，我们兄弟三人成立了特别的党小组，不与地方党组织发生联系。1940 年冬，又由叶剑英将我们的关系交给了董必武。董老见我们时，要求我们广交朋友，好好学业务，长期潜伏，待机而动。大哥、二哥都有社会职务，而我正要上大学，听到我有志学习农业，董老特别鼓励我要好好学，将来我们的工作需要专业人才。从此，我们三兄弟直接在叶剑英、董老的领导下，作为一枚战略棋子部署下来。这是否应验了父亲在我满月时写的"年十八即当发轫"？

我迈入了青年时代。

梅荫华的中国影像记录

曲德顺

19世纪以来，自中国打开国门，这个神秘的国度便为世界所关注。众多的人口、悠久的历史，使得中国像磁铁一样吸引着各路洋人前来。天主教会也派出数量众多的传教士进入中国，他们不仅用眼睛观察中国，有些神甫还用相机记录中国社会的方方面面。法国天主教神甫梅荫华（Michel De Maynard）作为一名业余摄影爱好者，所保留下的图片可称记录中国沧桑巨变的珍贵史料。

关注社会底层的摄影师

梅荫华1877年5月13日出生于法国波尔多教区的罗蒙特（Lormont）。1895年加入法国天主教方济各会，1902年被任命为神甫，1903年来到中国山东天主教东界教区（1924年更名为芝罘代牧区）。在那个激情燃烧的时代，作为立志成为传教士的年轻人，他思想早熟，读着先辈的传记，内心充满对中国的向往。梅荫华到达山东时正值二十六岁，首先面临着与所有到达中国的教士相同的语言难关，在刻苦学习八九个月之后，

图 1　入乡随俗的梅荫华。摄于 1906 年。

他便开始用带有山东味道的官话与人交流。在山东生活三年之后，他请人为自己拍摄了一张全身照：身材略显瘦弱的他坐在中式圈椅内，一副胶东乡绅打扮，瓜皮帽、棉袍、白袜、黑布鞋，从穿着上看，他已经完全融入了中国人的生活。他对自己带有诗意的中文名字很是得意，还专门为自己的名片拍了张特写照片。在乡间传教时，他拍摄三个洋传教士躺在北方土炕的照片，想必是等有朝一日回到法国时，此片可作为他们"深入群众、开展工作"的影像佐证吧。在山东，除了为东界教区的同事拍摄合影外，他"街拍"锁定的目标皆为胶东社会底层的人，像芝罘（烟台）海边推车的苦力、街头叫卖水果的商贩，威海河边洗衣的村姑、洋房边种地的农民、平房前织布的匠人、骑驴

图2 梅荫华（后排右二）与官员合影。

图3 官员出行的摆拍照

赶路的乡人……梅荫华在芝罘待了八年时间，目前所能看到的三十多张照片中，有多张照片的版权被发行明信片的日本中山商社（Nakayama）所购买。

游走中国大地的"自由摄影师"

目前无法知晓梅神甫在宣教方面的成绩，如果从他所拍摄的照片中研读，他更像是某个特约机构的自由摄影师。图片显示他的足迹遍布中国的大江南北。现在无从考证梅荫华前往北京的确切时间，他1903年来到中国时，慈禧和光绪皇帝已从西安回銮，不知他是通过何种渠道进入紫禁城拍照的。他拍摄了

图4 上流社会的官绅合影

图5 抱着孩子的年轻父亲

太和殿前长着荒草的紫禁城、箭楼被火焚烧过的正阳门（他本人标注为德胜门）和玉带桥边冷清的颐和园（他本人标注为圆明园）。连绵不绝的长城带给梅荫华极大的震撼，他在说明中写道："这是两千年前的建筑，有六百公里长。"向北他走到了山海关。他还乘坐帆船下江南，江南人雅致的生活吸引着他的目光，他将照片的焦点放在江南人考究的生活细节上，通过明显的摆拍，再现床榻读书、吸食鸦片、紫檀桌边进食、吹箫、对弈的场景。1911年，梅荫华在回到法国进行短暂的休整之后，得到了陕西教区的任命。他准备了充足的摄影耗材，计划在中国这片历史最古老的土地上，进行一次深度的社会考察摄影。

陕西影像纪实恰逢辛亥革命

清末民初的摄影旅行，绝对不是一场说走就走的出行，而是一场艰苦跋涉的历程。在梅荫华陕西雇用车辆的合同（1912年 8 月 29 日）中显示，济南到西安的单程运费即需耗费纹银三十一两。他只身前往陕西上任，需要雇用两辆车运送行李，估计他仍使用笨重的湿版摄影设备、遮光帐篷、支架、玻璃底片等器材，才会造成行李如此臃肿笨重。百年前的摄影旅行绝对是场"烧钱"的奢华之举。

图6 儿童合影

图 7 虎头虎脑的小男孩

    1911 年 6 月 12 日（清宣统三年五月十六日），梅荫华获得由法国公使签发的赴陕西的护照。从沿海到西安的漫长旅途，即使乘坐木轮的交通工具，心情迫切的他也在当月就赶到了西安。他马不停蹄地拍摄西安府皇家部队的士兵、部队大规模的演练等照片。在抵达西安的四个月之后，武昌起义爆发，而他整个影集中近半数的一百余幅照片都是在起义爆发前一百多天拍摄完成的。在他的百日摄影活动中，日程如此之满、效率如此之高，这样的节奏，不像去西安宣教，倒似一位手握满满订单的职业摄影师，每天忙碌地为各类预约客户服务。他受邀拍

摄各兵种的演练、军乐团演奏、西安军事学堂毕业合影等系列
官方样板照片，记录了这个庞大帝国最后时刻的些许微光。同
时，他还为官员和近五十个家庭拍摄了情景各异的个人、全家
福照片。梅荫华初到异国他乡，即迅速与当地满族官绅建立良
好的联系，堂而皇之登堂入室为其拍照，一方面有西安的教会
人员为之牵线搭桥，同时也说明他具有高超的亲和力、语言能
力和沟通技巧。也许那段时间西安刮起了"梅旋风"，达官贵
人以能请到梅师傅为其拍照，作为可以炫耀的谈资。百年前的
摄影工作，是技术活也是体力活，准备布景、道具，与被摄影
人现场沟通互动，样样都不轻松简单，事事皆需亲力亲为。拥
有广泛的旅行和社会活动经验的梅荫华，对中国人情世故的理

图8 四世同堂的全家福

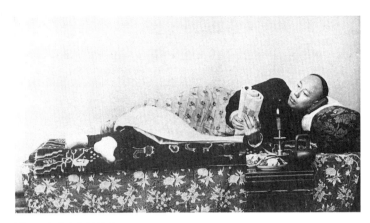

图9 读书人的摆拍照

解远远超出其他同期抵达中国进行商业拍摄的摄影师，在拍摄那些第一次面对相机镜头的男女老幼时，梅荫华能营造出良好的拍照氛围，照片中的人物虽内敛矜持，表情却平静放松，连以往照片中官员面对镜头充满怀疑的眼神，此刻也变得颇为坦然从容。

　　武昌起义爆发后，西安的秦陇复汉军，仅用一天时间就攻克了西安城内的满族人居住的满城，由于起义军成员多为会党人员，交战中对满族人进行了残酷的杀戮。英国传教士李提摩太在《亲历晚清四十五年》中说，"1911年10月22日，陕西省首府西安爆发了可怕的流血事件，一万五千名满族人（有男人、女人还有孩子）都被屠杀"。梅荫华没有像新闻记者那样现场记录"城头变幻大王旗"的历史瞬间，他事后拍摄了五张颓垣破瓦的满城、剪除发辫的行动及部分胜利者的合影。起义发生之后，他拍摄的照片数量明显减少。在一张起义军合影说明中，他写道："曾经的皇家部队，现变成革命军。"作为摄

图 10　新式学堂的两位年轻教员

影师的他未曾料到，这场势不可挡的革命，不仅终止了照片中
人物的平静生活，而且把他们推向了残酷的命运终点。

　　或许是西安杀戮事件所带来的刺激，让梅荫华提前终止了
在陕西的工作。他向"中华民国秦省"提出前往山东烟台的申请，
当局在 1912 年 8 月 20 日给予批准，这与梅荫华护照申请批准
入陕的时间，相隔了四百三十六天。在一年多的时间内，他经
历了千年帝国体制的转变，从风花雪月到血雨腥风，这一切给
了这位充满博爱和友善的异国人强烈的心灵冲击。

心态"平和"的摄影师

现在可见梅荫华影集中照片的数量为二百三十张，他为照片所编写的序号达到510，另有九张照片编号为空白，依此判断，梅荫华的照片应超过五百一十九张照片（笔者收藏有梅荫华在山东东界教区拍摄的教士合影）。据查，天主教方济各会档案中存有梅神甫拍摄的五百八十五张照片。以此推算，他可以算作摄影湿版年代的高产者。他细心地在每一张照片下方贴上白纸，以便填写说明，也许是因为整理图片时距离拍摄时间过长，也许是对于拍摄细节的记忆有些模糊，如辛亥革命之后拍摄西安的照片，他只是笼统地在说明上写着"1911—1912"的字样。影集中仅仅有六十七张照片带有手写的法语说明，其余绝大部分照片缺乏时间、地点、人物姓名等关键节点信息，这也成为

图 11 残破的黄帝陵

41

梅氏照片中最大遗憾之处。

　　早期来华的摄影师在拍摄时，会被人当作行摄魂之术而遭到攻击。1910年的国人，面对摄影这一洋玩意，已不再排斥和恐惧，更多是充满了好奇。不同于某些志在营利的商业摄影师，单纯为迎合西方公众购买兴趣，喜欢追逐酷刑、砍头、乞丐等"中国元素"。梅荫华抱着平和的心态记录他的所见所闻，他更在意被拍照人在日常生活中的状态。他拍摄的对象涵盖中国各个阶层人物，教士修女、天主教徒、僧人道士、在校师生、大清官员、官员眷属、京剧演员、贩夫、乞丐、犯人。连外国摄影师甚少关注的普通农民，也多次在他的镜头中留下了身影。

图12　教徒出发前的合影

图 13 芝罘的水果商贩

梅神甫拍摄的二十张旅游建筑风光照片中，既有残破的黄帝陵、皇陵、寺庙道观，更有教会颇为忌讳的本土宗教偶像。他拍摄的照片没有刻意体现近景、远景的构图，专业性虽略显不足，而对人物的细致刻画，使静态的照片被赋予了几分生动的美感。

清末民初天主教摄影的时代背景

清末民初的中国一直吸引着欧洲人研究的目光。围绕中国内容的插画、照片充斥着当时的报刊媒体。以天主教的《天主教任务》（*Missions Catholique*）期刊为例，有关中国的图片占全年图片总数的比例分别是：1901 年为 14.2%、1906 年 5%，1911 年 25.3%、1912 年 25.4%，1925 年 14.8%。1911—1912 年因为辛亥革命、剪除发辫等新闻事件，欧洲对中国的关注达到

图 14 芝罘的街巷

高峰。

　　摄影对传教士来讲，是教学、医学、建筑学之外，提倡掌握的一项重要技能。档案记录显示，像梅荫华一样承担业余摄影任务的传教士就达一百四十九人之多。这些摄影师既要为本教区和欧洲教会报刊撰写稿件，还要将洗好的照片定期寄往欧洲。寄回欧洲的照片被制作为宗教题材明信片广为印刷、销售，以标榜所取得的非凡成就，便于募集更多的善款支持。在天主教方济各会档案中至今保存的八十张芝罘照片、一百四十三张山东其他地区的照片，不知其中有多少是梅荫华所拍摄的？

　　作为非著名摄影人士的梅荫华，在仅见的相关信息里他的生平语焉不详，仅有寥寥几行文字，简历收官定格在陕西1911—1912 年。1912 年他离陕赴鲁后，便难以在历史档案中觅其行踪，更无法得知其归宿。他纯属个人自发性的摄影，却带有社会学观察的视角，为转折时期的中国保留了精彩的历史瞬间，留下了浓重的一笔。

美在其中

——民国摄影师嘉华露其人其作

王一飞

嘉华露其人

最初接触摄影师嘉华露（Arthur Alfred de Carvalho，1890—
1969）是他的另一个名字——"谈卡法卢"，来自于其作品上
的一枚朱文名章。彼时对这位摄影师还一无所知，但是他的作
品又极具艺术性且制作精良，令人印象深刻又充满好奇。幸而，
在检索诸多民国史料后，我终于得以大致勾勒出这位民国摄影
师的人生轨迹——其中最重要的，便是他更为人熟知的汉译名
"嘉华露"。

1890 年，嘉华露出生于香港的一个葡萄牙裔家庭中。他的
祖辈于 1842 年自澳门移居香港，家中条件优渥，是彼时香港葡
裔社群中的杰出代表。祖父雅努阿里奥·德·卡瓦略（Januario
Antonio de Carvalho，1830—1900）与父亲埃德蒙多·德·卡瓦
略（Edmundo Arthur de Carvalho，生于 1860 年）都曾出任香
港殖民地司库总出纳（The Chief Cashier of the Colonial Treasurer
of Hong Kong），而嘉华露的叔叔卡洛斯·德·卡瓦略（Carlos

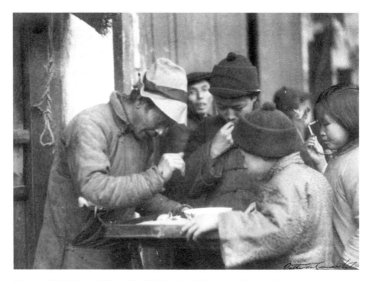

图 1 《赌徒》，刊登于《大陆报》（1931 年 11 月 6 日）。

Francisco de Carvalho，1867—1925）则曾出任上海汇丰银行总经理，这或许是他此后赴上海立足的原因之一。

嘉华露后来赴美国求学，并于 1914 年从加州大学伯克利分校口腔医学院毕业。然后他回到香港，注册成为一名牙科医师。20 世纪 20 年代初，嘉华露又来到上海，在外滩 12 号的汇丰银行大楼开设牙科诊所，而此时他的叔叔卡洛斯正在汇丰银行总经理任上。优渥的家境与良好的教育都对他的摄影创作有极大助益，嘉华露就此在沪行医，业余则以摄影为遣。他还在诊所内展出自己的摄影作品，使得诊所也逐渐兼具了"画廊"的功用。而随着嘉华露的摄影创作渐入佳境，他在上海艺术圈中也越发活跃。

图 2 《僧侣》，曾参加第二十七届国际摄影艺术展。

嘉华露的摄影创作

　　20 世纪二三十年代的上海，工商业蓬勃发展，为艺术创作的繁荣提供了条件。诸多有钱有闲的中产阶级像嘉华露一样，在业余时间尝试艺术创作，同时热衷于将自己的作品发表或展览。各类艺术团体也应运而生，如中华摄影学社、黑白影社等著名的民国上海摄影团体都成立于这一时期。

　　1928 年，嘉华露参与创建了一个新的艺术团体——上海艺术俱乐部（Shanghai Art Club）。它定址于上海福煦路（Avenue Foch，今延安中路）290 号，与当时大量兴起的艺术团体一样，

图 3　嘉华露的纪实作品，似有意突出前景独轮车夫与后面叉腰站立人物间的对比。

图 4 嘉华露拍摄的人像作品，人物动态及表情的精准捕捉使画面极富感染力。

上海艺术俱乐部旨在增进艺术家之间以及各艺术门类之间的交流与合作，并通过展览将艺术家的作品和理念推介给普罗大众。

上海艺术俱乐部成立后，嘉华露的摄影作品经常在俱乐部的展览中展出，并屡获好评，逐渐成为俱乐部摄影领域的中坚力量。而上海艺术俱乐部本身作为一个开放的国际化艺术团体，其会员来自世界各地，当然也包括中国艺术家。从其第一次展览开始，就不断有中国本土的艺术家活跃其中。在 1931 年 11 月的上海艺术俱乐部第八次展览时，音乐分部就邀请了京剧大师梅兰芳参加展览演出，此外六名国立杭州艺专的画家也参加了这次展览，其中包括时任国立杭州艺专校长的林风眠。

图5　嘉华露拍摄的福船，左下方为其亲笔签名，右下方为其"谈卡法卢"名章。

此时的上海也是不同艺术理念的交会之处——当中国的艺术摄影群体以民族主义的立场向中国传统绘画中探寻摄影的画意之美时，美国现代主义摄影代表人物爱德华·韦斯顿的作品出现在了上海的外文报纸上。这种氛围似乎影响了嘉华露的摄影创作——我们既能从他的人像、静物作品中看到真实、自然的现代主义倾向，也能从他的风光作品中察觉到富有东方气息的恬静画意。

将镜头面向普通民众，抓拍他们的日常生活，或许是嘉华露作品中的最大特点。"人物研究"（Character Study）一词也经常出现在关于嘉华露作品的评论中，他的镜头中有凝神忘我

图6 嘉华露拍摄的北平风光，逆光下云朵、城墙、角楼与驼队轮廓明晰，并通过暗房放大时的曝光调整，使画面光影别具一格。

的赌徒，有肃穆参拜的僧侣，有辛勤洗衣的妇人，有弓背前行的车夫，也有面对镜头羞涩开怀的阿妈——嘉华露的人像作品中总是流露出一种源自真实的亲切感。

此外，嘉华露还对中国的传统船只情有独钟，尤其是形制独特、涂装别致的福船更是其镜头中的主角。想是其中也不乏得意之作，邝富灼在《美在其中》序中所言之"闻博士所摄之中国船只，曾于平汉等处获得奖金数次"，可为一证。嘉华露的摄影作品还曾在柯达国际摄影比赛中获得江苏省一等奖及全国二等奖。1932 年，嘉华露的四幅作品又入选在巴黎举办的第 27 届国际摄影艺术展（27e Salon Internationl D'Art Photographique）。

个人摄影展

自 20 世纪 30 年代开始，声名渐显的嘉华露开始举办个人摄影作品展，而我们目前所见的多数其原作遗存，或许都与这些展览有关——它们使用优质的矮克发（Agfa）相纸放大，尺寸在 16 英寸 ×20 英寸左右，相纸边缘勾以黑边，左下或右下有作者亲笔签名，作品装裱于卡纸之上，卡纸上偶见"谈卡法卢"字样朱文名章，部分卡纸背面贴有标签——这样的制作水准不仅高于同时期绝大多数的中国摄影艺术家，与以出版画册闻名的民国上海外国摄影师唐纳德·曼尼（Donald Mennie，1876—1944）更可谓两个极端。

1932 年 12 月初，嘉华露在上海基督教青年会总会（今西藏南路 123 号）举办了个人摄影作品展，并印制了一本名为《美在其中》的展览画册。从画册及当时的媒体报道等信息中，我们可以对展览的规模及嘉华露的影响力窥见一斑。

《大陆报》（*The China Press*）先是在 1932 年 11 月 28 日以"吴市长将为嘉华露摄影展揭幕"为题进行了预告，指出时任上海市长吴铁城将出席开幕式，上海基督教青年总会主席邝富灼主持开幕式，并提到展出作品多达二百五十余件。12 月 10 日的展览报道中又提到开幕当日，时任中央研究院院长的蔡元培作了"美育代替宗教"的主题讲座。而展览画册《美在其中》的题名也出自蔡元培之手。两篇序言则分别来自邝富灼和时任北京大学文学院院长胡适——邝富灼称其作品"近于人情而且自然"，胡适则说"嘉华露君此册不但可助我们了解自己，又可助世人了解我们"。当然，此画册中一半页面的广告，或许也是其影响力的另一种体现吧。

此外，嘉华露的拍摄、展览足迹也不仅限于上海及周边，

图 7　嘉华露拍摄的石桥

图8 嘉华露拍摄的中国塑像，强烈的光影凸显出塑像优美的面部神态，活灵活现。

1932 年 8 月他还在北平做过一次展览，而到 1935 年 4 月，嘉华露在上海华懋饭店（今和平饭店）举办个展时，他的作品范围已经扩展至遥远的巴厘岛和满洲里了。

避战与晚年

20 世纪 30 年代末的中国，战火纷至，上海更是首当其

图 9 街市上盘发髻的中国女性。

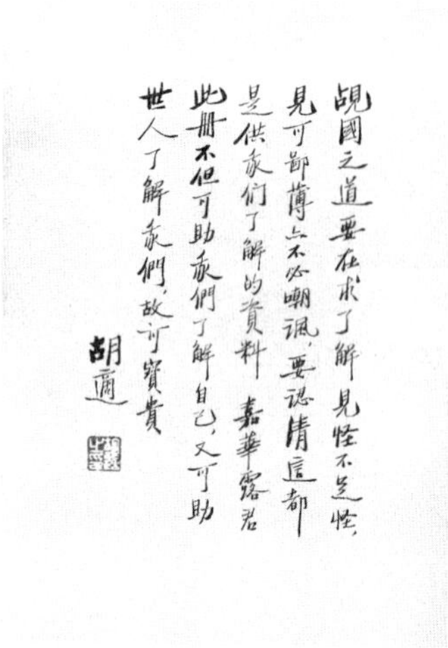

观国之道要在求了解，见性不见性也；见可卹薄尖不必嘲讽，要摅情这都是供豪们了解的资料　嘉华露君此册不但可助豪们了解自己，又可助世人了解豪们故可宝贵

胡适

图 10　胡适所写的序言

冲。为了躲避战乱，嘉华露于 1940 年偕家人移居美国，1969 年逝世于加州奥克兰，享年七十九岁。曾与他在上海共同进行摄影创作的女儿弗吉尼亚（Virginia de Carvalho），进入《旧金山纪事报》工作，成为该报的首位女摄影记者。

嘉华露留存至今的摄影原作，无论从创作还是制作的层面衡量，都称得上是民国摄影的上乘之作。所以近年来，即便是在对他知之甚少的情况下，不少收藏机构也十分重视嘉华露这一时期的摄影创作。如美国南加州大学图书馆藏有三十多件嘉华露 20 世纪 30 年代的摄影作品。2014 年澳大利亚国立美术馆在筹备"东方花园——19 世纪 50 年代至 20 世纪 40 年代的印度尼西亚摄影"（Garden of the East: Photography in Indonesia 1850s–1940s）展览时，也购藏并展出了多幅嘉华露的摄影作品，并评价这批作品"极大地增强了其'亚太画意摄影'收藏的实力"。

毋庸置疑，嘉华露留下的作品为我们研究民国艺术摄影的发展提供了一个极具价值的参照。但关于嘉华露，关于他的摄影创作，以及他与当时中国文化界的交流等更多细节，仍有待深入研究。

（云志艺术馆提供图片）

马海德与马家窑院

毕醒世

1947年2月20日，延安。苏菲骑马来到居住在龙湾的老房东马育英家，说她和丈夫马海德（乔治·海德姆）及孩子就要离开延安了，她代表一家人向"一家子"老马告别，并祝他的儿媳妇生产顺利。临走时，苏菲送给老马一件礼物，说，这个东西等儿媳妇生下娃娃后有用处。

原来，苏菲送给老马的礼物是一个红色硬纸盒装着的美国制造的吸奶器。纸盒上写道：

老马：

　　送你这件礼物，恭喜你抱个胖孙子。

苏菲

二月廿日

两个大鼻子成了邻居

有关马海德曾居住在马家窑院的事情，笔者儿时常听父辈讲述。那时，笔者的家就住在马家窑院隔壁的高家窑院。

图1　马家窑院的主人马育英

　　马海德刚到延安，与曾经指挥红军作战的德国人李德（奥托·布劳恩）同住在马家窑院。李德在回忆录中写道："我和马海德分到了一个农院，离毛（毛泽东）那里有五分钟的路程，位于城门前的半山腰上。这个农院有五个窑洞，门前有一个平坦的场院。这家农民占用了两间，第三间住着警卫员和马夫，我住第四间，马海德住第五间。住在窑洞里非常舒服，冬暖夏凉，并且在很大程度上可以防御日本飞机的轰炸，只是跳蚤和老鼠使我们很伤脑筋，以后我们慢慢地也习惯了。"

　　马家窑院的窑洞是清末打成的，土头高，土脉也好，坚固耐用。

　　马育英早前是肤施县旧政府的职员。由于他为人处世公道平和，给老百姓办了不少好事，在延安城里是一个出了名的大好

图 2 1962 年，马海德（右）赴叙利亚看望久别的父亲，途经
捷克时和在延安时马家窑院的邻居李德见面。周幼马摄。

人。20 世纪 30 年代，陕北社会动荡不安，他辞去公差，做点小
生意，在山坡空地上还种了点庄稼，家里养了几头猪，以此养家
糊口。所以，在李德眼里，房东老马是个农民，院子是个农院。

马海德是一个非常开朗的人，来到延安，为了更快地学习
汉语，他和任何人都愿意进行语言交流，久而久之他说汉语时，
总是带着陕北话的口音。

马海德与马育英一家人关系处得非常融洽，马育英对住在
这个院子的外国人在生活上也多有关照。在二马之间，他们总
是以"一家子"相称。日机轰炸前，马海德在马育英的协助下，
用绳索丈量了他们住的窑洞脑畔的厚度，认为这样的厚度应该
是安全的。马海德还在他住的第五孔窑洞与第四孔窑洞之间的
过洞中间又亲自挖了一个小窑洞，并钻进去自言自语地对老马

说，这样藏身会更安全！

而李德那时已经与从上海来的电影演员李丽莲好上了，之后办了结婚手续。李丽莲在鲁迅艺术学院当教员，平时很忙，只有周末晚上，李德才可以与李丽莲在马家窑院团聚。

这一时期，为马海德和李德服务的警卫、马夫、伙夫，住在五孔窑洞中间的那孔。一直为马海德服务的王德牛就是其中的一位，在长征途中，他是周恩来的警卫人员，曾经为受伤的周恩来抬过担架。

窑洞的防空功能不容置疑，但是没有来得及进入防空设施里的人，就会很危险。从1938年11月20日开始，日本飞机轮番轰炸延安。只要防空警报响起，延安城里的人们便纷纷向凤凰山的石窟、窑洞、防空洞奔跑。李德回忆说："我有一个译员，他在抗大为我翻译。一天，我们从抗大向我住的窑洞走去，当时我们正在上坡，突然从山后咆哮着冲出一架轰炸机，我们拼命地跑，想赶快躲进窑洞，当我上气不接下气地跑进院子时，炸弹已经在我身后爆炸了。后来我看到，大约在五十米以外的斜坡上，炸开了一个大坑。炸弹很可能击中了我的翻译，把他炸得粉碎，事后我们没有找到他的任何痕迹。"

马家窑院曾落了至少两枚炸弹，一枚落在李德与马海德两孔窑洞中间的窑腿子旁，一枚落在院子里。马海德曾向家人讲，炸弹爆炸时，整个窑洞受冲击波的影响，纸张一类的东西都被卷出了窑洞。

两张老照片背后的故事

1937年初，被称为"中国人民之友、美国革命作家"的史沫特莱接受中共中央邀请，在丁玲的陪同下来到延安。有资料显示，史沫特莱到延安不久后，与她的翻译吴光伟（吴莉莉）就住进了马家窑院，而邻居就是李德和马海德。他们的窑洞里有一台轻便的留声机和几张唱片。这为窑洞晚会上跳交际舞提供了难得的伴奏音乐。

李德回忆说："艾格尼丝·史沫特莱和斯诺的夫人来到延安。史沫特莱为写朱德搜集材料。因为她几乎不会讲中文，吴莉莉就给他们当翻译。这位女翻译英文讲得很好。毛泽东常常看望这两个人，有几次，我也在场，这样也就认识了吴莉莉。"

史沫特莱在她的文章里说："毛泽东常到我和我的翻译

图3 马海德、李德居住的马家窑院。后排中是马育英的夫人，前排中是为马海德服务的工作人员王德牛。

同住的窑洞里来，我们三人一起吃饭，谈几个小时……他一口湖南腔，试着跟我的秘书学北京官话，跟我学英语，学唱英文歌……"

海伦·斯诺受丈夫斯诺的影响，来延安要写一本《续西行漫记》。海伦到达延安时，适逢苏区党代表会议（1937年5月2日—14日）召开，毛泽东、周恩来、朱德、张闻天等领导人先后会见了她。利用这个难得的机会，她采访了六十五位军政高级干部，询问了上千个问题，收集了三十四本个人简短的自传和大量的资料。她还与许多"红小鬼"相处得很好，并采访了他们，还给他们拍摄了不少照片。

若干年以后，马海德遇到房东马育英，亲切地叫老马："'一

图4　警卫战士在马家窑院的合影。海伦·斯诺摄。

图5 海伦·斯诺在马家窑院。

家子',你要不要见你的老婆?"马育英难为情地说:"'一家子',别捣蛋!我的老婆已经归天了,这你不是不知道的!"马海德翻开手中的一本印刷物,撕了两页,递给老马:"你看看,这上面有谁啊?"马育英一看,真有点惊讶,这两张印刷的照片是在自家的院子里拍摄的,照片中有他的老婆,还有那些"红小鬼"!

马家一直将这两张照片作为宝贝一样珍藏。20世纪80年代,有一位姓白的记者来到马家窑院采访，拿走了那两张印刷的照片，留下了一套复制件。

笔者于 2018 年访问马家窑院时，在马育英的孙子马兴旺手里看到了这两张复制的照片，一张（图 3）是，在窑洞前，几个警卫战士正在玩狗崽，马夫人和另一位妇女站在他们的身后观看；另一张（图 4）是，警卫战士在马家窑院的马棚前的合影。

笔者耗费了大量的时间，查阅这两张照片的出处，还真给查到了：它们出自海伦·斯诺的英文著作 *INSIDE RED CHINA* 及其他的书籍、杂志中。另有一张照片（图 5），与那张警卫战士玩狗崽的照片的场景相同，角度略有偏差，只是穿着红军军装、绑着裹腿的海伦·斯诺一个人在玩狗崽！

两个家庭的悲欢离合

李德回忆："1938 年，有一天我去找陈云，有一段时间，他是主管中央组织部的书记，我请他把我转为中国共产党正式党员，以便能参加党的生活，并请他同意我同一位名叫李丽莲的歌唱演员结婚。她是 1937 年底同演员江青一起从上海到延安的。这两项请求他都同意了，我就同李丽莲到延安办事处登记结婚。"

自从李德和李丽莲成为夫妻之后，艺术家们就经常到马家窑院过周末，爱好交往的马海德也常常把一些年轻人拉到这里来。延安的年轻人与"两个大鼻子"海阔天空无所不谈，除了关心艺术和政治，也打乒乓球，有时甚至还跳舞。

据马兴旺说，他的爷爷曾给他们讲，到了夏天，那些外国

图 6　苏菲（右）与李丽莲在延安

女人会把院子用帐子围起来，脱光衣服晒太阳。

　　李德回忆："1939年仲夏一个星期日（注：8月27日）的早晨，太阳还没有出来，住在我窑洞里的一名中央委员会的通讯员把我叫醒，递给我一张洛甫写的纸条，上面写：'速来机场，你飞往莫斯科。'我急忙穿好衣服匆匆向李丽莲告别，她是周末从艺术学院回来的，接着又匆匆向同院的邻居告别，跳上我那匹察哈尔矮马，向机场飞奔而去。机场上已经聚集了将近一百人，其中有许多高级干部，毛泽东也在场。他们正在向周恩来告别。周偕同妻子和养女也要飞往莫斯科。"

原来，共产国际发来电报，要求李德回苏联述职。这天正巧有一架飞机来延安，接因不慎骑马摔伤胳膊的周恩来去苏联治伤，便让李德也搭乘前往。毛泽东、张闻天等一百多人前来送行。这时，李丽莲也赶到机场，李德要求带妻子一起走，但因没有护照签证未得到批准，李丽莲当场晕倒。李德含泪吻别李丽莲后，依依不舍地登上飞机。从此他们天各一方，再也没有见过面。

苏菲是1939年10月抵达延安的。她在上海读书时，受"左联"的影响，经常排演一些小话剧、小节目，还演出过电影。那年秋天，正在昆明积极参加抗敌救援活动的苏菲，受党组织的委派去延安学习。刚到延安的苏菲，进入鲁艺学习，她既高兴又兴奋，可是没过多久就因水土不服病倒了。音乐系女教员李丽莲来看苏菲，安慰苏菲说："你好好休息，我去给你请校医，她是一个美国人，医术很高明。"

马海德被这位病人给吸引住了。他用那"带着陕北口音、不太流利的普通话"详细询问苏菲的病情。他和蔼可亲的语气同样吸引了苏菲的注意。而且，马海德临走时，还大胆地用他那歪歪斜斜、不太准确的汉字，写了一个便条："我衷心希望你能很好地按时用药，早日恢复健康，恢复你那美丽的微笑。"

其实，马海德是个大忙人，他既是军委卫生部的顾问，又是边区医院的医生，也是鲁艺的校医。平日里，他走到哪里，哪里就有请他看病的人，这些求医问药者中包括普通的老百姓。但是，他再忙，到了距离城里十多里的鲁艺，一定会抽空和苏菲聊聊天，还主动邀请这位美女去他居住的窑洞做客。苏菲答应过两次，而且，许多年以后她还能够记得清当时的情况。一次是吹嘘她会做特别好吃的鸳鸯蛋，马

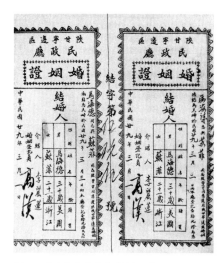

图7　马海德与苏菲的结婚证书

海德想办法搞到了十个鸡蛋和菠菜、肉末。而她不但带来了田夫、杨烈、徐克立，还将这些难得的食材做成了"一塌糊涂"。她的面子挂不住了，便和几个姐妹开溜了。还有一次，她又答应周日去马海德窑洞里吃饭。马海德简直高兴坏了，特地找了一只老母鸡，让负责照顾他的王德牛给炖上了。可这次，苏菲又临阵退缩了。

　　然而，有情人终成眷属。在他们相互多次的接触中，彼此之间有了坦诚的心灵感应。马海德首先向苏菲表达了结婚的愿望，而苏菲觉得有点突然，说再等等吧！马海德说："我父亲说过：'头一次见面就能进入你心灵的姑娘，一定是你最好的终身伴侣。'我第一次见到你的时候，就觉得你是我要找的人。你要是同意，我就向组织打报告啦！"苏菲在甜蜜的感觉中同意了马海德的求婚。

图8 李丽莲、马海德、苏菲（左）在延安

　　那是 1940 年春节的大年初一一大早，马海德跑到政治部主任王稼祥的办公室汇报了他的结婚诉求。很快，二十多天后，马海德、苏菲便到边区民政厅办理了婚姻登记。结婚没有钱办酒席，马海德就给正在重庆的路易·艾黎发电报借来了二百大洋，在机关合作社办了十几桌酒席，王德牛以家里兄长的身份坐在了主桌上。

　　他们的洞房之夜，窑洞里点上了蜡烛。真可谓是洞房花烛夜了！

物是人非事事相传

1971年夏天，马海德的弟弟约瑟夫·海德姆忽然来到北京。正在接受再教育的马海德夫妇便沾了光，可以陪远道而来的弟弟在国内参观学习了，当然也可以让这位美国人很好地接受一下社会主义教育。

他们到了大寨，之后到西安，游览了西安的所有景点。最为重要的一站是到延安，他们看了很多工作、居住过的地方，也没有忘记再看看马家窑院里他们的洞房。马海德用英文向弟弟介绍他的邻居："我们在窑洞中住着的时候，他和我们是邻居，他们家里只要有人得病，我就会帮他们看看。这位老人是我们在延安当地最亲密的朋友之一。"马海德所指的老人是他的"一

图9 1971年夏，马海德与弟弟约瑟夫·海德姆、夫人苏菲在延安。周幼马摄。

69

图10 王德牛背着儿时的周幼马。

家子"马育英的儿子马安，老马早在 1964 年就去世了。

　　苏菲回忆当时的情景说："进了窑洞后，老乡给我们每人倒上了一杯糖水，延安人最喜欢用糖水招待客人。我们看见老乡窑洞炕上的小炕桌上摆放着各色的干果和水果，竟然还有葡萄，我不由惊奇地问老乡说：'这个葡萄是你从西安买来的吧？'老乡说：'不是，不是，我们现在啊，也自己种葡萄。'我想起我们离开时，延安当地的干果和水果只有杏、枣子，蔬菜只有南瓜、土豆、白菜三样。而现在竟然已经开始种葡萄了，我不由得为这可喜的变化而欣慰。"当时，马家窑院的确栽植了

图 11　苏菲与笔者合影。周幼马摄于 2020 年 10 月。

一大架葡萄，而且每年都是硕果累累。

　　让马海德、苏菲、王德牛等人不知道的是，就因为马家人与外国人有过接触，而且接受过外国人赠送的礼物，在马育英去世时，所有邻居都不得去马家，也不得以任何形式向逝者告别，包括烧香磕头。

　　早在 60 年代初，有人听到马家保存了一件外国人给的奇怪东西，三传两传，便传成了马家有一部外国人给的电台！有关部门专门质问了马育英，而他矢口否认。其实，马育英知道，苏菲赠送的这件礼物，如果保管不好，迟早会给他们家带来说不清的灾难。于是，他让儿子马安专门给这个"洋玩意"做了一个木盒子，还在木盒子上写了"注意，保存好"五个字。

　　笔者算是在马兴旺手里第一个看到这个"洋玩意"的外人了——不过是一件吸奶器而已。

笔者早就听父亲毕瑶琳说过马海德的幽默与随和。马海德夫妇在大砭沟居住时，经常和父亲两人骑一匹马，很爱开玩笑的父亲问马海德："骚胡，你去哪里呀？"马海德歪着脑袋问："我听不懂你叫我什么，你不是骂我吧？"父亲笑着说："哪里能骂外国人呢，我是问你好嘛！"1971年，马海德回延安时，在大街上看到了笔者父亲，既点头又微笑，走上前想与父亲握手问好。而父亲处于本能的反应，不由分说地躲开了他。那时，父亲被打成了"军统特务组长"，哪敢与外国人有接触！之后，父亲对没有与马海德再开几句玩笑而后悔莫及。

王德牛是一位被马育英及其后代牢牢记住的人。他不识字，但为人憨厚诚实。日机轰炸之后，马家搬离了自家的院子，王德牛却不忘马育英，时不时要去龙湾看望老马，并和老马住在一个炕上拉呱儿。

马海德一家进京后，王德牛提出，要回离别十多年的老家江西德兴，去找寻失散了的未婚妻。王德牛回到家乡后，通过组织找到了未婚妻，并喜结连理，生了四个男娃，他还当上了德兴县的副县长。王德牛在去世前，与老首长马海德及家人一直保持着亲密的联系。

2018年，马家窑院被延安市政府征收。据文物管理保护部门介绍，马家窑院经修葺后，将作为革命遗址对外开放，让更多的人接受革命传统教育。

2020年10月，笔者去北京采访了一百零二岁的苏菲女士，她身体健康，记忆力超强，给笔者讲了约一个小时的延安故事。

宋哲元的家庭生活

李惠兰 口述 　王雷 整理

一、宋哲元的少年时代

宋哲元（1885—1940），字明轩，山东乐陵人。乐陵宋氏本是书香门第、官宦人家，宋哲元的老祖先宋槃曾在明末为官三十余载，清正廉洁，最后官至兵部侍郎，五十九岁去世后，被追赠兵部尚书、通议大夫。清朝时，宋门又出了一个进士、一个武进士、四个举人和两个武举人。可是后来家道中衰，宋哲元的祖父宋堪英年早逝，没有给家里留下什么积蓄。到宋哲元父亲宋釜（字湘及）这一代，因其授业恩师遭清朝"文字狱"迫害而入狱，他也被株连，终身不得做官，只能以私塾教师为生，靠微薄的薪金供养家庭。

雪上加霜的是，在宋哲元小的时候，宋釜的继母贾氏将宋釜一年来在外教书的薪水私自占有，使宋哲元母子二人生活陷入困境，宋母沈氏夫人毅然从赵洪都村的婆家迁回到后颜村的娘家，投靠自己的哥哥沈兰莱，住在了沈家的柴房里。母子二人相依为命，靠赊棉花，再纺成棉线换钱，艰苦度日。

宋哲元的启蒙教师是他的舅舅沈兰莱。之后宋哲元又跟随

图1 学兵时期的宋哲元

父亲到大户人家做书童，继续学习儒家经典。十七岁时，宋哲元已不适合再做书童，就回家伴母。他的二弟宋春元生下来手脚就有残疾，不能劳动，而三弟宋智元又比他小十八岁，家中缺劳动力。为养活两弟两妹，他不仅要教私塾，还要到城里染坊做染工，春节时卖对联。直到二十三岁那年，宋哲元的人生迎来了一个巨大的转折，他从在陆建章（袁世凯手下的重要将领）家中任塾师的父亲处得知随营武备学堂招生的消息后，便从山东老家徒步前往北京报考。由于家中贫穷，他的母亲连为他做一双新鞋的布料都没有。所以，宋哲元只得穿上自己制作的草鞋走到北京。

二、宋哲元的婚姻

宋哲元的夫人常淑清出身北京的满族，其祖上曾经为清廷内务府采制帘子，被称为"帘子常家"。到了民国时期，常家没了经济来源，家道衰落，常淑清的父母又双双过世，留下姐弟二人由祖父常老先生抚养长大。她和宋哲元的婚姻可以说是一波三折。

这要从宋哲元走上军旅生涯后讲起，宋哲元于武备学堂毕业后当上了哨长（排长）时，年已二十八岁。每到休假之时，他从来不像他的战友那样离开兵营，去街上玩乐，而是一个人在营房里读书、写字。他的战友韩子峰十分不解，问他不出去游玩的原因，宋哲元就向韩子峰介绍了自己家的情况，需要省钱交给母亲，补贴家用。韩子峰听后，认为宋哲元具有孝悌、诚实的传统美德，是个好青年，就想为他说个媒，便把这件事告诉了朋友常老先生。常老先生以去营房看望韩子峰为由，实际上去"考察"宋哲元，他看见宋哲元举止得当，为人忠厚，一表人才。又看了看宋哲元写的字，认为他文武双全，将来一定能有一番作为。于是，决定将孙女常淑清许配给宋哲元。"父母之命，媒妁之言"，这件事儿不能由宋哲元自己来做主，必须经过父母同意。所以，韩子峰找到了此时正在陆建章家中教书的宋釜。宋釜得知此事后很高兴，就把随身携带最值钱的一

图2　新婚的宋哲元夫妇与父母合影。

把带有翡翠扇坠的扇子作为信物交给了韩子峰，算是两家正式定亲。可是由于当时正是民国乱世，宋哲元常年跟随大部队南征北战，居无定所，无法完婚。直到三年后的1916年宋哲元所在部队到达四川绵阳，有了固定的驻地。常老先生才把孙女常淑清送到四川与宋哲元完婚，新婚之夜两人才第一次见面。

婚礼由宋哲元的长官冯玉祥亲自主持，婚房是临时借用当地老医生李莲孙家的厢房，房前贴着常老先生亲自写的对联："画眉轶事传京兆，坦腹东床拟右军。"这副对联中，常老先生借东床快婿的典故，将宋哲元比作王羲之，认为其前途不可限量，又借西汉张敞为妻子画眉的典故，祝福这对新人恩爱幸福。

正如常老先生希望的那样，常氏夫人在家相夫教子，夫妻二人举案齐眉。宋哲元任热河都统期间，他的父亲宋釜患了重病，常氏夫人就带着大女儿，在北京租了一个小院，照顾生病的公公直至其去世。

常淑清从不干政，但是在长城抗战后，她率领其他将领的夫人共同参加了慰问烈士家属的活动。她生活勤俭朴素，即便后来宋哲元当上了二十九军军长、平津卫戍司令、冀察政务委员会委员长，成了地方大员，她也从不烫头发，更不穿高跟鞋和华贵的衣服。他们夫妇二人育有六女一子，长女景昭、次女景宪、三女景文、四女景蕴、五女景云、小女儿景孚、儿子华玉，排行第四。

当时军队中很多高级将领都蓄妾，宋家只有一个儿子，很是单薄，便有人建议宋哲元也应纳妾多生儿子，宋哲元都委婉拒绝。长城抗战后，宋哲元收养了烈士侯万山家中的双胞胎男孩，对常淑清说："这就是我们的孩子。"常淑清也将这对双

图 3 烈士孤儿（照片右一、右二为双胞胎）和宋家子女一起长大。

胞胎视若己出，抚养成人。

三、宋哲元对母至孝

由于幼年的经历，宋哲元对母亲十分孝顺。1926 年，他父

图4 宋母沈太夫人。摄于1939年。

亲在北京去世，而宋母和其他儿女一直在老家居住，仍然纺线织布，过着清苦的生活。直到1930年，山东战乱，军阀李景林攻入山东。宋母害怕自己被军阀俘虏成为人质，便夹着小包袱带着小儿子逃至天津，在英租界求志里1号（位于今岳阳道）租了一间只有十平方米的小屋居住。不久，宋哲元的小妹妹也到达天津，人多了以后房子也就不够居住了，于是又租了英租界29号路（今南京路）的一处二层小楼居住。宋母生活简朴，睡四块木板搭起来的床铺，吃饭就在床上放一个小炕桌，盘腿吃饭。在天津期间，她还惦念着后颜村的家乡父老。为方便乡亲们日常出行，宋母将自己攒了好几年的零用钱捐出来，为家乡修了一座"宋母桥"（解放后改名为"善化桥"）。

宋哲元在华北主政期间，公务繁忙，不能膝前尽孝，宋母便由他的妹妹宋淑贞、三弟妹田氏代为照料。但每次宋哲元回家团聚，都会带着子女给老夫人磕头。离开天津时，也要磕头辞行。

1934年，宋哲元在为母亲贺七十大寿时，本想到1939年再为母亲贺七十五大寿。可是，随着日本的狼子野心越发暴露，他越明白，恐怕到不了1939年，双方就要开战了。于是，1937年2月，他把给母亲贺寿的三万元私蓄，交给了北平市市长秦德纯，在天桥南大街买了22.3亩空地修建了一片平民住宅，共住房140间、厕所28间。这批住房原计划每间十平方米，但宋

图5 宋夫人常淑清和其子女合影。前排右起依次为宋景云、宋景孚、常淑清、贾志宏，后排右起依次为宋奕兴、贾成骞、宋景昭、宋景宪、宋景文、宋景韫。

图6 宋哲元夫人常淑清（左四）宴请冀察政务委员会委员夫人时合影。右一过之翰夫人、右二赵登禹夫人、右三冯治安夫人、右四刘汝明夫人、右五秦德纯夫人、左一陈继淹夫人、左二杨镇南夫人、左三张自忠夫人。摄于1937年。

哲元认为空间太小，就改为十八平方米，可以为一家祖孙三代人遮风避雨，宋哲元之所以产生这种想法，源于他童年时代住在舅舅家柴房里，夏不避雨、冬不遮风的艰苦经历，他懂得一个工作了一天的劳动者多么需要一个栖身之地，这和杜甫"安得广厦千万间，大庇天下寒士俱欢颜"的思想类似。有的家庭在这些房间生活了四代，直到20世纪90年代拆迁。而这批住宅的图纸至今被保存在北京档案馆中。这些平民住宅的修建，算得上开中国近代官员用私款改善百姓生活之先河。

1937年，七七事变爆发后，7月11日，宋哲元到达天津，以了解三十八师对抗战的态度。可刚到天津就被亲日派包围，为防止日军和汉奸的暗害，他谢绝了一切社交活动，不参加任何宴会，这就成了他最后坐在炕桌上陪母亲吃饭的时光。之后，宋哲元率领着由二十九军升格的第一集团军在河北省抗战五个月，又在河南、湖北抗战三个月，与战士们同甘共苦。因操劳过度，高血压发展为肾病，但他一直坚持在前线指挥战斗，后来病情加重，两腿胀肿，鞋都不能完全穿上，甚至不能长时间站立。在此情况下，他曾向蒋介石透露辞职的想法。蒋介石不了解情况，请宋赴宴。席间，佣人端上米饭，宋哲元说："我不能吃饭。"蒋介石误以为宋哲元是北方人，不习惯吃米饭，就让后厨换成馒头。但宋哲元表示馒头也不能吃。此时，蒋介石仔细端详宋哲元，才发现他已经是满脸浮肿，口眼歪斜，便

图7 宋哲元母亲沈太夫人七十大寿时合影。前排左起第三人为李惠兰，时年两岁多。摄于 1934 年 5 月 13 日。

安排宋哲元到大后方休养。

1939年春，宋哲元搬至灌县（今四川省都江堰市）养病，走到青城山时，他在山下见到卖拐棍的商贩，想起了远在天津沦陷区的老母亲，便买下一根拐棍，并刻上自己的乳名"湿"，托人带给母亲，以寄托自己未能膝前尽孝的遗憾和对母亲的思念。宋母见后，知道是儿子送来的，更加思念儿子。1941年，宋母抱着不能母子团圆的遗憾去世了，并将这根拐棍随葬。

四、宋哲元对子女的教育

宋哲元教育子女极其严格。遵照宋哲元母亲的要求，家里的女孩子不许去外面上洋学堂，只可以在家读私塾，宋家的女孩除了认字之外，还要学诗词歌赋、画画，下午要学女红。男孩子除了上午到外面的学校学习，下午要到私塾里听课，学四书五经，受古文教育。

宋哲元的独子宋华玉高中毕业后，投考了美国著名的西点军校，之后又攻读了美国的航空大学，成为直升机设计师。后来，他回国看望年迈的母亲时，蒋介石希望聘请他在空军中任高官。可是，宋华玉想起了宋哲元"从此枪口不对内，中国人不打中国人"的誓言而婉言回绝。

宋哲元没有给后代留下什么财产，他的孩子都是长大成人自立谋生的，他为儿子留下的"诚真正平"四个字成了宋氏的家训。

宋哲元为后人留下了两笔财富，一是上文提及的北京平民住宅，二是在河北省遵化市石门镇买了五十八亩半的土地，修建了一座陵园，也就是今天的遵化烈士陵园。

德国人拍摄的胶济铁路

周　车

　　1904 年 6 月 1 日，青岛与济南间的胶济铁路全线通车，成为德国武力强占胶州湾，强迫清政府与之签订《胶澳租借条约》后，通过修筑铁路向山东内地进行殖民渗透的重要一步。近日，笔者在临淄云志艺术馆收藏的当年德国人拍摄的众多相册中，看到了一组胶济铁路早期原版老照片，数量虽然不多，但其反映出的历史风物也颇耐人寻味。

　　图 1 拍摄于胶济铁路开通之初的高密站，崭新高大的站房前面中德官员悠闲地谈笑风生，众多百姓在近旁围观聚集。虽然车站入口的灯笼下站着头戴钢盔的德国兵，照片右侧车厢前面也站着一排头戴环形礼帽的铁路警察，但也不是荷枪实弹的样子，大家都在等待着一列火车的到来。但就在几年前，德国人刚刚开始在山东修铁路的时候，德国军队、中国官员和高密百姓之间的关系，却完全和这张照片相反，用剑拔弩张、不共戴天来形容一点都不为过。

　　山东人口稠密，又多以务农为生，土地是人们赖以生存的基础，由于贫困、灾荒、政治搜刮和社会不平，动乱时常发生，在这里修建铁路，穿越农田，必定会激起很多矛盾。德国传教

图1　在高密站等车的中德官员

士在鲁南地区的传教活动激起了当地民众的反洋教斗争，1897年德国占领胶州湾的军事行动更是在山东引起了强烈反应。在这样一个充满不安定因素的地区修建第一条铁路，本身就是一个巨大的挑战，而德国人在铁路建设初期的野蛮行径又加剧了矛盾，导致严重暴力冲突的多次发生。1899年6月铁路建设开始不久至1900年秋，德国的山东铁路公司与当地民众发生了三次规模较大的暴力冲突。

第一次发生在1899年6月，胶澳总督派军队对中国民众进行了血腥镇压。随后莱州候补知府石祖芬与胶济铁路第二工段负责人锡贝德续订了《筑路善后章程》。此章程规定，铁路小工有调戏妇女、与民人口角之事，由地方官讯办；民人有拔标阻工之事，由地方官解散；铁路小工，托地方官代雇，其每日薪资，由工程师会同地方官亲手付给；拆屋迁坟，公司知照地方官查勘商办；租屋请地方官帮助，土石、木料等均由地方官购买并代付款项；租地请地方官帮助等。地方政府为此还规定：破坏勘测路标者罚款五两，若找不到此人，村长要负责筹集这笔钱；若有中国或德国铁路工人被杀或被伤找不到罪犯，全村都将受到严厉惩罚。胶州知州让沿线二十个村子签协议，承担保护该地区工程的责任。但《筑路善后章程》将帮办和保护铁路的责任全部加到地方官身上，却没有给中国方面对铁路的控制权，对德方的山东铁路公司也没有做出任何限制性规定。事态后来的发展证明，这次事件只是更大范围、更严重争端的前奏。

第二次更大规模冲突发生在 1899 年年底，铁路建设再次中断。新任山东巡抚袁世凯以此为契机，于 1900 年春与铁路公司谈判签订《胶济铁路章程》。这份《胶济铁路章程》对铁路建设和保护，以及中国人参股等方面做出了详细规定，规范了铁路公司的行为，理顺了铁路公司与山东省官府的关系。有利于铁路工程的顺利进行。双方均对谈判结果表示满意。德国人认为他们只放弃了很少的权利就换来了铁路沿线的和平，而中国人只获得很小的铁路控制权，对山东铁路公司的经营活动也没有很大影响。袁世凯则认为，通过签订章程，德国公司承认了铁路处于中国管辖权之下。德国学者罗梅君等人则认为"章程的意义在于为中国政治提供了一种对付帝国主义列强经济渗透的方法"。

1900 年 6 月义和团运动高涨期间，发生了第三次针对铁路的暴力活动。为此，胶澳总督叶世克向高密和胶州各派出了两百人的军队，以确保胶州—高密段铁路恢复建设，并在两地修建兵营，驻扎长达五年之久。直到 1900 年 10 月，山东局势才总体上缓和下来。1905 年 11 月，时任山东巡抚杨士骧与德国人达成《胶高撤兵善后条款》，规定德军从胶州和高密撤兵，山东巡抚派警察接收中立区范围内的护路权。中国以约四十万银元收回德国以约一百一十万马克在上述两处建造的兵营。

图 2（见中插）和图 3（见中插）照片就分别反映了德国军队在高密站集结，通过胶济铁路运送陆海军士兵的场景，只不过是冲突发生几年后赤手空拳的例行换防了。

针对高密发生的一系列阻路冲突事件，德方的山东铁路公司为解决铁路修建过程中复杂的土地产权，采取了一种简便的方式：由公司与各县的知县和乡绅代表就整个县签订一份土地购买合同，商定每亩土地的平均价格以及用于补偿迁坟和耕地损失的固定金额。至 1900 年 5 月，分别与胶州、即墨、高密、昌邑、安丘、潍县签订了土地合同。

为了缓和与民众的矛盾，山东铁路公司还采用包工头制，劳工由包工头招募，来满足铁路建设对大量廉价劳动力的需求。这不仅是出于他们对这些乡民吃苦耐劳品质，和经过短期培训能够达到技术能力的认可，更重要的原因是付给中国劳工的低廉工资对开支巨大的铁路工程更为有利的诱惑。德方详细地算过一笔账：一个中国小工一天的工资为三十至三十五分尼，泥瓦匠、木匠、细木工、木桶匠为四十分尼，铁匠、铜匠、锁匠和石匠约为五十分尼。工作时间从日出至日落，中间约有两小时的休息。如果教导有方、监控得力，一个小工大抵与欧洲小工的水平相当。手工艺人大概需要一到两个月的培训，可达到欧洲手工艺人一半的水平。1902 年春，在胶济铁路全线上工作的劳工达两万至两万五千人，包括当时所有从事铁路建设及供

图4 高密站建筑全景

应和搬运石头、土方、石灰和水泥的中国人。此外，1899年秋德方在青岛建立了第一所铁路学校，以培养铁路所需的中国职员。学成之后被分配到胶济铁路的各个车站，担任助理、秘书、电报员、扳道岔工、调车长、机车司机、列车员等职，其中有些人成为小站站长，有些人成为大站的副手。

中德双方经过多次的冲突与调适，胶济铁路才得以继续向济南修筑。由于以上事件，高密西乡没有按照平均七千两百米的距离设立车站，而延长到十五余千米，这就成为高密至蔡家庄两个车站超长距离设置的原因。

图4拍摄了高密站建筑全景。高密站距青岛一百千米左右，始建于1901年，1901年9月8日开站运营。主站房二层砖木结构，顶部设有阁楼，屋顶随建筑高低起伏，屋脊除了采用具有冀鲁豫民居典型特征的透风脊，还在屋脊顶端设计了二龙戏珠、末

端采用了瑞兽装饰，中式建筑元素突出。整个二层外墙装饰了外露的木架结构，呈现出漂亮的几何造型，划分一二层间的腰线十分明显。中式四面坡的屋顶两面各嵌入了一个硕大的老虎窗，仿木结构划分的面积覆盖整个二层，与底层的清水墙白线沟边形成鲜明对比。不过屋顶中式脊瓦与德式立面的结合还是显得生硬，见证了那个时代的融合演变。

如果把包括高密站在内的胶济铁路早期站房建筑放在一起，会发现德方在胶济铁路沿线车站的设计上采用了"中西合璧"的建筑风格，而且随着铁路不断向山东腹地延伸，其风格越来越向中式建筑靠拢的特点。据说这种"创意"来自主持胶济铁路修建的负责人锡乐巴。在华期间，锡乐巴对中国的建筑艺术产生了浓厚的兴趣，并进行了深入研究，从而影响了胶济铁路站房的设计。这种"中西合璧"的建筑风格，应该是要吸

图5　正在登车的德国官员

引更多中国人成为铁路的乘客，减少对这种新交通工具的不信任。应该说，德方山东铁路公司采用的站房设计方案，不仅是吸取筑路过程中在高密等地发生纠纷冲突的教训，而且是德国铁路工程师学着与中国百姓融洽相处的结果。可以想见，针对当时中西间政治和文化对抗的情况，在建设铁路设施时充分考虑中国文化，一定是山东铁路公司管理层除了经济因素以外无法回避的难题，毕竟铁路修通后还要通过运营获取更大的经济利益。

图5延续了图1中的场景，标有"山东铁路公司"名称的花厅车停靠在高密车站，官员人等握手道别乘车而去。花厅车是头等车厢，座位有软垫和方便的靠背，座位前面的间距也很大，六人的隔间可以关闭。车厢两端各有一间封闭的小房间，一间是供车辆看守人休息和取暖用的，另一间是观景隔间，里面有一张桌子和两个沙发椅。观景隔间旁边是客厅，也有沙发、桌子和几把沙发椅，过道旁边还有两个睡觉的隔间，里面有床和厕所，夜间车内会有煤油灯照明。当然，这种等级的车厢不是中国人有钱就能乘坐的，那都是给蓝眼睛、高鼻梁的洋人和巡抚、道台大人准备的。甚至在1902年12月山东巡抚周馥参加潍县至昌乐的通车典礼，也只是给安排了二等车。二等客票是三等客票的5.8倍，一等客票更是高达11.6倍。胶济铁路最初的时候，普通中国人只能坐三等车，但很多乡民不相信他们的行李、买来的商品或要带到市场上出售的货物，可以放心地交给行李车看管，而他独自去乘坐三等车，所以把箱子和行李包拖到货车上后，或坐在地板上，或坐在自己的行李上，相伴的常常是一股股鱼肉家禽散发出来的刺鼻腥臭味，这种车厢被戏称为四等车。

图 6（见中插）应该是送别活动结束后，高密当地的中国官员离开高密站的情景。照片前景，四名轿夫健步而行，两名衙役紧随左右；照片左侧，另几名衙役和轿夫正在为大老爷掀起轿帘，几名乡民静静地站在一旁观望。

胶济铁路开通后，官员在车站迎来送往几乎成为新的"惯例"，既表现了隆重，又展示出热情，更让南来北往的民众"大饱眼福"。对此，中国近代小说家、翻译家、报人包天笑在《钏影楼回忆录》中的"记青州府中学堂"章节，有如下生动记录：山东巡抚周馥到青岛与德国人交涉，从济南乘胶济铁路火车到青岛经过青州府。省里通知青州知府，说抚台过境青州府，要令本府全体学生，到火车站列队迎送，以示本省兴学有效。谁料火车到站后，不但学生们没有见到抚台，连太尊以及益都县也没有见到，说是一概挡驾道乏。据说府台大人在专车里睡中觉，概不见客。学生们在车站上站了班，只见几个武巡捕，手里抓了一大沓手本，喊过学堂的头脑，让学生一概退去！

中国官员在车站的排场也不一定都能摆得出来，特别是身着便服、不做官轿，还遇到"洋鬼子"的时候。当时的上海《申报》记载：1905 年 4 月 30 日，山东道台黄中慧乘坐头等车去青岛，列车行至高密站时，站长德国人奥力虚见黄中慧身着洋装，误把其当成日本侦探，对他态度恶劣。这时有三名德国军官和律师偕家眷持头等车票上车，奥力虚遂命令黄中慧把座位让给德国人，黄中慧用英语据理争辩，结果被拽下车。同车之人告诉站长，黄中慧是中国监司大员，不能如此对待。站长这才知道做错了，于是请黄中慧上车。黄中慧不肯，在高密站停留。等他到达青岛后，山东铁路公司总办锡乐巴亲自到他住的旅馆慰问。事后，锡乐巴还向黄中慧致道歉函，称黄道台在高密站"所遇不便"是由于站长奥力虚"尽职太过"引起,已撤销了该站长职务。黄中慧对铁路管理层的轻描淡写大为不满,他强调说,他并无过失,却被逐出车外,交士兵看管,被剥夺人身自由,铁路公司却只称其为"不便",称该站长"尽职太过",由此可推断铁路公司"虐待华人已视为成例","若不将此等妄为之事从此杜绝,则铁路公司之后患止复无穷",而且德国的声誉,尤其是铁路公司的名声"从此败坏殆尽"。将来如果外国人受到中国人的无礼对待,皆不应向中国官员申诉,因为"此等恶行实由汝辈首开其端故也"。报上的评论还称,中国人不再处于德国占领初期的那种卑躬屈膝的地位了,所谓的"黄种人"获得了自信,不能再由外国人做主——特别是在铁路的问题上,云云!

图1照片中依稀能看到胶济铁路警察的身影,图7在芝兰庄站仓库门前给他们拍摄了特写。照片有些模糊,四名铁路警

图7 芝兰庄站的铁路警察

察立正姿势，双手端枪敬礼。从拍摄角度和清晰度推断，拍摄者应该是在行驶的火车上，给这几名向他们敬礼的铁路警察按下了快门，而芝兰庄站正属于胶济铁路警察高密第四分局管辖。

根据中德双方签订的《铁路许可权附加规定》和《铁路警察章程》，胶济铁路警察是在铁路完工后，由中国和德国监管人员共同组建的，其职能是保护铁路财产和铁路职员的安全，确保铁路运输顺利进行，主要惩罚那些违反运营规定的行为和偷盗等小的违法行为。此前，胶济铁路自路轨铺设以来一直有偷盗螺栓和鱼尾板的案件发生。有一次，线路上十六个鱼尾板被盗，差点发生列车出轨事故，幸亏巡检员及时发现并立即采取了补救措施。针对类似严重影响铁路建设和运输安全的恶性事件，德方山东铁路公司总办锡乐巴，指责山东巡抚周馥没有采取必要的惩罚措施。周馥则反驳说，大部分偷盗案件是由铁路工人干的，也只有他们才知道怎样拧开鱼尾板的螺栓。反过来指责德方没有遵守《铁路章程》规定在铁路施工沿线多雇用本地人，却雇用了数百名来自河南、直隶及其他省的无业游民，这些人被解雇后在铁路上偷盗才是造成恶性事件发生的主要原因。

1904 年 3 月 24 日，中德共管的铁路警察部队成立，分布于胶济铁路沿线各车站，由六名长官、六十二名下级警官和八百三十二名警员组成。警察总局设在青州府，总局有警察局长、警察总监、警察法官、监察员、事务长、刑事警长各一名、秘书两名、刑警三十名及脚夫十名，济南府东、周村、潍县、高密和胶州设立五个分局，但德国人认为这支中国警察部队素质很差，不足以保护铁路安全。

图 8（见中插）拍摄了胶州站的一幕场景，站台上身着官服的官员及其随从先后走过，头戴礼帽的铁路警察注目凝视，

图 2 在高密站等车的德军士兵

图 3 　经胶济铁路转运的德国军队

图 6　中国官员乘轿离开高密站

图 8　胶州站场景

众多乡民大气不敢出地呆立在一旁。但笔者认为这张照片上真正耐人寻味的不是这些，而是站房墙壁上"胶州站"三个字下面那个小盒子——铁路邮政信箱。

1900年7月，还在胶济铁路建设期间，德国邮政为方便铁路建设人员收寄邮件，就在胶州城的外港塔埠头设立了邮政代办处。1901年4月8日，随着胶济铁路青岛—胶州段开通，德国铁路邮政部门为胶济铁路专门配备了在德国生产、带有德国邮政当局标志的车辆，但按照德国邮政部门规定，胶济铁路只能运输德国铁路邮政的邮件，后来经中德双方协商，德方才同意有偿运送中国邮政的邮件。胶济铁路邮政兼行李车长20.5米，车厢构架由型钢制成，外表采用带有天然涂层的缅甸柚木，车厢内用松木板装饰，顶盖上装有遮阳棚，分隔为行李间、德国邮政隔间、中国邮政隔间、列车员工作间、客厅和厕所，还有蒸汽供暖和煤油照明。

1910年前后，青岛与柏林实现了铁路连接，大大缩短了之前海路邮政至少需要四到六周的时间。一张明信片通过德国铁路邮政从青岛寄到德国只要十五天，共经过九条铁路，全程11851公里，依次经过：胶济铁路青岛至济南府，津浦铁路济南府至天津，京奉铁路天津至沈阳，南满铁路沈阳至长春，中东铁路长春经哈尔滨至满洲里，随后穿越贝加尔湖从满洲里至伊尔库斯克，再穿越西伯利亚从伊尔库斯科经奥姆斯克至莫斯科，再经华沙至亚历山大罗，最后通过普鲁士国有铁路从亚历山大罗经索恩抵达德国柏林。

我想，当年照片中的乡民无论如何也想象不到，投放到车站墙壁小盒子里的那一张小纸片经历的"铁路之旅"。

任美锷留英时期的往来信片

金小明

　　著名地理学家、海洋学家任美锷先生（1913—2008）在南京去世后，他的遗物流散出来，我偶然得到一些——竺可桢签赠给他的一册《物候学》、十来张他收藏的老照片、几百张没有寄用的世界各国风景明信片，以及负笈英伦时期与学友之间的若干往来信片。

　　任美锷是浙江鄞县（今属宁波）人，1930 年考入中央大学地理系，曾随张其昀、胡焕庸、费师孟（奥地利人）等实地考察东南、西北的山川地貌。1936 年至 1939 年，以中英"庚款"公费资格（考分第一），在苏格兰格拉斯哥大学（以下简称"格大"）地理系，深造地貌、地质学，以论文《英国 Clyde 河流域地貌发育》获哲学博士学位。回国后，先在西迁宜山（后迁遵义）的浙江大学史地系任教，提出"建设地理"新论，多有经济地理著述。后转任复旦大学、中央大学教职，兼任中国地理学会总干事、《地理学报》总编辑。解放后，任南京大学地理系主任，兼南京地理研究所所长，主编《中国自然地理纲要》，致力于地貌学、海洋沉淀动力学和喀斯特研究。

　　任美锷收藏的照片中，有一张他在法国巴黎国立博物馆门

图 1 任美锷在巴黎国立博物馆门前留影。摄于
1937 年 7 月。

前的留影（图 1），摄于 1937 年 7 月，略可见留英时期的风采。
他收藏的没有实寄的信片，印行于 20 世纪的二三十年代，大多
是成套的黑白或彩色照片类型，很能反映各地的自然风貌和人
文景观，既是普通的旅游纪念品，也是一种特别的地理资料。
任氏后来还在不少的信片上做了景点记注、地貌说明，并标列
了他"在场"的年份。如果为这些信片做一个景点索引，对了
解他的域外游踪，也许会有一点帮助。

　　下面扼要介绍任氏的往来信片。从通信载体上看，信片这
种东西，写寄简便，资费低廉，也可以快邮，虽然没有办法保
护个人隐私，但很适合一般的事务联系，比如约会——

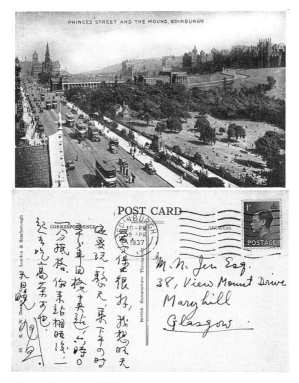

图2　李旭旦致任美锷信片

　　1937年4月9日晚，李旭旦在爱丁堡（离格拉斯哥很近），给在格大读书的任美锷（地址：38, View Mount Drive Mary hill, Glasgow）写寄了一张信片（图2），正面是爱丁堡的地标——王子街和"土丘"风景。信云：

　　　　爱丁堡很好，我想明天还要玩一整天，乘下午四时五十分车回格（中央站），六时零一分抵格。你来站相晤后，一起去吃高茶可也。

旭旦

李旭旦（1911—1985），是任美锷在中央大学的同学，后同期考取庚款留英。我有一册《东坝考察记》的抽印本，刊于《方志月刊》第六卷第十二期。这篇论文就是由胡焕庸和李、任两位弟子合作的。记录的是1933年冬季，中大地理系组织的一次对高淳域内水利、交通枢纽——东坝河道成因考察的过程。费师孟也参加了这次活动。记称——"此次考察，计程六百余里，其间步行者约百有余里，自南渡至下坝，高淳至芜湖，皆利用夜间光阴，乘船进发，十二人并睡一舱，头足相交，教授学生，甘苦均共，旅途生活，至耐回味也"——可见融洽无间

图3 李旭旦考察贵州湄潭附近石芽。摄于1941年。

的师生情谊。李、任两人，还曾合译过法国地理学家白吕纳（Y. Brunhes）《人地学原理》（南京钟山书局 1935 年版），共同推广"人地相关"的理论。李旭旦后赴剑桥大学就读。信片中说到的"高茶"，即 High tea，原指劳动阶级喝的下午茶。学友之间的交际不拘礼，却比较亲切。就在前不久（1937 年 1 月初），他们两人还一同出席了英国地理协会举办的年会。李旭旦记称："余与任君美锷俱以入会未久，年假中聚晤剑桥，乃同车赴伦参加，一以瞻聆名轮授风采言论，再以探窥英国近代地理研究之内容趋向也……"（《英国地理协会赴会记》）。1940 年 9 月 23 日，李旭旦、任美锷、李振吾、张荫麟等人，曾随浙大校长竺可桢游览遵义附近的金顶山，夜宿玉佛寺（见《竺可桢日记》）。顺带一说的是，任美锷所藏的旧照中，有一张李旭旦野外地理考察的留影（图 3），他在照片背后标注："贵州湄潭附近石芽，1941。"这一时期，他们虽说不上焦孟不离，走动还是比较多的。不久，李氏将在乃师胡焕庸的提携下，主掌中大地理系，在人文、区域地理方面达到学术顶峰。不过，李、任两人后来的专业道路也都坎坷，载沉载浮，隔阂渐深，这又是后话了。

下面两张信片，则属于报告行止和寻常问候之类。其一，1938 年 7 月 18 日，有署名"桓"的学友，给任美锷发去印有爱尔兰首府都柏林奥康耐尔街景的信片（图 4）。中云：

昨抵都伯（柏）林，城垣甚美，人事亦佳，惟不甚开通。我闲步街中，每有居民注视跟随。祝好

弟桓上

七，十八

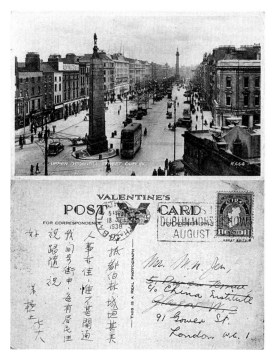

图4 桓致任美锷信片

　　其时，正当暑期，任美锷并不在校内。信片上，留下了邮
址变更的痕迹：由格城的"5 princess Tenace"改签为伦敦的"91
Gower St."，交"China Enstitute"（美华协进会）代转。所谓"人
事"，当指爱尔兰的民风吧。看风景的外国人，自己也成了外
国人眼中的风景。

　　其二，次年的1月7日，则有"近之"从爱丁堡给任美锷
写寄信片（图5），片上是爱丁堡另一处地标——卡尔顿山景
照片。信片内容是通报近况、相与劳问：

图5 徐近之致任美锷信片

美锷兄：

　　新年远游，谅多得意。弟本日自迁住后址（c/o
Keithorn 35, marchmont Crescent Edinburgh），离校较
近便，有暇望东游。此间杨君克毅甚愿识兄也。

　　即祝

时祺

　　　　　　　　　　　　　　　　　近之弟上

　　　　　　　　　　　　　　　　　元月七日

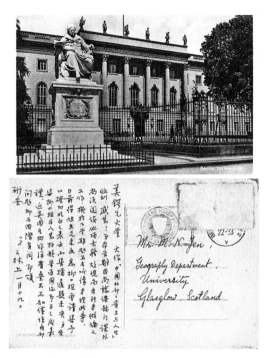

图6　万林致任美锷信片

　　"近之"，就是徐近之，与任、李两人同时考取庚款，在
爱丁堡大学攻读地形学，后曾参与筹备中国科学院地理研究所，
开展黄泛区地理调查工作。信片中提到的杨克毅，也在爱丁堡读
书，民国时期曾任职中国地理研究所人生地理组，撰有《川东地
理考察报告》——后来在中国地理界，这两个人都有一定影响。
　　下面要说的一张信片（图6），是署名"万林"者，从德
国柏林写寄到格大的，正面是洪堡大学的校门照片。背面内容
如下：

美锷兄大鉴：

　　大作《中国北部之黄土与人生》收到，感甚！弟本学期因尚听课数门，课外尚须阅读他项书籍，故现尚未能专做论文工作。拟于下学期起不去听讲，专理此事。日前得旭旦兄来函，悉柳小姐曾请渠予以确切明白之表示，而渠犹迟疑未决。弟告渠，柳小姐为人甚好，愿渠返国后，即与之成嘉礼。近英国各地炸弹案叠出，不知仅系内部问题抑与国际有关？

　　即颂

研安

　　　　　　　　　　　　　　　　　弟万林上

　　　　　　　　　　　　　　　　　一月十九日

　　信片中提到的《中国北部之黄土与人生》，是任美锷发表在《中国建设》（中国建设协会主办，1935年10月发行）第十二卷第四期上的一篇论文。那时，他已从中大毕业，在国民政府资源委员会担任研究实习员。这一张信片上的邮戳残缺（邮票已揭），估计是1937年或1938年的年初寄出的。有意思的是，信片提及李旭旦当年的亲事。他在英国读硕的时候，因生活费用不敷应付，曾转赴德国准备论文——《苏北：一个区域地理的研究》。李先生后来在1943年与陆漱芬女士结为连理。从封片透露的信息看，他本来也有可能是和那位"为人甚好"的"柳小姐"成婚的。

　　下面的两张信片，都是任美锷的朋友在1937年的暑期，从瑞士写寄给他的。一张（图7）是已有声名的地质学家朱森

图7 朱森致任美锷信片

于 8 月 21 日，从瑞士提契诺（Ticino）州 Rodi-Fiesso 寄出的，
上面是艾罗洛（Airolo）地方的风景照——

美锷兄：

  弟现于 Penninische Alpen 中观构造，重叠的山，复
杂的结构，使我因之回顾去年苏格兰高山游，特寄此以为
纪念，并祝快愉！

弟森上

一九三七，八，廿一日

这一年的春季，朱森在欧洲游学、进修，研究中外"造

图8 朱森、任美锷考察苏格兰高地。摄于 1937 年。

山运动"，在苏联参加第十七届国际地质学大会之后，赴阿尔卑斯山区考察地质构造，触景生情，想到前一年秋季的"苏格兰高山游"。那时，他在美国取得理学硕士学位不久，刚到欧洲，任美锷应该是充当了高地"地陪"，并留下了两人的合影。多年以后，任氏写过一篇论文《欧洲阿尔卑斯山古海洋学的探索》（载《任美锷地理论文选》，商务印书馆 1991 年 6 月版），回顾"阿尔卑斯大地构造学派"在学界的历史影响，称它"是世界地质学上的经典地区，在地质构造上研究得最早和最详细……世界地质学上的若干重要术语，亦起源于阿尔卑斯山"。他还回忆，1937 年，"至瑞士考察地质、地貌时，经英国贝利（Bailey）教授介绍，由日内瓦大学科利特（Collet）教授比较全面地介绍了阿尔卑斯山的地质情况，当时他即以推复体理论来说明该山的大地构造问题的"〔他的遗物中，有一张摄于1937年的勃朗峰旧照（图9），注明该峰是欧洲的最高峰〕。1982、1983年，任美锷又两次在阿尔卑斯山考察地质。这时，他已接受了可以更好地解释"造山运动"的板块理论以及古海洋学观点了。

另一张（图10），则是一个月后，"汪文"从瑞士阿尔卑斯山地隆河（罗纳河）冰川地方寄出的——

美锷兄：

弟在此看 Rhone Glacier 甚好。所住之 Hotel 尚佳，惟天气较冷。此 Glacier 在 1677 年距 Hotel 只 50m，1904年已至 1670m，今日已缓退至此。片上……你所示为今年化去的一部分，露出岩石为 Chulniti Schists，层理直立而

图9 任美锷所藏欧洲勃朗峰（Mont Blanc）旧影。摄于1937年。

图 10 汪文致任美锷信片

其上部光滑如镜面。早年露出之岩面现已成锯齿状矣！由
＊点向山上行，沿 Glacier 可看见其 Lateral nicraird。此
时看地质的心已不及往日热诚，故未图登极峰。后日即行。

　　祝好

　　　　　　　　　　　　　　　　　　　　　　　汪文

　　　　　　　　　　　　　　　　　　　　　九月廿日

发信人在信片上用钢笔标出了隆河山谷冰川（valley

图11　任美锷致俞调梅信片（稿）。

glacier）一侧融化的最新进度，是他近距离观察、对比的结果。他提到的旅馆，应该就是任美锷1937年考察下榻的同一家。任美锷在一张以冰川为衬托的旅馆全景信片上，标出了"瑞士Rhone冰川下的饭店，1937"字样。信片上注明，冰川与旅馆的距离已延至1761米。他在留英期间对高山冰川、极地冰盖融化、退缩现象的关注，埋下了后半生致力于古海洋学、沉积学等领域研究，探寻改善人类活动及气候变化对地球环境影响的伏笔。

最后要介绍的一张信片（图11），有点特殊，是任美锷在法国尼斯，写给在巴黎的友人俞调梅的，但并未投邮。俞氏1934年毕业于交通大学土木系，后赴英留学，1938年获伦敦大学工学硕士学位。信稿云：

调梅兄：

在巴黎最后未得会晤为怅。弟于十五日来 Nice，该处背山面海，风景如图。英美人士来游者极多。今日游法国南部香水制造中心 Grasse 城，沿途风景甚佳。Monte Carlo 昨日去过，仅留一小时，参观著名之 Casino 大赌场。但因囊中空空，无法下海，故既不赢亦不输。今晚即赴马赛。弟国内通讯处为广西宜山浙江大学。专上即候

近好

弟锷上

十七日

从内容上看，拟稿时间约在1939年9月。任美锷在 Nice（尼斯）、Monte Carlo（蒙地卡罗）、Grasse（格拉斯）这几个地方，以及后去的马赛，都买了不少风景信片。那时，他已获聘浙江大学，即将束装就道，回国执教了。虽然"囊中空空"，心情应该是比较放松的。据《竺可桢日记》所载，他于1939年7月初离开英国，10月25日抵达宜山校区。

前面介绍的这些信片，虽然比较零散，但串并起来也还有点意思，仿佛连缀了任美锷——这位中国现代地理名家的一个"朋友圈"：尺素传情，俱寄相思。今天观察民国时期留洋学子们的交友行谊、生活情趣，这些信片也堪作切片。

母亲的泪眼

祝 杰

一

从青海兵团返回青岛已逾三十多年，母亲去世也二十多年了，可是只要一提到去青海支边，我脑海里总是浮现出母亲那双凝望的泪眼，让我愧疚，让我心痛……

二

小时候，家境还算优裕，父亲是税务局干部，母亲是居委会主任，还担任法院人民陪审员，一家四口，其乐融融。

母亲很要好儿，人总是打扮得整洁端庄，家也收拾得窗明几净。母亲总愿意带着我出门儿，遇到街坊邻里，都夸母亲俊，我听了心里也美滋滋的。在我的记忆里，母亲确实漂亮，一双大眼睛，清澈，单纯，阳光。私下里我常常抱怨自己怎么长得就不像母亲。那时的母亲很快乐，没有一点烦心事儿，她的笑都是发自内心的。

可是，一天放学回家，家门紧闭，窗帘也拉上了，昏暗中

图1 1948年，母亲年轻时。

我看见母亲在哭泣。见我回来，母亲装作没事，问我作业写完没有。我感觉家里发生了什么不幸。几天后，真相大白，父亲打成了右派，离家去月子口水库劳动改造，母亲也被迫辞去了居委会的工作。我和哥哥并不清楚右派是怎么回事，可此后一家人就跌进了万劫深渊。父亲的收入已少得可怜，母亲也只能在家做些加工活维持生计，哥哥和我从此就背上了压得透不过气的政治包袱。

二十多年后，改正右派时，我们才听父亲说，当时他一直积极要求入党，真心想帮助党整风，他只是看不惯科长的作风，提了意见，就成了右派。

三

寒往暑来，艰难的岁月熬到了1965年，我初中即将毕业，报考中专（出身不好的学生一般不选择继续读高中）。我所在的中学，校长是军人出身，贯彻阶级路线十分坚决，要求家庭出身有问题的学生都要做好"一颗红心两种准备"——升学或上山下乡。我自恃学习成绩不错，还残存着升学的一线希望，发榜的时候，竟然还奢望能收到录取通知书。

母亲心里很明白。那些天，她总在安慰我，说升不上学没关系，就业挺好，还天天做我最喜欢吃的芸豆蛤蜊汤面。可是

图2　1952年，一家四口其乐融融。

我注意到母亲的眼睛红肿，像是哭过。自从父亲被打成右派，母亲就变了个人，沉默寡言，很少出门。她拼命做活，尽量让我和哥哥不至于捉襟见肘，遭人冷落。她张开羽翼努力呵护我们，可除了浓浓的母爱，纤弱的她怎能挡住这险象环生的政治风暴。

后来证实，我们的学生登记表里直接盖着"不宜录取"的印章，根本不可能升学，只有沦落在社会底层，别无出路。

四

新学年开始后，社会上上山下乡的宣传动员也开始了，街道上办起了"劳动后备讲习所"。母亲当过街道主任，人缘也不错，没有人来家里动员。可我自愿选择了"支边"，参加青海建设兵团，以为这样就能逃离压抑的环境，寻找新的生活。何况，贺敬之《西去列车的窗口》的诗句"边疆处处赛江南"的歌声早把一干学生的激情点燃，已经热气蒸腾，血脉偾张，谁也挡不住。

母亲不同意我离开家，却又怕惹麻烦，那个时代，"抵制上山下乡运动"的罪名对右派家庭来说绝非儿戏。母亲妥协了，只是偷偷地掉泪。对我和哥哥所受的委屈，她总是很自责很内疚。那些天我不敢与母亲对视，不忍心看着母亲在家里一边为我准备行装，一边哭泣，就借口与同学们告别，在外面瞎逛。

1966年4月1日，青岛第二批知青出发去青海建设兵团。母亲没去火车站，她害怕眼睁睁看着我被西去的列车带走。

列车徐徐启动，我向挤在人群里的哥哥挥挥手，任凭这庞然大物把我们八百名十六七岁的少男少女载向西北的荒原。

我们乘的是专列，从青岛直达西宁，无需转车。组织者作了精心的安排，没留下任何能影响知青情绪的破绽。当列车快速把泪流满面的父老亲朋抛到身后，车内的年轻人便开始憧憬着光明的未来，"火热的胸口在渴念人生的第一个战斗"（贺敬之）。随后的五天也是一路欢笑，一路歌声。

在古城西宁，我们受到盛大欢迎，副省长亲临车站接见，各族人民夹道欢迎，锣鼓喧天，彩旗飞舞，像是迎接凯旋的英雄。我们犹如打了鸡血，亢奋，沸腾。本来从西宁到马海的汽车旅程很艰苦，我们却全然不觉。前两天，日月山、黑马河、德令哈、大柴旦、鱼卡，一连串陌生的城镇在窗外次第掠过，第三天驶入马海地界。"满怀热望，满怀理想，跨山涉水到边疆"的歌声不得不停下来了，因为车摇晃得厉害，这儿根本没有路，汽车是在细如面粉的尘土里艰难爬行，粉尘几乎把车完全包裹，窗外除了尘土什么也看不见，人也是土头土脑，像一块块撒满糖粉的糕点。不知谁喊，马海到了，大家都吃了一惊。应该说，第一批来马海的知青对这里的恶劣条件已经作了最坏的打算，有充分的思想准备，可真到了，我敢说，马海的荒凉远远超出了所有人的想象，更遑论去寻找歌词里"处处赛江南"的边疆景致了。

五

马海农场海拔三千多米，是全省条件最恶劣的农场。后来有人传出：我们是三进马海，之前已有二进二出，如果把我们以后的结局加进去，就是三进三出。最早这里是劳改农场，种不出粮食，废弃。50年代后期，四千名河南青年迁徙来此，不

图3 1953年，我们弟兄俩与母亲、姥姥。

幸的是"三年困难时期"接踵而至，农场颗粒无收，以至于饿
殍枕藉。因场部恶意囤粮，还发生过抢粮的事儿。河南青年无
以果腹，只有逃跑一途。尽管逃跑的人被抓回来必定投入监狱，
仍然不能遏止。当时有一条规定，如果司机带走一名青年就会
获刑三年。有一名河南青年夜里偷偷钻到车底抱住钢梁潜出马
海，当司机停车发现时，人已经冻成冰棍。此后马海农场又一
次废弃，多年不复耕。

　　我们进驻几个月前，海西州从德令哈劳改农场抽调三十名
管教干部和几百名刑满就业职工来马海，维修旧土坯房，掩埋

风干的尸骨。连队下地，老连长弓着腰跑在最前面，把路边露出的尸体用土盖住，以免让我们看见，影响士气。

经过动员，连队很快转入兴修水渠，开荒造田，战天斗地，向戈壁要粮的艰苦劳动。千百年生长的红柳、胡杨被连根刨起，粮食没打出来，却导致沙尘暴肆虐。直到我们返城后，这里才开始退耕还牧，植被有所恢复，成了牧场。

六

边远的马海信息有些滞后，渐渐也有北京大学生串联，点火。言路稍稍放开，这里河南青年的事也多多少少传回青岛，很多家长忧心如焚，甚至要组织到马海来一看究竟。

1966年年末的一天，我收到家信，字里行间感觉母亲身体不好，很想让我回去看看。紧接着第二封信来了，撕开信封，一愣，竟然有五十元钱（那时五十元不菲啊）。不通过邮局汇款，想必是怕人疑心。家里要我回去。"支边"才一年，不允许探亲。逃跑？自己先吓了一跳，要是被抓回来必定招来横祸。思母心切，顾不了这么多。夜里，我找了老大哥阎林讨主意，密商逃跑计划。接下来一周，准备就绪，恰好有一辆柴达木运输公司的卡车来连队。阎林与司机搭讪，帮我联系搭车去大柴旦。我事先请好假，别人并不怀疑。到了大柴旦，我没按照常规去西宁转乘火车，而是搭乘卡车翻越当金山口，经敦煌去了柳园——乌鲁木齐开往上海特快的必经之地。

用站台票挤进车厢，我一颗悬着的心才放下。我们在马海与世隔绝，不知道内地已开始红卫兵大串联。所有的车都人满为患，过道、椅子底下、行李架上面全是人，别说查票，插腿的地儿都没有。只是两天两夜鱼干般挤在一起，疲惫不堪。

虽说家里知道我可能回来，进了门他们还是感到突然。母亲正在绣花，见我进门，直愣愣地看着我，不敢相信这是真的。我永远忘不了母亲看我的眼神：诧异，恐惧里流露出爱怜，像盯着失而复得的羔羊，唯恐再度失去。母亲的变化却令我吃惊，蓬鬓添霜，面容憔悴，原来明亮清澈的眼睛，现在布满血丝，近乎浑浊。我去青海才一年啊，竟至如此！从哥哥那里得知，自从我去了青海，母亲经常在窗前发呆，夜里偷偷饮泪，饭桌上固执地要摆上我的碗筷，有几次夜里突然醒来，让父亲去开门，说听到敲门声，定是杰儿回来了。听了马海的传闻，再也坐不住了，为了给我寄路费，她天天绣花到深夜，谁也劝不住。听了，我只觉得心如刀绞。

几天过后，母亲的情绪也渐渐平复，但照旧熬夜绣花。父亲右派帽子摘了，工资很微薄，哥哥在家待业，日子本来很拮据，加上我一个吃闲饭的，母亲只能加倍操劳。母亲对我特好，只要我爱吃的东西，她就说不爱吃，或过去吃伤了，总是最后收拾剩饭残羹。

一个月后，收到战友的信，说"文革"的烈火烧到了马海，连队几乎瘫痪，逃跑的战友越来越多，可以安心在家长住，无妨。

七

户籍制度在中国已臻化境，户口像画在身上的一道符，即使你走到天边，最终还要回到户口所在地。一晃大半年过去了，因户口不在青岛，没有我的口粮，副食品（每人二两肉、半斤鸡蛋、一斤油、砂糖等）、布票，就连过节每人供应的一瓶啤酒、

图4 1966年，笔者在水利工地。

两个皮蛋都要分吃家里的。更让人不安的是，没有户口连工作也不能找。远一点想，婚嫁没户口不能登记，若是有了孩子，没有户口去哪里上学？再远一点想，人死了没有户口连火葬场也进不了。一旦户口迁到青海就注定是青海人，死也得死在青海。

全家人开始担忧了，在冷酷的制度面前不得不做现实打算——返回户口所在地。为了让母亲放心，这段时间我也把马海描述得就像青岛的郊区，只是路途遥远。

要走了，常常夜里辗转不寐，从吊铺缝隙里看到母亲绣花的身影，已不似先前灵巧，因为视力衰退，时常摸索几下才能穿针。泪水忍不住就涌了出来，真真感受到千般的无奈，儿子竟不能替母亲分忧，家庭的重担只能推到母亲柔弱的肩上！

面对的是一连串的死结，弱势的我们怎么可能——破解！

八

1967 年 3 月，青海建设兵团实行了军管。年末，全面进入"一打三反"和"清理阶级队伍"运动。

军管组通过个别谈话，打开了潘多拉魔盒，很快，这帮战友开始互相怀疑，揭发，攻讦。一列火车拉来的战友，像魔咒附身，没有了平日的友善，宽容，竟至互相敌视。随之军管组宣布连队"阶级斗争"的盖子已经揭开，气氛陡然紧张，如临大敌。连队还成立起专政小组，对揪出来的"反革命"实行专政。

我在这个时候回到连队，无异于自投罗网。战友们揭发我的"反动言论"早已在军管组立案，于是，无休止的谈话（审讯），检查，帮助（开会批判）开始了。军管组说，我们连队家庭成分高，阶级斗争复杂，揪出来的"老反"太多。我属于站在悬崖的边缘上，推一推就掉下去，拉一拉就回到人民内部的那种。那时，连队像我这种人不算少，就像关在人民内部笼子里的一群鸡，一有风吹草动或阶级斗争出现新动向，就拖出一只，斗给猴看。一把达摩克利斯剑悬在头上，搞得我们整天提心吊胆。还不如直接揪出来，反倒踏实（当时多数人都这么想）。可不幸的是，直到清队运动结束，我始终站在悬崖边上，战战兢兢，如临深渊。

我当时很怕，不是怕批斗，是怕被家里知道。要是母亲知道我被打成"反革命"，后果不堪设想。但最后还是没有瞒住。

那个年代，家里只要有人"支边"，总会把孩子喜欢吃的、用的，省下来捎给他们，如同在填一个无底洞。多年后，我哥哥曾认真地告诉我："你去青海，鱼吃得比家里多。那些年，母亲洗鱼时，稍大一点的都挑出来晒了，捎给你，家里只能吃点儿鱼头鱼尾鱼内脏什么的。老家送来花生，她也都剥了皮捎给你。只要她觉得是好东西，就不舍得吃，留着，往青海捎。"

我们一起支边的战友，很多家里都是邻居，探亲归队，都要去各家把包裹捎上。我出事后，本来说好去家里捎包裹的战友，怕受牵连没到我家去。哥哥去找他，见他吞吞吐吐，觉得蹊跷，一再追问下才道出了实情。尽管哥哥没有说得很严重，但母亲哪能不知道那个时代如何对待反革命，她日夜替我担心，为我流泪，还要因为我在街坊邻里忍受屈辱。这次给她的打击远甚于我第一次离家来青海。但她在信中却从来没有露出任何蛛丝马迹。

九

天道往还，死死纠缠的厄运总算对我有些厌倦。

清队接近尾声，我所在的班成建制划归团部机务连。在这儿，我遇到了一个漂亮、聪慧的姑娘，她后来成了我的妻子。她是资本家的女儿，贤淑文雅，温存善良。她喜欢文学，我们经常一起谈论外国文学作品。那时西方经典名著还是禁书，只能在地下流传。记得一本冈察洛夫的《奥勃洛莫夫》传到我这儿，限定一天读完，她白天，我夜里，直读得天昏地暗，天亮再传给人。一本普希金的诗体小说《欧根·奥涅金》在我这儿停留时间稍长，我们俩用日记本全部手抄下来，满满两大本，

119

图5 1967年，马海二团五连炊事班合影（右一为笔者）。

现在还珍藏在家里。她特别喜欢俄罗斯文学，受其影响极深。那时我的问题还未平反，她也似乎并不介意。一次我们俩闲聊，她对我说，她最崇拜那些陪伴被放逐到西伯利亚的"十二月党人"的妻子。我听了，直后悔没去劳改，竟落得现在这般平淡，让她失望。

我们俩臭味相投，我也适时写点诗词忽悠忽悠，很快我们就坠入情网。我迫不及待地把这件事告诉家里，可家里这些年对好消息总是将信将疑，不敢高兴得太早。直到1974年初，我们俩回青岛结婚，才给母亲带来了久违的欢乐。

十

　　结婚的直接结果就是生儿育女。年底女儿出生，真是让我欢喜让我忧。喜自不必说，忧的是青海条件太差，孩子在这儿如何发育、成长？且不说气候极端恶劣，核辐射超标（在马海原子弹、氢弹试验都能听到），单是水质苦涩，食物匮乏，奶粉、白糖、鸡蛋、水果、新鲜菜蔬都是稀缺物资，几乎买不到。因海拔高，沸点低，水七八十度就烧开，面条煮成面糊，馒头蒸成糯糊，特别是青稞面馒头，扔到墙上能粘住，战友都用来粘信封。还有蚊子，铺天盖地，总不能让孩子整天带着防蚊帽，小模样都看不清。

　　结论是，只能送回家，由爷爷奶奶抚养。青海战友的孩子几乎都对爷爷奶奶、姥爷姥姥特亲，就是这个道理。

图6 1972年，母亲在靠绣花贴补家用。

母亲这些年太操劳，身体已十分虚弱，可她还是让我们把女儿送回来，她带。后来儿子出生，我们不忍心再给母亲添乱，在青海住了一年，结果儿子严重缺钙，营养不良，腿像面条一样软，我和妻子很揪心。母亲听说了，坚持要送回青岛。我现在还清楚地记得，佝偻瘦弱的母亲抱起孙子，看着一双小腿晃里晃荡站不起来，心疼得老泪纵横。那时母亲已经在大把地吃药维系虚弱的身体。

欣慰的是，儿子经母亲悉心喂养，很快健壮起来，与同龄孩子无异。

十一

自从有了孙子孙女，母亲关注的重心转移到下一代身上。孙辈儿的户口不能回归青岛一直是母亲的心结，直到1981年我带着一家四口的户口返回青岛。

返城后也并非全是阳光灿烂，十六年"支边"，如今等于归零，三四十岁的人，没有住房，没有技能，没有人脉，一切得从头开始。我和妻子也是忙里忙外，席不暇暖。母亲拖着病弱的身体起早贪黑，操持家务，照看孩子。

家庭团聚的欢乐并没有持续多久，母亲就病倒了。多年的操劳和精神打击耗尽了她的生命。诊断结果是癌症！这个可怕的字眼第一次与自己的亲人联系在一起，犹如晴空霹雳，几近崩溃，我又一次感到了无奈。自打离家参加建设兵团，给母亲带来的诸多不幸始终是我内心深处的隐痛，总想以后有机会报答。以为返城后就会逐渐好起来，谁知母亲的负担更重，以致罹患绝症。

医院安排了手术，可母亲宁死也不愿意继续医治。母亲做了一辈子活，到头来没有劳保，医疗费全部自费，家里也没有积蓄，她不想拖累我们。我和哥哥凑足了手术费，拿到医院，劝说母亲，最后她含着泪被推进手术室。

两次手术使母亲的生命在痛苦中又延续了几年。母亲最后的日子是在医院里度过的，她坚强地忍着剧烈的病痛，还不断地安慰我们。一天，轮到我陪床，外面淅淅沥沥下着雨，我在床边，看着母亲被病魔吞噬的薄如纸片的身体蜷缩在被子底下，心里隐隐作痛，顷刻，被一种刻骨的负罪感淹没，一任泪水和着雨声奔泻。

母亲去世的那天晚上，我不在身边，听哥哥说，母亲疼痛难忍，要求医生打了一针止痛剂，夜里自己拔掉了氧气，走了。我真后悔母亲走时不在身边。听人说，父母去世时儿女在不在身边是命中注定。这更加剧我的悲痛，难道我十六岁离家去青海，远离母亲也是命运使然？

母亲的伟大在于，她为了儿女倾其所有，直到耗干了生命。她只付出，不索取，无怨无悔，而儿女们往往以为是理所当然。等儿女们幡然悔悟，想尽孝心，父母却走了。

十二

逝者如斯，不舍昼夜。时间最是无情无义，把老一辈人送走，又把我们推入退休老人的行列。回望，怀旧，成了战友们精神生活的主调。

这些年，陆陆续续有战友回青海故地重游，不免生出些感慨。我们往往感叹当年自己的千般艰苦，万般无奈，放逐青春，

图7　1976年，母亲抱着孙子开怀大笑。

老大徒伤之类，很少听到替父母叫苦、喊冤的声音。可在我看来，父母为儿女"支边"所遭受的磨难远非支边者自身可比。

当时有个说法，谁家的孩子支了边，谁家就从此不得安生。想想，儿行千里母担忧，何况是去千里之外的大漠戈壁。我们满怀激情走了，父母在家哭泣。接下来，无休止的拖累就开始了，吃的，用的，源源不断捎往边疆，每次探亲归队还要把家里再洗劫一空。成家了，孙子、外孙再送回来，稍有点门路，还要挖空心思为孩子办调动。返城了，无处落脚，又把父母挤进角落……

父母因为我们"支边"，殚精竭虑，倾其所有，以为在为自己，其实是在替那个时代救赎。我们往往忽略了父母的付出和艰辛，而对自己曾经的苦难却耿耿于怀。其实我们的伤口尚有时日愈合，已是风烛残年的父母们的伤痛怕是终其余生也难抚平。

我曾读过贾平凹的一篇散文《我不是个好儿子》，很感动，很内疚。我现在觉得我这个曾经支边的人，也不是个好儿子。

当过平原游击队员的父亲

孙进军 口述 孙红山 整理

家里珍藏的这张发黄的照片（图1），让我想起父辈讲述的在战争年代历经磨难的革命生涯。往事如烟，真情难忘。

1947年6月，解放战争开始进入战略转折时期，原阳县（1950年3月，原武、阳武二县正式合并为原阳县——编者注）革命武装骨干大转战前，父亲与原阳县游击区党政人员在冀鲁豫区党委所在地平原省阳谷（今山东省聊城市阳谷县）拍摄了这张集体合影。

薪　火

我的父亲名叫孙元瑞，出生于1925年8月，系河南省阳武县官厂乡吴圪垱村人，家中兄妹四个，依次为孙元善、孙元瑞、孙元英、孙元妮，家有薄田二十多亩。参加革命后土地多被变卖，解放后所剩无几，被划分为中农成分。

由于父亲在兄妹中比较好学，1940年祖父送父亲到原武县城读书。当时学校最初是私塾学馆，后改名为"原陵专门学校"。

日军是1938年2月占领原武县城的。

1939年，日军修建了新乡东至开封的铁路（新开线）。铁路途经阳武县，其西北方则是太行革命根据地，所以这个地区非常重要，成为敌我双方拉锯战的主要战场。

1943年5月，国民党第二十四集团军总司令庞炳勋与新五军军长孙殿英在与日军作战失败后，相继在辉县、林县率部投降日本，并就任伪和平救国军二十四集团军正副总司令，经常与日军配合"扫荡"太行革命根据地。

沦陷时期，这里被称为平原省，包含黄河以北的新乡、安阳、聊城、湖西等地，电影《平原游击队》就是反映这一地区发生

图1 1947年，父亲（二排左四）与原阳县游击区人员在阳谷县合影。前排左起依次为薛芳珍、孙永福、李功政、白光明、魏从洲，二排左起依次为银友贤、褚治国、郭超、孙元瑞、王来宾、卞诚、王耀华、王纯富、李清臣、李英，三排左起依次为赵恒、刘子芳、孟厚、任礼、娄绍青、董保衡、兰昌营，四排左起：杜明、李万玺、李元淼、李逢辰。

的抗日斗争的故事。1952 年 11 月，平原省撤销。

日本为强化统治，在主要乡镇建立日伪区公所，在各村建立保甲制。1941 年夏季"原陵专门学校"名称又改为"原武中学"。这所学校是日伪县政府主办的，学生名额分配采取强制措施向全县各保长摊派，主要是为加强对当地青年的奴化教育。然而，恰恰是这所日伪学校，却成为共产党领导原阳县人民开展抗敌斗争的秘密基地，培养和发展了许多共产党员和革命进步分子。

1941 年 11 月，原武中学招收教员，学校来了一位教文史的老师，叫卞明安。后来父亲知道这位老师是共产党员，曾在开封、北平上过学，在北平参加过宣传抗日救国的学生运动。在一次组织学生的活动中与校方发生冲突，打残了校事务主任的眼睛被除名，后与同学一起准备经山西投奔延安。最后，返回原武县开展地下工作。他是父亲参加革命的启蒙者。

卞明安，是原武县祝楼乡姚村人，他利用其父亲人脉广，在地方保安部队当便衣队长的社会关系，经党组织批准，应聘到原武中学以教书的名义，发展党组织并建立党领导的抗日武装。他也是共产党在原阳县发展敌后党组织的第一人。卞明安在教学和任教导主任期间，根据上级指示秘密成立党小组，积极向进步学生宣传抗日革命真理。

父亲回忆讲：在学校期间，他与一同来自官厂乡的学生赵国祯、王道一关系不错，经常在学校或家里聚会学习、讨论问题，马列主义和毛泽东的《论持久战》是共同提高思想觉悟的话题。当时发展进步学生的要求是关系可靠，思想进步，有革命倾向，严守秘密。赵国祯就是在学校时加入共产党的。在一起议论的话题和一些行动都是秘密进行的，包括对家里人也要回避和保密。甚至，在以后的敌后游击武装斗争中，战友彼此都不清楚谁是党员。

为了有利于在日本人控制的原武中学积极开展活动，以便于学校管理学生为名，征得有抗日倾向的校长李兆普同意，党组织在原武中学建立了公开的学生自治会组织，正、副会长等都由共产党员和进步学生担任。党组织利用学生自治会，通过办墙报、辩论会、演讲会、编演剧目、组织比赛等活动，加强对学生的爱国主义和前途理想教育。耳濡目染，父亲和二十多名同学积极投入抗日对敌斗争中。

父亲在学校毕业后，依照党组织的潜伏要求，被学校分配到日伪合作社开展贸易工作，每月发放一定的伪币（日伪政府制造的"中国联合"票）和粮食。虽然在敌伪部门工作，衣食无忧，但是组织上交代的任务时刻牢记在心。父亲以此为掩护，在卞明安的领导下，认真收集日伪机构状况，积极掌握敌人内部动向，秘密从事地下情报工作，提供铁路运输、粮食调运等方面的可靠消息。根据这些情况，游击队在一次行动中俘获了日本翻译和辎重。1944年9月，由于在日伪合作社工作的地下党员杨俊厚被日本人欺压毒打，以致出现精神失常，经常胡言乱语。大家非常担心党组织和人员被暴露，决定把和他有较多接触的郭允升、赵国祯、蒙延平、王道一以及在阳武县工作的冯靖等，向太行山八地委根据地转移。北行途中，夜里住在辉县庙湾村老乡家。晚上大家反复商议，为迷惑敌人，便于开展革命秘密工作，需要每个人都更改自己的原用名字。为此，大家七嘴八舌说出一个方法，每人在一个小纸条上写一个字，揉成一团，然后采用抓阄的方式，每人各取一个纸团，展开后里面写的字就是自己的"名"。结果，卞明安改为卞诚，郭允升改为郭超，蒙延平改为孟厚，赵国祯改为赵恒，王道一改为王智。

这些改后的名字一直沿用至新中国。

革　命

尊师如父，父亲深受老师的影响。一天老师对父亲讲：原武县日伪与匪患横行，世道太乱，为安全起见，也便于对敌行动，需要革命者自己搞枪。于是父亲就将家里近十担粮食卖掉，购得一支"撅把子"。这种"撅把子"也叫"独一撅""震天雷"，是一次只能打一发子弹，打完后将握把向下撅开，退出弹壳，再填装子弹击发的简陋手枪。

1945 年 3 月，八路军太行第七军分区老一团准备攻打原武县城，父亲孙元瑞和同学积极配合大部队，做好战前准备，收

图 2　新开线开通仪式上的日伪人员

集敌伪目标情报。战斗前夕，为了不惊扰家人和便于行动，父亲就以与家人吵架生气为由，夜间就睡在别人家喂牲口的马棚里。3月28日夜里战斗打响后，父亲迅速与其他同学联络，并引导大部队攻占警察局、造枪所、维持会、合作所，抓获日伪汉奸，从此旗帜鲜明地走上了革命道路。

父亲记得：当他腰里别着手榴弹、插着手枪回家告辞时，把爷爷吓了一大跳，以为他干上土匪了，还被训斥一顿。此后，许多暴露身份的革命学生家属都受到牵连和遭受报复，暴露的学生杜明的家被毁坏、父亲被抓入大牢，孙永福的父亲被敌人用马匹从村子一路拖入县城，奄奄一息。为了防范日伪顽匪的侵扰加害，爷爷带着家属们逃到中牟县避难。

大约在1945年春天，共产党在原武县东南部临近黄河的官厂村李家祠堂，正式成立了以卞诚为县长的原阳县抗日民主政府，并成立了县抗日武装游击大队，父亲担任文员。那时候，沦陷区打着各种旗号的保安团和土匪团伙众多，少则十几人多则上千人，自立山头，司令、队长多如牛毛，他们既不受敌伪县长的管制，也不归国民党调遣，经常独自或结伙牵牛绑票，征粮派款，强取豪夺，横行无忌，百姓深受其害。当时抗日武装县大队两百余人，人多枪少，人员成分复杂（其中一部分是争取来的敌伪人员，时有反复）。但是，在对敌斗争中尚能团结抗日，相互支持。

1945年4月，从第七军分区武工队调来十多名共产党员，充实县抗日游击大队，又正式改番号为太行七分区原阳支队，还在全屋村设立了枪械修理所。卞诚领导抗日队伍在平汉铁路以东，新开铁路附近，黄河两岸的原武、阳武和中牟开展对日伪顽匪游击斗争，割电线、拔据点、截抢粮、破铁路、反"围剿"。

平原地区还是延安、太行山至鲁西南革命根据地的通道，对敌斗争十分复杂。有一次，为了侦察敌情，刘子芳、李英和王来宾等人扮成学生模样，沿一条老路夜间穿过封锁线，到西孟庄附近，刘子芳的亲戚家就住在这里，因此，刘子芳首先进村，不料被日伪巡防的暗哨抓住，紧随其后的李英也被麦秸垛后的敌人抓住，他大声呼喊："我是学生，我是学生，你们抓我干啥嘞？"此时的王来宾因为内急正在庄稼地里出恭，听到喊声提起裤子掉头就跑，仅仅差几分钟时间，逃过一劫，回队报信。好在他们以学生身份伪装，没有暴露身份，后来被释放。

父亲回忆讲：说到游击革命队伍的坚定信念，不能不提一下交换人质的事件。国民党河北挺进军第二纵队第六支队是由乡绅豪强岳华亭纠结的杂牌武装组织，拥有上千条枪，人多势大，1945年被日军收编，委任为原（武）、阳（武）、延（津）、封（丘）县"剿共"自卫总团。为了筹集枪支扩大抗日武装，1945年5月县大队派王耀华带二十多人夜袭赵厂村，抓捕了副司令岳华亭的父亲岳振魁，立即将他押上了马车，连夜拉走，扣押起来作为人质，用于交换武器弹药。但多次交涉，敌人只给部分短枪敷衍了事，当时主要是想要机关枪，双方陷入僵局。岳华亭依仗日寇和人多势众，开始疯狂反扑，先后抓走了抗日县长卞诚的母亲和刘子芳、李英（卞诚的学生），他们受尽敌人的毒打和折磨，并终生留下了残疾。后来，岳华亭多次委托县乡知名士绅王建芳、牛占魁到抗日政府，商谈交换双方被扣人员。鉴于岳华亭的狡诈，卞诚制定的应对策略是，首先释放刘子芳、李英，再释放岳振魁，最后释放自己的母亲。后来，协议达成，在游击区获嘉县完成了人员交换。

由于平原地区介于太行山和黄河之间，沿黄河北岸一线是

图3 解放后，父亲与祖父的合影

小麦经济主产区，且为交通要道，在南北一百公里的平原上双方拉锯斗争很激烈，斗争环境异常恶劣。

父亲回忆道："1945年夏天，一次游击队伍从太行山下来，去中牟县北部作战阻止抢粮，打了一晚上，日伪增援部队迅速来到，火力也较强，游击队被撵了回来，人都被打散了。我和一个姓刘的区队战友越过干涸的黄河，回撤到原武县黄河北大堤边，急行中我们两人又走散了。这样，我独自一人走到天亮时分，在距离官厂十几里地的地方停下，当时群众正趁着清早天气凉快在割麦子，一问到了刘窑村附近。这时南边的小新庄的柳树林里走出一队人马，一看都穿着灰色的服装，就知道是敌人。我就赶快往群众中去，想蹲到地里，这时的敌兵远远地就看到我，就喊我过去。我想肯定不能过去，今天看来是凶多吉少，就掏出了手枪，准备战斗，拼死也不能落在敌人手里。

我拔腿就往小庄的东头跑，知道再往前跑就是个大村子刘窑村。这时敌人派出三匹马，在后面一边追赶，一边开枪，一边叫喊让我投降。我想只要我跑到村里，就不怕你们了，我的短枪十分便利。惊悸的奔跑中，我跳过了日寇的交通壕，而敌人的马匹不是战马，在交通壕边一直打转儿，当敌人绕过交通壕以后，我已跑进了刘窑村。跑到刘窑村头后，在一户人家大门西边儿的胡同里躲了起来，当敌人的马队过来的时候，我就连开了三枪，敌人害怕有埋伏不敢下马，立即掉头逃窜。我又往北跑到一个贫户家里，有位六十多岁的老大爷在家，他叫贾希志。我就说，我是干八路的，后面的敌人在追赶。我一天一夜没有吃喝，能给点儿水喝吗？老人给我端出一个盛满水的瓦罐，我一饮而尽，就问他家有躲藏的地方吗？老大爷就指着两间破土房，我一看，确实无法躲藏。就问大爷，这附近柳树多不多，大爷说村北边就有柳树林。说罢就带着我向北奔跑。送到树林边后，我就让大爷赶快回去了以防暴露。后来，他回村子时周围已有许多群众看见，老大爷镇定地对群众说，我去送八路了，你们不要乱说闲话，如果我出事了，八路回来也不会饶了你们的。老大爷当时真是拼着命救人啊！进入柳树林后，我就向第四游击区的方向跑，后来遇到了一区武工队长蔡文秀的队伍。他说，看你今天怎么这样狼狈啊？我就说明了掉队遇险的情形。他说，你真是命大呀！几天以后，部队到达离刘窑村较近的地方，我又特意去看望了那位老大爷，感谢他的救命之恩。原阳解放以后，县委书记卞诚知道此事后，对贾希志老人这种舍命救八路的行为给予了高度赞扬和嘉奖。”每每提及此事，父亲对贾希志老人充满感激，至今，已历经四代人了，两家来往不断，亲如一家。

留　影

　　1947 年 5 月，全国解放战争形势发生了重大变化。为适应
形势发展的需要，晋冀鲁豫区党委决定对行政区划作出相应调
整。平汉铁路以东各县归冀鲁豫区领导，平汉铁路以西各县归
太行区领导；原阳县地处平汉路以东，由太行区划归冀鲁豫区
领导。

　　原在太行区辉县工作战斗及豫北联中学习的原阳党政干部
奉命到冀鲁豫区报到，我父亲和卞诚、褚治国、郭超、赵恒、
孟厚、杜明、王来宾、兰昌营、银友贤、李英、刘子芳、王耀华、
孙永福、娄绍青等二十余人，过汤阴城，跨平汉铁路，经内黄、
南乐，行走十多天，到冀鲁豫区党委所在地阳谷县，在县中学
拍摄了这张珍贵的原阳县游击武装的大合影（图 1）。

　　随后，冀鲁豫军区的部队收复了封丘、延津等，原阳县党
政人员和武装人员也随同到达封丘县，在阳武与封丘地区开展
武装游击活动，并成立封阳支队。

　　1947 年 6 月底，冀鲁豫四地委召开土改会议，要求在开辟
的新区开展"一手拿枪，一手分田"的群众运动，积极宣传党
的政策，发动群众分地主浮财。当时原阳地区在敌我力量对比
上，仍然是敌匪势力较强，土地改革工作是在游击环境中进行
的。没有充足的时间去深入发动群众，开展土地革命运动，而
且敌人时常前来窜扰破坏，所以有时只能白天隐蔽，晚上发动
群众。

　　父亲回忆讲："1947 年夏的一天，在封丘和阳武一带打游
击发动群众分浮财，我们一个组四个人，一把短枪、三支长枪。

图4 1957年，在焦作百货公司，父亲（前排右）与同事的合影。

中午时分，我们到了赵前庄，通知保长给我们做顿饭，饭后，天太热，在树下休息一会儿。当时往哪儿去，还没有制定好详细计划，我就让一个战士爬到树上，观察一下周围的情况。他爬上去一看说，大事不好，周围有一百多号敌人，已经到了村东头。我沉着地说，你们不要慌张，听我指挥，咱们向村南面撤退。刚一出村就与敌人交上了火，敌人较多，枪声密集，喊叫声不断。我们就继续向南撤退，这时候，跑到了一处盐陵岗较多的地方。因为原阳地区的许多土地是盐碱地，出产小盐（当地人把海盐称大盐），所以把许多晒制的粗盐堆成小山包。我们转到几处盐陵岗后，我指挥三位战士停下，就躲在盐陵岗后，支起步枪。我说，瞄准敌人打，先打最前面的一股，哪股靠前就瞄准打哪一股，打死他几个，敌人就不敢再往前冲了。我们打打撤撤，一口气打了八里地。敌人因有伤亡，也没有再敢继续追赶，如果那一天没有盐陵岗的好地势，那我们就生死难卜

图5　1962年12月，父亲（前排左四）参加社会主义建设商业系统先进工作者表彰会时合影。

了。"

1947年秋季，父亲在赵恒的带领下，与王来宾、李英、万纯富等人，到阳武与封丘交界的齐街乡楚寨村发动群众分浮财时，遭到了国民党阳武县保安团的突袭，赵恒与大家冲出包围，虽然人员未受损失，但是一位武工队员在仓促中丢失了行军挎包，那里有大家在阳谷县拍的合影。敌人捡到挎包，发现照片后，就大肆宣传，作为战绩到处吹嘘，说什么已将共产党的游击武装一网打尽，彻底清除。原阳县解放后，我们在缴获的敌伪档案中发现了这张合影，失而复得，大家喜不自禁，于是给每人洗印了一份，供珍藏留念。

1947年，敌六支队在延津牛屯镇被我冀鲁豫部队消灭，匪首岳华亭脱逃。1948年10月，从刚刚解放的开封得到情报，发现了岳华亭等人，县武装立即派刘子芳带几名战士前往抓捕，经过两天的侦查追踪，将岳华亭等人在一家客栈抓获，带回原阳关押待审，可由于革命队伍里混有敌特分子，放跑了岳华亭。

"文化大革命"期间，父亲因为在日本粮食服务社的潜伏经历受到造反派批斗殴打，被诬陷为"汉奸走狗"和"走资派"，他头上的伤疤就是当时留下的辛酸印记。在最困难绝望的时刻，父亲曾选择自杀，但他从始至终没有在家里人面前说起过。由于父亲不承认造反派所列罪状，造反派就派人到北京找卞诚同志调查，卞诚闻听拍案而起，义愤填膺，对派我父亲到日本人开办的合作社工作以获取情报做了负有党性的组织说明，并称赞我父亲孙元瑞是游击战中的好同志。此后造反派就不再找事折磨父亲了。但是，"走资派"的帽子并没有摘掉，1968年11月至1971年10月父亲被赶到"五七"干校学习。

1974年：穷游黄山（上）

王秋杭

　　清楚地记得那是1974年的盛夏，我正在余杭县红星大队参加"双抢"（指抢收庄稼、抢种庄稼）。炙热的太阳仿佛被钉在天空上一动不动，突然，大队沈会计一路小跑过来喊："小王，杭州来的电话！"电话是小毛打来的，她说："快回杭州，今晚到志华家开会，后天一早去黄山。来回的长途车票我给你弄好了！"太好啦，去黄山那简直就像去天堂一样，在那个年月几乎是可望不可即的大事啊！我二话不说，立马洗了脚穿上鞋，背上装着照相机的军用书包，步行十里路来到良渚汽车站。

　　回到家已经黄昏时分了。"怎么又回来了？"母亲没好气地问我。因为我刚被她赶回农村才没几天。是啊，这么大个人了老在家里吃闲饭也不是个滋味，在家里待得久了，母亲总要赶我回去，并要我好好参加劳动，才有可能早日被抽调回杭州。"大队有个采购任务派我去趟上海，我回来拿几件换洗的衣服。"我只好撒谎，更不敢伸手向母亲要钱。母亲半信半疑地看着我，没有吭声。我扒了几口饭立马蹬上自行车来到志华家。他们早已经坐满了一屋子，加上我一共六人。志华岁数最大，又是从部队刚复员回来，所以整个活动安排全都由他指挥。他说道：

图1 进山

"明天大家准备一天，后天一早5点半在武林门长途汽车站集合，坐6点整出发的长途车。这次大家的车票都是小毛和小成在他们单位东一张西一张要来的单位职工每年发一次的优待券。省长途汽车运输公司就这么点职工福利，让咱们给占了。"我一看，在座的五位个个都有工作单位、有工资，就我没有。我知道叫我参加这次黄山游，又是让我拍照片，就跟两年前大家去白龙潭一样。可我当时口袋里只有二十多元钱，还要买胶卷。"预计要四天时间，我们已经打听过了，山上最紧缺的是白糖和透明皂，带一些到寺庙或道观里就不愁没斋饭吃。"志华接着说："大家的车票小毛和小成解决了，那来回路上的干粮和白糖、透明皂就由我和北进来办。""那胶卷……"我憋红了脸问道。"这个你自己想办法，有就多拍几张，没就少拍几张。"志华十分不屑地说道。

第二天，我骑车来到照相材料商店，120胶卷处理品六毛三分钱一卷，上海牌副品胶卷是一元一毛一分钱一卷，正品南方胶卷要三块六毛钱一卷。我把口袋里的钱全都掏出来还不到二十元。考虑盘算了好半天，终于决定买三卷副品胶卷，剩下的钱只好全都买处理品了。因为对我来说到了山上啥可以省，胶卷是绝不能省的，总共买了二十卷，口袋里仅剩下两毛钱了。我赶紧骑车到华忠家借他那台和我一样的海鸥4B相机。很多外行人都不懂，资深摄影记者为什么要背两三台相机？不是为了摆谱，而是怕万一哪台相机出故障或来不及换胶卷，另一台辅机可以马上顶上。此次去黄山意义重大，当时想也许此生就

图2 黄山宾馆前，我为他们服务，拍集体照。左起依次为小华、小明、小成、北进、小毛、志华。

图3 小毛（左）和北进（右）在黄山宾馆合影留念。

这么一次，于是决定带三台相机去，我自己一台，向老爸借一台，再向华忠借了一台，万无一失。

第三天一大早，由杭州武林门长途汽车站开往安徽休宁的车开动了。车上那位头戴白色桐盆帽、身挎三台照相机，可口袋里只剩下一个硬币的我，兴冲冲地跟着大伙出发了！心里那个激动啊，真想大喊："黄山，我来啦！"

中午时分，"老爷车"好不容易爬到昱岭关车站，我们六个"黄山客"就全都被车站检票员齐刷刷地叫下了车。"你们六位的车票只能在浙江境内享受免费，过了昱岭关就是安徽境界，需要买票。"真没想到居然会半路杀出这么个"程咬金"！如果买票每人要五六元钱，这可是一笔巨款啊！我估摸除了志

图4 为抄近路，涉水前进。

华，大家身上都没带那么多钱。一商量，不买票，拦货车。小毛十分肯定地说："我们省长途汽车运输公司开往休宁、屯溪的车有的是，我只要把工作证给他们看一下，搭几个人绝对没问题！"结果大家来到公路旁拦车，只要见到浙字当头的货运车简直就像见到亲爹一样狂喊狂摇手，我和小成干脆站到路中间伸展双臂拦。那年月车少，好不容易等到一辆浙江牌照的车也是货装得满满的，根本装不下人。车开走后，望着空荡荡的公路心里也是空荡荡的。忽然，来了一辆浙江牌照的闷罐邮车，志华立马来了精神，因为他是杭州市电信局的工会头头，邮电是一家嘛！可是车停下后才发现驾驶室里已经坐满两人了，志华还是掏出工作证上去好说歹说。结果驾驶员被说动了，跳下车来到车后打开闷罐车厢，里面堆着半车邮件袋。"最多只能上两位。"驾驶员道。大家商量半天还是让志华和北进上去了，因为他们带着干粮及登山用的工具等，大家说好到黄山宾馆集中。车开走后，只剩下我和小毛、小成、小华四人。继续拦车，可是一直等到下午4点，才总算等到一辆浙江牌照的大货车，一阵激动过后，看到车厢后面又是高高地装满了货后立马像泄了气的皮球，连手都懒得举起，只好瞪着双眼看它驶过。没想到车驶过后立马靠路边停了下来，驾驶室门一开跳下一个人，朝我们大喊："小毛！"原来是小明，他父亲原是浙江省文化局局长，"文革"初期下放到绍兴劳动改造，跟小毛的父亲关押在一起，他们俩就认识了。那位驾驶员也是干部子弟，跟小明是"开裆裤朋友"。小明问清楚我们的来意后，说他们的车正好运货到休宁，他俩也正好乘机去黄山玩的。真是天无绝人

图5 过了溪滩，我（左三）支起三脚架拍了一张合影。左一为驾驶员。

143

图6 遥望一字瀑

之路，可是怎么塞得下呢？小明说他有办法。小毛是女的，把她硬塞进早已坐满三人的驾驶室，我、小成、小华被安排在驾驶室顶的木架子上，这个木架子跟驾驶室的面积一样大，是放雨棚的，我们三个人坐上去正好，但四周仅有二十厘米高的铁栅栏，人坐在上面很容易被甩出去。小明从车厢找来如乒乓球直径一般粗的麻绳，把我们三个人牢牢地连腰绑在一起，麻绳的两头拴死在左右铁栅栏上。简直把我们仨当货给捆了。车终

图7 小毛和北进总是落在最后。

于开动了，我还是第一次坐那么高的车，公路旁的树杈几乎就是擦着我的头皮飞过去的。我想，如果有再低一点的树杈，我们的脑瓜子肯定开瓢了！然而，难以言表的喜悦还是迅速占了上风。

过了昱岭关，全是盘山公路，我们仨在驾驶室顶上几乎就是左右不停地摇晃。好不容易车爬到了一座山顶突然熄火了，小明和驾驶员跳出来对我们说："一点小毛病，你们就别下来了。"这时小华从他贴身的军用书包里取出一台军用望远镜，向前方望了望："妈的，啥也看不见。""让我看看！"我接过望远镜朝山底下望去，哇！白墙黛瓦、飞檐翘角、层层叠叠、炊烟缭绕，好大一群恰似世外桃源般的皖南民居啊！我暗暗下定决心，今后一定要找机会到这里来进行摄影创作。到了黄山宾馆已是掌灯时分，志华在门口见到我们就诉苦，说北进在闷罐厢里晕车，把车里的邮袋吐得一塌糊涂。但无论怎么说，我们还是省下了几十元钱，免费来到了黄山脚下。我偷偷跟小毛讲："这住宾馆我可没钱，我的钱都买胶卷了。"小毛悄悄地

图8　无名桥上留个合影。

图 9 途中小憩

跟我说："你不要响，志华刚退伍，转业费有上千元，他们会付的。"我精神为之一爽，期盼着明天上山。

可是，第二天这老天爷偏偏要跟我作对，由于我从红星大队接到小毛电话立马步行十里田埂小路乘车回杭后，又马不停蹄地来到黄山脚下，致使俩腿肚子肌肉严重拉伤，早上居然酸胀得连床都下不了，而大伙儿却兴致勃勃地准备登山了。"志华，能不能休息半天？我这腿肚子肌肉拉伤了。"志华没好气地说："怎么能为你一个人拖大家的后腿？小成，给他按摩按摩。""好嘞！"小成挽起袖子，露出比我大腿还粗的双臂，狞笑着向我床边走来。"你可千万不要使蛮劲啊，你面对的可是未来伟大的摄影师哦！"我哀求道。"狗屁摄影师，你哪怕扬名世界也还是个照相的。"立马，随着他那老虎钳般的十指按下，我惨烈的嘶叫声把黎明的黄山宾馆震得摇摇晃晃。

　　登山终于开始了。那个年代游山玩水可是资产阶级生活方式，鲜有人敢于涉足，不但整个黄山宾馆空空荡荡，山路上更是没有其他游客，整座黄山好像只有我们一行人。我强忍着双腿的酸痛紧跟队伍，还要跑前跑后地拍照，肚子早就饿得咕咕叫了。到了中午，北进宣布就地休息、用午餐。于是大伙就瘫坐在路边石头上，北进从她和志华扛的网线袋里取出干粮分派，每人一只刀切和一只司考。司考是杭州海丰西餐社独家经营的西餐糕点，用牛奶和砂糖做的，是当年甜点中的奢侈品。于是，大伙就着水壶里的凉白开狼吞虎咽起来。可这点干粮对我来说简直就是"老虎舔蝴蝶"，但在前不着村后不着店的地方，只

图10　回到杭州才知道，小毛当时身怀六甲，所以北进要照顾她。

图11 志华（左一）完全像战场上的指挥员。

好忍着。一路上风光渐入佳境，尤其是远处玉屏峰在望，放眼望去，黄山简直就像一处大型的盆景。志华看了看黄山导游图道："今晚就宿在玉屏楼，先找个寺庙化缘去。"一旁，小成掏出了军用望远镜："报告，左前方发现一座寺庙。"于是，大家的步伐加快了。

经过弯弯曲曲的山间小路，我们终于找到了这座隐藏在绿荫环抱中的小庙。进得门去，见到两位僧人，小成忙双手合十道：

图 12　北进和志华的合影。回杭不久，他俩就喜结良缘了。

"阿弥陀佛。"两位僧人也回了礼。志华忙递上一包白糖和两块透明肥皂。其中那位年长的僧人连忙双手郑重地接过。然后我们几个也一一双手合十走过去。小毛低声跟我说："是尼姑。"可我怎么都看不出她们的性别。大伙坐下后，小尼姑给每人端上一盏茶。老尼姑道："请各位杭州客品尝本庵的毛峰。""你怎么知道我们是杭州来的？"我问。"这包装纸袋上印着。"老尼姑伸出干枯的指尖指向那包白糖道。我不得不肃然起敬起来。茶非常清淡，但口中慢慢会感到一股香味。大家闲聊了一会儿，斋饭端上了桌。"本庵经常有全国各地的香客来化缘，斋饭也是有规定的每人一份，请慢用。"老尼姑道。说是饭，其实是粥，就是比较稠一点。《徐霞客游记》中记述，他们一行人在山上"造饭"，其实也就是煮粥。没有干粮，小菜不错，每人一小叠两块豆腐乳外加切片的酱瓜，非常清爽。我很快扒完了一碗还想再加一碗，可是没见到锅子在哪，也只好作罢。

吃了个半饱，告辞了老尼，便来到玉屏楼。楼不大，很陈旧，小小的二层楼。那年代没有身份证，看一下工作证，登记一下就可入住，可是当我们推开客房门时，一股浓烈的霉味扑面而来，所有床上的席子上、毯子上都有厚厚一层霉花，肯定是很久没人住了，根本就没有人搞卫生，连服务员都没有，一切自理。幸好是夏天，也不需要保暖，大伙用脱下的衣服在床上掸掸就倒下了。为了节约经费都是两个人睡一张单人床，我们要的是四人房间四张单人床，八个人睡正好，那年代男女同房睡

图13　途中午餐

图 14 玉屏楼前，我又支起了三脚架为全体拍了合影留念。

很正常，反正又不脱衣服。我跟小华一张床，半夜，小华拿出三节电池的手电筒起床，问我去不去撒尿？我知道他不敢一个人出门。谁知道小华肯定是憋急了，也不去走廊尽头的卫生间，直接把我们房间对面的玉屏楼大门打开了。哇！一片白茫茫，小华的手电筒只能照到一米远，四周啥也看不见，仿佛掉进了巨大的石灰缸里。

（未完待续）

在暨南大学的日子

胡安泰

1964 年，我考入暨南大学。这是一所由国家创办的、以招收华侨及港澳台学生为主、有"华侨最高学府"之誉的著名大学。1906 年，暨南大学由两江总督端方创建于南京薛家巷。20 世纪 20 年代搬迁至上海真如，抗战时撤至福建建阳，成为与设在云南昆明的西南联大遥相呼应的东南联大的主体院校。抗战胜利后"复员"至上海。1958 年，在廖承志、陶铸的主持和关心下，"落户"于广州东郊石牌村。

我考入的是暨南大学经济系攻读政治经济学专业，同系同班同学四十一人，其中二十五人是从海外归国的侨生和香港学生。与我同住第 12 栋学生宿舍 107 寝室的室友有六人，四人来自南洋的马来西亚和印度尼西亚，我和由广东潮州考入的黄鹅是国内生。有意思的是，同一寝室马来语、印尼语、潮州话、湖北话混杂一起，宿舍总是很热闹。但没有影响我们之间的交流和学习，因为有共同的语言——普通话。虽然大家说得都不标准，有时叽叽喳喳，往往逗得大家很开心，却也是一件快乐的事。我们六位室友，出身、经历、所处环境差别很大，但同是中国人这一点让我们相处还是颇为融洽和谐的。

　　进校后，让我意外的是，学校吃饭不限量，这在当时全国少见。学校建有中国北方草原传统的四座敞亮的蒙古包式膳堂，可供一千多学生进餐。吃饭的办法也很特别，不是每人用粮（饭）票排队到窗口购菜买饭，而是每六个人一桌，由桌长领回每桌相同的菜肴，饭个人吃多少打多少。一般是每桌两荤两素，用公用菜瓢将菜盛到自己的饭碗用餐。这很符合中国家庭传统吃饭的方式，也很方便卫生。这种就餐方式当时可能只有暨南大学学生享有。

　　由于暨南大学侨生多，为适应需要，学校开设有品种繁多、具有东南亚特色的"南洋餐馆"和特供（侨汇）商店，以及体育馆、健身房、网球场、游泳池、电影院、行李库房等设施。每周有舞会和放映电影，生活是丰富多彩的。开放式办学对于我们国

图1　1964年，我与同班同学在学生宿舍前合影。前排蹲者左起第一人是我。

图2 1965年春节，我与同班同学在由陶铸题字的暨南大学北大门合影。后排右起第三人是我。

内学生来说，既新奇又领略了海外别样的生活情趣。

我进校后上的第一课是系主任为新生开设的"专业思想课"。当时暨南大学经济系设有四个专业：政治经济学、工业经济、商贸经济和会计。为了鼓励新生树立稳固的专业思想，系主任特别谈到各专业是培养经济专家、工厂厂长、公司经理和会计师的。显然这与当时国家提出的教育方针不符。课后有国内生向《光明日报》写信对系主任的讲话进行了揭发，信转到学校，可能系主任是当时国内百名著名经济学家之一，结果没有了下文。但"文革"中，系主任仍未逃脱被揭发批判的命运。

1965年，即进入大学的第二年，在学习马克思"对泰勒血汗工资制批判"时我完成了一篇学习心得，题目是"在资本主义条件下对劳动的监督和管理包含有劳动因素"，被主课老师推荐给系刊在首篇发表并加了编者按。这篇文章引起了经济系学生关于劳动的内涵、范围、目的的大讨论。我也第一次品尝到了学习经济学、搞经济研究的"甜头"。这一年的秋天，印度尼西亚副总理兼外交部长苏班德里约到中国访问，周恩来总理一行到广州白云机场迎接。我被选为学生代表到机场排列在欢迎的人群中。在专机到达前，周总理在机场周边亲切地与欢

图3　1966年，徒步长征中的"继红军长征队"合影。左起第一人是我。

图 4 1967年初，在湖南欧阳海家乡与他的父亲欧阳恒文合影。前排右起第一人是我。

迎的学生交谈，对暨南大学的侨生特别关注，问生活习惯不习惯、想不想家等。这是我第一次近距离见到党和国家领导人。

在升入大三后，"文革"爆发。1966年8月，我与卢伯治、段长富、张丽卿等九位同学组成暨南大学经济系"向北京战斗队"到北京串联。北京大学接待处安排后，我们与分配到北大担任教师的校友何泰昌一起，联系北大第一张大字报的七位署名者之一的宋一秀进行了座谈。8月31日，参加了首都天安门

图5 1969年，我在广东四会县农村与"三同"农户一家合影。后排站立右侧者是我。

广场召开的第二次红卫兵大会，聆听毛泽东主席的讲话。从北京回暨南大学后，学校变得冷清。同学大多外出串联和"长征"，学习红军走长征路的"召唤"吸引了我，与同学卢伯治、郭奕峰、张跃明、池福南五人成立了"继红军长征队"，10月从广州出发沿京广线北上，经韶关、南雄，翻越南岭进入江西。在过南岭时，有乡民告诉我们，山上有老虎出没，过还是不过？"明知山有虎，偏向虎山行"，过！我们打着红旗，准备了匕首、大刀、铁杆，高声唱着"红军不怕远征难"，大步向前翻过了南岭。也许是我们的气势吓走了野兽。一路顺风，经南康、于都到达红色首都——瑞金。11月，离开瑞金向西，经遂川到达罗霄山脉腹地井冈山茨坪，再经"炮声隆"的黄洋界进入湖南，到湘潭韶山参观了毛泽东故居后向西南经永川、道县进入广西。在途经欧阳海故乡时，看望了他的父亲欧阳恒文，并与老人家合了影。在经过道县的一个山村时，冬天了，我们一行落脚在山中猎户的茅舍里，睡在火塘边，听老人讲山里的故事，此景在我脑海里至今犹存。进入贵州后已是 1967 年，我们结束了长征。徒步三个月行程约六千公里，沿途的艰辛和快乐让人回味。

　　1967 年春节后我返回广州，学校正处于"大字报、大批判、大辩论"的高潮。眼看"复课闹革命"仍然停留在口号中。形势的发展让人沉思，在从开始的燥热中冷静下来后，我"逍遥"

图6　1970 年，我离开广州前与同班同学合影。后排右起第一人是我。

了，一头扎进校系图书馆，从封尘积厚的旧报刊中一点一滴地搜集寻找毛泽东有关经济的论述。在同学曾炳林等的帮助下，经过一年多的努力，由我主编、打字、油印出版了《毛泽东同志论社会主义经济》一书（共九册），约十余万字，印后赠送给北京大学、中国人民大学、北京师范大学、南开大学、复旦大学、厦门大学、武汉大学、四川大学、兰州大学、中山大学等数十所著名院校经济系以及若干省市著名图书馆、档案馆收藏。成都某大学闻信后专门来函索取。这几年的努力，对以后我从事经济学研究打下了良好基础。

1969年6月大学毕业，留校等待分配。这段时间，我先后到广州四会农村与贫下中农"三同"，到佛山日杂仓库"接受再教育"，到湖南洞庭湖军垦农场"学军"。1970年8月，我被分配到广东韶关糖专副食品公司工作，两年后为解决"两地分居"调回湖北老家，进入银行工作，直到2010年退休。

"十年动乱"结束，百废待兴。1980年，暨南大学经济系改建为经济学院，并开设了国际金融专业。在得知我在银行工作多年后，经济学院首任院长蔡馥生教授来信征求我回校任教的意见。当时我正报考武汉大学汤再新教授的研究生，回母校工作的机会便失掉了。

1986年，暨南大学迎来建校八十周年校庆，我应邀在离校十七年后返回暨南，为母校庆生。与我的老师蔡馥生、张元元、赵元浩、胡仁宽、陈光耀等相逢。回校相聚的有1969届同班同学王金海、卢伯治、范以锦、黄鹅、陈炳才、郭奕峰、兰江文、张新峰、吴桂贤、郑翠娥、陆爱华、李莲芬、周云清、陈锦方等二十余位同窗校友。十七年相离相聚，在母校暨南大学留下了欢声笑语的美好回忆。在看望时任经济学院院长的张元元老师时，他告诉我，经济学院要博采众家之长形成风格独具的暨南学派，这一宏愿久久留在我的心里。

1994年，暨南校友总会向海内外发出在暨南校园捐资兴建校友楼的倡议，我立即响应，捐出了一个半月的工薪收入，略表了对母校的心意。经过三年的建设，由各方捐资1000万元的暨南校友楼在校园中心拔地而起。

1996年，暨南大学迎来建校九十周年校庆，这一年的6月，暨南大学通过了国家在21世纪重点建设百所高校的"211工程"建设。双喜迎门，我第二次回校。遗憾的是，尊敬的经济学院首任院长蔡馥生老师在两年前离世，我国失去了一位著名的经济学家。在拜访张元元老师时，他高兴地告诉我：我的挚友、中南财经大学博导曹龙骐教授被聘请为经济学院客座教授。

图7 1986年，我在暨南大学与老师同学合影。前排坐者左起第三人为蔡馥生，后排右起第三人是我。

1999 年 10 月是新中国成立五十周年，也是我大学毕业三十周年，校友相约，我第三次返校参加庆祝聚会。三十年再相聚，师生们格外亲切。黄鹅、林丽琼夫妇特别举办家宴，招待各地包括海外归来的校友，歌声笑声充满他们的居室，特别是担任中华全国新闻工作者协会副主席、南方报业传媒集团总裁的范以锦，向校友介绍了他的成长史，他的经历，折射出我们这一代学子的砥砺人生，感人至深。

征 稿

《老照片》是一种陆续出版的丛书，每年出版六辑。专门刊发有意思的老照片和相关的文章，观照百多年来人类的生存与发展。

对稿件的要求：所提供的照片须是 20 年以前拍摄的（扫描、翻拍件也可），且有一定的清晰度，一幅或若干幅照片介绍某个事件、某个人物、某种风物或某种时尚。文章围绕照片撰写，体裁不拘，传记、散文、随笔、考据、说明均可。

编辑部对投寄来的照片，无论刊用与否，都精心保管并严格实行退稿，文字稿恕不退还，请自留底稿。稿件一经刊用，即致稿酬。

来稿请寄：山东省济南市英雄山路 189 号 B 座　山东画报出版社《老照片》编辑部

邮　编：250002

E-mail：laozhaopian1996@163.com

网　址：www.lzp1996.com

电　话：（0531）82098460（编辑部）（0531）82098460（邮购部）
　　　　（0531）82098479（市场部）（0531）82098455（市场部）

邮购办法：请汇书款至上述地址，并标明收款人"山东画报出版社有限公司"和注明所购书目。

邮发代号：24-177

《老照片》网站与微信公众号

官方网址：www.lzp1996.com

微信公众号：山东画报出版社老照片

一次民兵集训

李永安

看见这张老照片，我就想起了那次难忘的民兵训练生活。照片上全副武装的十一名民兵，有的如今已不在人世。

1975年秋天，西安市百货公司武装部组织了一次民兵集训，参加集训的学员都是公司下属的商店、批发部、仓库的营业员和工人。我当时在公司文化用品批发部青年路仓库当工人，因是基干民兵，这次也被抽调参加了民兵集训队。

集训地点在西安市解放路百货大楼楼顶平台上。站在楼上向下看去，解放路上人来车往，商业店铺一家连着一家，非常热闹，真称得上当时西安第一繁华大街。我们的集训宿舍就在楼顶平台的一溜平房里，睡的是地铺，每人发一支半自动步枪，还佩戴有执勤的胸章和臂章。每天的科目就是集合、队列、射击和上军事知识课。

我印象很深的，是一次夜间行军。一天晚上熟睡中，忽然被"嘟嘟嘟"一阵急促的哨声惊醒，赶紧起床，穿衣服打背包。我不会打背包，只好把被子乱叠一气，用包带捆起背在身上，拿起步枪就走。在集合队伍接受检查的时候，因我的背包叠得不合格，包带还拖在地上，受到了点名批评。

前排左一为作者

经短暂整理后，我们排着整齐的队伍出发了。夜已经很深了，解放路上还有三三两两上下火车的行人。我们一会儿跑步，一会儿正步走，从解放路走到东大街，又折向北大街、西五路，最后又回到百货大楼。这时，我们已累得汗流浃背。当我们回到宿舍躺下时，已是凌晨三点了。第二天早上，集合的哨声又响了，我们一天的训练又开始了。

那时候，民兵训练相当辛苦，我们有时到野外进行对空射击练习，有时端着步枪长时间瞄准，练得手腕胳膊疼得抬不起来。

时间过得真快，十五天的民兵集训结束了，我还被评为优秀民兵。临别的时候，我们一班的民兵在集训的楼顶平台上照了这张珍贵的合影，我一直保存到现在。

"万岁军"中一女兵

于惠 口述　齐德智 整理

　　1932年，我出生于辽宁。父亲自学中医，给人看病来养家糊口。母亲毕业于北京贝满中学，曾在北京、天津当过小学老师。母亲和父亲结婚后，定居在大连，生了六个孩子，我是老四。东北解放得早，哥哥姐姐都当了兵，受他们的影响，1948年4月，十六岁的我也加入了中国人民解放军，我所在的部队是第三十八军一一三师。

　　1949年，三十八军从广西北上到河南，边休整、边生产。1950年下半年的一天，突然接到上级命令，部队要继续北上，8月初，三十八军到达指定地点——辽宁省铁岭地区。这时我们才知道，朝鲜战争威胁到东北地区的安全，战火正向鸭绿江蔓延。

　　这时，毛泽东主席命令三十八军番号改为中国人民志愿军第三十八军，并第一批入朝作战。入朝前，部队召开了"抗美援朝、保家卫国"誓师大会，我们懂得了唇亡齿寒的道理，大家纷纷表决心，争先恐后地请求入朝参战。从一一三师司令部、政治部、后勤部各选两人，加上宣传队六人，共十二名女兵入朝，最小的十四岁，姓杨，后来嫁给了电影明星王心刚。我有

图 1 1950 年，我赴朝前留影。

幸成为十二个女兵之一，那年我十八岁。

1950 年 10 月 19 日，我们部队从集安跨过鸭绿江进入朝鲜。女兵的主要工作是编演一些小节目，鼓舞士气，就像电影《英雄儿女》里的王芳一样，但入朝初期，更多的是协助医生护理伤员。

朝鲜的冬天非常寒冷，当地人几乎不到户外，而这一年格外冷。因为美国人掌握着制空权，志愿军白天无法行动，只能在夜间行军赶路，女兵跟着大部队一天赶路六七十里，不在话下，虽然累冻交加，但士气依旧高昂。当时我们的装备极为简单，没有秋衣秋裤，衬衣外直接套棉袄棉裤，棉被也不够每人一床，有时还要减负扔掉。休息时，大多时候只能在露天，又没有任何取暖设施，大家挤在一起，也只能保持不被冻僵。长时间无法洗澡，身上长了虱子，我就给一位北京来的、姓张的女兵捉过虱子。由于后勤补给跟不上，我们经常吃不上饭，一顿两顿，甚至一两天吃不上饭是常事，有时连续几天吃不上热饭，有时冷得浑身发抖还得用冰雪解渴，经常雪就炒面，吃半生不熟的玉米充饥。

有一次，在半山腰急行军，一边是冰雪皑皑的高山，一边是悬崖。突然，前边来了一辆卡车，我们急忙让路，我没站稳滚下了山坡，幸好被一棵树拦住，指导员和一名战友费了很大劲才把我拉上来，使我死里逃生。我们三个人掉队，晚了一个多小时才到达目的地。当晚，有一个叫丁永玲的女兵发高烧到四十度，深度昏迷，医生诊断是患了肺炎，很严重，要求必须有一个人看护，不能睡觉，每一小时试表、喝水。队长看着一个战士，这个战士说，我一睡起来像死狗，醒不了。队长又把目光转向我，几乎是同时，我说我来吧！一向睡眠不好的我，派上了用场，这一夜我坚持盯了下来。丁永玲被送到后方治疗，身体恢复后迅速归队。记得回国到东北山城镇时，小丁的母亲来看她，特意把我叫过去，一再对我表示感谢，说是我救了她。

还有一件令人难忘的事。有一个女兵遇到生理期，肚子疼得难受，我想用热水为她冲炒面，北朝鲜的一个老乡的房子里

图2　一一三师宣传研究组全体战友合影。左一那个女战士就是我。摄于 1950 年 10 月 15 日。

图3 我在朝鲜指挥部排练时留影。

找了些树叶，找别人要了打火机，正要点着，外面传来炸弹声。事后有人说是我们暴露了目标，指导员急了，找我们了解情况，我如实报告。那次空袭把朝鲜老乡的牛炸死了，我们很内疚。

在朝鲜三年，记得刚一过江，我们看到公路上、田野里到处被炸得满目焦土，朝鲜百姓家破人亡，流离失所，随处能看到尸体和破损的房屋。

我经历了战火的洗礼，对生命有了新的理解。在战场上，一个个刚刚还生龙活虎的战友，转眼间就血肉模糊、遍体是伤、衣不蔽体，那种痛苦和折磨是如何地无法忍受？我想，宁愿一枪被打死，也不能负伤。

今天，很多故事片和纪录片或者媒体介绍志愿军时，几乎都是讲战士们背着背包，扛着枪，高唱"雄赳赳，气昂昂，跨过鸭绿江"入朝作战的。其实，我们第一批入朝参战的队伍是秘密地悄悄进入的，着装还是朝鲜人民军的军装。

我所在的三十八军是一支英雄的部队，入朝第一次战役，三十八军虽然也歼敌四千多人，但任务完成得不好，梁兴初军长受到彭德怀司令员的严厉批评。第一次战役后，美军开始轻视我们志愿军的力量，扬言要打到鸭绿江边过圣诞节。

第二次战役中，三十八军担负关键的穿插重任。在梁兴初军长的指挥下，经过认真研究，制定了新的战略战术对策。用

图4 战地记者正在给我拍照。

小部队与敌人保持接触，示弱于敌人，诱敌深入后，立即反守为攻，大部队从两边迂回包围敌人。

一一二师大胆冒充李承晚军溃退部队，十四小时急行军七十余公里，赶在了全机械化的美军前，成功穿插三所里与龙源里。那一夜战士们奉命轻装，将背包丢在路边，一线迂回部队翻山越岭，以闪电速度堵住敌军。三三五团三连以果敢动作抢占松骨峰，一举切断了美军南撤退路，激战两昼夜，不顾敌人疯狂突围，死守阵地，打退美军多次进攻，使敌人南北两部相距不到一公里，却始终无法会师，迫使其大部转道新义州才避免了全军覆没的下场。

在第二次战役中，志愿军取得重大胜利，"联合国军"被迫撤到"三八线"以南，转为防御。"联合国军"总司令麦克阿瑟将军因此被革职回国。

12月1日，彭德怀司令员为了表彰三十八军在扭转朝鲜战局所作出的贡献，连夜向党中央、中央军委，向毛主席发出电报，传令嘉奖第三十八军，在电报最后，彭德怀将军意犹未尽地在电文末尾，挥笔写上："三十八军万岁！"军长梁兴初接到电

图5 在朝鲜，我（右二）与朝鲜村民合影。

图 6 归国后，我（后排中）与文艺队员合影留念。

报时，流下了眼泪。

电报内容和嘉奖令很快传到了三十八军所属的所有部队，传达到每一个阵地，每一个战士阵地上沸腾了。我所在的部队是在当晚行军的路上听到这个振奋人心的消息的，我和战友们在一间破房子里打着手电筒听首长宣读嘉奖令。当时，我们几位年轻战士不等嘉奖令宣读完毕就立即欢呼："中国人民志愿军万岁！三十八军万岁！"

我骄傲，我曾是三十八军中的一个女兵！

从莫干山走向抗战前线的褚定侯

朱 炜

2015年抗战胜利七十周年之际，央视《重读抗战家书》栏目播出了一封褚定侯家书，我始知褚定侯烈士事迹。原来，从莫干山中到抗战前线，还有这样一段无问西东、无问我名、无畏亦无惧的记忆，等待我们去抚摸，值得我们去铭记。

浩兄：

如握！

前日寄二书，不知收到否？弟已呈报告与团部，团长未能批准，云此非常紧急之时，不准弟请长假。

弟部队已于昨日早晨出发进占阵地。而于昨日下午，师长亲自到弟阵地中侦察地形，改命弟单独守浏阳河北岸之村落据点，命弟一排死守此处，命弟与阵地共阵亡。又云若在此能坚守七天，则可有办法。

因此弟于昨日（廿五）晚率部到守地，连夜赶筑工事及障碍物。阵地之后五十公尺处即为大河，河扩（阔）水深，无舟无桥。此真为韩信之背水阵矣。本日情报：敌人已达汨罗江，计程三四日后能到此。然前线队伍能毕力能抵，

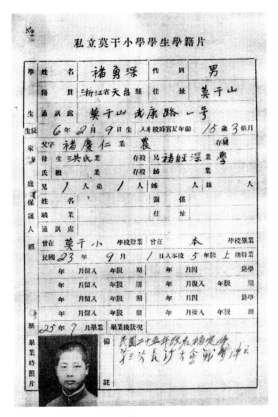

图 1 褚定侯莫干小学学籍片

则能否到此，是为问题。加之本日湘北本年冬首次飞雪，则敌人之攻势，该稍挫缓矣。

然吾军各师官兵，均抱视死如归之决心，决不让敌渡浏阳河南岸来。弟告部士兵："不要他们渡河！"一句话，敌此次不来则已，一来则拼一拼。弟若无恙则兄可勿念，若有不幸则请兄勿悲。古云："古来征战几人回？"并请告双亲勿悲。生死有命，富贵在天。然弟一切自知自爱，务祈兄勿念。

兄上次寄洋二百元悉数收到，祈勿念。

家中近来有信到兄处否？弟已久无告双亲矣，请能代书告之，云弟安全也。时在阵地，一切不便，故不多作书。

待此次作战后，则弟当入滇谒兄安好也。兄若赐言，仍可寄浏阳军邮第一五〇号四一师一二一团二营六连弟收可也。

时因北风雨雪交加，关山阻绝，希冀自爱，余不一一。

即请

冬好

侯弟拜上

十二，二七

见字如面，这封家书写于1941年12月27日，系褚定侯绝笔。

褚定侯，字勇深，号相藩，祖籍浙江天台，1919年出生于莫干山，家中兄弟四人，曰定浩、定侯、定相、定坚。褚定侯自幼家贫，十五岁时，蒙张静江资助，送入私立莫干小学读书，因年龄过大，直接读三年级。德清县档案馆收藏有褚定侯的学籍表，查阅该表，得知了褚定侯的身世。褚定侯的三年级日记如是写道："俗话说：'天下无难事，只怕有心人。'这句话是至理名言，为什么呢？无论什么事，只要努力去做，没有不成功的。像我自己，本是英文字母都不认识的，看见了英文是我的大敌一般，不敢和他接近，这星期，常常看他也不觉什么

图2　褚定侯像及照片背书

难事。"

　　三年后，通过努力，褚定侯考上了浙江省立临时联合高级中学。兴奋之余，他借了一辆自行车，在莫干山跑马场兜圈子。不想在省城求学期间，日军进犯，学校开始停课，他去西湖静逸别墅谢过张静江并道别后，徒步整整一夜回到莫干山。走到家时，天已大亮了。他告诉母亲洪翠岭，途经瓶窑义冢地惊见鬼火森寒、黑鸦低泣，十分害怕，于是拼命赶路。当时避难莫干山的中外人士不少，铁路旅馆办有莫干临时中学，褚定侯遂入校继续学业。其间他在炮台山自家茅屋边种下了一棵枫树，愿为路人提供清凉与浪漫的一隅，并写下一副楷书对联："名士不妨茅屋小；英雄总是布衣多。"1938年秋，他听闻西天目山办有战时浙西临时中学，免学费，且管食宿，乃与几个同学

图3 褚定侯父兄在莫干山绿荫旅馆门头前合影。

前往。转过年来，周恩来和时任浙江省主席黄绍竑来校视察，宣传抗日，给了同学们莫大鼓舞。褚定侯回家即对母亲讲现在全民抗战，他也要去打日本人，并暗自报考黄埔军校，入二分校十七期。在去军校报到前，他悄悄回了趟天台老家看望祖母。在短暂、宁静的日子里，他与一位邻村的姑娘互生情愫，但山河破碎，有志男儿又岂会耽于儿女私情？山盟海誓中，他对姑娘说，等抗战胜利了，一定回来娶她。姑娘则拿出自己的私房钱给他做路费，并送心上人上战场。

从黄埔学校毕业后，褚定侯被分配入军令部。他主动向上级要求到一线部队去，称自己读军校就是为了参加抗日，即被编入国民革命军陆军第四一师一二一团二营六连任排长，不久就投入了第二次长沙会战，因功叠升为副营长。这次战斗结束以后，他在写给家兄褚定浩的家书中说，日本兵非常狡猾，他们化装成农民前来侦察，均被我方识破、消灭，会战中，我方士兵表现得十分英勇，士兵们在身上绑上手榴弹，舍身炸毁敌人的坦克。仅仅两个月后，1941年12月下旬，第三次长沙会战打响，褚定侯奉命死守浏阳河北岸阻敌南犯。是月27日，日军已过汨罗江，正向南逼进，褚定侯提笔给远在昆明工作的兄长写了一封长达六页的家书，做好了随时牺牲的准备。守军上下同仇敌忾，战斗异常惨烈，褚定侯率部与日军昼夜血战，在前有顽敌、后无援兵的困境下，直至全部官兵壮烈殉国，实现与阵地共存亡的遗愿。是年，褚定侯年仅二十二岁。如果不是抗战，这个双目如炬、清秀聪慧的青年能够为国家为民族做出怎样的贡献。

一生太短，一瞬也长。至1942年1月中旬，第三次长沙会战以中方的胜利而告终。据悉，这是自珍珠港事件爆发后，同盟国与日军交战的第一次重大军事胜利，亦可告慰英灵。《泰晤士报》评道："十二月七日以来，同盟国军唯一决定性之胜利系华军之长沙大捷。"伦敦《每日电讯报》称："际此远东阴雾密布中，唯长沙上空之云彩确见光辉夺目。"

虽武康县政府追认褚定侯为烈士，供奉于瑶坞的忠烈祠内，然而褚定侯死得壮烈，褚家人很长一段时间内毫不知情。既不见人归，且音信杳无，传闻业已殉国，怎奈有司嘱交死亡证件，褚家人不胜惊讶，未奉通知安得证件？褚克善遂托人探询，据答已杀敌殉国，叠函四十一师一二一团相询，卒无一答，乃呈武康县长转军政部并抚恤委员会查核褚定侯下落真相，设若系临阵脱逃，甘受连坐之罪，如已殉国，务请告之以端末。迟至

图4　褚家人在褚定侯手植枫下合影。

1946年8月，褚克善领到了褚定侯的抚恤金，打了一只两钱重的金戒指，原想再攒够一笔钱，在武康路上造个亭子，能让路人歇个脚、躲躲雨。造亭之事一直耽搁，而那枚金戒指也在后来的抗美援朝中，被母亲洪氏捐献给了国家，支援购买飞机大炮。不仅如此，褚家又送三子褚定相上了战场，参加志愿军，当飞行员，四子褚定坚成年后，亦参军报国。褚家人坚信，这是对褚定侯最好的纪念。

抗战胜利七十五周年之际，重读褚定侯家书仍令人热血沸腾，壮怀激烈。逝者已矣，生者如斯！

1937 年：北平学生清明大旅行

王端阳

2010 年前后，我在整理父母的老照片时，发现在我母亲刘燕瑾的一本老影集中，粘贴着一组（十三张）反映当年北平学生活动的照片，其中一张我认出有张瑞芳。我把照片拿给母亲看，她看了半天，说当时她还在女二中上学，参加了那次活动，具体情况已经记不清了。那时母亲八十七岁，记忆已经衰退，两年后就去世了。这组照片也就继续压在抽屉里。

一次偶然的机会又翻开影集，发现有一张照片松动，一碰竟脱落了，这才发现照片后面有背书，记录了照片的内容和地点。真是意外的惊喜！我马上轻轻地揭看其他照片，背面差不多都有字迹。但怎么才能把照片完好地弄下来呢？照片是不怕水的，但字迹怎么办？实在没办法，只有先试一张。用水浸泡后，照片脱落下来，字迹也没损害。于是把照片一张张全都浸泡下来。

通过一张张背书，大致了解了这次学生运动的情况，但仍有些问题未解，比如时间、组织者等，还有一张背书"审问章乃器"的照片，也难得其解。

这时，正巧看到严平写的《1938：青春与战争同在》一书，

图1 北京大学救亡拉拉队在温泉，他们都化了装。

其中写道："1937年……正值清明时节，北平学联组织了全市学生的春游活动。大卡车一辆接一辆地把几千名学生送进香山。"

之后又查到黄敬的秘书兰铁白和刘新写的《黄敬》一文，讲述得更为具体：

　　　　为了进一步团结广大同学，学联开展了多方面的活动。

图2　在温泉，张瑞芳化装完毕准备上演《放下你的鞭子》。遗憾的是没有拍到崔嵬。

图3　中国大学大刀队演习在温泉。

图 4　在香山，女二中的一名学生在表演狐步舞。后面站着一排警察。

图 5　在温泉，师大歌咏团表演《救中国》之一幕。

图 6 北京大学救亡拉拉队在温泉。围观群众秩序井然。

图 7 在温泉,《审问章乃器》等为中国大学学生演出之剧。遗憾的是不知这些扮演者的姓名。

图8 "到鬼见愁去！"摄于香山。

这年（1937年）春天，北平学联组织了规模很大的有全市
各大中学数千人参加的香山、温泉两次春季大旅行。黄敬
也去了。第一次旅行，由崔嵬、张瑞芳在香山演《放下你
的鞭子》；第二次在温泉，临时决定演出揭露国民党非法
审判"七君子"的活报剧。这个活报剧"演员"们仓促登场，

图9 “由温泉回来之上车情景,按三千五百多,计有六十余辆大汽车也”。（组织规模如此之大！）

台词又是临时凑的，扮演法警的别出心裁，要“沈钧儒”向法官鞠躬，“沈老”不肯，戏演成僵局。还是扮演“沈老”的王文彬急中生智，大骂法警，这一骂，戏接下去了，效果也很好。最后，观众一致提出：通电全国，要求南京政府释放“七君子”和一切政治犯。

图 10　"在温泉的山麓就食，山风吹来，凉快异常"。

　　1936 年 11 月，南京政府以"危害民国"罪在上海逮捕了沈钧儒、章乃器、邹韬奋、史良、李公朴、王造时、沙千里七位救国会的领导人，并于 1937 年 4 月向沈等提出起诉，史称"七君子事件"。

　　这一下背景就清楚了，此次大旅行发生在这期间，正是对全国呼吁释放"七君子"的一种呼应。而且这两次活动都是由北平学联组织的，北平学联是受中共北平市委领导的，而黄敬是于这年2月接任北平市委书记的，还亲自参加了这次活动。背书中"审问章乃器"也有了答案，原来是个活报剧，而且是"由黄敬任导演兼化装，李昌任编剧兼台词讲授"。

这组照片再次折射出历史的光辉。

修复记忆

冯克力

本埠山东建筑大学的于涓老师，一直留意于建筑史料的挖掘与整理，并多有建树。近来，她带领的团队完成了一个带有抢救性的史料征集项目，即为该校建筑城规学院的老教授们逐一做了口述史。尝试以这种方式，"记录他们在大时代里默默耕耘过的小故事，捡拾那些被历史洪流冲击过后遗落在河床上的微小的金粒"。从这一项目中，他们还进而感受到"从旧中国到新中国，历史的齿轮在新旧啮合时，往往要承受更多的载荷。大时代的尘埃落在普通的知识分子个体身上，就是一生的坎坷"。

于老师他们所做的这项口述，不仅有助于我们了解鲜活生动的建筑规划史，而且丰富了人们对身处时代转换之际的那一代人生命轨迹的感知，其不菲的价值自在不言之中。而于涓老师把这项工作定义为"记忆的修复"，直令我怦然心动，与有戚戚焉。

修复记忆，这不正是《老照片》出版二十多年里所一直在勉力而为的么？

记忆需要不断地修复，盖因其容易被遗忘。遗忘通常有两种情况：一种是个人生理性的遗忘，随着年龄的老去，过去的事情能记住的越来越少，直至与身俱泯；另一种是社会选择性的遗忘，人们往往被其潜移默化而不自知。在修复记忆方面，《老照片》所着力的显然是前者。通过来自无数家庭和个人的图文，留住了形形色色带有生命体温的时代记忆，在避免了个体生理性遗忘的同时，其对选择性的社会遗忘也不无矫治、修复之助。

面对时时都在发生着的遗忘，记忆的修复或将永远在路上。以"收藏记忆"为己任的《老照片》任重而道远，故不可不自勉，也不可不弘毅也！

辛亥革命时期的军人

　　辛亥革命期间，一个气势昂扬、仪容端庄的陕西军人。（参阅本辑《梅荫华的中国影像记录》）

（曲德顺　供稿）

国内订阅：全国各地邮局

邮发代号：24-177

地　址：山东省济南市英雄山路 189 号 B 座（250002）

E-mail：laozhaopian1996@163.com

网　址：www.lzp1996.com

责任编辑／赵祥斌

装帧设计／王　芳

扫码听书

《老照片》微商城

微信公众号

《老照片》网站

ISBN 978-7-5474-3850-3

9 787547 438503 >

定价：25.00 元

OLD PHOTOS

老照片

定格历史 收藏记忆

主编 冯克力

山东画报出版社

出访欧洲的李鸿章

　　李鸿章出访欧洲时，在德国拍摄的肖像照。（参阅本辑《蓦然回首——京汉铁路溯源之片羽》）

（云志艺术馆　供稿）

OLDPHOTOS

老照片

主编 冯克力

山东画报出版社

图书在版编目（CIP）数据

老照片.第136辑／冯克力主编.—济南：山东画报出版社，2021.4
ISBN 978-7-5474-3857-2

Ⅰ.①老… Ⅱ.①冯… Ⅲ.①世界史—史料 ②中国历史—现代史—史料 Ⅳ.①K106 ②K260.6

中国版本图书馆CIP数据核字（2021）第056173号

老照片.第136辑
冯克力主编

责任编辑 赵祥斌
特邀编辑 张 杰 丁 东 邵 建
装帧设计 王 芳
特邀审校 王者玉 赵健杰

出 版 人 李文波
主管单位 山东出版传媒股份有限公司
出版发行 山东画报出版社
　　　　　社　　址 济南市市中区英雄山路189号B座　邮编 250002
　　　　　电　　话 总编室（0531）82098472
　　　　　　　　　市场部（0531）82098479　82098476（传真）
　　　　　网　　址 http://www.hbcbs.com.cn
　　　　　电子信箱 hbcb@sdpress.com.cn
印　　刷 山东临沂新华印刷物流集团有限责任公司
规　　格 140毫米×203毫米　1/32
　　　　　6印张　140幅照片　120千字
版　　次 2021年4月第1版
印　　次 2021年4月第1次印刷
书　　号 ISBN 978-7-5474-3857-2
定　　价 25.00元

目 录

三个闺密的世纪人生

陈探月

这是一幅一个世纪前北京女子师范学校的三位同窗好友合影留念（图1）。谢纬鹏（1900—2006）、张曼筠（1901—1975）、张绍珽（1900—1992）这三位生长在20世纪的女子在人生的旅程中选择了不同的道路，她们的脚步带着时代的印记。

新式学校的女生

谢纬鹏和张曼筠相识在北京女子师范附属小学。谢纬鹏八岁时，在北京法政大学读书的父亲谢震担心她在湖北的大家庭中无法得到良好的教育，带她来到了北京，开始在附小上二年级。1911年父亲毕业后，被派任湖北武昌县知事，她随父亲离开了女师附小。1913年父亲从湖北被调到沈阳当审判厅厅长，路过北京时，从北京女师毕业的姑母认为北京的学校比沈阳的好，帮她插班到北京女子师范附属小学高小三年级。

张曼筠十一岁左右时随父母从上海来到北京，转入附小。父亲张小楼（张筱楼）自幼受其父张曙楼栽培，沉潜书画。张曙楼曾在上海轮船公司当文书，不幸早逝。张小楼十九岁离开

图1 张绍珽（左）、谢纬鹏（中）、张曼筠（右）
合影留念。张绍珽和张曼筠身穿校服。摄于1919年左右。
图片由谢纬鹏女儿厉瑜龄提供。

家乡江苏江阴到江建霞的公馆里教蒙馆。在江建霞的资助下进
上海中西学校读外文，并留学日本。张曼筠的母亲替人家做针
线贴补家用。父亲为养家没等毕业就到南京两江师范（后国立
中央大学）教日文，课余时他常替朋友写对联画花卉。1911年
辛亥革命时全家避难于上海。1912年，他受聘于北京外交部当

翻译，几年后在朝鲜新义州当了数年的领事。

谢纬鹏对北京女师附小有着美好的回忆。她父亲两年如一日，每早给她梳头，送她上学。在一次开运动会时，她被推举上台演讲，这是她第一次在大庭广众下出风头，同学和老师对她演讲的赞扬在她幼小的心灵里埋下了日后领导妇女工作的种子。1915年两位姑娘从附小高小毕业。

张曼筠高小毕业后直接升女师预科，而谢纬鹏因体弱，父母决定让她留在家里，上沈阳师范学校。没多久，纬鹏不喜欢笼罩在吃喝嫖赌下的沈阳的家庭环境，回到北京，进入北京女子师范学校。在这里，她同好友张曼筠重逢，并结交了上海姑娘张绍珏。

张绍珏是嘉兴人，她父亲是嘉兴地区华洋商界的要人，曾担任嘉兴电话局局长。张绍珏和几个哥哥姐姐都来北方上学，可能是因为父亲在他们的母亲还在世时，就娶了第二个老婆。绍珏生活上大手大脚，到假期回家时，家里给的零用钱都被她花得净光，每次都是靠省吃俭用的哥哥帮她买车票，才得以回家。

京师女子师范学堂成立于1908年，由御史黄瑞麟奏请设立，借用停办的和平门外琉璃井医学馆做校舍，派傅增湘为总理。1909年学校搬入石驸马大街（今新文化街）新校舍。1912年改名为北京女子师范学校，吴鼎昌为校长。1917年2月8日，教育总长范源濂任命留美毕业生胡彬夏为首任女校长。1919年4月正式更名为北京女子高等师范学校，取消预科，设立教育、国文、博物等专科。1924年5月，正式被批准为大学，名称"国立北京女子师范大学"。学校曾任校长包括胡雨人、姚华、方还、熊崇煦、毛邦伟、杨荫榆等。

谢纬鹏在其自传《天涯忆往：一位大使夫人的自传》中

讲道，师范学校提供吃住，书费制服也是免费的。学校设有本科四班，预科一班，另有国文、家政、保姆（蒙养园或幼稚园教师）等专科，共八班，三百多名学生。除课堂外，另有自修室，每十二人一室。每六人一寝室，每日三餐均按班次排队入饭堂。学生轮流打扫教室、饭堂和宿舍。周末没有家长信，不得在外过夜。出外时必须穿制服，发饰也有规定，不得随意化妆。学校环境优美，还有秋千，同学课外有说有笑。谢纬鹏在北京有姑母和叔伯，她周六离校，周日返回。她说北师的四年是她青

　　图2　1915年第一届高小毕业师生合影。校址在琉璃厂厂甸。第二排左三为谢纬鹏，第三排左三为张曼筠；后排左三为吴贻芳（1914—1915年她担任学校的英文教师），左七为北京女子师范学校校长姚华。图片来自《中华妇女界》1915年第9期。

年时最快乐的时期。

谢纬鹏是老大，有一个妹妹纬权，一个弟弟纬栋。比她小六岁的妹妹性格内向，后来当了修女，因妹妹同家长有隔阂，影响了姐妹关系。弟弟受母亲溺爱，不求上进。这些也可能是纬鹏珍惜友情的原因之一。张曼筠只有一个姐姐青筠。张曼筠回忆说，小时候由于家庭经济困难，她在学校里"最讨厌有钱的同学，摆臭架子、阔绰，她好接近贫穷和被人欺侮的同学们"。她的朋友纬鹏和绍玭一定有别于那些富家女子。

三位女子在校期间有许多学者到校演讲，他们包括梁启超、蔡元培、李大钊、胡适、梁漱溟、李石曾、鲁迅、黄炎培、陈仲骧等。张曼筠回忆说："听了梁启超的演讲，认为中国搞成这样糟会被外国人来瓜分灭亡，我们怎样来救亡呢？唯一的希望是由贤人来掌管政治，国家就会富强。"但她后来通过参加1919年五四游行请愿、街头宣传的运动，切身受到当时北洋军阀政府的镇压，看到与日本所签订的卖国条约，明白了群众的力量，"开始有了反帝反封建反官僚资本主义革命思想的萌芽"。

谢纬鹏1916年暑期曾应张曼筠之邀，去朝鲜新义州游玩了一周。张曼筠父亲当时在那里当领事。据谢纬鹏回忆，这是她第一次出国，母亲反对，担心她们的安全，因为路上得倒两次车，而父亲却鼓励她出去闯闯。她父亲走南闯北，当时刚从沈阳（旧称奉天）调到锦州当审判厅长。她在父亲帮忙办好护照后，拿着路线图，独自坐火车到了新义州。她住在领事馆里，睡榻榻米，吃饭席地而坐，她说曼筠的父亲曾留日，很习惯，但曼筠的母亲不喜欢。张曼筠的父亲张小楼工作之余带她们到处玩，她们每到一处，都吸引不少围观者，说她们是"仙女下凡"。

1920年，三位学友作为本科第六届的学生毕业，但她们都没有去小学教书，而选择继续读书。张绍珏和谢纬鹏由女师推荐进入了基督教女青年会在上海兴办的体育师范学校，张曼筠则直接升入北京女子高等师范学校，上教育专科。

谢纬鹏回忆，她毕业后计划投考北京大学法科，以承父业，但其父认为北大刚开始接收女生，不愿她成为男女混校的试验品，不赞成她去。她又想投考协和医学院，父亲也不太赞成，觉得女子当医生太辛苦。正巧学校保送她和张绍珏等三名学生去基督教女青会体校，而且她了解到体校课程大半是医学预科课目，所以准备去上海就读。但叔伯反对她去，说上海环境不适合她这样的年轻姑娘。最后父亲做主，让她去了上海。谢玮鹏回忆说，她从小到大一直受到开明的父亲的特殊关爱和培养，对此，她感激不尽。

张曼筠虽然留在北京上学，但是她同两位好友仍有来往，她曾到上海体校访友。

女青年会体育师范学校于1915年秋在上海创立，梅爱培（Abby Shaw Maybew，1864—1954）和陈英梅（1890—1938）分别担任校长和副校长。1920年1月，体育师范学校在上海郊区荆州路37号建成新校舍，耗资约7.3万美元。资金主要来源是美国女青年会全国董事会在美国的募捐。女青体校同其他体校不同的一点是它力图按照现代体育教育方式培养学生，体育教员不光要有专业体育知识和能力，还要有较高的文化素质和修养，因为她们同学生的接触最直接。师范体校的学生不仅要学解剖学、心理学、中文及宗教等课程，还要了解影响国民卫生健康的社会原因等。女青年会的教师大部分是从美国聘请的，她们大多是有多年体育卫生教育经验的教师。女青年会的干事也到体校兼课，女青年会的许多活动也在体校举办。

图3 1921年，谢纬鹏在上海基督教女青年会体育师范学校学习期间留影。由左及右分别为张曼筠、蓝乾碧、谢纬鹏。蓝乾碧的父母是谢家在湖北的朋友。蓝乾碧的姐姐蓝乾蔚后来是纬鹏金女大的同窗。蓝乾碧1933年毕业于金女大后，在上海中西女中当体育教师。她丈夫是农业专家马保之，马保之的父亲是马君武，民国教育先驱。图片由谢纬鹏女儿厉瑜龄提供。

谢纬鹏回忆，体育师范的大部分学生来自教会学校，学校宗教气氛浓厚。课堂外，教职员经常与学生欢聚一堂，使她感觉到如沐浴在春暖和风里。一年之后，她在得到父亲的同意后，开始信奉基督教。谢纬鹏在女青体校的两年对她日后的事业和生活影响深远。张绍玭也是在体校上学时接受基督教的。

不同的人生之路

当时女学方兴未艾，大量需要体育教师。女青年会体校的毕业生不愁找不到职位。谢纬鹏回忆，除由私立学校保送来的学生仍回原校外，其余由校长和教职员商讨后分配工作。校方认为谢纬鹏见多识广，比较成熟，适合在公立学校工作，把她送到了她家乡的武昌女子师范学校。谢纬鹏在湖北工作的前半年跟学生和校长王式玉相处得很好，后来学潮爆发，谢纬鹏于1923年暑期离开鄂女师，秋季来到南京女青年会工作，担任学生部干事。张绍珊从女青体校毕业后留在了上海，在中西女塾

图4 1922年2月，女青年会中西干事在上海女青年会体育师范学校开会期间在楼前合影。图片来自斯坦福大学胡佛研究院周克贞（Marsha Job）档案。第一排：右三袁保珠（1918年体校毕业生），右四白伟勒（Vera Barger，体校校长），右六许灵毓（朱友渔牧师的夫人，兼任体校教师），右十陈曼云（笔者的二姑奶奶，上海市会干事）；第二排：右二杨锡珍（协会学生干事，曾

担任体育教员。她擅长舞蹈，中西女塾每年5月举行一次大型游艺会，学生做汇报表演，答谢家长和赞助者，张绍珊是主要设计和指导教师之一。

张曼筠于1922年从师范学校毕业后先后在北京、上海的学校里教书，家住上海法租界萨坡赛路230号。她在上海曾师从于父亲张小楼的好友刘海粟。张小楼20年代中期离开了外交

任上海中西女中校长），右十三郝映青（Hoh Ying-tsing or Phoebe Hoh，体校副校长兼宗教教师，她后来去金女大教书，同吴贻芳一起曾是接任金陵女大校长的两个候选人）；第三排：右六陈美玉（体校教师，后来当体校副校长），右八张振铎，右九周克贞（Marsha Job），右十六裹玉瑞（Ruth Parker，体校教员）。

图5 1927年8月，谢纬鹏（左）和张曼筠在南京金陵女子大学期间的合影。图片由厉瑜龄提供。

部，在上海卖字画补助生活。张曼筠受父亲的影响，艺术天资高，20年代中期已成为活跃在沪上的女画家。她是中国女子书画会会员，20年代中期父女俩曾联合举办山水花卉画展。1927年某日，刘海粟邀请胡适、徐志摩、李毅士、汪亚尘诸君到海庐做客，张曼筠展示其山水画，受到众人赞叹。刘海粟题字道："现

图6 1928年3月，张曼筠和李公朴摄于上海宝记。图片由张曼筠之女张国男提供。

世重表现之艺术，薄纯粹写实之作品。若日后于自然是自暴弃爱，筠作画类，能役物不为物役，故韵流神发，每每期然而然。丁卯春海粟题于存天阁西窗。"

谢纬鹏在武昌师范和南京女青年会工作，也是为了减轻家庭经济负担。1925年，前女青体育师范的副校长、金陵女大教

图 7 厉斯昭（左）、谢纬鹏（中）、张曼筠 1928 年冬摄于南京。图片由厉瑜龄提供。

师郝映青女士对她说："你既有志作一个卓识远见有抱负的人，你就应该趁你还年轻，你父亲也有能力供你，赶快设法作进一步的深造，将来总能应付世事多变的复杂环境，为人群谋求幸福。"她接受了郝先生的建议，决定到金女大文理学院深造。

张曼筠 1927 年也来到金陵女子大学读书，两位好友再次同窗。纬鹏和曼筠在金陵女大上学期间，经历了许多事，但最值得一提的是她们的终身大事。

张曼筠曾与沪上著名画家刘某相恋，但刘某已有妻室，两人最终未能结合。1927年张曼筠遇到了李公朴。据张曼筠的姨侄张则孙回忆，张曼筠和李公朴是在上海的一次慰劳北伐将士的演出上相识的。张曼筠当时是南京金陵女子大学的学生。她同时年八岁的张则孙，在一部北伐军解救一个遭封建军阀凌辱的家庭的话剧中，分别扮演母亲和儿子的角色。演出结束后，李公朴同张曼筠见面，"两人越谈越离不开"。此后，他们频繁约会。据张则孙回忆，张曼筠住在萨坡赛路弄堂楼的三楼，每当他俩约会时，张曼筠总是叫张则孙在阳台观望，他看见李公朴后，跑上楼通知她。张曼筠只有一个姐姐，张则孙是她姐姐青筠的长子。那时有一个习俗，如果没有男孩，长女的第一个儿子就要过继为孙子。张则孙年幼就过继到外祖父张小楼家，一直跟外祖父生活。

1928年3月4日，李公朴和张曼筠在位于上海四川路的基督教青年会举行了婚礼。谢纬鹏是新娘张曼筠的伴娘。李公朴特地到南京邀请他沪江大学的老同学厉斯昭参加他们的婚礼，意在当月老。婚后，李公朴和张曼筠全家搬到南京，住在东瓜市陶谷街3号。当年8月，李公朴远赴美国俄勒冈州雷德大学（Reed College，现译作里德学院）政治系学习。他经沪江大学校长刘湛恩和基督教青年会的推荐，获得了美国学校的奖学金。

纬鹏独立性强，而且希望自己事业有成，在女师读书时一心信奉独身主义。但后来意识到，父亲体弱，弟弟不务正业，以后上有老人、下有侄儿，负担会很重，她事业同样受到影响。加之单身女子在各种社会工作中容易招惹是非，遂放弃了独身的打算。但直到认识厉斯昭之前，没看上合适的男子。就在金女大准备送她去美国深造时，张曼筠和李公朴在他们的婚礼上

图8 李公朴1929年6月23日从美国阿拉斯加寄给厉斯昭的照片。李公朴暑期在阿拉斯加渔厂打工。图片由厉瑜龄提供。

安排她和厉斯昭相识。

　　厉斯昭（1901—1984），江苏仪征人，跟李公朴同在沪江大学上学，毕业后到外交部工作。据谢纬鹏回忆，她和斯昭不是一见钟情，但是有默契，愿意进一步交往。当她父母知道此事后，便从汉口来到南京，住在金女大附近的陶古新村，观察并帮助她做出选择。他父亲看了斯昭写给她的信，对他的文笔非常满意，临回汉口时对她说，此人老实持重，诚恳忠实，青年英俊，毫无浮躁之气，有前途。纬鹏因见他拘谨，不潇洒，

图9 1930 年 10 月，谢纬鹏同厉斯昭结婚合影。图片由厉瑜龄提供。

有些犹豫。但后来又交往了一段时间后，觉得要求不应太过分。斯昭后来当了驻外大使和外交部礼宾司长，其交际能力不言而喻。他们在他去墨西哥使馆当秘书之前订了婚，约定等她两年后从金女大毕业时，去墨完婚。不料，其间纬鹏父亲去世，母亲需要侍奉，她接受了基督教女青年会南京市会总干事职位。厉斯昭经外交部同意后，于 1930 年 8 月离开使馆，回到南京。10 月他们在金女大礼堂结婚。

张曼筠结婚后的家离金陵女大很近，但她 1929 年初生了长女，而李公朴当时又在美国留学，她只好放弃了金陵女子大学的学历。

张绍琏天生丽质、性格温雅，追求她的人很多。她在上海的一次舞会上遇到了留美毕业生陈次平（Hans Chun，1897—1994）。陈次平祖父是上海粤商陈可良（1830—1919），陈可良三子陈兆瑞（陈雪佳）在他去世后继承了太古轮船公司华人主管的职位，也是上海知名的粤商。陈次平是陈家同代人中有出息的一个。1918年，他加入上海精武会，20年代初从上海圣约翰大学毕业后，在宾夕法尼亚大学沃顿商学院读了企业管理。回国后先是遵照前辈建议加入家族船务事业，但不久便离开了陈家的传统行业，另辟蹊径。他同两位留美毕业生一起创办了永固造漆公司，开发优质国产油漆。陈次平踌躇满志，家庭背

图10 厉斯昭（右一）、张小楼（右二）、张曼筠（右三）、谢纬鹏（曼筠左侧）和金女大的朋友野餐。摄于1928—1929年。图片由厉瑜龄提供。

图 11 谢纬鹏乘坐小推车下乡工作。

景深厚，但张绍珽的几位朋友都觉得他个子不高，相貌平平，配不上她。陈次平全力追求绍珽，每日等在中西女中的校门口，送给绍珽她最喜爱的食物。张绍珽为他的热情所打动。张绍珽在见陈次平的父母之前，特地学广东话，没想到她学的广东话陈家老小根本听不懂。他们于1928年在上海一座教堂结婚。

　　谢纬鹏事业心强，家庭事业两不误。她在上金女大之前就在南京女青年会工作过，在学校时又参加学生会和义务服务工作，如为学校附近的穷人做诊疗等。她在1927年3月北伐军攻占南京时，在排外暴力的关键时刻（南京事件）勇敢机智，体现出她的领导才能。她在担任南京市会总干事期间先后生了长子鼎毅和长女玮龄，她担心自己不能胜任工作，曾提出辞职。

但女青会为挽留她，将会所里为外籍干事所用的一座洋楼让给她全家享用，她得以继续兼顾家庭和事业。直到1934年次子鼎凯出生，她才辞去总干事一职。之后，她仍然在董事会服务，直到1937年南京失陷，随国民政府离开首都。

纬鹏在主持南京女青会的工作时，女青年会同宋美龄组织的1931年南京大水灾的抗灾救济工作密切合作。那时长子鼎毅刚出生两个月，但她身为南京水灾救济会总干事，日夜奔波，

图12　1933年8月，中华基督教女青年会三届全会在沪江大学举行。这是参会的干事合影。第一排左二为谢纬鹏（当时她已经是两个孩子的妈妈），她左边是邓裕志（全国协会劳工干事，后来曾任全国总干事），右边是单德馨（香港总干事）；第一排左一是蔡葵（编辑部干事，后来曾是全国总干事）；第二排右八是丁淑静（全国协会总干事，她是首位华人总干事）。图片来自史密斯学院（Smith College）YWCA档案。

为灾民解难。她和女青年会的热忱服务得到了宋美龄的称赞。几年之后，抗战期间，宋美龄任命她为新生活运动促进总会妇女指导委员会乡村组组长。开始时，她因有三个小孩、母亲也不在身边而婉言谢绝。但宋美龄告诉她，妇女指导委员会是借用求精中学城区的校址办公，有教员宿舍，可拨一小洋房为她家使用，而且在同一校园内的求精小学还在开课，她孩子的教育不成问题。宋美龄还安慰她，会帮助她安排下乡视察人员，不用她经常下乡。她为宋美龄的诚意所感动，全心全意地投入乡村工作中，训练和培养了大批女青年，她们活跃在四川的农村，宣传抗日，启发农民的觉悟，为抗战做出了贡献。1940年她刚生第四个孩子瑜龄不久，就开始工作，奶水不够，托朋友从香港购买的奶粉又因滇缅公路被封锁而无影无踪。她担心奶少是由于操劳过度，就向指导长宋美龄提出辞职。宋美龄问清原因后，马上给她两个星期的假，同时将她手头存有的十多磅奶粉送给她，并每日给她一瓶约十六两的鲜奶。宋美龄有一头母牛，每日都可挤出丰富的乳汁。纬鹏母亲多年帮助她照顾孩子，她跟婆婆相处的关系也很好，家庭的和睦和支持使她得以安心工作。

从1943年始，纬鹏随丈夫先后到加拿大、南非、多米尼加、哥伦比亚等国，协助丈夫的外交工作，直至丈夫1966年退休。

张曼筠同李公朴结婚后，仍然参加各种社会活动，曾经在上海量才妇女补习学校和女工识字夜校教书，家务和养育孩子大多有保姆协助。张曼筠的生活随着李公朴的民主事业而起伏动荡。

李公朴留学回国后，开始在黄仁霖主持下的励志社当干事，但不久就离开南京政界，创办全球通讯社，立志于影响国际舆论，特别是传播东北民众抗日消息。1932 年春全家搬到上海，1932 年出版《申报月刊》《申报年鉴》。李公朴曾对张曼筠说："我们搞民主运动的人，是要随时准备牺牲的！"九一八事变以后，日本侵占了东三省，第二个女儿出生，李公朴给这个女孩取名叫"国男"。国男回忆说，她出生时正值"国家多难"之际，"难"与"男"是谐音，希望她像男儿一样将来为国效命。1933 年大女儿谷生因病夭折，张曼筠受到极大打击。同年国男弟弟出生，李公朴给他取名叫"国友"，"友"是"为国担忧"的"忧"字的谐音。李公朴张曼筠在家里讲民主，据国男说，她和弟弟的姓是在入幼儿园报名时决定的。当时父母问她们愿意随父亲姓还是随母亲姓。国男表示愿意随母亲姓，弟弟表示愿意随父亲姓。父母就尊重他们两个小孩子的意见，定下了他们的姓名。张曼筠结婚后一直跟父母住一起，李公朴父母早逝，他作为过门女婿，对岳父、岳母极尽孝道。

　　1938 年 11 月，张曼筠随李公朴赴延安。在他们到达延安的第三天，毛泽东到边区政府交际科招待所看望他们，临走时李公朴拿出张曼筠 1937 年的一本画册，请他给《长城》一画题字，毛泽东在画幅上题了旧作《清平乐·六盘山》。李公朴带领抗战建国教学团到晋察冀边区开展抗日救亡教育，张曼筠留在延安鲁迅艺术学院学习。1940 年，因她母亲病危回到重庆北碚。此时家里的生活困难，虽然谢纬鹏邀她去妇女指导委员会工作，但曼筠不愿同国民党有瓜葛，宁愿卖旧衣和开一家小书店度日。

　　1941 年底太平洋战争爆发后，全家又到了云南，李公朴创立了北门书屋和北门出版社，曼筠也在书屋工作。沈钧儒说，此时党派的裂痕已经日益显露，军事连遭挫折，物价飞涨，李公朴认为最大的原因是不民主。抗战胜利后，李公朴代表昆明

图 13　1934 年，国男和父母亲在上海兆丰公园。图片由张国男提供。

方面到重庆出席民盟大会，当选中国民主同盟中央执行委员，他还与陶行知创办社会大学。沈钧儒和王造时说，李公朴眼见着内战的危机愈来愈深刻，反对的逆流愈来愈汹涌，他为争取和平民主的活动也愈来愈积极。1946年7月11日晚，李公朴在云南昆明遭暗杀。

李公朴殉难后，张曼筠偕子女回到上海，次年辗转香港。1948年秋，到达华北解放区。

张绍珹同她的好友谢纬鹏和张曼筠不同，她不参与任何政

图14 1935年，张曼筠家老少三代摄于上海。前排左起依次为李国友（国男弟弟）、国男外婆、国男太婆（张小楼母）、国男、国男外公张小楼，后排左起依次为张曼筠、国男表哥张则孙、李公朴。图片由张国男提供。

图15 20世纪60年代，陈次平在台湾，身着共济会会长的标准礼仪服装。图片由张绍珽之子Jack Chun 提供。

治活动，一心为在上海商场上打拼的陈次平打理一个温馨舒适的家。她和陈次平婚后没有住在陈家宅院，而是搬到公共租界自己单住。她们的长女Gladys 1929年出生，长子Jack Chun（陈正）1931年出生，七八年后二子Dan和小女Elaine（陈意兰）问世。张绍珽生活讲究，她虽然从不下厨，但可以清楚地告诉家厨每个菜的做法，品尝出每个菜的烹饪质量。

20世纪初，中国各大城市所销售的油漆产品，清一色是洋牌洋货。康奈尔大学毕业后陈广顺先生曾在美国宣伟油漆公司

图 16 20 世纪 50 年代初，张绍琏（左）、谢纬鹏（中）和朋友摄于台北。图片由厉瑜龄提供。

（Sherwin-Williams）担任多年化学师，另一位康奈尔大学毕业生沈慈辉曾在 ACME 漆厂和福特汽车公司油漆研究室工作。两位专业人才，加上精通工商管理和在上海商界有背景的陈次平，集资后，于 1926 年在上海丽园路（西门外斜桥）建起了永固造漆股份有限公司——中国第一家现代化的国产油漆厂。陈广顺当技师，沈慈辉当经理，陈次平为协理。他们注册使用的产品商标为"长城"牌。"长城"名称，与时代的抗敌救国的情绪相呼应，也意味着永固不摧。

永固在起步时，国人倾心洋货。但几年后，永固油漆在质量上已可以同进口的相媲美，价格还比进口的便宜，加上陈次平以挽回利权外溢相号召，在提倡买国货和实业救国的风潮下，有效地推销了物美价廉的长城牌油漆。1930年，为了满足日益增长的需求，永固在上海江湾路尘园路口900号建起钢筋水泥三层楼厂房。永固的规模和设备在国货工厂中名列前茅。1932年1月28日淞沪战争爆发，永固在江湾的厂房被日军炮火摧毁。当年底，永固在原地又建起更大的厂房。永固产品优质齐全，很快闪亮在汽车、轮船、火车、高楼大厦内外。"长城"牌油漆不仅在国内畅销，在广大爱国华侨的大力支持下，还远销至东南亚的菲律宾、新加坡、马来西亚、泰国和缅甸等地。1936年初，永固公司在沪西劳勃生路（今长寿路）开设分厂，在劳合路62号也有办公场所。公司在1936年披露，工厂资本

图17　厉斯昭在南非任职时全家合影。摄于1951年7月。左起依次为瑜龄、鼎毅、纬鹏、斯昭、玮龄、鼎凯。图片由厉瑜龄提供。

图 18　20 世纪 60 年代，陈意兰在美国。图片
由 Jack Chun 提供。

仅十二万元，但营业额总数平均每年四十到五十万元。永固在
几大城市设有分销和发行所。经理沈慈辉是交通大学化学系教
授，公司在成立十周年时还设立奖学金，奖励投考交通大学化
学专业的优等生，并向各校赠送彩印油漆油墨制作过程图解，
作为工业化学教材。永固的许多工程师都毕业于交通大学。全
面抗战爆发前夕，永固造漆公司生产的各种油漆产品产销两旺，
达到了历史上的全盛时期。1937 年 8 月，永固江湾厂房再次被
日军炮火炸毁。抗战胜利后，永固造漆公司除了恢复上海地区

的日常生产外，还于 1948 年在台湾地区投资筹建永固造漆公司的分支机构。

1949 年初，在陈次平母亲的督促下，全家人放弃了二十多年在上海建起的企业和积累的家产，去了台湾。Jack 回忆说，他周末从清心中学回家，看见家里人忙里忙外，收拾东西。他母亲告诉他，一家人要外出旅游，但父亲还要帮朋友处理一些业务暂不去。Jack 到了机场跟着家人登上了一架货机，看见机舱里放着他家的冰箱和钢琴，此时 Jack 才意识到他们不是去旅游而是出逃。陈次平本来和朋友买了 1 月 27 日太平轮从上海开往台湾基隆的船票，但因没办完事，推迟到几周后坐飞机去台湾。他为帮助朋友而没上那条沉没在舟山群岛的船，成了他一生中的传奇之一。

永固油漆在陈次平和沈慈辉的精心打造下，在台湾再次成为各界享用的国产名牌。陈次平继承了祖父乐善好施的传统，在台湾资助了三个孤儿院，他曾任中国（台湾）美生总会（共济会）总会长。

晚年生活

1949 年后，当张曼筠在中国大陆的政协、人大、民盟等机构之间奔波时，谢纬鹏作为外交夫人往返于中国台湾和驻外机构之间，而张绍珪则在台湾相夫教子，业余时间弹古筝和画国画。

厉斯昭从事外交四十年，但廉洁奉公，退休时两袖清风，好在四个在美国的孩子情愿侍奉他们。他们住在离孩子家不远的公寓里。大儿子厉鼎毅（1931—2012），毕业于南非金山大

图19 1985年，陈次平（左）、谢纬鹏（中）和张绍珏摄于匹兹堡。图片由厉瑜龄提供。

学和西北大学，著名物理学家、美国国家工程学院院士和中国工程院外籍院士。大儿媳吴修惠，与大儿子是西北大学同学，她是前上海市市长吴国桢的女儿。长女玮龄（1932—2018），在南非和中国台湾上的大学，获得西雅图大学图书馆学硕士学位后，从事图书馆工作。次子鼎凯（1934—2018），先后就读于西北大学和哈佛大学，他是研究酒瘾及酒精生化与遗传方面的医学教授。

小女瑜龄出生于日机对重庆轰炸最频繁的1940年。在纬鹏即将去乐山准备生产时，妇女指导委员会总干事张霭真（1900—1974）对她说，预祝你生个男孩。纬鹏答，我已经有两个男孩，现在只希望是个女孩。纬鹏当时忘了她曾和张霭真

图20 张曼筠在北京。摄于 70
年代初。图片由张国男提供。

的约定。她怀上瑜龄时，抗战艰难，她想将胎儿做掉。张霭真
同王世圻结婚多年，没有孩子。霭真对纬鹏说，替我保留吧。
她和霭真是多年的朋友和同事。她们都曾在女青年会工作，当
时又都在指导委员会工作，纬鹏欣然答应。生了瑜龄，纬鹏十
分高兴，但霭真闷闷不乐。瑜龄满月之后，纬鹏觉得不能不守
信用，就请霭真找奶妈，领养孩子。但张霭真说，这是你所盼
望的孩子，还是由你抚育，我认她为干女儿，我们两家共同欣赏。
这是瑜龄第一次当她母亲好友的干女儿。几十年之后，张绍玱
的二女陈意兰在美国不幸遇难，瑜龄又成了张绍玱的干女儿。
瑜龄于 1962 年毕业于韦尔斯利学院（WellesleyCollege），后来
又获得了哈佛大学的生物统计学硕士学位。瑜龄一直从事药物

29

研究工作。70 年代，瑜龄夫妇请她父母跟她们同住，老人帮助她带孩子，她也方便孝敬老人。

纬鹏多年工作在外，家务有佣人，孩子也多靠保姆和幼稚园帮忙。她很少烹饪。退休后，开始学烹调，种花。加之她喜欢学习、写作，生活过得很充实。斯昭老年时又捡起来他多年无暇享受的下棋爱好，他也写了一些回忆录。纬鹏说她和斯昭虽然没有享受过花前月夜、诗情画意下的情人生涯，也未享受过游山玩水、逍遥自在的乐趣，但是他们并不因此而失望。他们两人在事业和家庭上忙碌，为国家和家庭尽力完成他们的职责。

图 21　1995 年 8 月，国男（右立者）和丈夫王健（左一）在美国看望谢纬鹏（中）。瑜龄（左立者）和瑜龄丈夫魏白荪（右一）作陪。图片由张国男提供。

20 世纪 70 年代，张绍珏夫妇移居美国，跟在美国学习工作的三个孩子团聚。Jack 1958 年在宾夕法尼亚大学建筑系毕业后，当了建筑师。

张绍珏的小女陈意兰，聪明秀丽，性格奔放。不幸的是1972 年，她在美国出海游玩时遇难，年仅三十三岁。她的大女儿 1935 年在上海因病夭折，在她七十二岁时，又失去一个女儿，悲痛欲绝。多亏对她一直关爱备至的陈次平帮她度过了生命的又一难关。张绍珏年迈体弱时，陈次平对她更是无微不至。

谢纬鹏和张绍珏古稀之后在美国匹兹堡再次相遇，直到张绍珏 1992 年去世，她们一直保持联系。谢纬鹏、张绍珏在 40年代末，便同张曼筠失去了联系。张曼筠于 1975 年因心脏病复发，在北京逝世，终年七十四岁。

1984 年，一个偶然的机会使张曼筠的后代找到了谢纬鹏。当时，张曼筠的儿子李国友作为中国社会科学院美国研究所的访问学者，来到斯坦福大学。这期间，他结识了谢纬鹏的大女婿戴盛虞。有一次，李国友在戴先生家看到了墙上挂的张小楼的国画，由此引出了上辈人的友情佳话。1995 年，张国男和丈夫王健到美国洛杉矶看望二女儿期间，专程到匹兹堡看望九十五岁的谢纬鹏。思路清晰、炯炯有神的谢纬鹏见到张国男时说："在南京时你才几个月大，现在你都有外孙女了。"

三位闺蜜在将近一个世纪的旅途中，饱尝了事业和家庭给她们带来的酸甜苦辣，活出了有滋有味的人生。她们是时代的宠儿和强者。

记旅日华侨惠京仔

庞守义

2015 年 9 月 3 日，纪念中国人民抗日战争暨世界反法西斯胜利七十周年大会在北京天安门广场隆重举行。国务院侨务办公室特别邀请五位德高望重、声誉卓著的侨胞代表出席，并登上天安门城楼观礼。日本新潟华侨华人总会会长惠京仔是其中唯一的女性。当我看到这条新闻后，格外兴奋和激动。三十多年前，我在做记者工作时采访她的那些场面和情形又浮现在眼前。翻出早年的影集，一张张泛黄的老照片印证了岁月的变迁。惠京仔那爱国爱家乡的形象又展现在眼前，她热情、亲切的话语又回荡在耳边。

1982 年 5 月，我得知旅日华侨、医学博士惠京仔将带着她八十多岁的老父亲一起回山东邹平，探望久违的故乡和亲人，当即决定跟踪采访他们。随后的几天时间里，我真切地感受到惠京仔对家乡的热爱和对亲人血浓于水的情感。至今，我还清晰记得她说过的话："我虽然生在日本，长在日本，在日本军国主义的环境中长大，尽管旅日生活有诸多的不便，但我永远不会更改我的国籍——我是中国人，我是山东人，我就是如此偏执地热爱我的祖国、我的家乡！"感动之余，我将这几天的

图1 惠京仔的旗袍照。摄于1982年。

见闻和拍摄的照片编成一组摄影专题，以"女博士的乡恋"为题刊发在1982年出版的《山东画报》上。回日本之后的惠京仔看到报道后很是感激，专门向山东画报社的领导和我分别寄来感谢信。我也因这一次采访得以认识了一个真实的惠京仔。

1925年，十八岁的山东邹平惠辛村的农民惠葆祯因生活所迫，流落到日本大阪和东京等地的中国餐馆当学徒，后来与一位在日本生活的山东姑娘结为连理。婚后，他们迁居新潟，在那里开了自己的中华料理行"保盛轩"。1932年11月，独生女儿惠京仔就出生在这里。父亲希望女儿长大后像男孩子一样事业有为，所以取名"京仔"，并从小教育她时刻不忘家乡。那时候的山东贫穷落后，远在日本的惠葆祯经常收到亲友因缺医少药而病逝的消息，为力图改变这一状况，他决定让女儿学医。

回忆起童年，在日本军国主义恐怖氛围中成长的惠京仔只有不快和屈辱。她作为华侨子女，不能像别的孩子那样出门去玩耍。她一出门日本人就会拿石头向她身上扔，并骂她：“这是落后国支那人的小崽子！”学龄前的她几乎没有机会学日语，总是躲在家里讲山东话。日本全面侵华战争爆发后，日本对华侨的迫害也日益残酷起来。日本学校当局不把幼小的惠京仔作为一个外国小女孩看，而是把她当作一个应该加以憎恨的敌对国之子而施加了许多迫害。面对恶劣环境，小惠京仔唯一能做的就是拼命学习。最恶劣的是南京被日军攻陷那天，全校师生拿着太阳旗，排成整齐的队伍，唱着胜利的军歌在大街上游行。惠京仔作为战败国“支那之子”，被软禁在学校的一个角落里等待被欺侮。教师们强迫惠京仔跪在他们面前，一把揪住她的

图2 在济南火车站下火车时，当地侨办主任前来迎接。

图 3 惠京仔和她的婶娘在一起。

脖领儿，强迫她对着众多儿童大声说："我的国家战败了，实在对不起，请原谅我们，求您们了！"即便回到家，全家三口仍在日本特高警察的监视之中。

独立的品格和坚强的毅力可以塑造一个人，多年的不懈努力和坚持，让惠京仔梦想成真。惠京仔二十四岁毕业于日本昭和大学医学院，后进入国立新潟大学医学院人工肾脏研究所深

图4　父亲惠葆祯和惠京仔在故宅。

图5　惠京仔在家乡的田野和当地官员交谈。

造，获得博士学位。由于当时中日还没有恢复外交关系，惠京仔无法为家乡医疗事业服务，便于1963年开设医院，定名为"山东医院"，自任院长，以表达对家乡的怀念之情。

山东医院位于日本新潟市关屋田町，占地一千多平方米，是一座三层方形白色建筑，颇为引人瞩目。在当地，就是日本人开这样规模的私人医院也是不多见的。科学的管理和专业的医护人员以及突出的医德医风，促使山东医院的规模逐年扩大，成为日本人工肾脏研究的专门医院，在透析医学领域驰名全日本。为此，她博得了"人工肾专家"的称号。

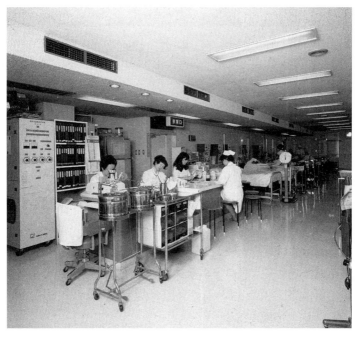

图6 位于日本新潟的山东医院内景

图7 惠京仔和前驻日大使陈楚在一起。摄于 1982 年。

　　惠京仔作为当地侨团的领袖，积极支持祖国医药卫生事业的发展。20 世纪 80 年代，她曾一次性向北京友谊医院捐赠六台人工肾透析装置，价值达一百多万元，在家乡兴建了淄博归侨医院。她先后被聘请为北京友谊医院特邀研究员，每年都要回国和医学界同仁交流，定期进行现代医疗的指导和演讲，介绍国外最先进的医学成果，传播新知识、新技术。此外，她还积极投身于维护侨胞合法权益。1999 年，她被授予北京市"荣誉市民"的称号。之后，多次被国家领导人邀请参加国内的重大庆典活动。

胡适与大使馆的女主人

徐家宁

　　2014 年，我看到一组匈牙利裔美国记者、摄影师路西安·艾格纳（Lucien Aigner，1901—1999）访问双橡园，即中华民国驻美国大使馆时拍摄的照片共十六张，内容除了记录时任驻美大使胡适的工作外，还介绍了使馆内的厨师、司机、保洁以及馆内陈设。其中有位年轻的女士非常抢眼：招待客人的餐桌上她坐在与胡适相对的位置、餐后她为客人弹钢琴，表情和肢体动作都很有表现力，俨然使馆里女主人的样子，艾格纳说："因为胡先生的夫人没有陪他出使美国，因此由使馆二秘 K. W. Yu 的夫人充当女主人。"艾格纳还专门为这位"女主人"拍摄了穿着旗袍的单人照（见封二），说她在聚会时总是穿着中式丝质旗袍。当时我很想知道这位女士到底是谁，但这批照片没有标注拍摄时间，也没有中文图说，涉及的人名是缩写，我猜女主人的丈夫可能姓"俞"或"于"（Yu），但简单检索了下没结果，就这么一直放着了。最近我在找资料的时候偶然看到美国国会图书馆收藏的一张照片，是胡适与一对新人的合影，新娘正是这位"女主人"！按照图说她叫"Virginia Chang"，新郎写作"Kien-Wen Yu"。继续检索，发现同样是 2014 年，已经有人写过这张婚礼照片了，新娘叫张太真，新郎叫游建文，胡适是他们的证婚人。

这位新郎原来姓"游"，难怪我用"Yu"对应的汉字找不到。在 1958 年的 The Asia Who'sis Who 里找到了这位外交官的简历，试译如下：1908 年出生于福建福州，毕业于北平盐务学校，之后进入伦敦政治经济学院和乔治·华盛顿大学学习。1929 年任中国驻丹麦哥本哈根使馆秘书；1932—1938 年在国联担任中国代表；1937—1938 年任中国驻英国伦敦使馆秘书；1938—1946年任中国驻美国使馆秘书，其间 1941—1942 年回国在重庆任外交部部长秘书；1946—1947 年任中华民国驻联合国代表执行秘

图 1 使馆午餐。从左下角顺时针依次是：胡适、刘锴、使馆的法律顾问也是胡适的同班同学哈罗德·里格尔曼、Yu 夫人、使馆法律顾问莫里斯·库帕、周鲠生。

图 2 餐后 Yu 夫人为大家弹钢琴。

书，兼驻加拿大渥太华领事；1947 年任南京的行政院院长秘书；1948—1950 年任蒋介石高级秘书，兼驻意大利罗马"参赞"；1950 年任"中华民国驻美国参赞"；1950—1957 年主管"中华民国驻联合国机构的新闻处"；1957 年任"中华民国驻纽约总领事"。从《董浩云日记》看，至少 1962 年他还在美国纽约。

图3 喝下午茶的胡适与 Yu 夫人。阿尔弗雷德·艾森施泰特摄于 1941 年。

张太真的简历我没有查到，不过她的父母倒是值得一书。张太真的父亲叫张履鳌，江苏江宁人，在上海圣约翰大学毕业后于1907年自费留美，在弗吉尼亚大学获得经济和哲学学士学位后进入耶鲁大学法律系，1911年获法学士学位，是《留美学生月报》总编，回国后任《汉口日报》英文编辑，后署湖北外交司长、湖北高等检察厅厅长。1912年起在汉口开律师事务所，并担任过黎元洪的法律顾问、吴佩孚的法律顾问等职。1927年出任汉口第三特区（英租界）总监。次年起，任汉口商品检验局合议局长，南京、威海卫回归筹备委员会高级专员。1930年赴智利任中华民国驻智利代办，1931年3月被任命为中华民国驻智利特命全权公使，次年被免职。抗战期间以"地下抗日工作者"的身份在汪伪政府的湖北高等法院担任检察长。张太真的妈妈叫陆秀贞，江苏苏州人，上海中西女塾毕业后，于1906年赴美留学，1911年获兰道女子高等学校学士学位回国，在美期间曾任《留美学生月报》编辑。她的中学毕业论文题目是《论自由平等同胞为生人之原理》，称："夫天赋之自由，天定之平等，天授之同胞，固与人类同时而生也。人类存在至何时，则自由平等同胞亦将存在至何时，而不可须臾离离之者……语曰不自

图4 游建文（左三）和张太真（左二）在双橡园举行婚礼，胡适（左一）是他们的证婚人。摄于1939年5月12日。照片源自美国国会图书馆。

图 5 张太真（右）随剧团在美国纽约演出期间的戏装照。摄于 1939 年 4 月。

由，毋宁死，足见自由重于死，而不自由者且与死无异。"这篇文章原文是英文，由范带译成中文发表在《万国公报》上。她还翻译过杜威夫人的演讲"女子教育要义"。足可见这位张太太的能力与主张。

胡适曾多次提到游建文和张太真的婚姻，最早是 1939 年 3 月 31 日的《胡适日记》："张履鳌太太请吃饭，是宣布他的女

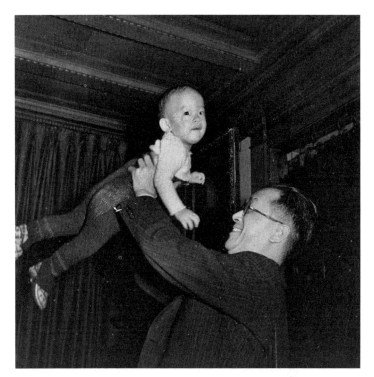

图6　胡适举起张太真的儿子。阿尔弗雷德·艾森施泰特摄于 1941 年。

儿 Virginia 与本馆秘书游建文兄订婚。"结婚那天又记了一笔：
"（1939 年 5 月 12 日）今天本馆秘书游建文君与张太真女士结婚。
张女士是张履鳌先生的女儿，与上海剧团同来，我病在纽约时，
他们正在纽约演戏，故建文与张女士常相见，以后就订了婚约。
我给他们证婚。"胡适上任驻美大使后，常外出宣讲中国军民
的抗战，非常劳累，因前一晚心脏病发作，于 1938 年 12 月 5
日住进纽约长老会医院的隔离室，直到 1939 年 2 月 20 日才出院，
上面说的"病在纽约时"就是指这段时间。胡适后来还提过这

件事，说得更详细："那次我到了纽约，心脏病发了，就没有回到华盛顿去。大使馆是在华盛顿的，馆里每天主要的事情，是用电报或电话通知游建文，由他到医院里来告诉我。我只用口授，由他记录下来通知华盛顿大使馆去办的。他每天到医院来半小时光景，事情办好了，全部时间去追求一位张小姐，结果被追上了。所以有些朋友说笑话：'胡适之的心脏病，医好了游建文的心病。'先生说到这里，大笑起来，又说：'后来我出院了，还是我给他证婚的。'"在这里八卦一下，胡适因心脏病在纽约住院两个半月，两位年轻人就从相识到订下婚约，也难怪国会图书馆那张他们婚礼照片的原图说用了"whirl wind romance"来形容。艾格纳访问双橡园的照片里有一张是张太真女士抱着一个小男孩儿弹钢琴，图说里称这个是张太真十四个月大的儿子Yuang Lung Yu，推算下来这批照片应该摄于1941年底或1942年初。胡适应该很看重游建文，他在1957年6月所立的遗嘱中指定了几位执行人，其中就有游建文；1961年6月25日上午，胡适由护士陪同从福州街临时住所返回"中央研究院"，他立刻给在纽约的游建文发了一个电报，请对方转告自己的妻子江冬秀，他已经回到南港家中。

张太真女士嫁给游建文，对当时的中国驻美国大使馆来说确实是好消息，毕竟使馆是国家的门面，有这样一位演员出身、多才多艺且气场足够强大的年轻女士扮演女主人的角色再合适不过了。

爷爷与外公的影存

晏　欢

我的父亲和母亲分别来自两个抗日军人家庭。

我的祖父晏福标，1944年8月8日在衡阳保卫战中殉国，时任国民革命军第四十六军新编第十九师第五十六团少校营长。广西军人战死湖南，没有给沦为孤儿寡母的我奶奶和我九岁的父亲遗留下一张照片。直到2006年9月在长沙湖南省档案馆里找到这张照片（图1）前，六十二年里，我父亲从来没有见过、也不知道我爷爷的样貌，我本人对于爷爷的模样更是一片空白，连做梦也没有梦的对象。当我们从档案馆"敌伪人员"专柜中搜寻到爷爷留在世间的唯一影像，尽管是一张复印件，尽管是他抗战前黄埔军校的毕业照，我们全家还是对档案馆感恩不尽，否则，即使鞠躬叩拜供奉在台北忠烈祠内

图1　祖父晏福标黄埔军校毕业照

47

图2　外祖父潘裕昆1945年初在缅甸西保。

"晏福标"烈士的牌位，总缺少一份视觉和心灵的触碰。

　　就在我爷爷晏福标阵亡的四天前，在距离湖南千里之遥的西南国境线外，我的外祖父潘裕昆将军率中国驻印军第五十师官兵，与美军"加拉哈德"部队正肩并着肩浴血奋战在另一个抗日战场上。1944年8月4日，中美联军攻克了日军据守的缅北重镇密支那。

　　仅四天之隔，这两名素不相识的中国军人创造了各自生命最辉煌的成就，达到了人生的顶峰。一个统帅军队击败了堪称世界一流的日本陆军，另一个把生命献给了中华民族抗日战争中最伟大的衡阳保卫战。多少年后，他们的后人结为夫妻，组成家庭，这两位本不相识的中国军人，却共同为这个新的家族，留下了永恒的荣耀和骄傲。

作为 CBI 战区一分子，潘裕昆将军和他的部队十分有幸被美军通信兵全方位、多角度、负责任地记录下来，完好无损地保留在美国国家档案馆。在我们一群发疯似的寻找先辈抗战军旅印记的后人眼里，这简直就是一座岁月的宝库，每一张照片

图3 1945年3月，在缅甸南杜中国驻印军第五十师接受国内慰问团锦旗之集体照。前排右二为斯塔布斯上校。

图 4　中美军人的合影。左一斯塔布斯上校、左二索尔登中将、左三潘
裕昆少将、右二迪安·拉斯克上校。1945 年春在缅北战场。

都是一把解开谜团、开启荣誉的钥匙。

　　这张中国驻印军第五十师官兵接受慰问锦旗的合影（图 3），
潘裕昆将军家原来藏的一幅于 2009 年捐赠给建川抗战博物馆，
并被评定为国家一级文物。这张复制于美国国家档案馆的和它
一模一样，不同的是，这次我能够依照背面的文字说明，弥补
以前靠猜测的缺陷，纠正了解说的错漏。也让我得悉一位常常
出现在五十师官兵中间的美国军官佛兰克·斯塔布斯（Frank P.
Stubbs）上校，来自路易斯安那州的新奥尔良，是第五十师的
主联络官，并非我之前猜测的迪安·拉斯克（Dean Rusk）。还有，
它的拍摄地是缅甸南杜，而非我推测的腊戍或新维，准确日期

　　图5　1945年4月29日，中国驻印陆军第五十师的师长、团长与美军联络官在纪念碑前留影。左起依次为：第五十师第一四八团团长王大中上校、第一四九团团长罗锡畴上校、第一五○团副团长里健民上校、第五十师师长潘裕昆少将、第五十师美军联络主官佛兰克·斯塔布斯上校、联络官查尔斯·哈伯格（Charles H. Harberger）中校、副联络主官麦康·西波（Macon Hipp）中校、美籍华人翻译官乔治·冯（Georgr Fong）上尉。美军通信兵瑞科左克斯基（Raczkowski）拍摄。

1945年3月10日，比我猜测的3月8日晚了两天。所幸的是，后来在20世纪60年代担任美国国务卿的拉斯克当年与潘裕昆在印缅战场的合影（图4），又被我从档案馆里找到。

这次从美国复制的抗战图像中，最令我感慨档案馆魅力无穷的一幅照片，是中国驻印军新一军第五十师美军陆军联络组全体官兵在缅甸南杜竖立的一座纪念碑前的合影（图5）。几年前我得到一幅外祖父潘裕昆将军头戴军帽、脚蹬马靴、腰束皮带的英姿戎装照（图2），背景是缅甸某地一座看似纪念碑的构筑物，眼前一亮，立即产生用它做封面（我曾为外公编了一本图集）的冲动。由于缺乏该照片的详细资料，只能对纪念

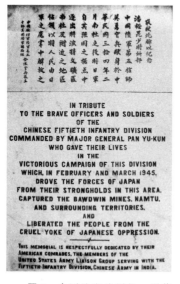

图6　中国驻印陆军新一军第五十师美国陆军联络组全体官兵敬立纪念碑之正面。

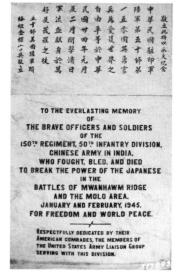

图7　中国驻印陆军新一军第五十师美国陆军联络组全体官兵敬立纪念碑之背面。

碑内容限于猜想。感谢美军通信兵和美国国家档案馆，先是冒着生命危险拍摄，又在几十年间入档保存科学分类，再为每一个感念的人敞开。这是历史的珍品，更是至为珍贵的历史态度。

纪念碑正面与背面，均刻有中英文对照的文字，正面的文字为：

敬献此碑以纪念潘裕昆少将所部中国陆军第五拾师英勇官兵献身于中华民国三拾四年二月南杜之役将日军自其强固之据点中逐出将波特文矿区南杜及附近之地区占领以将人民由日军之魔掌中解放之

中国驻印陆军第五十师美国陆军联络组全体官兵

敬立

背面的文字为：

敬立此碑以永久纪念中华民国驻印军陆军第五十师第一五零团英勇官兵为爱护世界之自由平等于中华民国卅四年元月及二月间击溃日军流血献身于万好及茂罗之后

五十师美国陆军联络组全体官兵敬立

有了细节、准确细节的填充，这构筑物骤然从模糊的平面轮廓线中突显出来，还原成为一座活的纪念碑。于是，它有了风骨，有了温度，有了记忆。

光影里的爸爸

蒋 遂

爸爸离开我已经整整二十五年了！二十五年相当四分之一个世纪。可是爸爸的音容笑貌始终在我脑海里。爸爸还会走进我的梦乡，笑眯眯地告诉我："我要写七十七部'绿色'著作。"爸爸在世界的那一头，还念念不忘著书立说。

爸爸于 1995 年 5 月 9 日离我而去。那个撕心裂肺的日子永远铭记在我脑海里。爸爸学生黄金贵先生在文章中记道："五月，是高校选苗与收获的忙月：硕、博士生论文答辩，博士生报考……虽然这些年文史哲专业的导师大都门庭冷落，但训诂学一代宗师蒋礼鸿教授却年年'香火不绝'，总有些嗷嗷待哺的学子不远万里来虔诚拜师，以争作蒋门弟子为荣。这一天，一九九五年五月九日上午，考博前夕，从西北、中南、西南来杭的火车上，都有蒋门的考生。也许，有的正陶醉于先生精彩的词语考释；也许，有的正在拟想先生的尊容，自己受教解疑的幸福……然而，这一回他们将永远遗憾了。"

爸爸蒋礼鸿（1916—1995），字云从，浙江嘉兴人。著名语言文字学家、敦煌学家，杭州大学中文系教授、博士生导师，《汉语大词典》副主编，《辞海》编委兼语词分册主编。所著

《敦煌变文字义通释》获中国人民大学和国家教委最高奖，国家人事部批准的"缓退（无期限）高级专家"。爸爸自述道："我叫蒋礼鸿，我很讨厌塾师给我取的这个名字。我出生于1916年2月9日，这一年是丙辰年，属龙，于是自字为云从。室名怀任斋、双藏室，其实没有固定的处所，人之所在，室亦名焉。我是浙江嘉兴一个城市贫民家庭的儿子。毕业于本

图1 爸爸的秀州中学毕业照

县教会学校秀州中学。毕业后，由学校保送考进教会大学杭州之江文理学院（后来改为之江大学）国文系学习，靠借债、工读、领取奖学金读完了应修课程，得文学士学位。我的体育最蹩脚，感谢体育老师程康初先生不和我为难，没有妨碍我获得奖学金。"

我的爷爷蒋洪是一位城市贫民，是鞔厂伙友和桂圆行雇工，奶奶是家庭妇女。家里有六个孩子，爸爸排行第五，从小被称为"五弟"。那个年代生机都非常困难。可是爸爸从小聪明，读书过目不忘，所以亲戚和邻居都说："就是借债也要让他读书。"爷爷拗不过亲戚和邻居的好心劝说，坚持让爸爸上学。可是爷爷也有自己的小算盘，让爸爸上嘉兴县立商科职业学校。可是爸爸对商业不感兴趣，商校毕业后，又进嘉兴秀州中学初三继续求学。嘉兴秀州中学是教会学校，但是对贫民子弟却是

图2　爸爸的之江文理学院毕业照

天堂。秀州中学被陶行知先生称之为"贫民教育的策源地"。爸爸读高中二年级时，在课堂上评价刘知几的《史通》一书的内容，高中三年级在全校周会上评论了学校的教学工作，敢说敢当。爸爸学习成绩一直名列前茅，并且在学校刊物《秀州钟》上发表论文《纳兰词跋》《流别》。在《流别》里阐明："别之为言区分也，流之为言授受也。也别而后有流，流而后别益显。有流别而后有学术，有流别而后坏学术，何也？当与过当者然也。"已经显示了学术研究的敏锐嗅觉。

1934年，爸爸被保送到杭州的私立之江文理学院。之江大学也是教会学校，与秀州中学有密切的联系。爸爸中学毕业前，已到之江大学实习和体验学习情况。之江大学是浙江省第一所现代意义上的大学，虽然是教会的学校，但是其国学却是重中之重。爸爸在那里不但得到名师徐益修（昂）、锺锺山（泰）、夏瞿禅（承焘）的悉心栽培，而且与任铭善、王子慧、宋清如等师兄师姐建立了密切的友谊。系主任锺锺山先生曾经对之江大学校长李培恩表示："任铭善、蒋礼鸿是百年不遇的人才。"夏瞿禅先生的《天风学词日记》1937年2月2日记曰："男生一蒋礼鸿，女生一熊化莲，国文系翘楚也。"在经济上，爸爸被列入"之江文理学院设置免费学额表"，使得他能安心学业。

1937年冬，由于日寇进攻杭州，之江大学撤退至安徽屯溪，

图3 1979年夏，吴忠匡（左）拜访爸爸蒋礼鸿。

随之解散，爸爸赴温州投靠夏瞿禅先生。次年2月，夏先生介绍爸爸去位于平阳县郑楼的省立温州师范学校任教。温师学生张宪文回忆道："抗战初期的1938年2月……学校里来了一位年轻的老师——蒋礼鸿。他，嘉兴人，字云从，是之江大学中文系的四年级学生，吾乡夏瞿禅先生的得意弟子。杭、嘉沦陷，他随瞿禅先生来温，经介绍在校任普师一年级的国文老师。他长衫布履，木讷寡言，但教课却口若悬河，既严肃，又灵活，深入浅出，妙趣横生，深为师一同学敬爱，没有一个敢以年少轻之。他住在师一和师二教室之间的单身教师宿舍里，虽没教我们的课，却与我们朝夕相见。他夙兴夜寐，手不释卷，读的都是《说文》《尔雅》一类的书……"5月6日爸爸告别郑楼，往已迁上海租界的之江大学去修完最后半年课程。

1939年1月13日，爸爸参加之江文理学院毕业考试。之江国文系只爸爸和江玑二人，爸爸获浙江杭州私立之江文理学院毕业证书，并被授予文学学士学位，留校在国文系任教。

1939年10月4日，爸爸奉锺锺山先生招，前往湖南蓝田国立师范学院任锺先生助教。在蓝田国立师范学院爸爸与钱锺书、吴忠匡、徐燕谋、徐承谟等相处甚快。爸爸有诗曰：

进退格依杨诚斋韵

蒋礼鸿

> 吴郎钱子二徐翁，炉焰青来不论功。
> 夷敌百城无剩壁，杀人一寸有奇锋。
> 高谈孰与庞公略，匡坐真惭原宪穷？
> 犹有春秋董狐手，会须诗境记提封！

在湖南蓝田国立师范学院，爸爸发表了《释任释鬼释克》《读韩非子小记》等。晚年又整理著述了《湘西读字记》。

1942年7月，爸爸被国立中央大学校长顾孟余聘为中央大学师范学院国文学系助教。彼时妈妈在国立中央大学师范学院附属中学（白沙女子中学）任教。因为妈妈的小同乡钱子厚先生介绍，妈妈与爸爸建立了恋爱关系，所以妈妈通过关系将爸爸介绍到中央大学师范学院国文学系。

可是开始的时候，妈妈对爸爸并不满意。爸爸是纯粹的读书人，木讷、内敛，不谙风月。有一次，爸爸妈妈和唐圭璋先生等几人在嘉陵江畔散步，走进一家别墅，花丛中有一只非常漂亮的彩蝶在飞舞，有只花猫蹲在假山石旁瞪着它，好一会儿，却不捕捉。唐先生忽然说："呆猫，抓哟！"大家都大笑起来，唯有爸爸浑然不觉。

以后妈妈建议分开一段时间，两人好好考虑考虑今后的打算。分开后，爸爸寄三首《鹧鸪天》给妈妈。

和遗山薄命妾辞

海水摇空绿漾楼，为谁幽怨赋西洲？不知江北江南路，已忍天寒日暮秋。书欲寄，泪先流，不成一字只成愁。冰霜过了春应在，忍把夭桃斫断休！

肠断金堂目已成，十年芳约可怜生。床头锦瑟量长短，梦里香车记送迎。云自合，月难盈，人间何地着深情？潇潇一夕惊秋到，恼乱高楼又雨声。

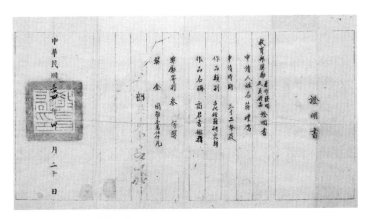

图4 《商君书》获奖证书

图5 民国时期，教育部给爸爸颁发的讲师证书。

心尽方知蜡泪深，颤秋残炧淡无阴。若容款曲心甘奉，直为相思病亦禁！鸡塞远，凤箫沉，行云几费梦相寻。写情赋怨浑闲事，宽了年时约腕金。

妈妈为之动容！他们的情感在诗词唱和中逐渐加深。那个时候爸爸在撰写《商君书锥指》，妈妈帮助誊写。炎热的夏天，一个上午下来桌子上留下四条汗渍，这是爸爸妈妈工作时双手靠在桌子上留下的。《商君书锥指》1945年被教育部评为"著作发明及美术品三等奖"，也是爸爸妈妈的情感结晶。评委萧公权语："本著作参采订正今昔诸家之说，并下己意整理古籍，颇称赅备。议论亦每有独到之处。而允当朴实，洗穿凿之弊，尤为难能可贵。殆当推此为善本矣。"

《商君书锥指》获奖后，教育部要评爸爸为副教授。可是爸爸拒绝了，他说他年纪还轻，还是做讲师吧！1946 年 12 月 31 日，爸爸与刘盼遂、陈粲、屈伯刚、赵贞信、郑文等，同被顾颉刚列为"整理古文籍"的人选。

1943 年 10 月，爸爸妈妈订婚。一时贺者如云。

闻云从静霞订婚喜赋二绝即寄云从以贺之

锺锺山

捣尽云美不作难，何言蜀道上青天？
一情会使人奔走，未待红丝两足缠。
文字相知有夙因，相投事不比文君。
定情何用辞人赋？但谱巫山一片云！

水龙吟·率和博云从先生、弢青女士一笑

唐长孺

窥帘蟾月通欢，瑶台偃蹇吹琼管。吴头楚尾，千山万水，等闲寻遍。弱羽凌波，凝香款梦，良宵微暖。有琴心暗逗，连环情解，凭阑看，流云缓。赋得黄花人瘦，倚新声，小屏山畔。胜因漫记，华鬘一笑，三生燕婉。碧海青天，红朝翠暮，霜娥偷怨。待定巢燕子，翩跹俪影，照奁花满。

好事近寄云从、弢青夫妻渝州

夏瞿禅

万里涉江来，传唱采秋新曲。留盖翠鸳风日，忆小窗横幅。明日归去住西湖，黄月满楼屋。和我旧山双曲，添一枝横竹。

予旧作芙蕖小幅，题句云：不愁风日炙，留取盖鸳鸯。

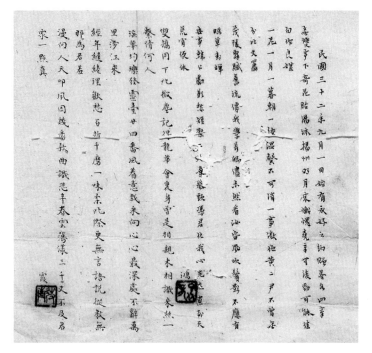

图6 爸爸妈妈手书的《瑶台第一层》。

为云从索去。云从在永嘉时，和予暗香词。相约重到杭州，补填疏影。

爸爸妈妈订婚之时，两人各赋《瑶台第一层》。

瑶台第一层

蒋礼鸿

民国纪元三十四年六月十六日，与戣青结婚渝州。嘉宾不弃，惠然来，爱乞题名，以留永念，并制慢词为引。

连理枝头侬与汝，人天总是双。瑶华小谪，回头蓦见，只是迷藏。分明相见惯，怯此度烛底轻狂。难回避，催人密誓，长命鸳鸯。风光，联翩裙屐，筵前共看杜兰香。华镫滟绮，羞霞酡玉，幽意无量。更房栊窈窕，笑语里、送入仙乡。记情芳、向浅红罗帕，翠墨行行。

前调·和云从婚筵韵

盛静霞

明镜台前肩并处，笑看恰一双。罗衾雪粲，宝奁月满，密幄云藏。相携还试问，问者番可许轻狂？低回煞，怕仙云梦邈，迷了鸳鸯。春光，筵开图画，氤氲都是酒红香。无端凝坐，怎禁羞涩，不许思量。又纷纷催说，说早早、好入花乡！郁芬芳，有流苏一地，烛影千行。

可是，爸爸妈妈手书的《瑶台第一层》，却在战火中不知流落何处。七十余年以后，台湾学者郭长城在台湾收藏品市场意外见到了。郭教授古道热肠，把原物奉还给我。爸爸妈妈的爱情和婚姻也和这一页《瑶台第一层》一样，充满坎坷和曲折，但是又何等令人向往！

1945 年 7 月 24 日，爸爸妈妈在重庆结婚。不到一个月，日本宣布无条件投降。妈妈兴奋得高烧三天，爸爸说："你太感性了！"离乡背井八年，所有的人都殷切盼望早日回故乡。爸爸赋诗一首，送柳诒徵先生出峡。

送劬堂先生出峡

辽东皂帽未云贤，忧患乾坤有转旋。

天为斯文留一老，我来问字记三年。

沧江漫作怒蛟吼，白首能歌出峡篇。

亦欲东穿平善坝，安澜凭仗德星先。

柳先生答曰：

出峡至白下寄云从

夔府秋江旭景鲜，波光晴接楚吴天。

今逢一统平倭日，遥忆三分定霸年。

落落几人称俊杰？悠悠终古此山川。

巫峰云气迎眉绿，似奖衰翁万里旋。

回到南京中央大学，意想不到的是爸爸居然被解聘了，至
于解聘的原因众说纷纭。妈妈以为："听胡（小石）先生说：'蒋
礼鸿不可用，他和盛静霞结婚，盛是汪辟疆的得意门生。'"

爸爸倒是毫不在意，而他的母校之江大学很快接纳了他，
是金子总会发光。他带着妈妈离开南京，临行作诗数首。

去白下口号

飘如一叶出宫渠，进退吾生尚有余。

野鹤自安三尺胫，乱书犹累两头驴。

偶然桑下曾留宿，何用修门更曳裾？

颇觉嵇康无远度，至今人诵绝交书。

1947 年，爸爸偕妈妈回到复员后的之江大学。他们在之江
大学的秦望山麓筑起爱的小窝。也是在这一年，我姐姐盛逊出

图7 爸爸妈妈和姐姐合影。摄于杭州六和塔前。

生在秦望山的之江大学宿舍。

本来以为爸爸妈妈从此可以在杭州的山山水水间安安稳稳地教一辈子书，可是命运总是不由人主宰。在 20 世纪 50 年代政治运动中，爸爸被迫表态："五年不读线装书。"对于一个把传统语言文字为毕生研究对象的学者，这是何等痛苦？更有甚者，系主任要把他打成反革命！1955年9月14日，爸爸一语失慎，又大受批评。9月15日上午小组会，夏承焘发言谈爸爸思想，谓："云从平时好标新立异，自谓无畏倔强，但若指其为反革命，颇觉于心不安。"

可是善良的人总是有的。杭州大学原校长、九三学社主委陈立先生为力保爸爸，邀请爸爸妈妈参加九三学社。1956年11月12日得九三学社杭州分社筹备委员会（56）杭社秘字第98号通知，中央委员会组织部1956.11.6（56）总联字第802号函批准蒋礼鸿、盛静霞为九三学社会员。

可是更可怕的特殊的年代又来了。爸爸因为对领导人语言

图8 1979年9月，爸爸（前排左二）参加《汉语大词典》工作会议。

图9 爸爸抱病伏案工作中。

不规范提出异议，被打成"现行反革命"遭受批斗、关进"牛棚"。令人匪夷所思的，因为爸爸是教会大学毕业，造反派居然要他用一本简简单单的《汉英字典》把《毛主席语录》翻译成英文，稍不如意就拳脚相加。造反派头头独占一个厕所，他要爸爸负责搞卫生，厕所里不能有一点污垢，爸爸只能跪在地上用削铅笔的小刀一点一点刮去污垢。多年以后，杭大古籍所雪克先生对研究生说："你们搞学问要像蒋先生跪在地上刮污垢那样认真。"这无疑是一个"黑色幽默"。

　　所幸特殊的年代终于结束了，可是爸爸妈妈人也老了。但是爸爸仍然以无比的热情投入教学科研中去。他被评为杭州大

图 10　1992 年 10 月 31 日，爸爸的《敦煌变文字义通释》获第二届吴玉章奖一等奖。

学先进工作者、高考阅卷语文大组长、《汉语大词典》副主编、浙江省语言学会副会长和名誉会长等等，从讲师一跃成为教授。1978 年 9 月爸爸开始招收硕士研究生，1987 年 2 月开始招收博士研究生。总共招收硕士研究生四名，博士研究生九名。

可是从 1983 年开始，爸爸就疾病缠身，一直到 1995 年。其中大手术两次，住院无数次。但是他一直顽强地工作着，把学术研究看得比生命还要重要。这段时间，爸爸陆陆续续出版了《目录学与工具书》《咬文嚼字》《怀任斋文集》《蒋礼鸿语言文字学论丛》《类篇考索》。而爸爸的未了心愿是要校诂《史记》和《康熙字典》。

1992 年 10 月 31 日，爸爸的《敦煌变文字义通释》获第二届吴玉章奖一等奖，吴玉章奖是当时中国最高的文科奖励。这是学术界对他四十年来敦煌研究的肯定和赞赏。在我妻子郭敏琍的陪同下，爸爸去北京领奖。

爸爸的《敦煌变文字义通释》是他一生最重要的著作。吕叔湘先生认为：需要有类似蒋书这样的作品几十部才能编成《汉语大词典》。日本学者波多野太郎极力推荐，誉之为"小说戏曲研究之津梁"。弟子黄征说："早在《敦煌变文集》（人民文学出版社 1958 年版）出版的次年，云从先生就出版了《敦煌变文字义通释》，第二年出版了增订本，1961 年出版第二次增订本，1981 年出版第三次增订本，1988 年出版第四次增订本，如今先生虽已年近八旬，但还在做第五次增订工作（据悉上海古籍出版社正准备将此书再版）。我把这几种版子的原书找来，仔细比较每一新版与前一版有何不同，除了发现一版比一版厚

图 11 1995 年 5 月 21 日，我们为爸爸在杭州南山陵园建立衣冠冢，敏琍为爸爸化冥钱。没有想到二十四年以后，她也和爸爸妈妈同穴而葬。

实外，还发现每一条目下的材料都比以前充实，结论比以前精确，有的条目则作了删并和改写。不过最大的发现（也许别人未必留意）却是：每次增加的都是有所发明的条目。"这本著作在爸爸去世后还被国家教委评为第一届人文社会科学一等奖。

爸爸的座右铭是"为无益之事，遣有涯之生"。公元1995年5月9日，北京时间清晨7点5分，爸爸驾鹤西去。爸爸再也没能回到他的书斋，爸爸再也不能完成他的著作，爸爸再也不会听到我们对他的呼唤。爸爸去了，他对我们没有一句遗言，没有一声嘱咐。然而，他走时头脑是那么的清醒，这就是他，一位纯粹的学者，一位不同凡响的父亲！

爸爸生前和妈妈约定，逝世后将遗体捐献给医学事业。早上9时许，我们将爸爸抬到救护车上，向浙江医科大学进发。当我们将爸爸抬到解剖台上，还是让我们震惊了！那黑乎乎的解剖台，躺着一代学术宗师，而爸爸的容貌还是一如既往的平静。2006年，十一年以后妈妈逝世后也将遗体捐献给浙江大学医学院（浙江医科大学是它的前身）。2019年，我妻子郭敏琍逝世后也将遗体捐献给浙江大学医学院。爸爸是我家两代三位捐献遗体的领头人。

我的姥姥钱福芝

徐伟志

表哥表姐嘴里的阿婆，仿佛和我叫的不是一个人，我叫她姥姥。每每看到上海表姐嘴角的笑，我甚至有点自惭形秽，觉得自己土气。

姥姥并不介意我们叫她姥姥还是外婆，她是个地道的南方人，也是个地道的北方人。她的父亲钱菊人，是江苏太仓的大户人家，至今太仓仍有一条叫钱家祠的街，在老县衙对面，太仓老城中心。如今，钱家大院早拆没了，但钱家祠堂还在，旧址上仅保留有两间大屋、一潭池水和一个小亭子。据说钱菊人曾是当年钱氏一支的族长，而太仓钱氏这一脉，最远可追溯到唐末五代十国的吴越王钱镠。

钱菊人清末考了个秀才，与他同年考上秀才的还有一位太仓大户子弟俞棣云，后辅佐盛宣怀致力开创中国电报业，创办电报学堂，他的儿子俞凤宾、俞颂华、女儿俞庆棠人称"俞氏三杰"，都是中国近代史上的名人。

钱菊人与俞棣云是表亲，两人自幼相知，且惺惺相惜，遂将头生女钱梅先和俞家二子俞颂华指腹为婚，而这两位是我姥姥的大媒，撮合了姥姥与姥爷的姻缘，此为后话。

　　钱菊人在河北保定的一个县城当太爷,把家安在了北京,于是我姥姥1900年出生在北京,自小生活在北方,说的一口标准的普通话,爱吃北京的水蜜桃、大柿子和葡萄,还有白水羊头、芝麻火烧和豆面酥。

　　姥姥说她没上过学,却能读会写,且字迹娟秀,想必曾读过私塾,或者上过学但不如姐姐钱梅先学历高,故意自谦往低里说。

　　她姐姐钱梅先对小辈说,妹妹比她命好,父母从小给她们测过生辰八字,说她命不好,便送她常年在外读书,把妹妹钱

　　图1　钱福芝全家照。中间坐者为钱福芝父母,站立者左起依次为钱福芝、二哥、大哥、姐姐钱梅先。拍摄时间约为1919年。

图2　钱福芝与外甥女俞湘文合影。拍摄时间约为1934年。

福芝留在家里宠着。

　　结果，姥姥都快二十岁了，也没找到合适人家嫁出去，反倒是姐姐和姐夫为她张罗了一桩美满姻缘。

　　庚申年（1920）农历七月初七，是中国传统的七夕节，也是姥姥二十岁生日。这天，她姐姐带着妹妹钱福芝，她姐夫俞颂华带着耿济之，约在北京南城的一个公园小桥上见了面，两人一见钟情，从此便成了我的姥姥和姥爷，也留下了一段七夕情人节鹊桥相会的佳话。

我的姥爷叫耿济之，是中国最早的俄国文学翻译家。初见我姥姥那年，他二十一岁，刚从北京俄文专修馆毕业，被选入外交部做实习生。因为经常在报纸杂志发表文章和译作，与当时在《时事新报》"学灯副刊"做主编的俞颂华相识为友，俞颂华欣赏耿济之的才华和厚道，便与妻子钱梅先商议，将妻妹钱福芝介绍给他。

两人相识后的第二年，即1921年，我姥姥和姥爷结婚了。据说，结婚的所有开支用项，是耿济之翻译托尔斯泰长篇小说《复活》预支的稿费。

当时姥姥家比姥爷家富裕，太仓钱家好歹是个殷实大户，

图3 钱福芝与耿济之在苏联赤塔的卧室。右为耿济之在照片背面的题字："此片是女卧房，此床对面还有一床也。这床是女困者，对面未照内者是济之困者。"（注："女"指妻子；"困"为上海话睡觉）。

图4 钱福芝一家在中国驻苏联赤塔领事馆。摄于 1931 年。右侧从上至下依次为耿济之、钱福芝、大女静芬、二女宁芬、三女美芬，左侧为阿姨。

钱老太爷又在北方为官，多少有些进项。而耿家父亲失业，仅靠耿济之母亲和大姐编织毛衣为继，供养耿济之上学和他两个弟弟三个妹妹一大家人的生活。好在耿济之毕业后进了外交部，除了工资，还有稿费收入，耿家的生活才渐有起色。但比起钱家来，还是逊色不少。据说姥姥结婚时，还带了一个陪嫁丫鬟，细软多少就不知道了。

婚后第二年，即 1922 年，耿济之奉调前往苏联远东地区，在中国驻赤塔领事馆担任馆员。好在那时外交官员不多，不论职务高低，都可以带家属。于是，新婚的姥姥与姥爷一同前往赤塔，并在那里生下了长女、我的大姨耿静芬。

姥姥聪慧，很快就适应了异域生活。她学会了说俄语，但

图 5　钱福芝的四个女儿，后为大女静芬，前左起依次
为二女宁芬、三女美芬、四女敏芬。约摄于 1935 年。

不认识俄文，所以姥爷调侃她是"俄国文盲"。她学做俄国菜，
罗宋汤、炸猪排、油炸咖喱包、土豆沙拉，都是她的拿手菜。
"做罗宋汤没有牛肉，蔬菜做出来也一样好吃，我们姐妹每人
能喝好几碗"，妈妈每次喝罗宋汤时都会想起姥姥的手艺。还
有土豆沙拉，沙拉酱是用蛋黄和油一点点打出来的，一直打到

图6 钱福芝夫妇与儿子耿肃摄于1937年回国后。

筷子能立住。这些俄国厨艺，都是姥姥从俄国主妇手里学来的，正宗俄国味。有时，领事馆招待客人，常常也是姥姥下厨做菜。她还烧得一手绝佳的上海菜，小时候去上海，响油鳝糊、葱烧大排是我必点的菜。妈妈常说，姥姥是可以做一桌席面的。

从1920年到1936年，这十几年时间，也许是姥姥一生最

图7　钱福芝家庭照。约摄于1951年。前排左起依次为大女静芬、钱福芝、二女宁芬；后排左起依次为大女婿陈豪、儿子耿肃、四女敏芬。

幸福安宁的日子，大部分时间陪伴在姥爷身边。1926年在海参崴生下二女耿宁芬，1928年在北京生下三女耿美芬（后改名耿辰，我的母亲），1933年在上海生下四女耿敏芬，1935年生下最小的儿子耿肃。至此，时年三十五岁的姥姥，已经是五个孩子的母亲了。

尽管岁月没有在她脸上刻下皱纹，但身体发福，越来越胖，再也没有瘦下去过。到了老年，姥姥更胖了，走路都费劲。她曾经笑着对我说，里弄的孩子叫她"大自鸣钟"，我问她为什么？她说，因为太胖，走起路来左摇右摆，像大自鸣钟的钟摆。说完，她开心地笑了。

因为胖，她的衣服都是自己做或找裁缝做，家里有台俄国老式的手摇缝纫机，这在当年，也算稀罕物件儿了。她喜欢穿那种老式扣袢大襟衣服，衣襟上别着一条手绢，用来擦汗。

　　那些年，姥爷耿济之除了稳定的工资收入，还有不菲的稿费收入，翻译出版了大量俄国文学著作。这期间，耿家和钱家陆续迁回上海，买了房又租了房，将两家父母安顿下来。姥爷的收入维持一大家人的生活，相当辛苦，姥姥当家庭主妇，操持一家人的吃喝穿用，贤惠守成。

　　1936年，耿济之因病回国休养，租下了上海亨利路（后改名新乐路）永利邨的一处联排复式公寓，上下三层，一层客厅，二三层两个大卧室，三个亭子间，一家老小十来口人，住得还算宽敞。随后，留下四个女儿分别在学校读书，带着小儿子，

图8　送子参干。主席台上右起第六人为钱福芝。

姥姥跟随姥爷又回到苏联，先后在莫斯科和海参崴生活了一年。

1937 年，姥爷心脏病再次发作，医生让他长期休养，于是，耿济之向外交部提出辞职。时值日本发动全面侵华战争，姥爷和姥姥带着儿子绕道欧洲，从意大利乘船回国。

亨利路的家地处法租界，上海沦陷后、太平洋战争爆发前，日军还没有进入租界，这段时间被称为"孤岛时期"。当时没有撤到大后方而留守在"孤岛"的知识分子生活十分艰难，他们拒绝为日伪政权工作，没有收入，只好靠积蓄和变卖家产生活。

姥姥一家也是如此，姥爷拒绝工作，也没有稿费收入，姥

图 9 1953 年 8 月，姥姥钱福芝（右一）参观上海第一机械工厂时留影。

图 10 1954 年参加选举。后排左二为钱福芝。

姥每天为柴米油盐发愁,有时一顿饭就吃一个烧饼充饥。到抗战胜利,整整七八年时间,一家人不知怎么熬过来的,姥姥的艰辛可想而知,多年的积蓄和陪嫁也消耗殆尽。

1945 年 8 月抗战胜利,街上传来了欢呼声,耿家也迎来了新的生命。这一年,姥姥当姥姥了,她的大女儿、我的大姨生下一个儿子,姥爷为他起了一个有纪念意义的名字:陈小胜。那一年,姥姥四十五岁。

接下来的日子,却并不轻松。内战爆发,姥爷找不到工作,四处求人托关系,总算找到一个中长铁路总务处的差事,曾经的外交官、文学翻译家，不得不为钱粮谋，随即带病前往沈阳赴职，白天从事繁忙的事务性工作，晚上仍坚持他的文学翻译，终于在 1947 年 2 月猝死在书桌旁。噩耗传来，姥姥的天塌了，痛哭不已，一家人的生活难以为继。

这一年，是钱家人的天命之年。姐姐钱梅先的丈夫俞颂华、妹妹钱福芝的丈夫耿济之相继去世，留下姐妹俩和各自一大家人，生活无着。

所幸膝下儿女业已成人，大女儿静芬沪江女子大学毕业后，进入银行工作，婚后与夫婿仍住在家，两人的工资可以补贴家

图 11　20 世纪五六十年代，钱福芝（前排左五）参加了里弄社区工作。

图12 钱福芝与家人摄于1958年。中排左起依次为三女耿辰（美芬）、钱福芝、四女敏芬；后排左起依次为三女婿徐昶、四女婿刘敬远；前排为三女之子徐伟志，也就是我。

用。二女儿宁芬也找到一份工作，在永安百货当职员。三女儿美芬秘密加入中共地下党，父亲死后离家出走，改名为耿辰，跟随组织转移至苏北解放区。1949年以后，她作为中共培养的第一代播音员在安徽工作，50年代调到北京中央人民广播电台，结婚生下了我。

我母亲出生在北京，七岁之前跟随父母在苏联，之后到上海读小学和中学，她那一口带有南方绵软韵味但却十分标准的普通话，应该有一半归功于我姥姥。而我呢，北京生北京长，所以，我管姥姥叫姥姥。

50年代初，姥姥响应党的号召，将四女儿敏芬和小儿子耿肃分别送去参军，从此，家门口挂上了"光荣军属"的荣誉标牌。

多亏这个标牌，"文革"中姥姥家躲过了抄家批斗的劫难。然而，因为害怕，姥姥和二姨将姥爷留下的俄文书籍、信件，甚至还有手稿，卖的卖，烧的烧，全部处理掉了。想起来，至今让人扼腕叹息。著名翻译家戈宝权80年代到上海看望姥姥，听闻此事，沉默半晌，因为当年他常来耿家看书，他最清楚，耿济之穷尽一生搜集的俄文书籍相当珍贵，大多已绝版，有的连苏联国家图书馆也未必有收藏。

姥姥活了九十五岁，晚年仍不糊涂，偶尔有些神经质。我最后一次看望她是1984年，还和她住了几天。晚上她说饭桌没擦干净，我趴桌上闻，果然有味儿，隔着两三米她居然闻到了。第二天白天，她又问我，闻到什么味儿没有？我说没有，她说不对，一定是隔壁邻居又在抽大烟了。我对她说，都什么年代啦，哪来的大烟啊？她仍自言自语道："那个人抽了一辈子大烟。"这个情节，让我想起来就想笑，笑过之后又想，姥姥是一个世纪老人，一生走南闯北，经历了多少事啊？！

一辈子陪伴姥姥、照顾她生活的二姨告诉我，姥姥去世的那一天，一直跟随她从国外带回来的那个老座钟也不走了，上了弦也不走，永远停在了那一刻，那熟悉的滴答声再也听不到了。

二舅的荣耀

吴熙祥

　　1955年冬，二舅瞒着外公外婆自作主张在安庆三中（初中）报名参了军。半个月后，远在皖南老山里的外公外婆收到二舅托人带回的衣箱时，方知儿子已在福建宁德县（今宁德市）三都澳开始了他的军旅生涯。二舅的同学都替他惋惜，说，要是不当兵，凭他在学校的成绩，肯定会考上国内一流的大学。

初中二年级时入党

　　1951年春，只读过几年私塾的二舅，挑着行李只身跑到二十公里外的詹坡小学念书，一进去就读四年级下学期。此前一天算术没学过的二舅，经过一个多学期的艰苦努力，不仅赶上了班上同学，而且各门功课都得了很高的分数。在1952年"六一"儿童节纪念大会上，他受到大区团委的表扬，获得了"模范队员"称号，并被批准为新民主主义青年团团员。

　　1953年秋季，二舅由皖南贵池县（今属石台县）老山里考入一百多公里外的安庆市第三中学吴运铎班（考生张榜公布二舅为第一名）。那时，老山里尚不通汽车，来回全靠步行。每次开学前夕，二舅自己用稻草编织草鞋两双。开学那天凌晨4点，他穿着自制的草鞋，挑着行李从家里出发，晚上8点多赶到安庆对面乘小木帆船过江到校（另一双草鞋则留待从学校返乡时穿）。二舅的学习成绩在学校一直名列前茅，他的老师没有不称赞他的。1954年春，二舅受到安庆市学代会的表扬，获得"三好学生"称号。1955年3月，受到安庆市第二届团代会的表扬（市优秀团员）。这年4月，他加入了中国共产党。

初三年级上学期，二舅还出席了安庆市社会主义建设积极分子大会，受到表彰。二舅在安庆市知名度很高，尤其在安庆三中，一千多名师生中，提到他的名字很少有人不知道的。

军旗前照相

二舅所在的部队是野战预备高射炮兵第六十五师（独立师）。这是一支有着光荣传统和赫赫战功的部队，曾参加抗美援朝，并取得了骄人的战绩。1956年2月，二舅到部队后，在六二三团某排当上了一名测距手。环境变了，二舅爱学习、勤钻研的作风丝毫没有变。他刻苦钻研，攻克军事技术难关，在军训中取得显著成绩——到部队四个多月，二舅就出席了福州军区先进分子代表会议，被授予"福州军区先进分子"称号，当年被师领导机关授予"先进学习者"和"一级优秀测手"称号。

1956年冬工作总结时，二舅因训练积极，获得在军旗前照相的奖励。全团召开庆功大会，持旗手在两名护旗兵的护卫下，正步走上主席台中央，全场肃立敬注目礼。政治处负责人宣读完团首长的嘉奖令后，二舅在全场热烈的掌声中走上主席台，向军旗敬礼，站在庄严的八一军旗前，照了一张身后伴有军旗

图1 1956年冬，二舅在军旗前照相。

的照片（图1）。

"军旗前照相"在我军1951年和1953年颁发的《纪律条令》中曾被列入奖励项目之一，1957年取消。因全军有相当多的单位没有军旗，获得这项奖励的较少。二舅获此殊荣，这是多么幸运，多么荣耀啊！

接受毛泽东接见并合影留念

1957年3月4日至14日，历时十一天的中国人民解放军炮兵战斗训练积极分子代表会议在北京召开。二舅参加了这次代表会议，并被中央军委炮兵司令部、政治部授予"战斗训练积极分子"称号。更让二舅激动的是，会议第三天，他和所有与会代表都接到通知，说毛泽东主席要来接见大家！

3月6日，是二舅终生难忘的日子。这天早上，出席会议的655名积极分子、108个先进单位和《人民炮兵》杂志社组织的炮兵军官射击竞赛优胜者154人，以及77件重要创造发明的有关人员，来到中南海怀仁堂大厅，接受毛泽东主席接见、合影。炮兵政委邱创成给大家讲了几点注意事项，主要是要保持肃静，不要随便走动，不要随便喊口号，以及不要争着上前与毛主席握手等。上午8时许，毛主席在贺龙元帅、粟裕大将和邱创成中将等陪同下出现在他们面前。身材魁梧、和蔼可亲的毛主席频频向他们招手致意，健步走到他们面前。待毛主席在事先已排好的最前排中间的座位上坐好后，摄影师"咔嚓"按动快门，为二舅和参加合影者留下了人生最难忘的回忆。

这张照片约有150厘米长、20厘米宽，非常清晰。合影没能每人发一张，需要自己花15元钱冲印，照片比较长，是几次洗印拼接起来的。在当时，二舅每月的津贴费很少（后来才调到每月6元），15元可是二舅几乎所有的积蓄了，但想到机会难得，他还是花15元洗印了这张照片，之后一直当宝贝精心保留着。

此次会议，除了炮兵政委邱创成中将的报告，二舅还聆听了副总参谋长张爱萍上将、训练总监部副部长郭天民上将、总政治部副主任甘泗淇上将的指示，并听了叶剑英元帅闭幕会讲话，受益匪浅。

有幸坐上叶飞的专车参加会议

1959年1月至12月，二舅任连文化教员，教学认真负责，不断地探索新的教学方法，学员进步快，文化统考成绩名列前茅，师领导机关在二舅的教学点召开全师现场会，总结推广教学经验。12月，福州军区炮兵首届文化教育积极分子代表大会召开，二舅作为代表参会，受到福州军区炮兵司令部、政治部的表彰。因各方面表现突出，1960年4月二舅被破格提干。

1961年6月，国家正处于困难时期，二舅在六十五师部队办的副食品加工厂和部队办的漳州农场任负责人。他带头参加野外生产劳动，超额完成各项生产任务，大大丰富了部队生活，减轻了地方政府的负担。1963年6月，他作为特邀代表应邀出席福州军区炮兵共青团代表会议，年终被评为"福建省一九六三年度农业先进生产者"。

1964年2月，福建省一九六三年度农业先进单位和先进生产者代表会议（即农业群英会）在福州开幕，二舅出席了福建省农业群英会（图2），并被授予"先进生产者"称号。福州

图2 1964年2月28日，二舅（后排右四）参加福建省农业群英会在福州华侨大厦前合影。

军区司令员兼政委、中共福建省委第一书记、开国上将叶飞，第二书记范式人，书记处书记、省长魏金水等党政军负责人，都出席了开幕式。接下来一连几天是经验交流。最后，叶飞还在会议闭幕式上作了讲话。

代表们住在当时福州最豪华的宾馆华侨大厦，开会地点在福建省人委礼堂。那天，二舅身体不适，请假未去参会，被细心的叶飞发现了。他问："代表怎么还有一个没有来？"得知二舅生病了，他马上驱车到华侨大厦看望。叶飞对战士、对部下特别好。身为上将，没有一点官架子，平易近人，下属有什么困难，马上解决。车子开到华侨大厦，叶飞下了车。二舅听说叶书记亲自来看他，很激动，也很不好意思，马上从床上爬起来。叶飞亲切地问他身体如何，好些没有？二舅报告说："谢谢首长，好多了！"他见二舅要去参加会议，于是让二舅上了他的车，一同到了福建省人委礼堂参加会议。二舅做梦都未曾想到此生能面见叶飞司令员，还能和他一同坐上他的专车参加会议。此事一下子在代表中间传开了，一时成为美谈。

参加援越抗美

1965 年，应越南劳动党请求，中国决定出兵援越抗美。1966 年 9 月，二舅他们突然接到通知，他所在的高炮六十五师将调离福州，参加援越抗美。二舅第一个报名参战，他写了请战书和遗书，随时准备为国捐躯。9 月 8 日，高炮六十五师编成中国后勤部队第六十五支队。9 月 12 日，二舅所在部队离开连江县驻地。临行前，他将所有财物和遗书寄存在泰宁县留守处。二舅在福州登上开往昆明的专列，七天七夜才到昆明，9

图 3　二舅路过遭美机轰炸后的中国驻安沛总领事馆。

月 25 日到达云南宜良地区集结。援越抗美是一场没有公开的战争。出国作战的官兵都脱下了中国人民解放军的军装，换上了越南人民军的军装，头戴胡志明帽，同时，要求所有人对出国作战的任务严格保密。他们的任务是接替炮兵六十七师安沛至老街铁路沿线对空防御任务。

9 月 26 日夜，二舅跟随师先头部队从云南河口入越，经老街抵达越南西北重镇安沛市。当时，二舅任师后勤部修理所政治指导员，修理所共有一百多人，分散在三十多个他们自己搭建的大通铺式的茅棚里（每个茅棚两至三人）。他们负责维修全师五个团的高炮、汽车和光学仪器等。战斗中被敌机炸坏的

图 4　身着越南人民军服装的二舅在援越抗美前线
（师修理所）。

炮，运到修理所维修；小的毛病，派技术员到阵地上维修。尤
其是从前线运来的高炮，必须在第一时间维修好，一来不能耽
误前线作战，再者高炮放在修理所，白天容易暴露目标，使修
理所成为敌机轰炸的目标，任务十分繁重。

　　战地生活非常艰苦，蛇多，蚊子多，蚂蟥也多，夏天气候
十分炎热，四十多摄氏度，似火烤一般。二舅配有两个翻译，
每天出去，把翻译带上，修理所经常要寻求越南当地政府的支
援。有一次，他经过刚遭美机轰炸的中国驻安沛总领事馆，就
在领事馆前留下一张照片（图 3）。

　　二舅经历的一次终生难忘的惨烈战斗，是他们部队在保卫
安沛火车站和机场的战斗中击落十架、击伤多架敌机。1966 年

12月5日，晴空万里，战云密布。美军F-105轰炸机分八批共三十二架，从上午9点至下午4点轮番向安沛不足六平方公里的阵地发起攻击，投掷航空炸弹、子母弹和菠萝弹，当天有八十余枚子母弹在各阵地爆炸。高炮六十五师官兵发扬连续作战精神，奋起反击，此战各阵地发射各种枪炮弹一万六千九百余发，官兵们激战六小时，粉碎了敌机的猖狂进攻。部队阵亡十四人，多人受伤。在清理战场时，二舅还将敌机残骸碎片磨制了两把菜刀和一把水果刀，那把水果刀至今仍在使用。此战列为高炮部队经典战例。

越共胡志明主席来拜年

1967年2月6日（8日是农历除夕），二舅接到师部通知，师长（对外称支队长）王建书陪同越南劳动党（今越南共产党）中央委员会主席胡志明要来后勤部修理所慰问，给修理所的全体官兵拜年。

越南冬季的清晨，微风带着几丝凉意，浓浓的晨雾不断从密林深处飘然而来，又悠然而去。也许正是能见度较差的缘故，敌机轰炸一般都在上午10时之后。林中的迷雾，无形中成了二舅他们的保护伞。晨雾中，一辆绿色的带篷小车从远处驶来，停在修理所。车门打开，下来好几个人。二舅一眼便认出了首先下来的胡志明主席。他身穿一件淡黄色卡其布中山装，脖子上围着一条越南群众喜爱的花格子围巾，头戴越式带帽耳的鸭舌帽，消瘦的面庞带着微笑，下颌上那长长的花白胡须在微风中飘动。

二舅走到胡志明主席跟前，行了个军礼。胡主席一边同二舅握手一边说："你们辛苦了！向你们拜年！"听了胡主席这

图5 二舅(后排左二)在胡志明主席视察过的修理所旁(即右边茅棚)合影。前排左起依次为侯道文(所长)、吕春海(副所长)、熊青云(副所长),左四为副指导员,名字记不清了;后排右一、右二为越语翻译,名字记不清了。

句话,二舅心里顿时涌起一股暖流。"胡主席,您老人家好!向您拜年!"

　　胡志明主席那天特别高兴,精神很好。随同胡主席来的有越南劳动党中央的一位部长和部队所在地省委书记及几个随员。二舅说,他们刚到越南时,汽车只能在夜里行驶,白天不敢跑,自从 12 月 5 日那场炮战后,美国军机再也不敢过来了,汽车白天照跑,胡主席自然高兴喽!

　　1967 年 5 月 27 日,二舅所在的六十五师奉命陆续撤出阵地,

图 6 1967 年 11 月，刚从援越抗美前线归来的二舅在云南蒙自照的全家福。右起依次为二舅、郑南秀（二舅的女儿）、舅妈吴柳花。

回国接替炮兵六十一师昆明、蒙自和平远街机场的防空任务。二舅率师修理所先撤到越南的老街，七八月份才回到云南蒙自驻地。视部队为家的二舅，直到 1969 年 11 月才退役。

荣耀的背后，二舅也留有深深的遗憾。他对国家尽忠，对父母却未能尽孝。外婆 1957 年 8 月 10 日去世时，二舅在福建宁德县三都澳西洋岛海防前线；外公 1967 年 5 月 31 日病逝时，他又在越南前线援越抗美。也许，正应了"自古忠孝不能两全"这句老话吧！

1937 年：美国水兵镜头中的烟台

曲德顺

　　基于烟台的战略地位和良好的气候条件，1866 年美国驻烟台领事建议华盛顿当局，在烟台建立美国海军基地。1873 年美国军舰"帕洛斯"号驶入烟台港，此为美国舰队来烟台进行"夏季机动军事演习"之肇始。到 20 世纪 20 年代，烟台正式成为美国亚洲舰队的消夏基地。为满足来烟台海军官兵的登陆住宿和基本训练的要求，美国海军还在烟台陆续兴建了设施完善的美国海军基督教青年会活动等场所。

　　随着各类接待场所功能的不断完善，美国海军亚洲舰队每年夏季都有十艘左右的军舰在烟台"安营扎寨"。美国海军驱逐舰的补给舰"黑鹰"号入列服役后，烟台的海面每年都会出现其身影。1937 年 4 月 5 日，"黑鹰"号离开菲律宾的马尼拉，经过多日的海上航行，于 5 月 8 日抵达烟台。7 月 2 日"黑鹰"号前往秦皇岛海域，在军舰离开烟台期间，中国爆发了震惊中外的卢沟桥事变。7 月 12 日"黑鹰"号返回烟台，一直停泊到 11 月 8 日才启程返回马尼拉过冬。"黑鹰"号在抵达天津时，曾组织舰上官兵赴北平旅游，适逢卢沟桥事变，有官兵两百余人滞留北平，经与中日双方协调，得派汽车运抵天津，转塘沽港，再由美舰接送，7月17日方返回烟台。在那期间，美国海军"黑鹰"号的一名佚名水兵拍摄了一组烟台的照片，记录了他们眼中的这个北方海滨城市的独特风貌。这宗照片，后为临淄云志艺术馆所收藏。我们始得以跟随拍摄者的镜头，看到了彼时烟台的风貌和战争爆发前后民众的生存状态。

烟台老城区三面环山，一面临海。其山势不高，易于攀援，登临之下，整个城市尽收眼底。烟台的南山、东山、毓璜顶、烟台山灯塔等处，皆为鸟瞰市景的绝佳之地。

烟台自 1861 年开埠，经过七十余年的城市建设，已经从一个滨海的普通渔村演变成一个颇具欧陆风情的开埠都市。烟

图1 从南山所拍摄的烟台全景

台城区的建筑，华洋参半，临近海边的建筑均为两层洋房，与洋房相邻的建筑多为中西合璧的合院式建筑，而城市中部靠近南山一侧的建筑则基本为中式民居。城中几处隐现的教堂也与当地人的建筑交织在一起。南山脚下，1937年兴建的蚕丝联合会的门楼业已矗立。在南山眺望，海港内停泊的美国亚洲舰队清晰可见。1937年美国亚洲舰队派遣驱逐舰、鱼雷舰、运输舰、拖靶舰等十三艘军舰来烟台消夏。驱逐舰依次停泊在挡浪坝的内侧，排水量最大的"黑鹰"号停泊最东侧，两艘扫雷舰泊在挡浪坝的西侧。（图1）

烟台是最适宜避暑的北方城市。开埠伊始，西方人将领事

图2 从东山拍摄的烟台城市局部

馆、洋行、邮局多设于烟台山下，随着城市的发展，兴建的各类建筑由西向东，逐步推进，至20世纪30年代，烟台东山西式建筑已然林立，不仅外国人喜欢在此兴建度假别墅，本地新兴的民族资本家也仿建西式洋楼，此地俨然成为烟台新兴、高端的城市居住区域。"烟埠建筑，颇带洋风，尤以烟台山下左右及东山一带为最似"。（图2）

登临位于城区西南的毓璜顶，俯瞰烟台，山海一色，整个海滨城市秀美的风光美不胜收。毓璜顶的旗杆见证了美国北长老会郭显德自1864年来到烟台后，在半山之上创建学堂校舍、诊所医院、洋房住宅，多年努力之后，已形成一组完整的宗教、教育、医疗、生活的长老会社区建筑群落。建筑群落之一的毓璜顶医院邓乐播的"院长楼"建于1913年，是邓乐播自己设计建造完成的。虽然在1927年洋楼已经更换了新的主人，但大家还是喜欢称它为"院长楼"。（图3，见中插）

美国海军官兵除了日常的训练，旅行和娱乐成为业余生活的主旋律。美国海军通过烟台基督教青年会组织美舰官兵旅行团，远赴天津、济南等地旅行，蓬莱阁等本地名胜古迹自然也少不了他们的身影。

30年代蓬莱古城的北城墙西段的城垛保存完整，西侧的浦家洼村还可窥见，城墙南侧当时还是一片树林。北面的蓬莱阁上的建筑物清晰可见。田横山是一片荒秃岭，山上作为军事设施的古建筑已不复存在。（图4）

毓璜顶的小蓬莱为本地名胜之首，南来北往之人多喜前往。1937年夏季，山上树木枝叶繁茂，几乎遮住了牌坊上"小蓬莱"几个字。虽然亭台楼阁仍然高居其上，花草树木缺乏打理，景区显得有些杂乱。与小蓬莱一墙之隔的省立八中的学生曾将毓

图4 远眺蓬莱阁

图5 毓璜顶的小蓬莱

璜顶寺庙内的塑像全部捣毁,为此双方陷入官司的诉讼之中,两者之间厚重的墙壁是否就是当时新旧思想激烈碰撞后隔阂的表现。(图5)

外国人对中国传统的婚丧嫁娶极感兴趣,散落在烟台城市各处的龙头碑,在海军官兵的眼中也是本地极有代表性的景点。芝罘学校南侧三块龙头碑,时常出现在早期外国人发行的明信片上。原先被众人敬仰的石碑,如今碑身则贴满了各式广告。碑的西侧搭建有简易草房,墙边摆放着木制车轮,房前堆放着过日用杂物。草房身后不远处是专门为在中国各地工作的内地会传教士来烟台疗养而兴建的教士安歇楼。挑着全副工具的小炉匠为了讨生活,正急匆匆地走过。经西风东渐多年后,彼此已见怪不怪,华洋杂处,自适相安。(图6,见中插)

图7 市区的龙头碑

市区某处的八块龙头碑，多为"敕旌赋赠奉直大夫姜希遍妻吴宜人节孝碑"之类的节孝碑。四个西方人士站立于碑前，从其服饰判断，或为海军、传教士以及驻地领事馆、洋行的工作人员。有一个轴子从他们面前经过，赶轴人口中叼着烟袋，一副悠然自得的样子。轴子作为胶东一种独特、古老的交通工具，虽然随着现代交通的兴起而开始没落，在1937年仍然没有退场，还在发挥着余热。曾经显赫的碑身上面也都张贴着商业广告，其第三块碑身上的为推销烟台怀东公司开设在北大街代理营口恒茂永烧酒的广告。地处辽东半岛的营口，通过营口港装船将辽阳等地的高粱烧酒贩运到烟台和青岛，由于价格适宜，在山东半岛一带极为畅销。（图7）

"当时烟台全埠大小街巷，皆用洋灰铺道，平滑整洁，令人可爱，路政之美，远胜平津。汽车往来无尘土飞扬，堪称北方第一"。从美国水兵拍摄的城市一角可以看出，东河两侧的道路虽不宽广，倒也整洁，可见上述对烟台道路的评价并非虚言。河东侧1900年由广东香山商人、顺泰号老板梁浩池创办的养正义学堂的校舍已颇具规模。临街的进禄洋服店就是市区内众多典型围绕美国海军需求而设置的商铺之一。告示产品和服务内容的招牌的文字，通常是中英文对照，或者干脆全部采用英文。为便于与西方人士交流，当时站柜台的，日常交流的英语都要掌握。正对的东河是烟台屈指可数的直接与国外进行业务往来的中资亿中公司，该公司的业务主要围绕发网、花边、柞蚕丝绸、刺绣等领域产品的出口展开，其开设的零售商店是专为外国人服务的。（图8，见中插）

烟台沿海的观光路在20世纪30年代已经修筑完成，海岸路一带靠海的楼房里有专门为夏季来烟度假的美国海军和西方

图9 夏日的海岸路

人士开设的季节性度假酒店和舞场。烟台常年接待美军消费的
饭店有四十余家，1937年据饭店公会统计，筹集资金申请接待
的饭店增至六十家。然时局动荡，美海军官兵的消费较以往有
大幅缩减，以至于招待美军的饭店生意颇为萧条，在饭店营业
最旺季的7月，已有十余家饭店考虑歇业。在建有工事掩体的
海岸路上，以往夏季熙熙攘攘的街道上，如今却游客稀少，街
道上只有戴黑边凉帽、穿白褂、黑裤子的烟台城市"白领"。
本该在大海中游弋的各类游艇，多闲置于沙滩之上。唯有孩子
们或在沙滩嬉闹，或将腿埋进细沙中，无忧无虑地享受着夏日
的时光，全然不知战争正逼近自己的童年。（图9）

　　"烟埠海水浴场，素有名于世"。1937年的沙滩，天气依然炎热，阳光依然直射，但以往人声鼎沸、拥挤不堪的沙滩，却分外萧条。烟台各家酒店、咖啡馆也在海滩扎起布棚，开设外卖，售卖啤酒、冷饮，纷纷做起了外卖生意，来自东太平街的新宫殿咖啡馆的凉棚也位列其中。原本"许多西洋人，洗完了澡，乘兴饮酒其下"，而今年海边的躺椅、洋车却多虚位以待，挎着篮子的商贩在兜售啤酒和水果。烟台7月21日《东海日报》刊登新闻，题目为"招待美兵　营业欠佳　茶棚营业尤甚"，其云："本年经营夏季美舰生意者，营业多属不佳，而金沟寨迤北沙滩上开设夏季临时茶棚（专供美舰军人洗澡纳凉而设），

图10　东海滩浴场

图 11 酩酊大醉的"黑鹰"号士兵

营业尤为萧条,闻均赔累不堪,势难支持。"(图 10)

　　每年夏季涌入 3000 名美国海军官兵,对烟台这样一个拥有 144602 人口(1938 年)、7698 家商号和 17 家洋行的城市而言,是极为重要的一项经济收入来源。美舰的各类信息是本埠报纸的重要新闻,各商家无不希冀每年来烟台的是一位"大提督"或者是新舰、大舰,如不理想,竟至失望。1933 年游览烟台的郭岚生先生在其《烟台威海游记》中对美国海军士兵在烟台娱乐的场景有过详尽的描述,"烟台的餐饮娱乐行业全靠美国海军夏季的消费,一入黄昏,诸街喧闹非常,出入妓院酒馆的,十九为美国兵,各路口美国值岗,以维持秩序","每个水兵月薪八十美金,当中国银钱三百余元,等于我国中高级军官的收入，或有过之。他们是取精用宏，他们的生活是非常浪漫的。跳舞、吃酒、嫖妓、打球、海浴、唱歌，是他们一天的惯例生活。每月的进款完全抛费在烟草，今朝有酒今朝醉，他们是丝毫不讲储蓄的，还有发饷三天不到就花个净光的。烟埠夏季所以繁盛，一部分因为各国来此避暑的人多，一部分因为美军的挥霍。西人嗜酒的，有甚于东洋人，而美国人嗜酒尤为普遍，美兵好饮，一饮辄醉，在烟台常见他们自妓院或酒馆出来，歪戴着帽子，口里唱着歌，酒气熏煞个人，行路东倒西歪，糊里糊涂又走到别的妓院"。由于美舰士兵经常是入不敷出，美舰队司令不得不发出通报，烟台本地商家不得为美士兵的消费挂账，若将来发生债务纠纷，美舰长官绝不受理。两个美国"黑鹰"号水兵于饭店之中，在一番痛饮之后，枕曲藉糟、酩酊大醉的场景，恰似郭先生在游记中所描述的样子。（图11）

位于张裕路北口的犹太饭店，是美国海军最喜欢的消遣场所之一。疑似饭店的洋老板叉腰站立，手扶店门。穿着白色大褂的学徒，或站在楼房的阴凉处，或端坐洋车上，脸上露出劳作之后放松的笑容。店边等候的人力车依次排列，客人座位的椅套洗得雪白。墙上张贴着征集聚会的英文广告。黑夜来临，便是美国海军官兵进入犹太饭店买醉寻欢、醉生梦死的开始。（图12）

烟台本埠生产的烟台醴泉啤酒（chefoo beer），借助每年美海军来烟消夏，获得良好的销售业绩。烟台醴泉啤酒公司是一家极为重视宣传营销的公司，在上海黄埔江畔显著位置设有啤酒广告，每年夏季美国海军来烟之时，正是啤酒的消费高峰，烟台啤酒自然不会放松对美国海军的营销，在美国海军官兵活动的美国海军基督教青年会的院内安放醒目的广告牌，海岸附

图12 犹太饭店

图 13　手持烟台啤酒的海军士兵

近的街头各处墙面刷有啤酒广告。烟台洋酒餐业公会为推广本
地啤酒，还专门召集会议，倡导国货，要求各酒店招待美舰军
人须选用烟台醴泉啤酒。如此一番营销措施，使得美国海军官
兵在各个场所都绕不开烟台啤酒，想不喝都不行。（图 13）。
一位留光头、身着土布白色对襟褂子的侍者，看起来极为干净、
干练，手提一瓶烟台醴泉啤酒，看来是消费者对这位侍者的服

图 3　毓璜顶俯视烟台市区

图 6 龙头碑和教士安歇楼

图 8　东河边的进禄商店、养正学校和亿中公司

图 15　西炮台下练军营

图 14 手持烟台啤酒的侍者

务和啤酒的口感很是满意，特地为此拍照留念。（图 14）

卢沟桥事变爆发后，虽然烟台各界人士电请政府即日出兵
抗战，呼吁以固领土而保主权，并发起各种募捐活动，慰问抗
战的二十九军，但地方政府层面显然没有做好积极抗战的准备，
第三集团军总司令兼山东省政府主席韩复榘在 7 月 15 日发表
《非常时期中军政人员不得越职妄议》的训令，训令中要求："时

局不端，应严厉裁止无稽之言，以免影响社会治安。特令所属军政各界人员不得越职妄议，更不得凭空推揣时局，肆言无忌。"日本海军"葵"号军舰在 6 月 24 日进泊烟台港，即使卢沟桥的枪声已经响起，日舰"秋"号、"淀"号驱逐舰仍在 7 月 16 日、7 月 21 日进入烟台港口。拱卫烟台海防重任的东山、西山两处炮台，民国以来"或废或汰或归并，已非囊日之旧形矣"。虽然西炮台练兵营的墙上刷有"努力救国、天下为公"的励志口号，但西炮台自 1875 年建造以来，在抵御外敌入侵的战争中未发一弹，不能不说是有失颜面（图 15，见中插）。烟台城区的防务也未真正获得重视，仅仅在一些道路路口堆置沙袋掩体，掩体附近也未见有荷枪实弹的士兵把守。1938 年 2 月，日军从青岛方向来犯，烟台市行政专员张奎文等人提前撤离烟台，未能组织有效抵抗。

美舰每年来烟台度假，与当地政府、百姓之间关系尚属融洽。1937 年 6 月 25 日基督教青年会为使会员增长见闻，开阔眼界，组织一百八十余名男会员参观"黑鹰"号。7 月 14 日美舰的篮球队与烟台白燕队在广仁路球场举行篮球赛。1937 年，先后发生美军开车撞伤第四区一名警察头部和一名中国女孩的两起交通事故，经交涉，海军宪兵司令部均支付医药费和体恤金，对肇事殊表歉意，事故均获妥善平息。

两年后，太平洋战争爆发，美国海军彻底结束了在烟台历时二十多年的训练与度假。

（照片由云志艺术馆提供）

110

芝罘朝阳街

郝有林

在烟台市芝罘区的烟台山下南侧，有一条南北走向、长约四百米的街道，它就是著名的朝阳街。

朝阳街建于何时？不同资料记载差别很大。出版于1989年的《芝罘区地名志》记载："清光绪初年（1880年后）建"；《老烟台街巷》记载：朝阳街"位于现海岸街中段路南，1872年始建"；而中国文史出版社2004年出版的《老烟台风情》则认为，朝阳街于1872年已建成。如上文所述，笔者倾向于后一种说法。近几年，从国外流回国内的一些照片显示，1870年前后，朝阳街已具相当规模，况且，其西边的海关街、东边的东太平街、北边的海岸街也都在1861年开埠之后不久就开始建设，位于烟台山下之阳且又居中的大街，也不会建设得太晚。

据记载："因该街正南北走向故名朝阳大街，1912年改称朝阳街，外国人称卡皮莱街、花市街、兹莫曼街。20世纪30年代曾一度改称中山街，后定名为朝阳街。"这一段记叙，已将朝阳街的轮廓和脉络交代得比较清晰了。但严格来讲，现在的朝阳街并不是"位于现海岸街中段路南"，而是穿过海岸街中段，北与履新路东端、烟台山东路南端相接，并且它曾被称作"吉卜力街"以及很少为人所知的"新民路"。从建国到现在，朝阳街又经历了七十余年的变迁，相继有过几个新的名称：反帝街、朝阳商业街、朝阳步行街。

新中国成立前，这里是一条繁华的商业街。1880年德国商人首先在街北段路东开办了益斯洋行；1892年，王宗周在北段路西创办山东大药房；此后中外商家蜂拥而入，1915年民族实业家李东山在街南段路东创办中国第一家机械制钟工业"宝时造钟厂"；1927年建永康造钟厂……街上还有南洋大药房、斯谊药房、震亚药房、北洋大药房、全界药房、五洲大药房、新华药房、华美大药房、鲁兴银行、大阜银行、古汉饭店、协立夫夜总会跳舞场、永远轮船公司、惠通轮船行、金城电影院（时

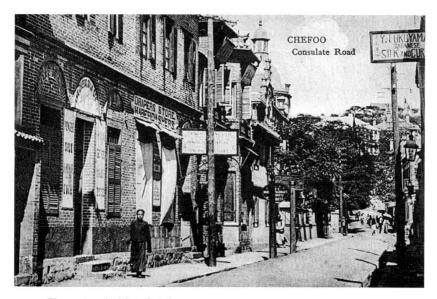

图1 1911年的朝阳街北首

为烟台最高楼房，1952年更名为新中国电影院）、寿星照相馆、亨得利钟表店、裕兴澡堂、永丰泰家具行、福顺兴五金店、锦章照相馆、孚昌商行、永泰商行、中兴商行、万利公司、泗兴印务公司、渤海公司等百余家中外工商企事业。建筑多为二层结构，风格以中西结合为主，间有前店后厂式生产经营方式。

朝阳街从始建到今天经历了一百五十多年的历史，其中正式、非正式使用过十几个名字，这些名称有的反映在地图上，有的出现在文字中，有的是官方公布的，有的可能只是民间俗称，有的使用时间较长，有的只是昙花一现，甚至有的名字还少为人知，但不管怎样，这些名称除了反映地理和街道特征外，都带有特殊的意义和清晰的时代烙印，充分挖掘和梳理、研究这些街名产生的背景和来由，正确地了解和解读这些街名，对于研究烟台的历史特别是开埠文化史会有积极的意义。

一、朝阳大街

目前所有能见到的史料中，都认为"因该街正南北走向故名朝阳大街"，笔者认为，这种解析太过于牵强，缺乏说服力，在烟台，正南北走向的街道何止朝阳大街，就是在烟台山下还有东、西太平街和海关街。中国传统文化认为，山之南，水之北为"阳"，朝阳大街正好位于烟台山之正南，是为"阳"，这应是朝阳大街名称的源头，由此向南的正阳街（1880年始建现在已合并至朝阳街）、所城南门外大街（1650年建成、1967年更改成现名的向阳街），都与此一脉相承。朝阳街、正阳街与向阳街均处于南向的同一轴线，它所体现的是以烟台山为中心向南延续的逻辑。

朝阳街是因为地处烟台山之阳，在当时笔直又宽大，又与原有的商业大街"烟台大街"相呼应，因而得名"朝阳大街"。

二、朝阳街

进入民国之后的 1912 年，"朝阳大街"更名"朝阳街"。清朝结束了，朝阳大街的时代也结束了，也许这只是一种巧合，实际上它是城市发展的结果。光绪三十四年即 1908 年，烟台已从以前的商埠区发展为一个完整的行政区——烟台区。这期间，市政建设已有了长足的发展。

在清朝末年，烟台发生了一次"租界风波"，英、法、德、美等国领事以加强烟台市政建设和管理为名，联名向清政府提出划设烟台租界的无理要求，烟台商界领袖梁礼贤代表烟台商界向清政府提出五条陈述，反对设立租界，济南等地的学生也举行游行示威，以示声援。最终租界事件得以妥善处理。随之而来的是烟台有史以来第一次在政府主导下的大规模的市政建设活动，一些新修和改造的街道更加宽敞，原来一些"很大"的街已经不"大"了，"朝阳大街"的名字也就去掉了"大"字，变成了"朝阳街"了。这次更名，真实地反映了那个时代的历史背景。

三、中山街

1912 年烟台发生了一件大事，孙中山"枉驾莅烟，海山生色"。资料记载：1912 年 8 月 18 日，孙中山应袁世凯邀请赴京会谈，从上海乘招商局"安平"号轮船启程。沿水路北上，

21日早8时，"安平"轮抵达烟台港，烟台各界代表登船拜见迎接。"观者塞途，颇极一时之盛"，孙中山在烟台短短一天的时间里，参加欢迎会，发表演讲，考察实业，并为张裕公司亲笔题赠"品重醴泉"四个庄重雄劲的大字，以示褒奖与鼓励。这件事在烟台轰动一时，影响极大。另外，孙中山先生一生与烟台有着千丝万缕的联系，他将革命组织安置于此，将革命思想播散于此，这里有他忠实可靠的战友。民国初期烟台社会比较稳定，经济和社会的各个方面都得到了相应的发展，人们敬重和爱戴孙中山先生，为了纪念孙先生与烟台的历史渊源和这次烟台之行，遂把烟台山下最繁华的朝阳街改称"中山街"。

中山街这个名字，虽然承载着重要的历史意义，但使用的时间并不长，也并不是家喻户晓，对于普通百姓来说，本诸传统文化命名的朝阳大街或朝阳街，在他们脑海里已根深蒂固，无法取代。因此，在留下的历史文献、资料中，也很难见到"中山街"的踪迹，只是那个时期出版的一幅地图中实实在在地证明了它的存在。

四、吉卜力街

吉卜力街，这是个洋名。在烟台市档案馆封存的档案资料中是否有其踪迹，尚不清楚，但在烟台早期公开发行的文献、资料和著述中却难见其踪影，洋名中只有兹莫曼街和卡皮莱街，只是在烟台老地图中可以看到它的名字。在2000年前后，市民成建华先生依据资料，将顺昌商行门前西侧的墙壁上覆盖在铭牌上的水泥细心铲除，发现了一块青石刻就的街名铭牌："一区四段吉卜力街 Gipperich Street"。"吉卜力街"这个名字才

图2 重建天日的"吉卜力街"铭牌

重新出现在人们的视野里，被列入到朝阳街曾经的众多街名之中。

吉卜力是谁呢？他是盆斯早期合伙人 G. Gipperich。《近代中国专名翻译词典》中记载："Gipperich G. 吉勃里，旅华德商，1889 年兼任驻烟台领事"。这里把"Gipperich G."译成了"吉勃里"，与"吉卜力"同音；另外，还有译成"吉溥利"的，都有着类似的发音。不过，《图说烟台》一书中，在盆斯的早期合伙人中还出现了一个叫基匹克"Gippettch"的。我们知道，盆斯的合伙人是吉卜力或吉勃里，即"Gipperich G."，这里怎么又出来个基匹克"Gippettch"，笔者查阅英文原版的《图说烟台》得知，原文版里的盆斯合伙人就是吉卜力，即"Otto Anzand G. Gipperich"。由此，我们可以把烟台相关资料中出现的"基匹克"认为是吉卜力。

以上资料说明，"吉卜力""吉勃里"或"基匹克"是同一个人，他的英文名字是"G. Gipperich"或"Gipperich G."，根据《近代中国专名翻译词典》，此人是集德商、外交官于一身，正好与盆斯早期合伙人的身份相吻合。还有，朝阳街上的吉卜力街铭牌，我们可以在《近代中国专名翻译词典》中找到相对应的词条，即"Gipperich Street（烟台）朝阳街"。盆斯洋行是朝阳街上最早的、著名的洋行，吉卜力作为盆斯早期合伙人，以商人的身份，加之外交官的特殊职位，他成了朝阳街上显赫的人物，把繁华的朝阳街改称吉卜力街，是对他的恭维和褒奖。这个街名的使用年代，我们根据魏春洋先生提供的资料，吉卜

图3 20世纪20年代的朝阳街

图4 1926年的朝阳街

117

力于1905年前后就离开了烟台，说明这个洋名在"朝阳大街"时期，就已经开始使用了。

五、兹莫曼街

兹莫曼（Zimmerman），美国籍犹太人，魏春洋先生在所撰《犹太豪商施美门》一文中，将"Eysei Samul Zimmerman"译为"施美门"，"1897年，施美门偕其妻子薇拉和儿子亨利来到中国，落脚在北方开埠城市烟台。他在朝阳街上开办了一家洋行——滋美洋行。滋美洋行主要做商业代理、外贸业务。不久，其妹夫堪希也加入滋美洋行。1904年左右，堪希脱离滋美洋行独立门户，在烟台开设了开治洋行（也称开乾洋行、恺济洋行），经营范围和滋美洋行相似，同样做商业代理、对外贸易业务。在烟台期间，施美门利用自己与俄罗斯、美国的联系，大做跨国生意，将山东的牛皮等土特产品从烟台销往这些国家。施美门的外贸生意做得也是风风火火。1905年左右，朝阳街盎斯洋行的早期老板吉勃里离开了烟台，此时朝阳街上生意做得最红火的商人，当属滋美洋行的老板施美门了。因此，尽管'吉卜力街'的街名仍然刻在朝阳街的北首，但人们却将'Zimmerman'（兹莫曼）一名作为朝阳街的新名字了"。

六、卡皮莱街

"卡皮莱街"，这也是一个洋名，与"吉卜力街"不同的是，它在文献资料里出现的时间较早。据《烟台概览》记载：日商大东公司设在"烟台山下卡皮莱路"，说明1935年以前，卡皮莱街这个名字就已经存在了。

七、花市街

"花市街"的名称非常直观，是因为该街设有花市。1940
年出版的《烟台大观》记载了花市的情况："花市，平时都在
各花圃内，或烟台山下（朝阳街北首）"。烟台山下这个花市
应该是自发形成的，烟台山周围聚集着大量的外国人和商业精
英，这是鲜花的主要消费群体，在朝阳街北首卖花，也算是准
确定位消费群体了。

据20世纪30年代在朝阳街上开设牙医诊所的王子政的儿
子、今年八十九岁的王伦堂老先生回忆：在位于朝阳街北首路
西山东大药房隔壁有一家"地瓜花花坊"，生意极其兴隆，因
花坊的女主人长得漂亮，人们送她一个美誉"地瓜花"。

有了花市，花市街的名称也就出现了。花市街，它的英文
名称是"Flower Street"（《图说烟台》），这并不只是外国人
称呼的名称，实际上也是市民大众的一个俗称。

八、新民路

1940年版的《烟台大观》里有这样两则广告：一是中国联
合准备银行烟台分行的广告，地址设在新民路42号；二是大阜
银行烟台支行的广告，地址设在新民路4号。此外，笔者曾在
烟台福顺德钱庄的兑换券中见到新民路的地址，兑换券的时间
是"康德"十一年，即1944年。

《老烟台街巷全图》中标示着大阜银行烟台支行的旧址，

图 5　20 世纪 30 年代的朝阳街

它坐落在朝阳街南头路西，即新中国电影院对面南洋大药房的北侧。有老照片显示，中国联合准备银行在朝阳街的北段路东，即盎斯洋行的北侧；福顺德钱庄则在朝阳街中段路东。朝阳街上的门牌号是由南、路西向北排，再由北、路东向南排，"大阜银行新民路4号""中国联合准备银行新民路42号""福顺德钱庄新民路……"可惜的是没有福顺德钱庄的门牌号，不然，排列出来，也许正符合上面那个路线图。尽管如此，这也已经初步勾勒出新民路的轮廓了，这就是把新民路列为朝阳街另一个街名的依据。另外，最近发现的一则广告证实：中国联合准备银行烟台分行的行址是：朝阳街42—43号。通过中国联合准备银行烟台分行的不同门牌号，进一步证明了"新民路"就是朝阳街这一事实。

图6 20世纪30年代的朝阳街

图 7　工人在安装朝阳商业街霓虹灯。

　　新民路是由伪市政府公布使用的街名，其出现的时间，应该是日本占领烟台、伪市政府成立后，即 1938 年至 1945 年 8 月这段时间里。《烟台大观》里，朝阳街的众多商号中，只有中国联合准备银行烟台分行、大阜银行烟台支行使用了"阜民路"，而其他商号则仍然使用"朝阳街"。我们知道，中国联合准备银行是伪政府的银行，而大阜银行是具有汉奸股份的银行；福顺德钱庄在哈尔滨的分号则被强制独立，后来又被逼加入日商控制的德泰银行。由此，可见"新民路"是日本侵占烟台时的产物。

九、反帝街

"反帝街"，这是一个典型的、带有时代烙印的街名。"文革"期间，反帝、反修的口号是那个时代的主旋律。一时间，很多人名、地名、组织名、单位名也都纷纷改名，朝阳街就是在这种时代背景下于1967年改称为"反帝街"的。同时改名的

图8 1989 年的朝阳街

街道，还有将儒林街改称"反修街"，南门外大街改称"向阳街"，等等。把朝阳街改称"反帝街"，其用意不难理解：朝阳街是帝国主义逼迫我们开埠后形成的街道，街内又聚集过很多洋行，还有多个洋街名，在那个时代，人们把朝阳街改称"反帝街"，是最恰当不过的了。1973年，根据形势的发展，一批街道又重新改名，"反修街"改称"胜利路"，"反帝街"也结束了它的历史使命。

十、朝阳商业街

20世纪五六十年代，烟台商业中心逐渐转移到南大街及西大街。朝阳街主要有钟表店、新中国电影院、烟台印刷厂和医药、五金、交电、化工等公司，客流量锐减。

80年代，人们为了恢复老朝阳街的繁华，重树老朝阳街的商业雄风，逐渐恢复了一些传统名吃、店铺，有亨得利钟表眼镜商店、北极星钟表展销部、朝阳眼镜店、朝阳理发厅等行业，还有新建的文化旅游社、宝字首饰工艺品商店、上海时装店、干洗店、烤鸭店以及医药公司、中芝股份有限公司、烟台工业经营总公司、乡镇企业服务公司、钟表研究所、医疗器械、照相、新中国电影院等近五十个厂企商家。为了打造夜生活氛围，街内出现了形形色色的酒吧，甚至将新中国电影院也改造成了"迪士高广场"。此时人们将朝阳街称为"朝阳商业街"。

十一、朝阳步行街

朝阳街从初建到现在，经历了多次较大的改造。1923年铺设了柏油路面；1939 年设街下暗排水沟并改铺水泥路面；1987 年原街南面的正阳街拆除重建并入朝阳街，朝阳街延至市府街，总长六百二十五米。市府住宅小区建成后，又向南延至南大街，全长八百七十米。2007 年至 2008 年，又将朝阳街的原路段进行了一次改造，地下敷设了相应的管线，重新铺设了路面，更换了路灯，街道两侧大多数屋面进行了翻建，进驻了新的商业业态，如酒吧、网吧、音乐吧、洗浴等娱乐设施，这个时期又称为"朝阳步行街"。

十二、大街

根据魏春洋先生的《犹太豪商施美门》一文，我们得知朝阳街早期还有一个洋名，叫"大街"（Broadway Street）。Broadway 是纽约曼哈顿区一条大街的名称，虽然现在人们通常都把"Broadway Street"译为"百老汇大街"，但实际上可能是"朝阳大街"早期的英文名称。

朝阳街历史上尽管街名曾达十几个，并且城市改造中又向南延伸了两次，由四百米达到了八百七十米。不管名称怎么变化，也不管长度怎样延长，但在人们心目中，说到朝阳街，仍然还是原先那个朝阳街，即北马路以北四百米那个朝阳街，可见老朝阳街在人们心中的情结有多深。

1977：后样板戏年代

李百军

　　1977年，是"文革"结束的第二年，又是粉碎"四人帮"的第二年，也是我大学毕业的第二年。那年，我二十二岁。

　　这一年，先是中央提出了"两个凡是"，发行了《毛泽东选集》第五卷。后来又恢复了邓小平的职务，并恢复了期盼已久的高考……

　　也是在这一年，中共山东省临沂地委宣传部组织各大厂矿企业和各县毛泽东思想文艺宣传队，创作排练了一批文艺节目，集中起来到临沂排练和会演，然后到各县巡回演出。那时我在山东省沂水县革委会从事照相宣传报道工作，就被抽调到临沂给他们拍剧照。

　　当时临沂地区有十三个县，每个县抽调的演出剧目，要提前来临沂进行排练，然后汇报演出。那时候整个临沂地区只有一处能容纳五百人的剧院，又没有食宿条件。我们和演员一起住在临沂市展览馆三楼的储藏室里。这里原来是群众艺术馆放置杂物的仓库，我们清理出了一块地方，用稻草搭成地铺，几十个人并排睡在地铺上。男女演员之间用一块幕布隔开，彼此说话都能听得很清楚。演员们白天排练很辛苦，每到晚上，呼

图 1 临沂地区文艺创作会演大会现场

图 2 演员正在表演表演唱《毛主席五卷发给咱》。

图3 演员正在表演群口快板《狠揭猛批"四人帮"》。

图4 演员正在表演合唱《火红的年代》。

噜声此起彼伏，还有一些说梦话的，嘴里咕哝着白天的台词。隔壁那些女演员们被吵得睡不着，半夜气得嗷嗷叫，第二天排练的时候，一个个恹恹地没了精神。

演出的剧目都是根据每个县的地域特点和当地流行的地方剧种创作的，除了京剧、豫剧、话剧、歌剧和舞剧以外，还有吕剧、柳琴戏、弦子戏和苕谷子等山东地方民间剧种。一些没有能力组织排练戏剧的企业，也排练了当时流行的表演唱、数来宝和小合唱等节目。

各县和厂矿企业对这次文艺会演非常重视，提前半年就下发了通知，组织有关人员进行剧本和节目创作。这些剧目大多是根据本地革命历史事件和题材进行创作的，具有比较鲜明的地方特色。创作人员还邀请历史事件的当事人和亲历者，听他们讲述当时的经历。等剧目编排好以后，再邀请他们观摩演出，对一些和事件不符的地方再作修改。

那时"文革"刚结束，由于特定的历史环境和文化语境，决定了这些剧目的主题和样式等具有当时特定的模式。人物要高、大、壮，舞台要红、光、亮。把以"在所有人物中突出正面人物，在正面人物中突出英雄人物，在英雄人物中突出主要英雄人物"的"三突出"创作原则，硬性确立为所有创作都必须遵循的经典规范。所以这些剧目难免延续着革命样板戏的遗韵。每个剧目的题材必以阶级斗争和路线斗争为主线，人物以其阶级归属和政治态度分为正面人物和反面人物。无论哪一出戏，必以正面人物取胜和反面人物失败为结局。剧中塑造的英雄人物，严格说不是活生生的人，而是概念的化身和共产主义伦理道德规范的化身。他们都不是平常的血肉之躯，而是没有家室之累，也没有儿女之情，一张嘴都是豪言壮语的英雄楷模。

图5　演员正在表演吕剧《支农路上》。

图6　演员正在表演歌剧《沂河渡口》。

图 7　演员正在表演豫剧《蒙山新风》。

这些遵循"三突出"塑造的"高大全英雄"引领着当时人们的朴素的信仰，也蕴涵着"文革"时期的精神基因。

我当时用的是一架 20 世纪 20 年代产的捷克 FLEXARET 双镜头 120 反光相机和公元 100/21 度胶卷。当时在剧院舞台昏暗的灯光下，几乎看不清调焦。因为怕影响演出气氛，又不适合使用闪光灯，我只好将胶卷感光度提高到 400 进行拍摄。后期冲洗胶卷时，根据胶卷的增感度适当加长了显影时间。

这些照片，既是特定年代的写照，也留住了时代转换之际我初入摄影之门的印迹。

蓦然回首

——京汉铁路溯源之片羽

狄 恩

　　七十多年前，笔者在北京上小学时起，就在课本上知道建成于清朝末期的京汉铁路和它在中国近代铁路发展史上的重要作用。自此，对这条铁路的历史就抱有好奇之心。

　　1985 年在武汉出差时，我抽空参观了存有该铁路历史遗迹的武汉二七纪念馆，里面有一件珍贵的历史文物——京汉铁路告成铁碑。铁碑用中文、法文两种文字镌刻，中间铸有"大清国铁路总公司建造京汉铁路由比国公司助理工成之日朝廷特派太子少保前工部左侍郎盛宣怀二品顶戴署理商部左丞唐绍仪行告成典礼谨镌以志时在光绪三十一年十月十六日"。下半部用法文表达了同样内容。

　　当时笔者向该纪念馆请益了两件事。其一，俄法英等大国在清朝时都曾用兵于中国，并在中国有重大经济利益。为什么至关重要的京汉铁路，会由与中国关系不大的小国比利时安排贷款，并提供全部工程设计和担任建造的总承包方？纪念馆拿出了简短资料，回答了这个问题。1897 年 3 月 17 日，比利时驻汉口领事法兰吉求见张之洞，声称"自己奉该国君主命而来表达如下意愿：铁路借款，极愿助力。我们是小国，不干预其

图1 京汉铁路前门站。图片选自中国铁路总公司与承造中国铁路比公司印制的《京汉铁路1899—1905》影集（由云志艺术馆提供）。

他事，较诸大国为胜"。时任湖广总督张之洞听了这番话之后，便提出了借款五项条件：一、利息只可四厘；二、丝毫不许有回扣；三、物料设备各国投标，优选物好价廉者定，不能有必需限用比利时提供的条款；四、比利时不得干预中国事务；五、借款唯有以铁路做抵押，先借银，后造铁路。对于张之洞提出的条件，法兰吉除要求利息提到五厘五毫外，其余完全允诺。在张之洞做出通报之后，最终决定以比利时为总承包方。因当时从北京的卢沟桥为发车起点，故最初称之为卢汉铁路。张之洞能做出果决的判断，可以肯定地说，他把法兰吉的话听进去了。在他和李鸿章沟通时，把他倾向于用比利时的缘由以五个字概括："小国无大志"。也就是说比利时的目标，无非就是赚贷款和工程承包的钱，没有更大的政治意图。在这一点上，李鸿章和他声气相通，拥有共识。鉴于他们多年共同的切身体验，深感日俄法英等强国都十分强势，有野心，选择比利时比较合适。

其二，一个比利时公司怎么能有这么大的工程技术能力，在一百多年前就有把握揽下这么艰巨而复杂的工程？更何况又是在遥远的中国担任总承包建造？这公司名字是什么，现在还在吗？你们这里有没有任何与对方的合同、工程方案或至少信

图 2 行驶在京汉铁路上的比利时生产的机车。图片选自中国铁路总公司与承造中国铁路比公司印制的《京汉铁路 1899—1905》影集（由云志艺术馆提供）。

函文件可为佐证？对此，武汉纪念馆既拿不出当年的任何文件，也回答不出该公司名字和下落。我是做工程管理的，很难想象，如此天大的事，单凭比利时一位驻汉口领事的三寸不烂之舌，就能打动城府极深的总督张之洞。但此后的十几年中，再没有遇到任何破解疑问的线索。心想一百多年过去了，这家公司极可能早已消失了。

1999 年 11 月经人介绍，比利时公司 CMI 的总经理高鲁博（Jean-Marc Kohlgruber）与我会面，讨论业务合作的可能性。该公司当年隶属于比利时最大的、年产优质钢六百万吨的钢铁公司。作为工程公司，CMI 承担维修并保障钢铁公司所有设备无故障并高效率运转的责任。在设备制造方面，他们特别偏重于大型钢带热镀锌生产线。在钢铁大国人的眼里，CMI 只不过是钢铁联合企业里区区的一个机修总厂而已。可是 CMI 一直力图在世界各国，争取担任从设计建造到保证投产宽钢带热镀锌线的总承包方。

由于他们的对手是基础很深，占据全球统治地位的德国西马克、日本三菱重工和价格极具竞争力的意大利达涅利这类巨头。十多年下来，他们遇到了难以突破的瓶颈。推荐我联系他们的是一家有八十年历史的工业炉公司，加上初次交流得还不错，高鲁博就邀我去比利时和他们董事长见面。为了解他们困局的症结所在，我提前去拜访了把他们淘汰掉的两家中国钢铁公司。经过调研，基本弄清楚了他们失败的原因。12 月中旬，我到了 CMI 总部所在的列日市。

这城市很像天津，有一条漂亮的河蜿蜒流过，初见之下，顿感十分亲切。而 CMI 公司就坐落在河边的一座古城堡里。当时也是由高鲁博陪同，与公司的董事长一起吃了一顿中饭。这四小时的午餐，却开创了我们长达十几年的合作。

CMI 公司在冶金设备制造能力上并不特别强，但是作为综合性钢铁公司的维修部门，对于生产操作中的流程和诀窍的掌握，功力极深，用当下流行的话说就是"接地气"。一旦把 CMI 这种优势发挥出来时，那就是一种强大的相对优势。此后，我每年至少去列日三次，总是匆匆地进进出出，忙得昏天黑地，早就把京汉铁路这段事忘到了九霄云外。

2012 年去列日市开会，看到 CMI 在建一座钢结构的巨型高塔。这设备，白天吸收阳光加热熔盐，晚上到了用电高峰，把热熔盐的能量释放出来供电。赛伦先生看出我有点将信将疑的样子，就说："我们就是要再度发挥两百年前公司创始人考克利尔的创新精神。"虽然我早知道考克利尔（John Cockerill）是公司创始人，但是对于这位近两百年前的人物，确实所知不详。

随后他带我去了一间历史资料馆。进去后，一张合影（图 3）立刻吸引住了我的全部注意力。照片里欧洲男士和女宾中间，坐着一位年迈的中国老人。我看了第一眼，就死盯住了，人也僵住了。难道是他吗？我两位小学同班索姓兄弟，其先辈是总管内务府大臣明善，他的儿子文锡和孙子增崇在同治、光绪、宣统三朝先后担任总管内务府大臣。兄弟俩私下经常给我讲些清朝的历史，再加上逐年不断阅读有照片的历史书籍。哎呀呀！中间的这位，不就是晚清名臣李鸿章吗？我马上问董事长，中间这位中国人是谁呀？他回答："是来自中国的一位高级官员，到我们公司访问。"照片上标注时间是"大约 1900 年"，但在场的人都不清楚这位高官的尊姓大名。

看了这张照片，那天我什么事也做不下去了！匆匆和赛伦

Visit of a Chinese delegation to Cockerill premises in Seraing (Belgium) around 1900

图 3 李鸿章一行访问考克利尔公司时合影。

分了手。清朝晚期力推洋务运动的李中堂，怎么会有空跑到这不大不小的城市，与一群洋人拍下合影？我非把这来龙去脉理弄清楚不可。

首先是理清 CMI 公司奠基人的历史。英国出生、精于铁匠手艺的机械工程师考克利尔，在 1799 年成立了一家纺织机械工厂。1807 年，他从英国老家搬到了列日，并创建了一家工厂。该工厂最初制造用于梳理、纺纱和织造羊毛的机器以及蒸汽机。他的儿子约翰·考克利尔（ John Cockerill ）主管列日的工厂。后来，约翰购进了一座一个王子在河边的宫殿及其周围的土地。在这里，先建造了一家铸造厂和机械制造厂，后又不断地扩建，拥有了高炉炼铁、制造蒸汽机、鼓风炉、牵引机。公司名字就叫"约翰·考克利尔"。该公司当时在欧洲领先的是铁路机车，尤其是火车头的研发制造。

天不从人愿，1838年至1839年比利时和荷兰之间的紧张局势，导致考克利尔公司破产了。考克利尔紧急赶往圣彼得堡会晤俄罗斯的尼古拉一世，希望筹集资金渡过难关。但在回国途中患上伤寒，他不幸于1840年6月19日在华沙去世。

考克利尔去世五十六年之后，七十四岁高龄的李鸿章率中

图4 京汉铁路长辛店站。图片选自中国铁路总公司与承造中国铁路比公司印制的《京汉铁路1899—1905》影集（由云志艺术馆提供）。

外随员四十五人，一路颠簸出使欧美。此次历时七个月的出访，海路行程三万里，是清王朝首次派出规模如此宏大的外交使团。李鸿章这次访问比利时的目标之一，就是为建设京汉铁路的修建做实地考察。

根据比利时王宫档案馆记录：为接待李鸿章特使，由王宫做出精心的安排。当李鸿章一进入比利时边境，立刻就换乘早准备好的王家专用车厢。由国王副官在首都火车站迎接他，随后直接前往布鲁塞尔皇宫。在那儿等待他的是比利时国王利奥波德二世。李鸿章与国王开门见山，立刻商谈卢汉铁路修建等事宜。第一次商谈比较顺利。会谈结束后，国王在王宫举行高规格的宴会，宴请李鸿章一行。李鸿章在布鲁塞尔居住的旅馆，后来称之为19号馆，极受重视。为了纪念此次访问，这家旅馆一直都挂着李鸿章亲题的"大清帝国钦差大臣李"的匾。

李鸿章到列日市访问的另一个佐证，是翻译成中文的记载："参观了军工厂，看到了克革烈枪炮公司的最新产品。他对比利时军队的武器装备表示惊叹，感到美不胜收，倍加赞赏"。"克革烈"和"考克利尔"一样都是Cockerill的音译。记录中，还有一段："克革烈的厂长看到李鸿章十分喜欢一种新式大炮，就表示愿意赠送一尊给李鸿章。李鸿章担心一路上行程遥远，自己还要乘船去美国，无法随身带，就表示希望克革烈公司能直接送去中国。一般人也就将李鸿章这句话当作玩笑。但此后，这位厂长还真特奏比利时国王，且派出专人把这门大炮押送运往中国。"

从最初接触CMI公司时起，就知道CMI的大炮生产历史悠久，在技术上是世界第一流的。如今北约的军队，包括坦克车上的大炮，都还在使用他们公司的产品。看来，李鸿章到访

图 5 1835 年考克利尔公司生产的火车头。

列日的考克利尔公司，不单是为考察铁路建设，另一个重要目的就是对他们生产的武器做进一步的了解。李鸿章不但专注地参观了该厂的军工部门，并且提出了一些令"克革烈"的专家感到十分内行的问题。

据西方报纸当年的报道，李鸿章的关注点之细，远出乎他们的意料。在参观铁路相关项目时，他不但参观了机车制造厂、铁轨工厂，还进一步去铁路公司和管运营、调度的部门询问运营细节。他要弄清楚火车票定价和国民平均收入的关系，铁路公司为何减少了二等座、增加三等座，如何根据乘客消费能力，以适合的票价恰当地匹配市场需求。在技术上，为准备修铁路，他对如何选用不同规格的铁轨格外留意。李鸿章追问陪同的铁路公司总经理，为什么该公司在某些特定的铁路上，要增加铁轨的重量，且必须至少超过原来的 75 磅 / 平方码？总经理回答，他们公司正在将铁轨的重量增加到 80 磅 / 平方码，而某些铁路段铁轨的重量甚至达到了 100 磅 / 平方码。随着机车引擎和车厢重量的增加，为了公众安全考虑，相应且有必要地增加铁轨的牢固性。他们公司已经订购了比现在使用中的这些火车头牵引能力更强、更快的机车引擎。考虑到中国计划的铁路有一些延伸段，李鸿章和外方深入探讨在不同地段以及为了对未来发展留有余地，中方应该提高到多少磅 / 平方码重量标准的铁轨为宜。以李鸿章的身份，亲自关注并探讨如此细微末节，实在是出乎比利时人意料。但他深入探讨的这些技术标准问题，实实在在是问到了举足轻重、牵一发而动全身的关键。

李鸿章在欧洲还去看了芭蕾舞演出——这是他访欧之行，为数不多的娱乐活动之一。剧院自然非常重视，为李鸿章一行提供了一整层，装饰并布置成清朝风格的包厢。剧院经理一直陪同在侧，而李鸿章仔细"盘问"了这位经理。经理回忆说："他的问题几乎涉及了剧院管理的每一点，了解管理是他的兴趣和重点所在，包括剧院在内。"在芭蕾舞表演过程中，剧院经理一直向他解释这一舞蹈的特点。经理还特别评论道："李先生对于芭蕾舞女演员，脚的大小非常感兴趣，问的具体到几寸几分"。还继续评论说："他认为芭蕾舞女演员脚的尺寸，大得有点出格了。"由于当年"三寸金莲"仍然是中国人对女性的审美标准。西方女子的大脚，让中堂李大人看得瞠目结舌，颇不以为然。

一旦理清了考克利尔公司产权频繁变动的脉络，和中国当时动荡不安的历史背景，就不难理解，建成京汉铁路这么大工程的比利时公司，为什么会在中国人的记忆里消失得无影无踪了。

沂蒙反"扫荡"琐忆

李焕民

1940 年，我于山东淄博参加八路军，先后在山东纵队供给部（后来的鲁中军区）被服总厂和供给部会计科工作，随部队转战沂蒙山，直至抗战胜利。回顾峥嵘岁月，沂蒙艰苦的抗战生活，给我留下难忘的印象。

一

沂蒙山七十二崮，地势险要，是打游击的好地方。中共山东抗日根据地把沂蒙山区作为主要地区，鲁中军区机关和大量后勤单位都驻在沂蒙山里。

军区被服总厂设在一个外小里大的山洞里，周围群山环绕，十分隐蔽。被服总厂的前身，是山东纵队一旅供给部被服厂，由被服、鞋、皮革三个分厂组成。1942 年精简，被服总厂改为被服科，仍直属供给部。全厂约三百人，全部是身着便衣的八路军战士（抗战初期，军装缺少，只能先供给军区作战部队一、二、四团）。技术骨干中，大部分是本地参军的青年，也有来自敌占区、游击区的老工人。技工见习生都是"小八路"。女

图1 1944年，在鲁中军区与战友合影。右为笔者。

工班大部分是随丈夫参军、留在后方的"家属"，供给部长王继武的老伴也在这里。工厂的脚踏缝纫机等机器设备、配件、维修工具等，是费尽周折从敌占区搞来的，型号五花八门，不但陈旧，还缺少零件。由于得来不易，大家十分爱惜机器设备。青年工人要进行学习培训，通过严格的技术考核，才允许上机操作。每次转移，大家挤着住也要把好一点的房间、山洞留出来当车间，放机器。战士们不分男女老幼，成年累月地辛勤工作，为军区指战员生产了大量黄粗布军装、鞋、皮腰带、皮手枪套、军马皮具等。

二

日军视这里的抗日根据地为眼中钉，疯狂地"扫荡"和蚕食，推行"治安强化运动"。据统计，仅1941年和1942年，日伪军就对山东抗日根据地发动千人以上"扫荡"七十次，万人以上九次。八路军在艰苦的环境下，抗击着优势的敌人。那个时候，反"扫荡"是家常便饭，驻地经常转移。根据地政府组织老乡把梯田底下挖出暗洞，洞口用条石堵住，上面长麦子，下面能藏人。在山里挖窑洞、搭棚子，随时准备军民转移。

1941年冬，敌人纠集大量兵力，对沂蒙根据地大规模"扫荡"。鲁中军区主力部队转移到外线作战，军区供给部在老乡的帮助下，就地疏散埋藏部队的粮食、机器和布匹。机关人员与群众一起进山，在部队的掩护下，冲出日寇的包围圈。经常是，被敌人围住，冲出去，再被围，再冲出去，与敌人在群山中周旋。

一天深夜，日军突然合围军区机关。等我们发现，驻地已经处于敌人三面包围中。形势十分危急，领导决定大家轻装，立即分头突围。我把随身携带的账本用油布包好，和指定埋东西的三名同志到驻地外小河边，埋在沙滩上，压上石块，做好记号。指导员米岱云单独找我，写了一张纸条叠好，让我缝在衣角里，告诉我："这是党员证明信，危急时吃掉，不能让敌人搞去。"（那时候，八路军内部，党员也是秘密的）又领来战士小刘，让我带着突围。小刘也就十四岁，还是个孩子。我们十多人，由民兵带路，离开驻地，和老乡一起往山上跑。天快亮了，看见一支负责掩护的军区警卫部队，朝相反方向迎着日本鬼子冲上去，立刻枪声大作，手榴弹、炮弹声响成一片。这是战友们在用生命拖住敌人，为军民突围争取时间。爬到山顶，阻击的枪声平息了，蝗虫一样的鬼子开始向山上爬。我知道，警卫部队都打光了。

突围后，我们连续几天与敌人在大山里周旋。一天下午，与老百姓一起往孟良崮北山转移，连翻了几座山，小刘爬不动了。我拽着他，爬到一座山的山腰，突然遇上搜山的小股敌人，我们赶快散开。远处山头上鬼子的机枪扫了过来，身边的碎石、弹片乱溅。小刘腿部中弹，大叫一声摔倒在地上。我忙背起他，拐进一条山沟，躲开了敌人。天黑后，我们找到一处收割完的高粱地，钻进高粱垛藏身。夜里飘起了小雪。天亮了，山坡上白茫茫一片。又冻又饿，小刘哭了。

图2 1945年，笔者于山东临沂留影。

我告诉他，得坚持，不能出去，雪地会留下脚印，容易暴露目标。等天黑下来，我一人进村，找到民兵，又返回背小刘进村，包扎好伤口。直到鬼子离开，我们才返回部队。炊事员老陈，年大体弱，跑不动路，和老乡一起被鬼子抓去当挑夫。他满脸胡子，一身又脏又破的衣服，混在老乡里，没有被鬼子认出来。后在老乡的掩护下，返回了部队。

有一年反"扫荡"，突围前，供给部领导和我们全部换便衣，每人腰间绑上几块金子。这是全军区部队的经费，我们看得比命还重，即便牺牲了，也不能让鬼子抢去。分散转移中，经常被敌人冲散，单独行动。我们每个人都惦记着经费安全。有时候钻进山洞，敌人机枪在我们藏身的山洞顶上扫射。有时候几天吃不上饭。这样艰苦和危险，身上带着钱，但没有人动公款，也没有人开小差。待敌人走后，我们一个一个地返回驻地，高兴地互相问候，人员一个不缺，钱一分不少。

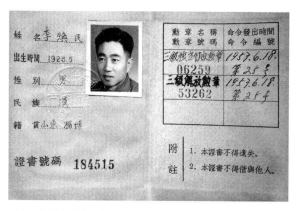

图3 笔者的勋章证书

三

敌人对抗日根据地连年"扫荡"封锁，造成物资极度匮乏。军区供给部要为部队筹集经费物资粮食，保障上万人的作战生活需要，任务十分艰巨。大家想方设法，克服困难。1941年，被服厂染军装布的"驼黄"染料已经无法搞到。我们发现山区的槐树林，秋季结出一串串果实，老乡叫"槐籽角""槐连豆"，是棕黄色的。于是采来用大锅熬出黄水，配上咸盐，试着染出黄布。虽然染色效果不算好，多洗容易掉色，但毕竟有了自己的染料。每当秋季，我们都去山上采摘槐籽角，晾干，作为染料储存起来。

为了打破敌人的封锁，能在敌占区采购到急需的棉纱、药品，军区供给部派人在敌占区开办了"鲁兴贸易公司"，连日军占领的沂水县城也有我们开设的自行车修理铺。这些以经商为掩护的地下抗日据点，成为我军在敌占区贸易的地下交通线，为我军源源不断地输送了急需物资。深入敌占区去，要使用小块黄金兑换所需货币。经常有拿着供给部长的批条，穿着便衣，化装成商人的同志，到我们这里领取黄金，作为地下活动经费。战争环境虽然艰苦，供给部还是克服困难，保证了每人每月发放一元津贴，女同志还多五分钱的卫生费。那时候，发到一包牙粉是很高兴的事，用得很省，不知道什么时候还能有。

图4 笔者于1961年留影。

　　会计科人不多，很精干。我们忠于职守，经手大量的钱物，从来不贪、不乱、不丢。我们负责押运领取根据地发行的北海币，这要穿行于解放区和游击区。为安全起见，每次的人员都不固定，路线、时间、宿营地点高度保密。临出发前通知本人，配上警卫人员，上马就走。一次，接到任务去军分区取款。我和警卫员骑着马进入游击区走了几百里，赶到军分区所在的县城。分区的同志非常热情，领我们到客栈住下，有专人喂马。吃饱饭，睡醒觉，分区同志已经把装满北海币的马搭子搭在马背上。我们循着分区同志指引的路线，避开走过的路，在游击区里绕行。傍晚，进村吃饭，村长急匆匆赶来说："维持会刚走，这里不能住了。吃完饭赶快走。"我们扒拉一口饭，连夜到另一个村子住下，休息一阵又上路，天亮前安全地返回了军区。

为上甘岭战役送兵

霍无非

众所周知，1952 年 10 月 14 日爆发的上甘岭战役，是抗美援朝战争交战双方打得最残酷、最惨烈的硬仗恶仗之一。这一仗牵动着全国上下，发生过许多故事，补送兵员是其中之一。

1952 年深秋，我父亲所在的第四野战军第四十五军一三四师四〇〇团刚完成整编转隶，接到选派战斗骨干到抗美援朝前线的任务。当时部队正在粤西，团首长亲率三百余名干部战士，乘军列匆匆北上。闷罐车厢外的景色一闪而过，既熟悉又陌生。熟悉的是，部队从白山黑水挥师南下，跋涉在这些常年青绿的塘基河网旁，对有别于家乡的景致见得多了；陌生的是，一路征战追穷寇，时间紧促，没有闲情逸致游山玩水，对两广地区的风土人情还不很了解。汽笛长鸣，蕉林蔗田的珠江畔远了，橘子洲头的湘江水过了，前面宽阔丰饶的长江又至。大家边瞅边议，气氛热烈，一个共同心愿：赶快抵达抗美援朝前线。

这批军人都是解放战争打过江（长江）的老兵，经受过战火的锤炼，战斗经验丰富，是好中选优的战斗骨干。那年我父亲二十三岁，任这个团的宣传股股长，他和战友忙于开展爱国主义教育，做入朝宣传员，提高官兵的思想觉悟，并有幸成为送兵干部。一声令下，同车启程，千里迢迢再过长江。

车停武汉，每人发了一套崭新的棉冬装，日夜兼程继续向北。军列"咣当咣当"地奔驰，车外树上的黄叶零落铺地，收过秋的大田一片赤裸，冷嗖嗖的寒风钻入车内，对多数家乡在东北的军人是那么熟悉和亲切。军列最终在黑龙江省境内停下，部队到嫩江平原的泰来县集结，在这里，父亲和战友们练兵习武，时刻关注朝鲜战况，等候入朝命令。全体官兵按规定摘下了五星帽徽和"中国人民解放军"的胸章，穿着与志愿军一样，这是庄严而神圣的一刻。

出征入朝这一天很快到来，部队在集结地开了誓师大会，父亲和另一位营职干部代表部队接过地方群众的献花，也把沉甸甸的重托捧在手上。登上军列，开赴吉林辑安（今集安），

图1 父亲（前排右）等人在黑龙江泰来县入朝誓师大会上接受献花。

从这里入朝。在东北，他们还遇到四野另两个军执行送兵任务的部队，彼此心照不宣，互不打听去向。

一过鸭绿江，情况马上有变，父亲等人送的这批骨干老兵从转隶的四十六军抽出，改为补充鏖战上甘岭战场的十五军部队，跟随向导向另一条线路徒步南进，眼前满是路毁桥断、焦土残枝的惨况，深深刺痛中国军人的心。由于美军拥有绝对的空中优势，飞机频繁侦察，狂轰滥炸，部队只能昼伏夜出，白天入防空洞休息待命，天黑出洞急行军。即使这样，我方山上的防空哨时常鸣枪报警，"叭叭叭"，一枪接一枪往后方山头传递，敌机投下照明弹使得大地变得雪亮，部队又得暂时隐蔽，走走停停，有些憋屈。

好在有全国人民做坚强后盾，志愿军的后勤补给有了明显

图2　父亲（站立者）与其他两位送兵干部在朝鲜阳德郡平安里驻地。

图 3 父亲和战友们在朝鲜防空洞前合影。

改善，入朝初期"一把炒面一把雪"、薄衣裹身抗冰雪的最困
难时期已经过去，父亲他们能吃上热乎乎的大米饭，给身体补
充热量。经过几天夜行军，一人不少、零伤亡地把部队带到抵
近中线战场的阳德郡平安里。这一带温泉星罗棋布，热气蒸腾，
如果不是战争，是不错的旅游度假区。前面的五圣山、上甘岭
时常传来隐隐炮声。十五军很快来人接收了这批战斗骨干，这
次送兵补充友军的任务圆满完成。

逗留了些日子，父亲和其他送兵的干部踏上返途。来时不易回也难，美机不停歇地轰炸扫射，中断了交通，路桥修了又炸，炸了再修，有时在一个地方耽搁数日，后方的伤亡可不比前线少呀！

鸭绿江近了，祖国的河山边城看到了，一踏上祖国的土地，父亲他们顿时感到畅快。这时遇到另一种情况：由于他们是朝鲜战场回来的"最可爱的人"，地方政府非常看重，征求父亲一行人的个人意愿，是否愿留在地方工作，公安系统、铁路系统等都很需要得力的干部。此意也诚，此情也盛，父亲等人谢过地方的好意，选择回部队。

父亲一行回国后，直接到山东兖州待命。不久，又奉命带一批山东籍的新兵北上入朝，地方青年参军保家卫国的热情十分高涨，这次带新兵在东北故地集训了一个多月才跨过鸭绿江。巧的是，送兵的目的地还是上甘岭，又一股新鲜血液注入志愿军驻守的部队。

此一生两次执行送兵任务到抗美援朝前线，耄耋之年的父亲甚是宽慰。

当年宣传队

杨瑞庆

我从小喜欢文艺，从初中开始学会了吹笛子和拉二胡后，就成为小镇上可以去凑凑热闹的文艺人才了。课余时间常与镇上的乐器高手一起合奏，水平逐渐提高，也因此有了一些知名度。随后有幸参加各种文艺宣传队。可以说，多个宣传队成为我日后走上文艺道路的"阶梯"，最后成为苏州市内在"群文"系列中第一个拥有正高职称的业务人员。现从我的影集中找出六张我加入不同宣传队时留下的合影，回忆那些令人难忘的宣传队生活。

"商业"宣传队

从 1964 年开展"社教"运动起，基层便时兴组建宣传毛泽东思想文艺队。那时，昆山的宣传队已普及到城乡的各个领域，学校有，农村有，部队有，甚至还在行业、系统中组建。节目大多是紧跟形势、歌颂领袖、评说时政、斗私批修的内容。每逢需要宣传中心任务时，很多单位就还会临时组建毛泽东思想宣传队，完成上级下达的宣传任务。

那时，千灯镇上的商业系统活跃着一支深受当地百姓欢迎的毛泽东思想宣传队。原因是商业系统职工中有位擅长说唱的金瑞林先生，而且属于商业系统的照相馆中有位善于创作的吕承龙先生，再一个原因是商业系统中拥有较多能唱善跳的女青年，在热爱宣传工作的金瑞林和吕承龙的发起下，商业系统毛泽东思想宣传队在小镇上率先成立了。他们利用业余时间排练了很多文艺节目，经常下乡演出，为农民送去了欢乐。我那时还在千灯初中上学，他们知道我会拉二胡，就特邀我加入他们

图 1　摄于 1966 年春节的"商业"宣传队合影。中排左二为笔者。

154

的宣传队，为他们做现场伴奏，让我初步懂得了为演唱定调、定弦的方法，因此积累了许多演出的实践经验。

1966年春节后，昆山县将举办文艺会演。此时，金瑞林先生已被调任千灯镇文化站站长，当他接到通知后，就决定让商业系统文艺宣传队代表千灯镇参加会演，因他知道宣传队中已有拿得出手的文艺节目，可以在县级舞台上一比高下。我那时已考取昆山高中，他们还是邀我继续为他们做二胡伴奏。会演节目是表演唱《毛主席著作闪金光》，演员都是商业战线上的女职工，有商店售货员，有饭店服务员，乐队中队长吕承龙打鼓板，站长金瑞林敲扬琴，我拉二胡，还有在县一中读书的千灯人许明生拉大提琴。虽然只有四人组成的小乐队，但配合默契，音响圆润，而且演唱悦耳，动作整齐，因此表演唱节目还在会演中获奖。

会演结束后，全体演职人员到城里的亭林公园游览。由于吕承龙队长擅长摄影，因此留下了在东山前草坪上的合影（图1）。那时的我只有十八岁，一脸稚气，是我第一次参加比较像样的宣传队，不仅获得了快感，而且还获得了自信，使我日后经常有兴趣报名参加各种宣传队，以求从中得到锻炼。

"继鲁迅"宣传队

1964年9月，我考上了昆山中学，开学典礼上看到学校里有支国乐队在演奏，十分羡慕。不久，我也有幸参与其中。

即使我只有非常稚嫩的拉二胡一技之长，也在班级里让人刮目相看，因为那时擅长音乐的学生屈指可数。上了两年高中后，爆发了"文化大革命"。学生停课闹革命，就有了更多的时间去钻研音乐。抄歌、记谱、练乐，忙得不亦乐乎，以此来度过寂寞时光，放飞音乐梦想。

那时，学校里的派性组织严重对立，我选择参加了"继鲁迅"兵团，不是观点倾向，而是那里有一个名声较大的毛泽东思想宣传队。宣传队的节目以歌舞为主，风格强悍，富有战斗气息。服装是一式准军人打扮——军帽加军装，腰间还紧扣军用皮带。人员只有二十多人，说、唱、跳、奏都有好手。我专事二胡演奏，乐队中还有拉手风琴的黄国权、拉大胡的潘家扬和吹笛子的樊小宁，组成了一个中西混搭的小型乐队，在那时也算是一个比较像样的小乐队了。

"文革"中时兴街头宣传。每当夜幕降临就敲锣打鼓地招摇过市，然后将围观的群众引领到街口的露天舞台边，先跳一段"忠字舞"，后唱一段"造反歌"，接着表演紧跟中央"两报一刊"社论的"对口词"或"三句半"，这种表演形式可以速写、速背、速排，常能获得事半功倍的宣传效果。

为了及时宣传"继鲁迅"兵团的大事要闻，队里有位水平较高的写手沈敏经常挥笔撰稿，有些唱词还需谱曲演唱，由于我在这方面稍有基础，就义不容辞地为唱词谱起曲来。就这样，"继鲁迅"宣传队为我提供了多次实践作曲的机会。

那时风行语录歌，我常斗胆为毛主席语录谱曲，并迅速投入排练。那时的作曲只有"顺口溜"水平，根本谈不上章法。即使都是粗制滥造之作，也会得到宣传队的鼓励。在这种实用主义的需求下，我经常尝试作曲，就这样渐渐对作曲发生了兴趣。同时，我的演奏水平也在实践中得到了提高，二胡曲《不忘阶级苦》拉得如泣如诉，板胡曲《草原上的红卫兵见到了毛主席》常赢来满堂喝彩。

图2 摄于1968年3月的"继鲁迅"宣传队合影。中排左五为笔者，中排左四为林元龙。

　　1968年3月的一天，趁队友林元龙参军的机会，全体"继鲁迅"队员去曙光照相馆拍了一张"合家欢"（图2），才留下了那时风华正茂的青春笑容。

　　参加"继鲁迅"宣传队的最大收获是引领我走上了作曲道路，也提高了我的演奏水平，为我储备了后来走上群文岗位拥有的两大辅导基本功。

"陶星"宣传队

　　经历了学校中两年"文革"运动后，"老三届"的初、高中毕业生响应党中央发出的"一片红"号召，全部插队落户。

1968年的9月初，校方在人民剧场召开了下乡插队动员会，告诫我们要听从党的召唤，到农村的广阔天地去接受贫下中农的再教育。翌日就乘轮船返回了千灯，等待组织分配，落实插队单位。那时的农村里正在普及样板戏，很需要各类文艺人才，我感到从今以后可以大有作为了。当时的千灯西宿大队是"文革"期间的一面红旗，那里有一个名气很响的毛泽东思想宣传队，我很想投奔西宿，去发挥我的音乐特长。但是当宣布分配名单时，我却被派往淀山湖畔的千灯陶星大队，让我有些失落。

1968年9月12日下乡那天，陶星大队第七生产队开船到千灯来帮我装载行囊，除了铺盖，就是当时分配给插队青年的一些生活用具和生产工具。我还带上心爱的二胡和竹笛，就满怀喜悦地乘上了农船。小船一路南行，终于到达了我将要落户的第七生产队。从河埠上岸后，被暂时安排在小队的仓库中住宿。队里的男女老少都来看热闹，一看我瘦弱得不满百斤，直担心我这个新农民今后将难以胜任繁重的体力劳动。我已看出周围投以怀疑的目光，趁那晚乘凉的机会，我既拉胡琴又吹笛子，顿时被他们发现了我的文艺特长，不久，就推荐我参加了大队组织的毛泽东思想宣传队。

当时，每个大队都在策划排演样板戏，由于我对锡剧音乐比较熟悉，并根据大队的演员资源，就将京剧《红灯记》移植成锡剧。然后由我谱曲、教唱、导演、主奏，我立刻成为大队毛泽东思想宣传队里的文艺骨干。在我的调教下，饰演李玉和、李奶奶和李铁梅的演员都达到了较高水平，所以剧组常被邀演。我的知名度也随之远扬，引起了镇上和县里的重视，常会通知我去参加一些创作会议。

图3　摄于1970年元旦的"陶星"宣传队合影。中排左三为笔者，前排左一女队员后来成了我的终生伴侣。

　　一天，我在队里干活时，突然传来了喜讯，我将被上调到昆山京剧团去工作了。但是，不知什么原因被小队领导卡住不放，最终未能成行。事后悲观失望，但必须面对现实，只能继续在大队宣传队中寻找欢乐了。1970年冬季，"陶星"宣传队被千灯公社派往太仓，慰问在那里开河的千灯民工。途经昆山时，我们在曙光照相馆留下了这张全体宣传队员的合影（图3），意外收获是还在宣传队中找到了我的终生伴侣。

　　参加"陶星"宣传队的最大收获是，我对于戏曲音乐有了更全面的了解，成为我以后胜任群文工作的业务强项。而且还培养了我善于与业余骨干沟通感情的工作方法，一生受用。

"联合"宣传队

"文革"后期，出于推行极"左"路线的需要，宣传队更是表现出铺天盖地、风起云涌的态势。那时的宣传队很锻炼人，也很培养人，只要具有某种文艺特长，就有资格参加一定级别的宣传队，并在队伍里得到重用。如果在创作和演出中张扬了才华，就能在当地小有名气，如被领导发现，很有可能被调动工作，安排到一个能发挥文艺特长的岗位，甚至可以成为终身职业。我就是在1973年参加了千灯"联合"宣传队产生了一定影响后，才被领导发现和重用的。

1973年，"文革"中被解体的文化站重新成立了，千灯镇文化站站长仍由金瑞林先生担任，千灯人民公社文化站站长由插队青年韩永康担任，他俩发现同在千灯地区的两个行政单位中擅长文艺的人才济济，如果联合起来，将是一支拉得出、打得响的文艺强队。得到两地领导支持后，在镇上具有创作特长的顾雨时老师领衔下，调集了那时正值创作旺盛期的韩永康、马昇嘉、许明生和我五人，组成了中心创作组，进行了先期策划。经过一个阶段的精心创作，一台由歌舞、小戏为主组成的综艺节目创作就绪，然后调集公社和镇上的文艺青年，组成了一支具有三十多人规模的"联合"宣传队，然后自力更生制作道具，互教互导，克服了重重困难，终于将节目搬上了舞台。经试演后，深受当地百姓欢迎，都认为应该拿出去在县级舞台上展演，以求扩大影响。

那年的暑假，昆山县又要举办文艺会演了，千灯镇和千灯

图4 摄于1973年8月的千灯"联合"宣传队。三排右一为笔者。

公社决定联合组队做专场演出，由于强强联合，节目精彩，反响强烈，我们几个创作人员特别引人关注，因此后来都被调到县里，在各个单位的文艺岗位上工作。

会演结束后，全体队员合影留念（图4）。难忘那段激情燃烧的岁月，不仅放飞了艺术梦想，而且还结下了深厚友谊，好多队员从此与文艺结下了不解之缘，长期活跃在群众文艺的活动中。因为马上要进入繁忙的秋收秋种了，持续两个月的"联合"宣传队回到千灯不久，就无奈地解散了。

"知青"宣传队

　　1973年秋收后，我被抽调到昆山县革委会主办的知识青年宣传队，准备排练一台文艺节目，下乡慰问全县的知识青年。

　　当时的集训条件非常艰苦，大家自带铺盖，报到在"少年之家"（现实验小学西南角）里的一间大教室里。晚上睡竹榻铺，白天拆去床铺就成了排练场。来自全县各地的二十多位具有文艺特长的知青济济一堂，"苏插"占了大半，其余为"昆插"，他们各有绝活，让我有机会结识到当时知识青年中的文艺精英，

图5 摄于1974年1月的"知青"宣传队合影。后排右一为笔者。

图 6 "知青"宣传队乐队的演出照。敲扬琴的为笔者。

近距离地听到了美妙女高音和浑厚男中音的漂亮音色，还看到了舞蹈尖子、戏曲尖子身上的艺术天赋。乐器演奏人才更是各领风骚。我虽擅长二胡，但在那个群体里，我的水平还排不上号，只能改敲扬琴，因此让我有了意外收获。经过了三个多月的排练和演出后，使我的乐队演奏水平得到了迅速提高。

乐队里有位音乐才子朱振民，他精通配器，我第一次感受到演奏分谱时所产生的迷人魅力，也暗中学到一些和声知识和配器手法。乐队除了为文艺节目伴奏外，乐手们还常凑在一起玩弄小合奏，印象深刻的有《女社员之歌》《采茶舞曲》等轻音乐，大家配合默契，引发出无穷乐趣。

经过了一段时间的紧张排练后，决定在人民剧场彩排一台短小精悍的节目，并接受领导审查。1974年元月的一天下午，宣传队队员穿上了统一制作的灰色演出服，在剧场门前的台阶上合影留念（图5），记录下那次难忘的相聚。

彩排圆满成功，随后开赴全县二十个乡镇公社，去慰问战斗在广阔天地中的插队青年。乡镇的舞台虽然没有豪华的装饰，但贴近他们生活的歌舞、曲艺节目，不但深受广大知识青年欢迎，也受到了当地农村青年的喜爱。特别是各领风骚的男女独唱更是赢来满堂喝彩。每次演出都引起了知青的狂欢，"再来一个"的欢呼声不绝于耳，常常欲罢不能。

宣传队结束后我回到了插队的千灯陶家桥，但经常留恋那个高水平的"知青"宣传队群体。由于看到了外面的精彩世界，才引发了我必须继续攀登音乐高峰的进取心。

"临时"宣传队

由于我在多个宣传队中产生了影响，1975年10月的一天，我接到了文化馆借用三个月的通知，说是县里要组建临时性质的毛泽东思想宣传队，去江阴参加一年一度的苏州地区文艺会演，前期的创作已完成，接下来的任务就是谱曲、教唱、排练。那时的节目大多是戏曲、曲艺形式，因我能胜任这方面工作，就一纸调令把我借到了文化馆。

好不容易来到了文化馆组织的"临时"宣传队，我希望抓住这个来之不易的机会，争取能有出色的表现让文化馆继续留用。为此，就把三个月的借用期作为单位领导的考察机会，因此，我全方位地表现自己，既作曲，又伴奏，而且还写点文字节目。

正当整装出发去会演时，家中打来告急电话，怀孕九月的妻子已有早产迹象，已送医院准备生产，叫我速回千灯。此时的我，已到了"养兵千日，用兵一时"的节骨眼上，怎么能临时撤下"火线"呢？我立即打电话回家说明情况，取得了善解

图 7　摄于 1975 年 10 月的"临时"宣传队合影。后排左一为笔者。

人意的妻子的谅解。当圆满完成宣传任务回家后，知道经历了
一场儿子在死亡线上被抢救过来的惊险，但我告诉妻子，已被
领导挽留下来的好消息，从今以后将在文化馆担任音乐辅导工
作，家人只有欣慰，没有怨言。后来再也没有离开过文化馆，
直至退休。

　　现在回想起来，我的这个人生转折得益于我有以上六段重
要的宣传队经历，使我在宣传队中不断得到锻炼，并且产生了
一些影响，才有后来专事群众文艺工作的机会。有幸保存了以
上六张当时宣传队的合影，每次端详照片，都会心潮澎湃，感
恩万千。

1974年：穷游黄山（下）

王秋杭

　　第二天一早，开始登峰黄山之巅光明顶。出了玉屏楼四周就全是云海，流动的云伴随着我们八个人不断向上攀登。我脚下踩的好像就不是路，而是白云——奇松、怪石忽隐忽现，很快，又都随风飘到脚下去了；眼前又惊现更怪异、更奇特的景象，但很快又转到脚下去了；眼前又——哪还有半点人间的烟火？可我此时脑子里就惦记着肚子，心里老在想：哪天吃过一顿饱饭？在红星大队参加"双抢"时，一日三餐全是煤油炉煮挂面吃，连鸡蛋都舍不得买，都是随便到谁家菜地里拔棵青菜煮煮。又是步行十里到家，家里没准备我的饭，只刮净了锅底半碗饭就骑车赶到志华家开会；第二天准备胶卷和行李，也没心思好好吃饭；第三天就上路了、又拦车……于是老在想吃饱饭是啥滋味？尤其是酒足饭饱的那个滋味，还真是想不起来了；还有那咬一口就满嘴流油的、又肥又厚的红烧肉是啥滋味？越想越饿、越饿越想，哪还有心思去观赏风景？我不时地把目光从风光移向北进和志华轮流背的那只早已干瘪了的网线袋，我老觉得北进的嘴在不停地蠕动，她一旦觉察到有人盯着她的嘴，她就立刻僵硬地停住不动了。中午分派干粮，"每人两个刀切，司考

图1 登上光明顶，一览众山小。

没有了，刀切也没几个了，大家坚持一下，到了山顶就有饭店了！”北进道。这刀切一风干个儿也小了不少，我两口一个就吞下去了，还想向北进要一个，可北进早就将网线袋的口子扎得死死的了。快到北海时，我双腿开始发软，北进从我身边走过，我突然灵机一动，抓住她肩上装刀切的网兜道："来，我帮你背吧，关键时刻还得靠我们男的！"北进望了望我，终于松开了手，可没想到另一只更强劲的手一把从我手里夺走了网兜，是志华。"到你手里还有剩的啊！"志华道。完蛋，阴谋破产了。

下午3点抵达北海宾馆，可餐厅要5点钟才营业。我们包

图2 恍若仙境

了一间四张单人床的房间稍事休息。志华掏出地图道："这里
东南西北都是景，现在大家把行李都放在房间里，干粮都分掉，
轻装前进，上鲫鱼背，回来吃晚餐。"北进打开网兜，还剩四
只刀切，每人分了半只。我分到的那半只刀切连皮都没有。鲫
鱼背是黄山之巅，快到时眼前是一座光滑的、几乎成90度角陡
峭的山岩，上面凿有一溜笔直向上的石窝窝，旁边有一条铁链。
必须双手抓住铁链、双脚踩着石窝窝一步一步向上攀登。大家
排成一串，下面的人几乎是用头顶着上面人的屁股往上拱。到
了顶上，山风呼呼作响，人都不敢站起来，全都匍匐前进后，

图3 鲫鱼背上，我调好光圈、速度，焦距调到超景深。左手紧握铁链并紧贴后背，右手将35毫米相机高高举过头顶盲拍的合影。

一个紧挨着一个坐下。因为地方非常狭小，我跟他们挤在一块儿距离太近，没法拍集体合影。我就拿出了两年前在泰山极顶悬崖上拍摄百步云梯的独门绝活儿：先掏出35毫米相机、目测距离，利用镜头上的景深表，凭经验设定光圈和快门速度后，将镜头焦距对在超景深刻度表的范围中间。于是左手抓紧铁链，整个身体尽量往后仰，右手单手将相机举过头顶，再尽量往后拉开距离进行盲拍。担心一张不可能成功，一连拍了三张才住手。此刻若是左手一松，我整个人就会坠下万丈深渊。完成任务后，我抓住时机说："志华，就冲着我这一不怕苦、二不怕死的敬业精神，晚餐也得好好改善一下伙食吧！"小毛赶紧帮腔："应该的，秋杭这两天够辛苦的，他和大家一样爬山，还要给大家照相。""回去你们可以休息，我还要想办法买放大纸，给你

图4 光明顶三脚架自拍合影。

图5 北海宾馆观日出。

图6 小毛和北进在猴子观海留影。

们放大每人一套照片。"我急忙补充道。"好的，晚上喝点小酒！"
志华一锤定音。鲫鱼背的东面还有一个景点是天桥，可当我们
手牵着手、人挨着人来到天桥边时都傻眼了，眼前的一座小山
包距离我们有将近十米远，没有路，横着一条仅仅四十厘米左
右宽的青石板，没有铁链，两侧都是万丈深渊。此刻已近黄昏，
风大得不得了。小毛和北进两位女同胞首先打了退堂鼓，小成
也以头昏为由放弃了过桥。"这么大个人，胆这么小。"我乘
机报复他对我下的狠手。"小成有高血压的。"小毛急忙为弟
弟辩解。志华不愧当过兵，第一个昂首阔步快速通过了，然后喊：
"眼睛往前看，千万不要往下看。"小明第二个上去，晃了两
下立马跪下，四肢着地猴子一样爬了过去。于是大家学样一个
个爬了过去。最后剩下我。说实话我心里还真有点发毛，因为
他们都是空手，我则要背一台相机过去，那两台和三脚架交给

图7 清凉峰眺望。

图8 清凉台

图9 北海宾馆合影。

了小毛。为了不让相机在爬行的时候晃来晃去，我解开裤腰带，
把相机背上后再把裤腰带提上来绑在腰上。刚爬上青石板我就
觉得两眼直冒金花，我知道不是吓的，而是饿的……

　　回到北海宾馆天色已暗，到餐厅一看，只供应客饭，每客
三毛钱三菜一汤，两荤一素，没有炒菜更没有酒，还好饭管饱。
不一会儿菜上来了，每人一小盘红烧肉，像麻将牌大小六块，
红润润的；一小盘黄瓜炒鸡蛋；一小盘炒青菜；汤是八个人一
大品锅榨菜蛋花汤。于是大伙儿狼吞虎咽，我一连吃了四碗——
所有碗、盘、锅全部干干净净得底朝天。我知道饿急了的绝不

图10　登上天桥的5位好汉合影。

止我一个。晚饭后来到不远处的西海排云亭，天色已黑的远处，金色的云海不停地翻滚，太壮观啦，我举起了相机……

第三天登始信峰，"始信黄山天下奇"便是从那里来的。最奇特的是十八罗汉朝南海，让我想起了我已经完成了一半的自拍像系列，于是对好速度、快门、焦距交给小毛，自己身背两台相机和便携式三脚架，以十八罗汉朝南海给自己拍了一张。到了清凉台云海又起，真是云雾缭绕，乱云就在身边飞舞，还有"猴子观海"，眼前的景色都被我一一收入镜头。

最后一天，大清早便下山了。走后山黑龙潭，一路上没什么景点，大家走得非常快。北进的网线兜早就收起来了，什么干粮都没有了。俗话说，上山容易下山难，我开始双眼冒花，两腿发软，肚子饿得咕咕乱叫。好不容易走到山下，早已饿得

图11 山寨记者黄山留影。

发昏。终于看到路边有一家点心店，供应烧饼和馄饨，烧饼三分钱一个，馄饨一毛钱一大碗。大伙一拥而上，都是自己掏钱买自己的食品，没人管我。我明白随着旅行的结束，"公有制"也随之解体了。可我一摸口袋仅剩一枚五分硬币。饥肠辘辘的我此刻望着小毛正端上满满一碗馄饨，油渣和葱花的香味随着热气一直钻进我饥渴难耐的胃里——我怎么还熬得住？于是厚着脸皮摸出那五分硬币走过去对小毛说："我俩拼一碗吧？我只有这五分钱了。"还是小毛仗义，二话不说，向老板娘要了一只空碗，用汤勺分了一半馄饨给我，没要我的钱。我第一次感到了当"乞丐"的滋味。黄山的馄饨皮薄、馅大，浮在汤上面金黄的油渣和碧绿的葱花更是让人眼馋。这是我一生当中最难忘、最鲜美的半碗馄饨。

六十年前我和弟弟游南京

张鹏程

　　弟弟鹏搏离我们远去已一年多了，心中十分怀念他，他的音容时刻萦绕在我的脑海中。我与弟弟是双胞胎，从小在一起，从未分开过，由于和他面容十分相像，小时候老师经常认错人，有时我犯错却处罚他，他有成绩却表扬我，老师分辨不出时，干脆把我们都叫去，要自己承认，领受表扬或批评，闹出不少笑话。他在我们家是最小的弟弟，脾气最好，豁达乐观，与世无争，也最孝顺，与我关系最亲密。2016年，他体检查出癌症时十分冷静与坦然，仍然保持乐观心态，以坚强的意志与病魔艰苦斗争了三年后，于2019年8月17日永远离开了我们。弟弟是一位十分有才华的人，在绘画写作方面特别有天赋，作品经常在报刊上发表，还出版了专集，多次获得全国包装设计与创新大奖。得病前，他曾邀我同去向母校杭州一中（现杭州高级中学）赠送他刚出版的绘画专集。

　　六十年前的1960年，我和弟弟鹏搏同在杭州一中高中毕业，他考取了浙江美术学院版画系，师从我国著名的版画泰斗赵宗藻、赵延年、张漾曦教授。1960年高考后，应在南京空军工程部任军代表的哥哥和南京军区总医院任军医的堂姐盛情邀请，我和弟弟去南京旅游，住在堂姐医院宿舍楼内。在二十余天里，我们畅游了中山陵、燕子矶、明孝陵、玄武湖、莫愁湖、夫子庙、雨花台、总统府以及父亲就读的中央大学旧址等著名景点。

当时，国家处于困难时期，人民生活水平较低，一切都凭票证，外出必须带粮票，不然寸步难行。那时旅游者寥寥无几，南京的旅游景点也尚未得到很好地开发和保护。中山门外的明朝老城墙有多处垮塌，塌下的明砖堆在墙边。当时持有照相机的人极少，但我们还是想办法向同学借到了一部用了几十年的老照相机。这部老相机使用的是135阿克发黑白胶卷，由于没有掌握拍照技术和要领，闹出了许多洋相，几乎将照相机报废。

游览中记忆较深的是去中山陵瞻仰伟人孙中山先生时，登上台阶在祭堂大门前遇到了孙中山先生的卫士长，一位年纪六七十岁的老人，但精神抖擞。当时社会上有流言说，国民党

图1 弟弟在中山陵留影。

图 2 弟弟站在尚未大规模开发的雨花台景区的烈士纪念碑前留影。参观游览者稀少。

败退台湾时，将孙中山先生遗体也带到了台湾。我们便向老卫士提出这个问题，老卫士笑笑说，这是谣言，不要轻信，安放孙中山先生遗体的铜棺椁在陵墓下面，自陵寝建设至今一直保持完好。日寇曾想挖掘，但因铜棺椁与钢筋水泥整体浇筑而未得逞。弟弟又好奇地问，日寇占领中山陵后有没有破坏陵园？老人说，日寇确实对陵园进行了一些破坏，打坏了台阶边一些铜鼎，并破坏了祭堂中的孙中山大理石坐像。老人还告诉我们，日寇丧心病狂地将守护中山陵的警卫全部枪杀。瞻仰完中山陵后，我和弟弟参观了中山陵附近灵谷寺无梁殿国民革命军纪念堂。父亲曾担任中央航空学校与兰州空军总站体育教官，他所培养训练过的驱逐机飞行员几乎全部壮烈殉国。父亲经常回忆那些英勇抗击倭寇的驱逐机飞行员，"文革"前还保存着他们的一些照片和纪念品，对弟弟和我有着非常深刻的影响，所以我们特意去瞻仰了航空烈士公墓，墓碑上镌刻有他学生的名字。

弟弟走到哪里背包里总是带着写生本，随时拿出画笔进行速写，凭借扎实的绘画基本功，速写的人物惟妙惟肖，真是笔下生辉。有时他为了抓住绘画时机和人物，在路边、车上、景点、山上随时拿出笔就画。我在旁边耐心陪着他，南京夏季炎热不堪，汗流浃背，汗水顺着手臂流下来，滴在画板上，他仍不在乎，专心画图。在南京旅游期间，他画了许多画，可惜在"文革"中抄家时被毁。

当时交通不便，道路还是黄土公路，一路尘土飞扬，到燕子矶已是满身尘土。堂姐给我们准备了两只军用水壶，但喝水时弟弟总是谦让，要我先喝。站在燕子矶陡崖边，俯瞰滚滚长江东流水，日寇攻陷南京后，在这里屠杀了许多百姓，并将尸体抛入长江里，当地的老百姓都知道。返回市内时，由于汽车很少，步行了很长一段路才搭上了返程的汽车，但我们玩兴益然并不觉得累。

南京曾是国民政府的首都，市内道路较整齐宽敞，道路两边种有法桐树，在新街口花园中心屹立着孙中山先生站立铜像。我和弟弟对所有事物都具有好奇心，在南京市内到处闲逛，路经总统府，那时不能随便进去参观，国民代表大会堂也不能参观游览，但看到了国民政府时代留下的一些建筑，如国防部、中央银行、中央商场等。在有些景点，我们拍照留下了纪念。听说在雨花台可以捡到砾石层里的具有彩色花纹的雨花石，所以我们坐车去了雨花台。此时雨花台烈士陵园正在修建，革命烈士纪念碑刚竖立不久。我们在路边小摊上买了些花纹斑斓、色彩丰富的雨花石，非常便宜，一分钱一粒，可任意挑选。雨

图3　弟弟在明孝陵文武方门前留影。

花石放在手上看不出鲜艳，但放在水盆里便能显出其色彩艳丽，晶莹剔透，花样繁多。

我们还游览了青山绿水中的明孝陵，明孝陵是明太祖的一座宏大墓穴，在宝顶砖墙上刻着"此山明太祖之墓"。沿神道步行，地面由于长年被风雨侵蚀，毁坏严重，高低不平，缺砖少石，不过还可以见到坊、碑、亭、神道石刻等。一路上未能见到其他游人。一些地面建筑已成废墟，十分荒僻。我和弟弟饶有兴趣地讨论"此山明太祖之墓"整座山都是墓，那么明太祖到底埋在山的什么地方，在山上还是在山下？六十年后的今天，明孝陵已成著名的旅游胜地，面目一新，游人如织。后来我在北京上大学时参观了定陵，才知道除明太祖埋葬在南京外，

图 4　我和弟弟坐在玄武湖边游览船上合影留念。

明代其余皇帝都埋葬在北京十三陵。

　　8 月下旬，我们接到母亲从杭州发来的电报，我被北京石油学院录取了，于是弟弟在南京多留了几天，我先回杭州准备去北京读书的行装。和弟弟这次去南京游玩，使我终生难忘，虽然以后几次到南京出差，但已无多大兴趣游玩了。从 1960 年在南京和弟弟分开后，我们双胞胎兄弟各走各的学习工作道路，大学毕业后，国家分配我去了四川大三线工作，弟弟则留在杭州的省二轻厅工作。在外读书工作四十年后，直至退休回到杭州，我才得以和弟弟再度相聚在一起。

我曾是一名汽车修理兵

张 军

我在家里排行老四，最小，1954年1月出生于山东省济南市原解放军第一〇六医院。从小随父母在济南、莱阳、临沂等地的部队驻地生活、上学，在军营里长大。

"文化大革命"影响了我的上学之路，1970年初中毕业后便随社会招工到了原临沂汽车运输公司修理厂，当了一名汽车修理工。那年我十六岁。那时国家的汽车工业水平不高，修理工艺落后，相比之下，运输公司是国有大企业，技术条件在当地是属于一流。其主要工作是大修苏联生产的嘎斯系列（51、63、69等）车辆，美国生产的道奇T234、GMC353十轮卡车、威利斯吉普车等老旧车辆，还有国产解放系列的载重车、长途客车等。

苏联生产的嘎斯系列是我国建国初期引进的车型，工艺虽有些粗糙，但性能可靠、皮实，是抗美援朝期间的主力车辆。嘎斯69多为首长指挥用车，操作灵敏，减震性能好，乘坐舒适感高。嘎斯63是4×4牵引车，发动机与嘎斯51通用，底盘高，轮胎花纹粗大，设有分动箱，在沙窝地和泥泞路段行驶性能优越，但转弯稳定性差，有"嘎斯63，拐弯就翻"一说。"喀秋莎"

火箭炮、37 高射炮、四管高射机枪等大多为该车牵载。

美国产的道奇 T234、GMC 十轮卡车车体坚固，发动机工艺先进，T234 发动机采用了钠冷排气门，活塞行程长，动力足，制动设有真空助力器。GMC 发动机采用了顶置气门，偏凸顶活塞，进气量大，燃烧充分，加速灵敏，转速高。威利斯吉普如同高级"玩具"车，轻便灵活，路况适应性好，操作简便，既可当指挥

图 1 *戎装照。摄于 1975 年。*

乘坐车，也可改装为通讯、无后坐力炮、重机枪等专用车。这些美国车的方向操控系统有几个共同特点：可靠、轻便、灵活。尤其是 GMC 卡车，转向后一松手便可迅速回正，十分称手。道奇 T234 为右置方向操纵，左手换挡，方向盘竟然是牛角制作的，手感舒适。听老师傅说，一旦此车型有报废，便会有人偷偷地把方向盘拆下藏起来。

那个时代的汽油发动机车辆驾驶室内必配一只"摇把子"手柄，在维修发动机、电瓶储量不足和冬季冷启动时使用。在驾驶训练中，因掌控不好使用"摇把子"的要领或因发动机点火过早（俗称"反电"），被"摇把子"打掉门牙和打断胳膊的事情时有发生。随着科技发展和发动机性能的提高，现在的车辆驾驶室中再也见不到"摇把子"了。"4S"店的车辆维护车间里，看到的都是自动化仪表数据、测试仪器、举升机、电

图2 我（右二）与姐姐、哥哥们合影。摄于1976年。

动工具、机电一体化操控设备等现代化设备。"修"的理念也被"换"的理念替代，像镗、磨、研、刮及增减垫子、调间隙、找接触面等凭经验、手感的老工艺和老技法也都荡然无存了。

我所在的车间是发动机车间，车间检验技术员是个日本人（抗日战争时期俘获的日军技术人员，后留在了中国）。我的师傅姓田，聪明能干肯钻研，工作细致，要求严格，是车间里公认的"能人"。他不仅传授技艺，重要的是给你讲透原理，我一直记得师傅的一句话："扳手小，学问大，三百六十行，行行有高手。"他是我走向社会的第一个老师。那三年，在师傅那里还真学到了不少车辆修理方面的"独门绝技"。时间已过去了五十年，工厂情结已深结腹脑。这些年来就一直想淘一个物件，表达对那段日子的情感。经过多方探寻，终于通过互联网觅得一款精致的水冷直列 8 缸、顶置双凸轮轴、上吸式化油器、比例 1 ∶ 18、精致、逼真的发动机机模，我把它和刚进厂不久自制的一把小榔头一起放在书柜中显眼的位置。看到它，就仿佛又回到了那个年代。

1972 年底，我应征入伍。新兵训练结束后分配到原济南军区后勤部淄博兵站（后改为第九分部）综合修理连二排汽车修理班。那个年代部队专业技术训练相对滞后，我在工厂学到的汽修技能派上了用场，在任务实践中，技术水平和业务能力提高很快，分派给我的任务完成周期短，返工少，保养、大修发动机一次启动成功在当时无人超越，时间不长我就成了连队的技术骨干。有一年分部首长的专用北京越野吉普车发动机加速不良，到连里来了好几次都没有得到解决，驾驶员很是着急。记得机关小车班长又一次开车来到连里，要求无论如何想办法

图 3 我在实验室测试数据。摄于 1981 年 12 月。

把这个故障排除。领导们一番商量后，班长把任务派给了我，接受任务后我迅速换好工装，取来工具箱，然后对发动机油、电路进行了仔细判定，发现该发动机进气采用的是分隔进气支管方式，使用的是新型双腔并动式化油器。针对此系统的原理特点，我由表及里地进行排查，很快找到了故障点，前后用了不到一个小时就把故障排除了，领导们十分满意，小车班长满脸高兴，冲我伸出大拇指，我也就此出了"名"。在同年兵中我最早担任副班长、班长，最早取得驾照并光荣入党。

1977年初，经连里推荐，我被选调到刚组建的原济南军区后勤汽车技工训练大队（我调离之后，老连队作为技术保障部队配属原济南军区六十七军一九九师参加了1985年对越自卫反

图4 在某集团军汽车修理现场会上留影。摄于1993年9月。

击战。没有机会"扛枪"上战场成了我服役期间的遗憾），先后任助教、区队长、教员、柴油特种车（主要是重型火炮牵引车）教研室主任，在此单位工作了十九年。这期间，多次参加总部、军区组织的考核、演练、技术服务、教学培训、调研、专业"比武"等任务，尤其是针对部队火炮装备不一、柴油特种车车型不同的情况，有针对性地到基层车辆分队开展使用、维护培训，并根据了解的实际情况及时向上级机关汇报、建议，采取措施解决部队的实际困难和技术难题等为基层部队着想、提高车辆完好率的做法，得到了军区主管业务部门和部队的一致好评。因此，我和战友们获得了很多奖励和表彰，很有成就感，但说实在的，比起现在汽车工业发展及诊判技术的掌握，那时的车辆维修理念及技能就只是"皮毛"之功了。

异曲同工的史观

冯克力

休谟的《人性论》是一部有关人类知性、情感、道德的哲学著述。在"论知性"卷里，其对历史的认知也时有考察与涉猎，有时作者虽非专门针对历史而谈，但其中的逻辑却是相通的。

作者以对凯撒在元老院被刺死史实的论证为例，指出"显然全部这个论证连锁或因果联系最初是建立在所见过或所记忆的那些符号或文字上的，而且如果没有记忆或感官的根据，我们的全部推理就将成为虚妄而没有基础"。作为经验主义哲学家，休谟认为，"记忆观念"较之"想象观念"通常会更"活泼"，更"强烈"。但在有些时候，"一个想象观念也可以获得（像记忆观念）那样一种强烈和活泼的程度，以至于被认作一个记忆观念，并且对信念和判断起着和记忆观念相似的作用。这种情形可以在撒谎的人身上看到；这些人由于一再撒谎，最后终于对谎话产生了信念和记忆，就像它们是实在的事情一样。"

古今中外，以想象观念取代记忆观念，以致被自己编造的谎言所迷惑的现象，在人类的认知活动中时有发生，哪怕是向以史实为基础的历史陈述也难以避免。上了点年纪的国人或许都还记得，"文革"时为了突出"接班人"林彪对建政的贡献，公然违背史实，把朱德与毛泽东的井冈山会师说成了林彪与毛泽东会师，把当年朱德下山挑粮用过的扁担也改成了"林彪的扁担"。

有史料显示，据此改绘的"林毛"井冈山会师的巨幅油画朱德当时也曾见到，他端详良久，只淡淡地说道：军长下面有师长，师长下面有团长，团长下面还有营长，营长下面才是连长呢。

了得，朱老总！轻描淡写一句话，便把那个被人为拔高的"林连长"打回了原形。

老人家实在是深谙还原历史、戳穿谎言的不二法门，那就是回归经验与常识。而这与休谟的史观，似也不乏异曲同工之概吧。

大使馆女主人的单人照

　　胡适担任中华民国驻美大使时，江冬秀远在中国，便由使馆秘书游建文的夫人张太真充当了大使馆的女主人。（参阅本辑《胡适与大使馆的女主人》）

国内订阅：全国各地邮局

邮发代号：24-177

地　址：山东省济南市英雄山路 189 号 B 座（250002）

E-mail：laozhaopian1996@163.com

网　址：www.lzp1996.com

责任编辑／赵祥斌

装帧设计／王　芳

扫码听书

《老照片》微商城

微信公众号

《老照片》网站

ISBN 978-7-5474-3857-2

9 787547 438572 >

定价：25.00 元

OLD PHOTOS

老照片

定格历史 收藏记忆

主编 冯克力

山东画报出版社

凿冰取水的日俄官兵

　　日军写真班的人在达连堡子［奉天（今沈阳）东北约十八公里处］南端这条不知名的河的冰面上遇到了一小队日军和他们押解的俘虏。看得出，追捕者和逃亡者都很长时间没水喝了，所以走到这里以后，都纷纷凿冰取水，以滋润喜悦或焦灼的心田。（参阅本辑《日俄战争的稀见影像》）

第一三七辑

OLDPHOTOS

老照片

主编 冯克力

山东画报出版社

图书在版编目（CIP）数据

老照片.第137辑／冯克力主编. —济南：山东画报出版社，2021.6
ISBN 978-7-5474-3858-9

Ⅰ.①老… Ⅱ.①冯… Ⅲ.①世界史—史料 ②中国历史—现代史—史
料 Ⅳ.①K106 ②K260.6

中国版本图书馆CIP数据核字（2021）第106757号

老照片.第137辑
冯克力主编

责任编辑 赵祥斌
特邀编辑 张 杰 丁 东 邵 建
装帧设计 王 芳
特邀审校 王者玉 赵健杰

出 版 人 李文波
主管单位 山东出版传媒股份有限公司
出版发行 山东画报出版社
　　　　　　社　　　址 济南市市中区英雄山路189号B座　邮编 250002
　　　　　　电　　　话 总编室（0531）82098472
　　　　　　　　　　　　市场部（0531）82098479　82098476（传真）
　　　　　　网　　　址 http://www.hbcbs.com.cn
　　　　　　电子信箱 hbcb@sdpress.com.cn
印　　刷 山东临沂新华印刷物流集团有限责任公司
规　　格 140毫米×203毫米　1/32
　　　　　　6印张　127幅照片　120千字
版　　次 2021年6月第1版
印　　次 2021年6月第1次印刷
书　　号 ISBN 978-7-5474-3858-9
定　　价 25.00元

目 录

日俄战争的稀见影像

李　洁

　　1904 年 2 月至 1905 年 9 月，日本与俄罗斯在中国满洲（时称我东北地区）进行了一场残酷的地域争霸战。因为中国人把 Russia 音译为"俄罗斯"，简称"俄国"，而日本人则译为"露西亚"，简称"露国"，所以，此役被日本人称作"日露战争"。

　　本来，在 19 世纪日本幕府时代末期，俄罗斯被音译为"鲁西亚"。但随着明治维新的成功，日本综合国力大增，民族主义思潮汹涌，把朝鲜半岛视若本国的屏障，进而把中国的满洲也当成了自己的外围篱笆，于是，就与扩张至远东的"鲁西亚"有了无可回避的利益冲突。以旭日之邦为荣的日本人便不无恶意地把"鲁西亚"改成"露西亚"，其灵感或源自中国乐府诗句"朝露待日晞"，即清晨的露珠终会被冉冉上升的太阳烤干。要知道，在长达一千多年的历史中，日本皇室、贵族和武士阶级一直把"汉学"（日本人称汉字和中华文化经典）当成必修课，所以，明治时代的每个上层人物自幼即熟读中华典籍，熟悉汉语诗词。

　　明治时代，"露国威胁"成了明治君臣心头祛之不去的梦魇。早在 1895 年春，在中日甲午战争（日本称"日清战争"）

中获胜的日本，凭《马关条约》攫取了中国的辽东半岛、台湾和澎湖列岛，并索取战争赔款2亿两白银。但在该条约尚未生效之际，俄国联手德国与法国挺身而出，劝诫日本归还辽东于中国。迫于俄国太平洋舰队近在咫尺（驻符拉迪沃斯托克，即海参崴），无力与三国对抗的日本只好"饮恨"接受"奉劝"，增索三千万两白银后向中国归还了辽东半岛。此即日本人引为奇耻大辱的"三国干涉还辽"事件。

从此，沙俄向远东发展的"东方政策"，与岛国的以满洲和朝鲜为本国"利益线"（安全屏障）的"大陆政策"开始正面对抗。当年，日本主流报纸曾以中国典故"卧薪尝胆"为题刊发社评，反映了当时日本举国上下以俄国为假想敌的复仇情绪。日本政府把从中国索取的两亿三千万两白银的战争赔偿大部分用了军备，并开始急剧扩军。

1896年6月，即甲午战争结束一年之后，中俄两国在莫斯科签订了《御敌互助条约》。两国共认的潜在敌国为日本。因该条约内容从未公之于世，故一直被世人称为"中俄密约"。

1897年11月，按"中俄密约"的约定，清国邀俄国派军舰驶入旅顺港，以防御侵占胶澳（后改名青岛）的德国远东舰队北犯京津。翌年开春，俄国强租旅顺口和大连湾二十五年，旅顺港自此成为其太平洋舰队的第一基地。为保护军港和舰队，俄国不惜斥巨资把旅顺建成了"东方第一要塞"。随后，西伯利亚大铁路修进了满洲。该铁路为世上最长的铁路，其中国段时称"东清铁路"，即民国时所称的"中东铁路"。铁路开通后，俄国的兵力和军火就可以快捷地从欧洲运抵东亚的辽东半岛。

俄国的步步东进，更刺激了日本的民族主义情绪和备战气氛。日本陆军已从"日清战争"前的六个师团迅速扩增为十二

图 2 日军占领辽阳西门后的情形。摄于 1904 年 9 月 4 日。

个师团。海军则加紧组建"六六舰队",即以六艘战列舰和六艘装甲巡洋舰为组合的新型舰队,以期御俄于岛国之外。为守卫本岛,东京湾和大阪湾海岸安置了二十尊威力空前的巨型榴弹炮。

1900 年春,即中国干支纪年历的庚子年,中国北方爆发了义和团运动。在建的东清铁路遭当地团民和官军的破坏,数目不详的俄工程技术人员及家属遇害。借口"护路保侨",沙皇尼古拉二世悍然派遣十五万大军入侵满洲。同年,俄国还与朝鲜王国签订密约,租借了朝鲜马山附近的海域为太平洋舰队停

图 3　在辽阳烟台（今属灯塔市）西北约十一公里的太勾一处衙门院内，第四军司令官野津道贯、闲院宫载仁殿下与德国皇族豪伦·奥利伦（音译）留影。摄于 1904 年 11 月 7 日 14 时。

泊地，并获得了开发鸭绿江畔林木等资源的特权。义和团运动平息后，东清铁路迅速开始复建。

对日本人而言，东清铁路就是一把刺向自己的匕首。用日本军人政治家山县有朋的话说，就是"这条铁路每延长一寸，日本的寿命就会缩短一分"。因而，日本政府一方面进行外交斡旋，一方面加紧备战。为了反制俄国对满洲和朝鲜半岛的控制，1902 年 1 月，日本与在远东有既得利益的英国缔约结盟。至此，日俄对撞已无可避免。

1903 年 3 月，俄国公然违背与清国的约定，拒绝如期从满洲撤军，其控制满洲和朝鲜半岛的野心昭然若揭。而且，沙皇尼古拉二世不顾清廷的屡次交涉和各国的强烈关注，悍然在旅顺口设置了具有本国地方政府性质的"关东州总督府"，赤裸裸地表示出对中国领土的侵占之欲。接到清国的暗中求助后，日本主动与俄国开展谈判。但谈判数月，毫无结果。于是，日本君臣决意以举国之力发动一场战争，以期将俄国阻止于"利益线"之外。

1904年2月8日深夜，日本不宣而战——日本联合舰队远程摸来，偷袭了旅顺港，击伤三艘俄主力战舰。震惊世界的日俄战争就此爆发。

对这场在第三国土地上擅自挑起的战争，日本人称之为"征

图4 蛇子山（辽阳烟台东北约十七公里、沙河堡东南）北约一公里处，步兵第三十九联队第一大队警戒线。摄于1904年12月13日16时40分。

图 5 旅顺东港南岸被炸毁的战列舰。摄于 1905 年 2 月 4 日 16 时 20 分。

露之役"。

大清国无力阻止两个强邻在自己土地上的厮杀，只得无奈地像列强一样，宣告"局外中立"，并为两国划定了交战区：

> ……其中之金州、复州、熊岳三城及安东县街为指定战地；抑或西至海岸起，东至鸭绿江岸止，南自海岸起，北行至五十里止，为指定战地。

清国的《局外中立条规》，对本国人民和交战两国各有约定，可谓面面俱到。

对内，清廷规定如下：

> 本国人民不得干预战事暨往充兵役；
> 民间船只不得往役战国或应招前往办理缉捕转运各职司；
> 不得将船只租卖于战国或代为安装军火或代为布置一切及帮助以上各事以供其交战及缉捕之用；
> …………

对外，中方告诫两国：

> 粮食柴草等一切日用之物，须该国军队自备与携带；
> 不得招募华民、匪类充当军队；
> 须将开战日期及在何处开战预先知照华官出示晓谕，俾人民知避，免遭兵祸；
> 两国开战后，凡因战事造成人民财产之损失，照公法

应由战败之国认赔；凡无故造成人民生命财产损失者，何国所行之事，应由何国认赔。

事实上，随着战局的推进，战地被一再扩大，而在枪林弹雨中偷生和厮杀的人们，无论是大清臣民还是交战两军，均未履行这个《局外中立条规》。

像十年前发动"日清战争"一样，日本也于开战后在皇宫里设立了最高统帅部——大本营。大本营依然由参谋本部（陆军司令部）和海军军令部（海军司令部）的总长与次长、兵站

图6　从大案子山炮台正面胸墙上看壕沟内外。摄于1905年2月27日14时。

图7 蛇子山东南方，第十师团步兵部队行进中。摄于1905年2月28日10时。

总监及相关的参谋等组成，天皇的政治顾问元老和内阁的总理大臣、陆军大臣和财政大臣等不定期参加会议，天皇也亲自主持过御前会议。

偷袭旅顺港告捷后，日本联合舰队就将俄太平洋舰队的主力战舰堵在军港里，随后联合舰队司令官东乡平八郎受命悍然宣布封锁中国的黄海海面，阻断了俄舰撤回本国的海上通道。

2月10日，大本营组建了由近卫师团、第二师团和第十二师团组成的第一军，以军事参议官、陆军大将黑木为桢为司令官。经一个多月的准备，黑木为桢统辖第一军主力从朝鲜半岛登陆，经平壤抵达鸭绿江东岸。4月30日夜，第一军强渡鸭绿江，并于翌日清晨进入地面战场，与防守的俄军东满支队展开激战，当日即夺取安东（今丹东），随即经凤凰城（今凤城市）向辽东半岛腹地挺进。

3月15日，大本营组建第二军，编入第一、第三、第四、第五、第六、第八师团，和后备步兵第一、第八、第十四旅团，以及骑兵第一旅团。5月5日，庞大的第二军在军事参议官、陆军大将奥保巩司令官的指挥下，从大连东部的盐大澳一带登陆，占领大连后，迅速向北推进。

第二军占领大连的当日，大本营即组建了以攻克旅顺要塞为目标的第三军，以退役召回的陆军中将乃木希典为司令官。稍后，乃木即率第七、第九、第十一师团，和后备步兵第四旅

图8 潘家台（奉天北东十六公里）西南端，第一军俘获的战利品。摄于1905年3月22日10时。

图9 某大队卫生所前的合影。

团进入中国战场，第一师团和后备步兵第一旅团则在满洲由第
二军调入本军。乃木军很快完成了对旅顺口的包围。

此时，俄军自国内源源增援而来，战事呈胶着状态。

为协调前方各军，6月20日，日本设置了满洲军总司令部，
以元帅、参谋总长大山岩为总司令，以陆军大将、参谋次长、
前台湾总督兼内务大臣儿玉源太郎为总参谋长。大山岩与儿玉
源太郎的原职分别由元帅山县有朋和陆军中将长冈外史接任。
随后，大山岩即率总司令部进入战区。

6月30日，大本营编制第四军，以军事参议长、陆军大将
野津道贯为司令官，统辖第十师团、后备步兵第十旅团进入战

地，原属第二军的第五师团在满洲编入本军。

之后，双方投入总兵力多达九十万人，在辽东半岛进行了若干场惨烈的会战。

日俄战争最终以美国总统西奥多·罗斯福出面斡旋而告停——在从欧洲出发的俄远征舰队全军覆没于日本的对马海峡之后，1905 年 6 月 9 日，老罗斯福分别致电沙皇尼古拉二世和天皇睦仁，吁请两国立即媾和。两国君主响应了美国总统的倡议，于 8 月派出代表前往美国开始谈判。9 月 5 日，日俄两国代表在美国东海岸的朴茨茅斯签订了议和协定。日俄战争，终于结束了。

这场战争给日本、俄罗斯和中国带来的深刻影响，笔者在 2019 年春天出版的拙著《晚清三国》中已有详尽表述，有兴趣

图 11 掩埋俄军遗骸时的祈祷。

图 1　王家双树子（辽阳西约五公里处）东端铁道线路附近，日军步兵第八联队第八中队在战斗中。摄于 1904 年 9 月 3 日 8 时 17 分。

图14 男扮女装的歌舞伎。

的朋友或可找来一读，此不赘言。

　　不过，也正因《晚清三国》的出版，让一直谬赏拙作的好友冯克力大兄约我去了一趟齐国古都临淄——这位《老照片》的主编告诉我说，那里有一位老照片收藏家刘云志先生，刚好得到一宗日俄战争的原版照片，希望我去为之解读。

　　于是，去年夏天的我和此时的您，就读到了这一百余帧原版的历史图像。

　　网络时代，让许多尘封在史料中的老照片呈现于今人面前。但网上的历史影像大都被时光浸泡得漫漶不清，有的甚至模糊得如雾霾笼罩，细节难辨。而且，更多的老照片仍躺在收藏家

图15 战前的"佩列斯维特"战列舰锚泊在旅顺港。

的库房中,尚未被人们重新解读。这本画册里的百余幅照片,都是原版的清晰影像,而且有的还是难得一睹的稀罕之片。第一单元里的写真,大都注有详尽的图说。如拍摄地点,精确到公里;参战部队,精确到中队;拍摄时间,精确到分钟。第二单元的照片,也都有详尽的英文注释。如欲浏览那一场决定了日、俄乃至中国命运的大战,此相册确属不可多得的读本,甚至称得上是善本。

图 16　俄国人占据的"亚瑟港"。

　　通常人们误以为"写真"是日语，即照相或照片的意思。其实不然。"写真"是地道的汉语，其本义是逼真的肖像画，引申为对事物的真实反映，其近义词为"写照"。有例为证。早在一千三百多年前，唐太宗李世民还是秦王的时候，曾让擅长丹青的阎立本为他聘得的十八位博学之士作幅画，这幅画，就叫《十八学士写真图》。百余年后，唐代大诗人杜甫还写过"将军善画盖有神，必逢佳士亦写真"的诗句。九百多年前，宋代

图17 战场上唯一的女兵拍照数小时后阵亡。

政治家与文豪王安石也有"死生难有却回身，不忍重看旧写真"的佳句传世。可见，"写真"是地道的汉语词汇。

自公元3世纪末汉学传至岛国之后，"写真"一词也被日本人记住，并借用在了千年之后的西方摄影术传入之际，成了拍照或照片的表述之一。19世纪中期，即日本江户幕府晚期，随着西方舰船的陆续来航，"银版写真机""湿版写真术""摄影"等新造日语开始出现在书面上。1862年（日本文久二年）

图 18 特制烧水车，保障官兵的生命与健康。

问世的日本第一座照相馆，其名称就叫"写真场"。后来，"写真"逐渐成了日本人对照相或照片的统一指称。

1877 年，日本最后一场内战"西南战争"爆发后，政府曾安排民间摄影师随军行动，并留下了若干张珍贵的历史记录。1889 年，日本摄影者同好成立了"日本写真会"，其创建者，就是陆军陆地测量部的小川一真和小仓俭司等人。至 1894 年"日清战争"开战时，照相术传入日本已三十余年，陆军的那几位

图19 日军从钟楼进入奉天城。

懂写真的测量官，自然而然地成了战地记者，他们被编入大本
营设立的写真班，成了第一批随军出国写真的人。

十年后，日俄战争爆发，大本营照例设立了写真班，小川
一真与小仓俭司均被招入其中并派往中国战场。本书第一单元
里的大部分照片，就是他俩和他俩的同事拍摄的。

如今，随着我国的改革开放，"写真"一词又从日本回归
祖国，被人们所接受，甚至成了有些新潮人士对人体摄影的代

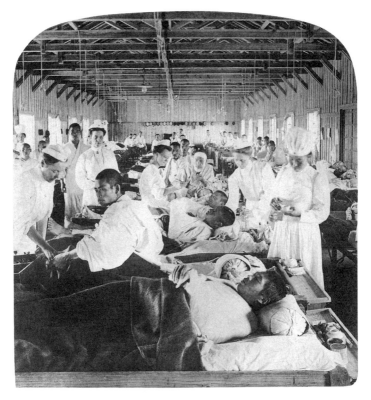

图 20 偌大的病房里都是洋护士。

称，显然，这是对"写真"本义的异化。

开战以后，日本即聘请西方各大国的主流报刊派摄影记者随军采访。这些洋摄影师，戴上了日军颁发的"通信员"的白布袖章（上面还写着本人的片假名名字），自始至终，跟随日军，拍下了大量的照片。本书第二单元选取的四十五幅照片，即取自 1905 年由完美公司和安德·伍德两个公司出版的日俄战争相册。

　　因近年一直在闲散地解读晚清政局暨东亚地缘政治，所以，笔者才斗胆应老友之邀，为每一幅写真小作诠释，以资读者朋友了解这些黑白影像背后的纷乱历史，进而看出日本、俄国乃至中国历史走向的脉络。

　　一场"日清战争"（甲午战争），让日本成为亚洲第一强国。十年之后的日俄战争，则让日本跻身于世界强国之列。正因以国运相赌的以小胜大、以弱胜强的超乎想象的苦斗变为现实，才让日本的军国主义思潮空前高涨。激进军人一再突进，文职政府亦步亦趋，先把韩国变成了自己的附属之邦，进而在中国的满洲谋杀了北京政府的元首张作霖，数年后又发动了九一八事变，终于把日本绑上了失控的战车。在祸害中国和亚洲一些国家的同时，也让日本帝国走上了绝路，最终摔下历史的悬崖，从此覆亡。

　　以史为鉴，可以知兴替。

　　以图为鉴，可以窥细节。

　　（此文是作者为《日俄战争——日本与欧美记者东亚争霸之写真》一书所写的序言。该书为李洁撰述、刘云志辑图，即将由山东画报出版社出版。）

袁世凯被刺与南北和谈

赵晓林

1912 年 1 月 16 日，北京东华门大街与王府井大街转角处的一声巨响，震惊了朝野。

三枚炸弹，袁世凯竟然无恙

这声巨响源于一起震惊中外的刺杀事件，发生的背景很深远，被刺杀的人物很有名、在当时很有权势——他就是时任内阁总理大臣的袁世凯。

这次刺杀的具体位置在哪呢？是怎么进行的呢？

据事后有人考证，还有参与策划的北方革命党人胡鄂公回忆，暗杀团共分四组，其中两组的分工是投弹，一组进行狙击，还有一组负责接应。因为组织严整，而且事先摸清了袁世凯的行动规律，所以计划非常周密。

16 日上午十一时三刻，袁世凯下朝后，乘坐的马车从东华门出来，经过东华门大街与王府井大街的转角处，第一组刺杀者从三义茶叶店二楼投掷出一枚炸弹，但没有炸到马车。随后第二组又扔出两枚炸弹。"弹中世凯车，弹发车覆，死世凯驭车马一，护卫管带袁金镖一，护卫排长一，亲兵二，马巡二，路人二，又骑兵马三"，这是当时的记载。

其后，袁世凯在卫士的帮助下骑马逃走，接着就下令搜捕刺客。

当时在北京的英国记者也对此事做了报道，内容和上面的有所不同。据报道，刺客的确扔了三颗炸弹，但有一颗没有炸。炸弹约有炼乳罐头大小，里面是很有威力的烈性炸药，当时炸伤了约有二十人，其中好几个人几乎被炸死。但袁世凯的马车没有被炸到，因为车夫比较机敏，抽打马匹加速躲了过去。这个报道因为在事发后就发出了，还是比较准确的。

对于当时的真实情景，只能通过记载和老照片来了解了。反映当时刺杀后的情景的老照片，笔者找到了几帧。

第一帧"袁内阁受炸弹处"（图1），是最为重要的一帧。

图1　袁内阁受炸弹处。三顺茶店窗棂已被震碎。

图2　炸弹击毙之马。在三顺茶店东侧。

图3　炸弹击毁自来水护箱。

图 4　炸弹爆发后东华门断绝交通。

图 5　巡警捕获掷炸弹者。以囊蒙其面首载以人力车。

照片还有一句说明："三顺茶店窗棂已被震碎"。照片中显示的三顺茶店有两个相挨的门，上方各有一块匾额，分别写着："三顺字号""茶叶老店"。左边门前站立着三个士兵，面朝外警戒。另一个门前有警察模样的人，正在向店内张望。

后面几帧照片分别是："炸弹击毙之马。在三顺茶店东侧"（图2）、"炸弹击毁自来水护箱"（图3）、"炸弹爆发后东华门断绝交通"（图4）、"巡警捕获掷炸弹者。以囊蒙其面首载以人力车"（图5）。

从这些老照片上可以看到，事发地"三顺字号"门上的窗棂玻璃有的被震碎了，可见炸弹威力还是挺大的。当时如果炸到了马车，袁世凯应该很难不受伤。

另外，这些照片还透露出一个重要信息，以前很多相关文章中写的刺杀发生地是"三义茶叶店"。但是经过查阅这些老照片，可以知道当时的发生地是"三顺字号""茶叶老店"。

炸弹袭击发生之后，大批军警在出事地点搜查刺客，当场就捕获了张光培、黄之萌、杨禹昌、陶鸿源、薛荣、李怀莲、许同华、傅思训、黄永清、萧声十人。当天就有法国新闻记者保释了其中的七个人，只有张光培、黄之萌、杨禹昌三人因当场被搜出了武器而判处死刑，当日执行。此后，据袁世凯的心腹唐在礼说，袁世凯因此好长时间一直躲起来不肯出门。

遇刺而未伤，袁世凯算是被"福星"关照了一回。这也让他找到了一个借口，从此再也不进宫了。既然不上朝，那么后来发生的逼宫，袁世凯就不用亲自出面了，反倒回避了"面圣"的尴尬。

随之，袁世凯开始发起攻击，给下属段祺瑞等发出命令，让他们通电清廷，要求立定共和政体。2月初，段祺瑞再发通电，历数清代皇族败坏大局之罪。民国政府代表伍廷芳发出最后通牒：如果三天内清廷不退位，即收回优待条件。

宣统三年十二月二十五日，也就是公元 1912 年 2 月 12 日，隆裕太后率宣统皇帝溥仪在紫禁城养心殿正式发布了清室退位诏书，这也是清王朝颁发的最后一道诏书，正式宣告了大清朝在入关两百六十八年后，真正亡了。

上海和谈，五次会谈争执不下

只是，为什么突然在北京就发生了这样一起刺杀事件呢？事情源头得从前一年——1911 年说起。

1911 年，是中国近代史上具有特别意义的一年。是年 10 月爆发了武昌起义，面对风起云涌的革命形势，清廷决定启用袁世凯南下讨伐革命军。北洋军在军事上很快取得了优势，尤其是攻陷汉口、汉阳后，湖北军政府承受了巨大的压力。而列强为维护各自的在华利益，极力促使双方和谈。11 月 26 日，英国驻汉口总领事葛福出面"调停"，向湖北军政府提出议和条件。湖北都督黎元洪等以军事失利，竭力主张妥协。经过商议，革命党人同意"如袁世凯反正，当公举为临时大总统"。同时，十一省革命军政府公推伍廷芳（图6）为和谈总代表。12 月 7 日，清廷任命袁世凯为议和全权大臣，袁世凯奏请清廷同意后任命唐绍仪（图7）为全权代表。

12 月 8 日，唐绍仪一行人乘专列从北京南下，开始了和谈。11 日，唐绍仪抵汉口，第二天过江会晤黎元洪，才知伍廷芳不愿来武昌，要他到上海谈判。原来，伍廷芳受张謇、赵凤昌等人劝阻，托英国驻沪总领事请朱尔典向袁世凯说项，令唐赴沪

图6 议和中之伍廷芳

议和。于是，袁世凯电令唐绍仪"赴沪讨论"。据英国《泰晤士报》的记者莫里循的报道：

> 这是大清王朝的历史上从未有过的一幕：作为朝廷大员的唐绍仪，不着官服，而是西装、领带，一身洋装束，抵达上海（图8），乘着汽车前往谈判地点市政厅（图9）。

图 7　议和中之唐绍仪

和他对垒的南方革命党谈判代表伍廷芳，虽然剪了辫子，却还是头戴瓜皮帽，身穿长袍马褂，坐着马车到了市政厅。

12 月 18 日下午，也就是唐绍仪抵达上海第二天的下午，南北议和代表在英租界市政厅举行第一次会议（图 10）。南方

　　图8　唐绍仪离舟登岸。随行者为驻上海英国总领事。从这张照片中，可以看到唐绍仪一身西装。

　　图9　唐绍仪登岸后甫入汽车之景。

图 10　上海英租界议事厅会议时门前之景。

图 11　中华民国议和参赞钮永建、汪兆铭、王宠惠、胡瑛。

总代表伍廷芳，武昌中央军政府代表王正廷、唐绍仪等出席会议，参会的参赞有江精卫、王宠惠、钮永建（图11），另有湖北特派代表胡瑛；北方首席代表是唐绍仪，参赞有杨士琦、章宗祥、严复等。此次会议的主要议题为南北停战，还未触及敏感的国体和政体问题。参加的还有英、美、法、日、德、俄的领事和外商代表李德立。第一次会议讨论停火等事宜。

12月20日，举行第二次会议，具体商讨国体问题。29日至31日，唐、伍又接连进行了三次会谈，就停战具体执行、清帝逊位待遇、满蒙回藏待遇等问题进行讨论，特别对国民会议代表组成和开会地点进行了反复磋商，决议移入上海租界。伍代表革命派提出清帝退位、选举总统、建立共和政府等条件，唐则代表袁世凯进行要挟。

这一谈就谈到了月底，共进行了五次会谈，讨论的议题除双方停战外，主要是对于何种国体的争论，即君主立宪与民主共和，起初双方争执不下。南方代表伍廷芳首先提出，必须以成立共和国为双方进行谈判的先决条件。唐绍仪暗示袁世凯的内阁并不反对共和制度，但因所处地位不同，目前仍然坚持立宪制度，建议召开临时国会解决这个问题。在这个关键时刻，袁世凯做了一个比较含糊的姿态，他没直接说支持共和，而说的是不反对共和。这样对两种说法都留下了余地。其实，袁世凯已经在清廷那里得到了自己想要的，下一步清廷立宪也肯定以他为核心。袁世凯一方面承诺坚守立宪制、反对共和来安抚清廷，又以革命党的共和要求作为继续要挟清廷的筹码，以图获得更大利益；另一方面，他又以清廷体制要挟革命党。

同时，英、美、日、俄、德、法等国驻华公使联合对和谈施加压力，声称"中国的战争若持续下去，将有危于外人的利

图 12 驻上海英法俄德美日六国总领事代表政府周旋和议往谒伍廷芳。
立门外墙侧面对语者为俄德两总领事。

益与安全",提出"须早日解决和局,以息现争",其主要矛
头指向南方革命当局。进入革命阵营的旧官僚和立宪派竭力把
南方引向拥袁的道路,一些革命派的代表人物也附和这种主张。
伍廷芳代表民军坚持和谈必须以承认共和为前提,但又暗示对
方,只要袁世凯胁迫清帝退位、赞成共和,革命党人愿以大总
统的职位作为报答。

溥仪退位,袁世凯成最大赢家

在南北和谈过程中,孙中山于 12 月 25 日归国。1912 年 1
月 1 日,孙中山在南京就任临时大总统,宣告中华民国成立。
孙中山同时向袁世凯表示"暂时承乏,以待贤者",也就是说

等到统一后，随时可以把总统之位让给他。但是，袁世凯此时做出了令人想不到的决定，他撤销了唐绍仪的议和代表资格，宣布由他与伍廷芳直接电商和谈事宜。

1月22日，在内外交困和重重压力之下，孙中山发表五点声明：只要清帝退位，袁世凯赞成共和，即举袁做大总统。孙中山的表态并没有让袁世凯放心，他表面上用电报与伍廷芳就停战撤兵、国民会议、临时政府和清帝退位等问题进行激烈的论争。同时又密令唐绍仪留在上海继续与伍廷芳秘密磋商关于清帝退位后的优待办法，还有孙中山辞职和他继任总统等问题。

2月6日，南京临时参议院通过《清室优待条例》。与此同时，袁世凯授意段祺瑞率北洋将领联合发电，胁迫清廷召开皇族人员会议，宣布共和。12日，清廷被迫接受优待条件，并颁布皇帝退位诏书，末代皇帝溥仪宣告退位。至此，南北议和终获成功。第二天，孙中山提出辞职，15日，临时参议院选举袁世凯为临时大总统。最终，这次南北和谈以袁世凯篡夺最高权力而宣告结束。

至于这次刺杀，事后查明系北方革命党所为。这也说明，当时的革命党并不是一盘棋，而是各自为战，更像是一盘散沙。和谈期间，北方革命党人非常不满袁世凯的做法，同时也不满南方对袁的妥协，便想用暗杀袁世凯的手段扭转局势。于是，东华门大街"三顺字号"前的炸弹刺杀事件发生了。革命党人预想不到的是，这次刺杀非但没有成功，而且成了袁世凯成功逼迫清帝退位、攫取最高权力的重要一步。

《美亚》小组的延安之行

毕醒世

1990 年，笔者读到一本由美国人托马斯·阿瑟·毕森（T. A. Bisson）撰写的、张星星、薛鲁夏翻译的书——《抗日战争前夜的延安之行》。可惜书中照片的印刷质量太差，根本无法从中看到照片本应呈现的历史细节。直到十多年后，笔者终于得到这本译著的原版书——1973 年由美国加州大学伯克利分校中国研究中心出版的 Yan'an in June 1937: Talks with the Communist Leader（《1937 年 6 月在延安：与中共领导人交谈》）。

原版书里的三十余幅高清照片中，有毛泽东、朱德、周恩来、博古、丁玲等人物，还有延安的府衙门、抗大校本部、南城门等景观，当然也有前来延安访问的托马斯·阿瑟·毕森、菲利普·贾菲、欧文·拉铁摩尔、艾格尼斯·贾菲等客人，以及他们开进延安城的道奇车。

鲜为人知的旅行

从 1935 年 10 月中央红军抵达吴起镇，至 1947 年春党中央主动撤离延安，外国人来延安的人数是多少？他们都做了什

图1 在西安草滩渭河渡口候船。左起依次为托马斯·阿瑟·毕森、欧文·拉铁摩尔、艾格尼斯·贾菲、埃菲·西尔。

么？有什么著述？这些问题现在还没有确切的答案，但是，一直都有人在研究与探索。有一份"史丹利名单"列举了1937年至1947年到访延安的美国人名录，毕森他们也在其中。

　　长期以来，"三S"（斯诺、史沫特莱、斯特朗）被当作报道延安时期的外国作家和记者的标杆来宣传，对于众多其他研究延安、报道延安、服务延安的外国人以及他们的著述大众则知之甚少。这四位美国人的延安之行便是如此，他们所拍摄的照片也当属罕见之物。

　　1937年6月21日傍晚，一辆破旧的道奇车开进延安城。车内有五个人，他们是美国外交政策协会远东部的远东问题专家托马斯·阿瑟·毕森、美国《太平洋事务》杂志主编欧文·拉铁摩尔、美国《美亚》杂志主编菲利普·贾菲和妻子艾格尼斯·贾

图2　毕森一行在山边休息。

菲，以及为他们开车的汽车技师瑞典人埃菲·西尔。在延安的四天时间里，他们与毛泽东、朱德、周恩来、博古等领导人进行了交谈，参观了抗大、中央党校、汽修学校等单位，并在一个集会上发表了演讲。

这次延安之行，对于毕森他们来说影响是非常大的，收获也是非常大的，他们在一些杂志上发表了有关延安的文章，对远东问题的发展作出了分析和判断，并对美国的远东政策提出了许多批评与建议。

不谋而合的行动

被"史丹利名单"称作"《美亚》小组"的延安之行，与其他赴延安访问的外国人的动因有所不同，他们有各自的研究与考察方向，在一个恰当的契机来临时，走到一起来了，可以说他们是一个抱团组合式的访问团队。

1924 年，托马斯·阿瑟·毕森作为教育传教士来到中国，先后到安徽的一个教会中学和北平的燕京大学教书，并在北平的一所学校学中文；之后他回到美国，担任了美国外交政策协会远东部研究员。1937 年，毕森获得了洛克菲勒基金会提供的资助，用一年的时间专门研究中日关系问题。他去了日本、朝鲜、中国东北进行考察，会见了国民党要员陈立夫等人。

延安之行的最初建议是欧文·拉铁摩尔提出的，他是美国著名的东方问题专家，长期在中国生活和工作，对中国有深厚的感情，曾担任《京津泰晤士报》的编辑，专门考察研究中国边疆问题，出版了大量的相关著作，在西方学术界赢得了很高的声誉。1937 年春，居住在北平的拉铁摩尔从斯诺采访陕北引

图 3 延安城南门，红军列队训练。

起的轰动中得到启发，并向正在进行中日关系学术考察的毕森提议，共同完成一次冒险的红色之旅。

　　菲利普·贾菲出生于俄国犹太人家庭，十一岁随家人移居美国。贾菲是《美亚》杂志的主编，并吸收毕森、拉铁摩尔担任该杂志的编委。当毕森与拉铁摩尔正在为延安之行做准备时，刚好就在北平的贾菲和夫人听到消息后，毫不犹豫地加入了这次的冒险行动。正在潜心写作《红星照耀中国》的斯诺，给登门拜访的毕森详细介绍了中国共产党的情况，还给他们提出了与延安方面联系的方法。

　　6月7日，他们乘火车离开北平，经过四天的行程到达西安。赴延安的介绍信是通过中共地下交通员搞到的，但是他们不能确定这封介绍信的可靠性。接下来，他们需要解决的是交通问题。恰巧，拉铁摩尔遇上了能够说一口中国西北土话的埃菲·西尔，一个在内蒙古出生的瑞典籍传教士的后代。他拥有一辆老

图4　抗大校门

道奇车，在西安经营的汽油商店也刚好关闭。在个人情感和酬金的促动下，埃菲·西尔同意用他的"老爷车"载这四位冒险者前往与西安完全不同的另外一块天地……

6月18日，他们绕开驻地宾馆人员的监视，躲过军警的盘查，终于上路了。一路上历经车辆多次抛锚，渡过一道道河流，翻过一座座山岗，用了四天时间才到达延安城。

油然而生的吸引力

埃菲的老道奇总是出毛病，在接近延安城时，发动机又熄火了，埃菲足足修理了三个小时才上路。到达甘泉城，埃菲居然在此找到了一个新的火花塞，他立刻将这个宝贝换上，放心

图5 抗大的一间教室里，横幅标语写着"为民主共和国而斗争"，下方则是镰刀锤头的党徽。

地开车上路。果然，小车一路顺风，用了两个小时，终于到达延安城下。

看来，原来的担心完全没有必要，《美亚》小组要来访问的消息已经传到这里了，他们顺利地通过哨兵的检查。更巧的是，他们在大街上遇到了正在这里采访的斯诺的夫人海伦·斯诺。

延安为他们举行了气氛热烈而愉快的欢迎晚会，前来参加晚会的许多人都会讲英语，相互问候并不会有什么障碍。毛泽东来得很早，他在人群中谈笑风生。欢迎会的重头戏在后头，在即兴表演中，年轻的军人唱的是红军歌曲，埃菲唱了蒙古族歌曲，而触景生情的毕森唱了《我的肯塔基故乡》和《跨过一条大河》。晚会轻松愉快，几乎是一场狂欢。毕森深深地被感动，他在日记中写道："延安是最吸引人的地方，并且，这种感觉将在我们的身上得到进一步增长。"

紧张而愉快的访问

6月22日上午，《美亚》小组成员观摩抗大学员上课，首先看到的是一个支队的学员们在演练，接下来看到朱德正在给一个班的学员讲课。中午时分，他们与学员和教员进行了交谈。访问毛泽东用了整整一个下午的时间，毛泽东谈了统一战线的问题，他的思想清晰，思路敏锐。

6月23日上午，他们会见了朱德；下午会见了博古，并又一次会见了毛泽东；晚上与周恩来交谈，周说自己很少练习英语，但这次谈话使用了英语。

6月24日上午，他们在一个大型集会上发表演讲。据笔者考察，这个大型集会的地点在延安府衙门的大院广场。数百名着装一致的红军官兵坐在长条木板凳上，把会场挤得满满当当。朱德主持了会议，菲利普·贾菲第一个讲话，接下来是毕森，然后是拉铁摩尔。他们的讲话都有翻译不停地翻译成中文。下午，拉铁摩尔与少数民族人士谈话，其余人由朱德带领参观了中央党校，党校校长罗迈作陪。之后，他们又参观了汽修学校。

在这里不得不提的是，由于延安的汽车技师严重缺乏，毛泽东提出，希望埃菲·西尔留在延安，负责汽车学校的管理工作。拉铁摩尔在为 *Yan'an in June 1937: Talks with the Communist Leader* 写的序中，用了许多文字来叙说有关埃菲·西尔的故事。他说："尽管毛泽东对我们几个美国人彬彬有礼、客客气气，却尽其能、极力想把这位破落的瑞典人留在延安。为什么呢？到延安来的美国知识分子多得是，但是能够操一口地地道道的

图6　毕森给抗大学员讲课。

农民土语来讲汽车性能、机器操作方法的欧洲汽车技师，确如凤毛麟角。""从延安返回的路上，我问埃菲：'现在一切都过去了，你觉得毛泽东怎么样？'他的回答是这样的：'我同各种各样的人都打过交道，有商人、军阀、知识分子、国民党政客。但是，他是我所见到的唯一能够统一中国的中国人。'"

图7 瑞典汽车技师埃菲·西尔

《美亚》小组离开延安的时候，毛泽东、朱德、周恩来、博古等都来为他们送行。

赢得荣誉与遭受磨难

1993年，由中央文献出版社出版的《毛泽东年谱》中，1937年6月22日记载："在凤凰山住处会见美国外交政策协会远东问题专家毕森、《美国太平洋事务》杂志主编李（拉）铁摩尔、美国《美亚》杂志主编贾菲等，回答了他们对抗日民族统一战线提出的一些问题"。这说明，对于《美亚》小组访问延安，官方有明确的记载。而完整记录这次访问的书 *Yan'an in June 1937: Talks with the Communist Leader* 在三十六年之后才出版，1990年出版的中文版《抗日战争前夜的延安之行》也没有产生大的影响，所以《美亚》小组的访问在国内并没有引起更多人的关注。

图8 丁玲

Yan'an in June 1937: Talks with the Communist Leader 的中文版翻译者张星星，对毕森、拉铁摩尔和贾菲等人作了认真的研究，他认为：在即将爆发的卢沟桥事变之前访问延安的毕森、拉铁摩尔、贾菲等，以极大的热情关注和研究中国问题。结束延安的访问后，他们发表过许多关于中国及远东问题的文章和论著，高度赞扬了中国的抗日民族统一战线和中国人民对日本法西斯长期而顽强的抵抗，对中国共产党的抗日民主政策作了客观的介绍和评价，并对美、英等西方国家的远东政策作了公正的分析和批评，也曾经产生了重要的影响。

张星星说，毕森等人和他们之前进入红色区域的美国人不同，在毕森等人之前，基本都是新闻记者，他们的主要目的是进行新闻性的采访；而毕森、拉铁摩尔、贾菲等人则是第一次访问中国共产党人的美国远东问题专家。他们的主要兴趣不在于毛泽东、朱德、周恩来等中共领导人的个人品德、性格、爱好和丰富的、具有传奇色彩的革命经历，他们所关心的是中国共产党对当时国际国内重大问题的看法和对这些问题的方针政策，以及中国共产党在观察问题、制定政策时的立场和方法。

为此，张星星列举了一些事实。

1937年10月，毕森在《美亚》杂志上以"毛泽东对南京政府的分析"为题，摘要发表了毛泽东在延安的谈话。同月12日，贾菲在《新群众》杂志第22期上发表了《中国共产党告诉我：

图9　小红军战士

一个远东事务专家在红色中国区域内同他们的领导人的会见》。
这些文章在国外都产生了一定的影响。拉铁摩尔也为英国伦敦
的《时报》撰写了有关文章，但未能发表。

　　1938年，毕森根据在日本和中国的实地考察，写出了他的
第一部长篇专著《日本在中国》。

在中国全面抗日战争期间，毕森、拉铁摩尔和贾菲等人始终密切地关注着远东形势的变幻。他们在《美亚》、《太平洋事务》和《远东观察》等杂志上发表了大量的文章，不断对远东问题的发展趋势做出分析和判断，并对美国的远东政策提出了许多卓有见地的批评和建议。

1943年，毕森的一篇重要论文引起了很大的震动，这就是7月13日发表在《远东观察》杂志上的《中国在同盟国战争中的地位》。这是毕森加入美国经济委员会、太平洋关系学会后的第一篇重要论文。在这篇论文中，他强调了中国在远东战场

图10 延安城里的红军官兵。墙上的标语为"巩固国内和平，实现对日抗战！"

图 11　在原延安府衙门大院，红军官兵听取外国访问者的讲演。

上的重要地位，赞扬了中国在反法西斯战争中做出的突出贡献。呼吁各同盟国向中国提供更好的经济和军事援助，同时毕森对中国的国民党统治区和共产党统治区进行了军事、经济、政治等方面的分析，认为中国共产党的中国是"民主的国家"，而国民党的中国是"封建的国家"。毕森认为要提高中国在同盟国战争中的地位，一方面，西方国家必须尽快地向中国提供更多的军事和经济援助；另一方面，国民党必须进行经济和政治改革，充分调动和发挥其战争潜力。这篇文章受到美国的一些国民党同情者的指责，认为毕森竭力散布对国民党政府的不信任，为共产党在战后夺取中国政权开辟道路。

　　毕森、拉铁摩尔和贾菲等人在 1937 年以后对中国问题的客观分析与公正判断，为他们赢得了很高的声誉，同时也使他们卷入美国国内一场激烈争论，并使他们受到严重的人身迫害。最先受到迫害的是菲利浦·贾菲，这就是在美中两国都造成重大影响的《美亚》杂志事件。

　　1945 年 6 月 6 日，美国联邦调查局以"密谋违反间谍法"的罪名，突然逮捕了贾菲和刚刚从中国回国的约翰·谢伟思等六人。理由是他们从《美亚》杂志的办公室里查出一百余份关于远东政治、经济和军事问题的政府文件。1950 年，在麦卡锡主义猖獗时期，"美亚事件"再次成为右翼势力的攻击目标。

　　1950 年，毕森和拉铁摩尔也受到麦卡锡主义的指控。毕森被指控与共产党有关系，他的《中国在同盟国战争中的地位》一文被麦卡锡说成是"对中国国民党政府发动进攻的第一炮"。拉铁摩尔也被指控为共产党人和"最高级的苏联间谍"。贾菲主编的《美亚》杂志在发行十一年之后，于 1947 年 7 月被迫停刊。贾菲本人也长期背着莫须有罪名，受到了不公正的待遇。

　　张星星指出，毕森、拉铁摩尔和贾菲等人为他们抗日战争前夜的延安之行，为他们在 20 世纪三四十年代对中国问题的客观分析，蒙受了长期的痛苦和磨难，而在大洋彼岸，他们曾经长期关注的中国，却对他们知之甚少……

曾经的青岛"新华中学"

张白波

　　我所工作过的山东省青岛第六中学建校已近六十年。青岛六中后来发展成为一所专业美术学校，在近四十年来为高校输送了万余名艺术学子，在全国美术教育界享有很高声誉，堪称传奇。

　　青岛六中是由一所民办中学转化而来的，它的存在是在特殊时代背景下的不可复制的教育现象。几十年前的民办中学和青岛六中的来龙去脉没有留下多少可以查阅的史料痕迹，现在的年轻人对当年的那段历史已无从寻觅。

　　我是青岛六中创始的参与者，不仅见证了六中的前身青岛新华中学的创立发展，并且具体操办、见证了六中转向美术学校初期的蜕变过程。青岛六中的前半段校史我最清楚，我知道，如果我不来追忆书写，没有第二个人会真实完整地呈现这段历史，青岛六中的来历将会成为众说纷纭的一个谜。

学校来历

　　国家在经历了"三面红旗"和"三年自然灾害"时期后，

49

图1 廖弼臣（1910—1996）

党中央在1961年1月的八届九中全会上正式决定实行"调整、巩固、充实、提高"的"八字方针"，开始全面恢复与发展国民经济。在"调整"的过程中，有些部门、单位被调整撤销"下马"了，而有些部门则被充实了，这种变化体现在青岛市教育事业上，青岛新华中学应运而生就是一例。

1962年，时任青岛市人民政协委员会常务副主席的廖弼臣同志发起主持了青岛新华中学的建立。

廖弼臣同志是1929年参加革命并经过长征的红军老干部，他不仅曾经带兵打仗，做过革命地下工作，还参与筹建过抗大四分校和淮南半塔军政干校并担任校长，他有着在革命战争年代酿就的办学情结和看重教育事业的情怀。

廖弼臣同志在得知荣毅仁在上海捐资成立民办中学后，就也想在青岛办一所民办中学。他的想法得到了中共青岛市委和市政府的赞同，即于当年6月在政协常委会上决定成立民办新华中学并由市各民主党派和工商联的领导成员组成了筹备委员会。

在筹委会上大家一致推选廖弼臣同志为主任委员。

时为副主任的是徐文园（青岛市工商联主委）、周棣轩（青岛市民建）、陈志藻（青岛市民革主委）、陆光廷（青岛市九三学社秘书长）、张永耀（青岛市民盟）、邹陞三（社会人士）、周志俊（青岛市工商联）等七位同志。筹备委员则有陈孟元、杨赞周、张晦庵、邵文舟、李有箴、周世英、范竟周、刘伟林、展德生等，共十七位人士组成了筹委会。

筹委会开会决定将"下马"的原青岛市重工局机械学校接收过来，修整为新华中学的校舍，力争当年9月1日落成并开学，并委派了两位干部进驻学校，具体负责学校的筹办，他们一位是市政协派出的吕柏生同志，一位是市工商联派出的刘咨同志。

吕柏生是位老同志，已接近退休的年龄，具体在市政协担任什么工作不详，来到学校后大家都称他"吕秘书"。吕秘书主持学校的全面工作，从选聘教师到学校运转都管，相当于校长。刘咨年龄不到四十岁，他主要负责校舍物资筹备和经济管理方面的事务，所以他一到任就坐镇总务处。

当时，青岛市各区也有同类性质的民办学校，它们的校名都是"某某区民办中学"，例如有"市北区民办中学""四方

图2 左起依次为刘咨、王连祥、张白波，合影于20世纪60年代末。

群力民办中学"等，而新华中学虽然位于青岛市市北区热河路29号，却不以区属冠名，而冠以堂堂带有半官方色彩的"新华"名头，这足以显示新华中学特殊的社会背景。新华中学的办学资金都是青岛市工商联属下的原工商业者捐助的。

是年6月底，吕秘书和刘咨来到热河路29号，面对空荡杂乱的重工局机械学校校舍，第一步要做的事就是清理现场、打扫卫生，这需要人来做。经商量，他们为了照顾工商联"摘帽右派"职工的生活，给他们的子女一个临时就业的机会，就招来了两个临时工。

这两个临时工一个是王连祥，一个就是我。

校院环境和招生

青岛热河路29号，从外观看，完全不像一所学校。

临街的是一座二层楼，下面一个门洞通到里面的是一个小院。里面连通着三个院落，基本是青岛特有的那种"里院"建筑布局和结构。在这组院落里，楼上楼下共有十八个比较大的房间和十四个小房间。大房间被用作教室、化学实验室和教师备课室，小房间则用作校长室、教导处、总务处、图书室、体育器材室等（其中两间还被原住户占用），再就是还有两间地下室被作为校办工厂和木工房用。学校中院由三面楼围成的小小的院子，勉强可以上课间操和体育课。这就是新华中学的校院格局。

学校筹备基本完善后，1962年秋季开始招生。

初中一年级招了六个班，在外语教学方面，其中三个班学俄语，三个班学英语。高中一年级也招了六个班，也是三个班学俄语，三个班学英语。1962年入学的这一届高、初中学生于1965年毕业离校。1963年因为学校教室饱和，未招新生，只是由高中的留级生和插班生组成了一个新的高一班。1964年因原有的班级调整空出教室，初中招了四个班；1965年初中招了六个班，他们分别是1967届、1968届初中毕业生。

那个年代报考中学是不分学区的，考学可根据考生填写的第一、第二志愿分层录取。低于录取线的落榜生怎么办？就会被分配或自愿选择进入民办中学，由此，各民办学校就落得一个雅号，被称为"大补丁学校"。

虽然当年入学的学生文化课基础比较差，但老师们教学授课还是非常认真的。民办学校在教学业务上一直都是归教育局管理，教师参加市里的相关教研活动，一切都与其他正规中学同步。1965年高中毕业生中有八位同学考上大学，这在当时，证明教学质量还是很不错的。

学校领导班子和教师队伍

先说领导班子。

前面说过，筹建学校是由吕柏生和刘咨具体负责。吕柏生不懂教育，只是选聘组织教师队伍，在教学业务上主要靠教导处，好在聘用的教师大多都是有教学经历的老师，无须在业务上多操心。刘咨在总务处管财务，管校舍及后勤事务，管给老师发工资。

在青岛市政协和青岛市工商联对学校的筹建基本完善后，筹委会就解散了，1964年吕秘书也就回青岛市政协了，学校移交给了教育局。同年青岛市教育局派中教科一位干部李彦同志任学校副校长，同期派了张绳美同志到校管人事档案（人事干事），1966 年初又从其他学校调来李建林同志任副校长，名列李彦前。

领导中层当中是由政治课教师李明亮负责教导处工作，刘咨负责总务处工作。

再说教师队伍。

建校之初的教师基本来源于两个方面。一部分来源于其他"下马"的学校，如从原青岛市商业学校转来五六位老教师，从青岛海洋大学附中转来两位教师等，这些都是体制内的人员，即所谓公职教师。另一部分则是由政协和工商联推荐选聘过来的老师，他们大都是政协和工商联有相当身份人的亲属，也有的是别的民办中学转来的教师，这些教师不属于体制内，没有公职身份，经过工作考察，不合格的教师随时可以辞退。开学之初，教职员工只有二十几个人，后来随着进退调整和年级班次的增加，教师人员也在变化和流动，由于种种原因，有的教师任教一两年就离开了。从学校开办到"文革"前这段时间，学校教工总数不到四十人。

那些上了年纪的老师都有 1949 年以前的人生工作经历，其中数位还是很有些身份的"民革"成员（老国民党党员），还有的是"摘帽右派"，这些人历史包袱比较重，又经历过解放后的历次政治运动，所以与同事交往和言谈都比较谨慎平和。年轻一些的老师如前所述，有的是名门之后，有的是筹委会推荐，大都有种种复杂的家庭背景和社会关系，在处事上也都文质彬彬、小心谨慎，所以这个时期学校有着良好的平静的人际关系和教学气氛。当我忆及上述老同事名字时，当年他们的音容笑貌、举止神情犹历历在目。

图3 1965年青岛新华中学初三二班毕业照。其中教工有：第二排左起依次为李光禄（体育）、盛存华（数学）、武作育（语文）、刘鹤峰（传达室）、缪赢洲（外语）、许义德（体育）、刘容（总务处）、李彦（副校长）、魏君珍（生物）、于守治（总务处）、陈凤周（语文）、李树堂（化学）、戴学诗（语文），第三排左起依次为王敏（数学）、曹光烈（校办工厂）、宋懋钰（外语）、李明亮（政治）、李崇秀（数学）、张惠林（化学）、刘桂琴（语文）、王艾莉（外语）、丁慕昭（语文）、张绳美（人事干事）、张健华（物理）、杜之奎（外语）、刘万春（语文），第四排左起依次为王连祥（总务处）、张白波（语文）、王唯恕（数学）。照片中缺席教工有：刘爱德（数学）、李多翠（数学）、马永祯（语文）、刘宝树（物理）、曹洪明（校办工厂）。另有历史、地理、音乐代课教师梁星若、程建华、方洲一等未计。

建校初期，学校与政协关系比较密切，教职工一些活动都随从政协，记得听政治报告时，在会场内都是与道士、和尚坐在一起的。

我的处境

1962 年 7 月，我刚刚从青岛九中高中毕业，因出身原因无缘大学深造，就被父亲在工商联的同事、时任新华中学负责人之一的刘咨同志叫了去干活，说不上是不是就业，先干着清理房间卫生的工作。

开学后，我被安排在传达室做勤杂工。

当时我的工作是在学校传达室负责看门、收发报纸信件、传达电话，拿着个铜铃从前院到后院地为学生上下课摇铃，同时还烧着一座大茶炉，为全校师生供应开水。学校没有食堂，我还要为全校自带午饭的学生们烧着大锅蒸热午饭。老师们下班后，学校只剩下我一个人，要继续留在传达室，晚上把大门一锁，睡在传达室守夜值班。只有等到第二天早上摇过上课铃后，8 点到 9 点这一个小时由别人替班，我才可以离校支配自己，所以我实际上每天需在校工作 23 个小时。吃饭怎么办？午饭、晚饭都是家里妹妹给我送饭，好在家离学校很近，只有两三百米的路。

学校没有美术老师，吕秘书知道我能画画，第二年秋季开学就让我兼着给初中班上美术课。其间传达室的工作依旧，也就是当我上课时，别人替我摇上下课铃，我下了课还是干传达室打杂那些活儿。

这样的门卫勤杂工工作持续了两年，我没有怨言，因为我每月挣的三十块钱工资几乎是全家收入的一半，能帮父母维持全家生活，很觉欣慰。还有，那个年代能就业、有份工作是多么不容易！这和那些同样家庭出身不好而下乡插队、去兵团支

图 4 1965 年，作者创作的木刻版画《有趣的故事》。

边的同学比起来，我是很幸运的。

　　到 1964 年秋季开学，不知什么原因，是学校缺人呢，还是觉得我算个人才？学校决定让我全职教学了，教初中一年级新生的语文课并担任一个班的班主任，同时还教着美术课。传达室的工作则由住在校内的刘鹤峰老人来打理。

　　这一年我二十岁，是我人生命运的重要转折。

　　初执教鞭，我非常投入。教语文，我并不为难，认真备课就是了。初次上课，借了我舅舅一块英纳格手表放在教桌上，以掌控讲课时间。民办学校招收的学生都是公办学校的落榜生，学习成绩差，又调皮，难管理。我整天不是备课、上课，就是处理班务，找学生谈话，走访家长，以致几乎全部精力都搭在工作上了。由于和学生年龄相近，因此工作效果还不错。后来我做过一次测试，因为我要帮别的老师带学生下乡劳动，故意对同学说我要离开大家了，结果全班许多同学都哭了。为此我颇感欣慰。

我在青岛九中读高中阶段，曾为了能从事舞台美术工作，刻苦自学过美术。来到新华中学做勤杂工，我对美术的热情不仅没有熄灭，反而在这种日复一日琐碎无聊的劳作中，为求得自我的精神寄托，我选择了版画自学和创作，创作了一些校园学生生活题材的木刻小品。自此一发而不可收，最终成为专职画家。

动荡年代

1966年，"无产阶级文化大革命"（以下简称"文革"）到来了。

图5 1966年初三三班学生肖继民、张日东、任义轩、耿仁祥在贴满大字报的新华中学校院合影。作者曾是他们的班主任。

上半年青岛市学校的社会主义教育运动亦即"四清"运动（即清思想、清政治、清组织和清经济）全面展开，一放暑假，教职员工全体住校封闭集训。当时新华中学、市北民办中学和青岛市北区干部学校合为一个大组，由中共青岛市北区委派的工作组领导开展运动。可能由于我年轻，被派任伙食管理员，负责在校外的一所大众食堂订餐，于是我是全校员工中唯一可以自由进出校院的人。

图6 1966年"文革"串联乘车证。尺寸12cm x 9cm（张日东提供）。

这时随着红卫兵运动的兴起，原来领导"四清"运动的工作组撤离，学校已完全处于无政府状态。九十月份红卫兵们纷纷外出"大串联"，"造反"的老师们也趁机参与串联，当时我就串联到南京、上海、广州、梧州、桂林、武汉、北京等地，参加运动的同时，得以饱览祖国大好河山。

到1968年，随着混乱的局面渐渐平息，学校开始了"复课闹革命"和"上山下乡"运动。1966—1967年滞留在小学的毕业生被按居住路段分配到学校上初中，而"老三届"则大都被动员"上山下乡"了。

这期间我一直在学校教导处工作，不再担任班主任，更多地参与学校的革命宣传工作，像绘制毛主席的巨幅画像，出版"大批判"专栏等。由于我已积累了一些木刻版画创作经验，

59

几次被抽调到市革委会、市总工会的美术创作班子搞革命主题创作，很快我已成为青岛市美术创作的骨干分子。

在这动荡的年代，青岛新华中学上演着与其他学校同样的剧情。由于学校在校生少，且除了一个不到三十人的高中班，其余四百余人全是初中部小孩，所以学校"文革"期间没有出现恶性事件。

新生的青岛六中

到 20 世纪 70 年代初，随着各级领导班子的健全，青岛市教育革命委员会（即原市教育局）也强化了对全市中小学的管

图 7 1966 年"文革"串联证内面，此证系本文作者为学生刻印（张日东提供）。

理领导，虽然"文革"还在深入进行，但那种基层轰轰烈烈的斗争的混乱局面已经结束了，全市学校面临整顿。整顿的举措之一就是取消民办学校这一体制。

青岛市原有一所"山东省青岛第六中学"位于青岛辖区的边远处，由于青岛市市北区的中学已有四中、八中、九中、十中、十一中的排名，把那块"山东省青岛第六中学"的牌子放在该区似乎顺理成章。1971年7月16日，经教育局批准青岛新华中学正式更名为山东省青岛第六中学。

随后，原新华中学的主要领导调走，换了新的革委会主任，教师也来来去去有所调动和退休，几年来陆续吸纳了一批中学"老三届"培养的新教师、一批"文革"期间"老五届"的大学毕业生教师和一些由本市小学选拔出来的教师等。

1976年青岛六中恢复高中部招生。

1978年青岛六中迁址青岛观象二路17号的新建校舍，原热河路29号旧址改为教工宿舍。

1980年在全市职业教育改革中，因我在美术创作上取得的成绩和在青岛美术界的声望，青岛市教育局决定在青岛六中设置美术职业班，从此开启了青岛六中成为青岛美术学校的辉煌历程。

这是后话。

从一张合影说起

刘大力

这是父亲保留下来的一张珍贵的照片，已有七十年。

照片上方题识为："中央人民政府南方老根据地访问团闽浙赣分团第二分队全体同志留影，1951.9.11"。

1951年，中央人民政府分别成立了南方革命根据地访问团和北方革命根据地访问团，对革命老区进行了访问。这次访问活动，是新中国第一次大规模慰问老区。这年8月初，中央人民政府南方革命根据地访问团八个分团，分赴中央革命根据地和闽浙赣、湘鄂西、湘鄂赣、湘赣、鄂豫皖、海南岛等革命根据地访问。8月中旬，内务部长谢觉哉率领南方老革命根据地访问团来到南昌。江西省主席邵式平主持了隆重的欢迎仪式。

在中国现代革命史上，江西有三位著名的革命家方志敏、邵式平和黄道，史称"方、邵、黄"。他们点燃了闽浙赣等地的星星之火，蔚为燎原之势。三位革命家中有两位在抗日战争中不幸牺牲，那就是方志敏和黄道。南方老根据地访问团闽浙赣分团第二分队的队长是黄知真同志（位于合影第二排右起第七）。他是黄道烈士的长子，少儿时期就跟着父亲革命，是著名的"红小鬼"。他1937年任中共弋横工委书记，1938年与曾山、陈丕显、谭启龙等一同坚持南方游击战争。抗战时任新四军第一纵队政治部秘书长。江西解放时是上饶行署第一任专员。这次他任二分队队长，是率队到自己战斗过的革命根据地慰问当地的军烈属和老百姓。黄知真同志的爱人虞和珍同志也是位老革命，1943年任浙江慈姚县慈北区委宣传科长，夫妻双双参加了这次活动（虞和珍，合影第四排右起第八人）。

我父亲刘鹤在合影中位于第四排右起第二。时年三十一岁，与黄知真同志同龄。父亲是在黄道的故乡横峰县参加地下党的。

合影中第三排右起第五人是我父亲念战时国中（国立第十三中学）时的英文老师熊化奇先生。1951年，熊化奇先生在

图1 南方访问团合影

图2　父亲（后排左二）与熊化奇老师等合影。

南昌大学（江西师范大学前身）任英文系主任。他以民主人士
代表参加了访问团。父亲与熊化奇先生有师生之谊，这期间与
他另外合了影（图2）。这张合影前排左二熊化奇老师，后排
左二我父亲刘鹤。

　　这张闽浙赣访问团合影尤其珍贵的是它的背面签名，有
四十二位包括黄知真在内的访问团人员的签名。其中我所知道
的还有60年代时的弋阳县委副书记周长和、上饶师专党委书记
秦生、江西师范大学熊化奇先生、老红军徐罗福（先后任上饶
专署税务局局长、江西省监察厅厅长、中共上饶地委委员等）。

　　1952年为纪念在第二次国内革命战争、抗日战争、解放战
争中英勇牺牲的赣东北英雄儿女，在上饶市信江河畔的钟山建
起了上饶地区烈士纪念碑。在纪念碑附近建有一座挑檐式小亭，

亭内有黄道烈士墓。据父亲说，黄道烈士遗体原葬福建崇安，50年代初，遗骸从崇安迁葬江西上饶。父亲参加了迁葬仪式，据他目击，所遗忠骨寥寥可数。查有关资料："1941年黄道墓被顽军掘开，尸首被焚毁，村头群众冒着生命危险，把烈士的忠骸捡回重新安葬。新中国建立后，当地群众又做了一个小棺木，把黄道同志的忠骨装殓起来交给当时来闽北的中央革命老根据地慰问团。"（左丰美：《知己真情留武夷》，王性初主编：《回忆黄知真》，中央文献出版社2001年版，第179页）。从此黄道同志长眠在了信江河畔。

"文革"时，黄知真同志是江西省领导之一，受到冲击。当时造反派有个口号叫"打倒佘（积德）、白（栋材）、黄（知真）"。"1967年2月8日，造反派在南昌八一广场召开万人大会，批斗杨尚奎、方志纯、刘俊秀、白栋材、黄知真等省委领导……黄知真的手臂被拉伤，膝盖跪得皮破血流。"（《回忆黄知真》，第93页）"

1978年后，黄知真调湖北当领导，为湖北省落实十一届三中全会各项政策，为湖北省的农村改革和水利建设作出了巨大贡献。1993年2月，黄知真同志因病逝世。他的遗骸安葬在江西上饶的信江河畔，永远陪伴在他的父亲和引导他走上革命道路的领路人黄道烈士的身边。

1950年：华东军大分校学员土改队

金 玮

　　地处东南沿海的浙江省，按照1950年1月中共中央下发的《关于在各级人民政府内设土改委员会和组织各级农协直接领导土改运动的指示》，以及中央人民政府委员会6月通过和颁布实施的《中华人民共和国土地改革法》，分三个阶段开展了土地改革运动。从1950年春至11月，主要进行调查研究、训练干部、典型试验、制定政策等工作。同年8月初，浙江省委、省农协开始在杭州市杭县义桥乡等八个乡分别进行土改典型试验。土改工作一般分四个步骤：宣传动员、划分阶级成分、没收征收和分配土地财产、复查总结发放土地证等。到1950年11月下旬，浙江省完成土地改革典型试验的有六十四个县，占总县数的百分之八十四；12月，中共浙江省委决定在全省范围内有领导、有步骤、有秩序、分期分批地开展土地改革运动。

　　这张照片是1950年华东军大浙江分校一大队土改队的杨耀先、曾志浩、李大涓等全体人员的留影。华东军大浙江分校的前身是中国人民解放军第三野战军第七兵团教导团。1949年底，教导团扩编为浙江军区军政干部学校，1950年1月移驻浙江金华，不久改建为中国人民解放军华东军区军政大学浙江分校，简称华东军大浙江分校。分校设政治、训练、校务三处（后改为部），下设三个大队、十二个中队（每个大队有四个中队）。1950年3月下旬，第一期学员开学，并于1951年1月正式结业。合影中的军大分校土改队成员应该就是首期学员。

据当事人之一的杨耀先回忆，1950年初冬，经过军大分校八个多月的政治学习、军事训练等，在即将毕业分配之时，指导员陈宝祥召集杨耀先等几位学员到中队部，向他们布置了一项重要的政治任务，那就是到农村去协助做好土改典型试验工作。于是，杨耀先等与从其他中队抽调的共二十九名学员（其中女学员四名）组成了华东军大浙江分校一大队土改工作队，

1950年12月12日，华东军大浙江分校一大队土改队全体留影。

并由三中队指导员李大涓为队长，工作的第一站是金华县含香（今属金华市塘雅镇）。一到目的地，军大分校土改队员马上与地方干部一起，以含香为中心开展了由当时金华地委所领导的农村土改典型试验工作。杨耀先、曾志浩等学员被分到下金山村（今属塘雅镇）蹲点，他们围绕土改这一中心任务，通过召开群众大会、挨家挨户访贫问苦，充分发动广大群众、宣传党的政策，在做好分田工作的同时，还分阶段穿插做好征粮、剿匪、村级基层政权建设等工作。当时，不少工作的开展，土改队员大多是利用晚上时间进行的，每天要夜深人静时才能回到住所。杨耀先在回忆中无不感慨地说："说起来，我们这些人当时年纪都不大，最小的只有十六岁，没有社会经验，什么都不懂，一切都感到新鲜。与其说是工作，毋宁说是在社会实践中学习：学习发动群众，学习划分阶层，学习依靠贫下中农等。"

经过一个多月的时间，到1950年12月初，土改典型试验工作圆满结束。当土改工作队的学员回到军大分校后，才知道其他同学早已分配工作了，而参加土改工作队的学员则被组织定为留校工作。同时，新的学员即将报到入学，大家马上就要走上新的工作岗位。有人提议拍张集体照，土改工作队的二十九名男女学员遂于12月12日相聚在金华市私立新成初级中学（1950年1月，由金华县私立作新中学、金华县私立成美女子初级中学合并而成。今为金华市第五中学、金华市实验中学，一个学校两块牌子）校园内的福丽亭（以浙东新学先驱、美国传教士李福丽的名字命名，后陆续改为民主亭、跃进亭、反帝亭，今恢复原名福丽亭）前，请当地三友摄影社的工作人员拍了一张合影，作为留念。

活跃于中缅印战区的照相连

李·巴克（Lee Barker）

　　译者按：在过去的十几年中，我曾与海量的二战中缅印战区影像密切接触，发现其中不少照片都是"美军通信兵一六四照相连"的军士们所拍摄，他们出生入死地从事战地影像采集着实让人感佩。后来我在网站 http：//www.cbi-history.com/part_vi_164th_sig_co.html 上读到一篇原标题为 *Click Wallahs of CBI* 的文章，此文曾刊载于 1952 年 7 月出版的《中缅印战区新闻综合报》（*CBI Roundup*）上，全面、生动、详细地记录了这支特殊部队在战时的作为。今将此文译成中文，借《老照片》一角与读者分享。标题为译者所加。

　　每当一幅中缅印战区（CBI）照片刊登在《中缅印战区新闻综合报》上或其他地方时，读者很可能盯一眼图片而完全意识不到摄影者为拍下这张照片所经历的危险和艰难。几乎所有标明"通信兵照片（Signal Corps Photo）"或"美军照片（U.S. Army Photo）"的图像都是中缅印战区美军通信兵第一六四照相连的相机快门的"咔嚓"声所贡献的。当然，其他军种亦同样作出过贡献，本文也会特意刊登他们拍摄的照片。一六四连

译者配图：1944年11月19日，缅甸八莫南郊，来自华盛顿州的美军通信兵一六四照相连摄影师唐纳德·普林格尔（Don B. Pringle）一等兵在拍摄影片时，被一群中国驻印军新三十八师的步兵们好奇地围观。

试图讲述所有中缅印战区的故事，无论是战场上的还是平时生活中的。而一六四连的传奇本身就是那个战区历史不可缺少的一部分。

这个连队的第一批前线人员是于1943年12月到达中缅印战区的，从那时起，众多的小分队活跃于战区的每一个兵站，无论是加尔各答还是重庆。从早期的列多公路到后来的史迪威公路开通至昆明，他们伴随着其他部队一起前进，历经了无数艰难险阻，踏过了一条非凡的摄影采访之"路"。在一些最困难的日子里，他们甚至不能按下一次快门。而可怜的日本人，是一群羞于面对照相机镜头的族类，因此很难拍到他们什么影像；他们同样羞于面对美国佬的枪弹，总是躲在他们的地堡里，摄影兵们仅能拍摄到几具不幸的日军死尸而已。

　　纽约的维克多·索劳（Victor D. Solow）技术军士是战地摄影的活跃分子，他是一六四摄影连动态影像部的高手之一。实际上，他是仅有的几位伴随中国军队从滇西怒江一路进攻到滇缅公路与缅甸的盟军会合的美国人，他的许多故事恰恰是要靠那些他没有能够拍到的照片来讲述的。他曾经为错失良机而后悔莫及，显然是因为他没有能够在正确的时间和正确的地方出现。举一例就足以说明这是千真万确的，当年他跟随拍摄松山对日作战行动，我们都知道松山最后是靠炸药解决了战斗，索

　　译者配图：1944年9月17日，在中国云南的松山前线，来自加利福尼亚的一六四照相连摄影师威廉姆·蓝道夫（William Randolph）在临时工作室里印晒照片，有两名中国人在协助他作业。美国国家档案馆图片。

译者配图：1944年10月24日，中国昆明。在怒江前线，在他的小帐篷"家"中，加州洛杉矶的通信兵摄影师乔治·寇科瑞克技术军士正在给美国家中的父老写信；名叫"明克（Mink）"的中国小朋友在一旁静静地阅读杂志。摄影师爱德华·迈克尔米科（Edward R. McCormick）摄。美国国家档案馆图片。

劳每天汗流浃背地在附近一个山头上等待机会，想要拍摄到第十四航空大队P-40轰炸机对龟缩在松山阵地中的日军轰炸扫射的全景纪录片。这个空袭行动本应该在几分钟内完成，然而每天的局势变幻莫测总是拖延了轰炸行动，直到第四天他决定放弃，这通常是命运的选择，轰炸机群却在第五天倾巢而出，俯冲向松山的日军阵地……在另外一次战地拍摄任务中，索劳巧妙地摆脱了两名负责他安全的中国士兵的严密看护，那次是在重庆电台播出龙陵已被我攻克的消息之际。当时街道中实际上还不停地响着枪声，索劳却奋不顾身地一头冲了进去，试图抓拍到一些这场战役的照片。晚间，索劳独自一人露宿街头，第二天一早，传来了日军仍然在龙陵某些街区出没的紧张消息，他赶紧将摄影器材装上他的马背试图赶快跑回美军营地——他逃得正是时候，刚一离开，身后就是一片密集的机关枪扫射。他为这次徒劳而归找了一个借口："当时盟军正在发动诺曼底登陆，我弄出一些新闻来万一抢了欧洲战场的风头，就不太好了。"

译者配图：1944 年 7 月 14 日，来自加利福尼亚的一六四照相连的摄影师诺里斯·艾温（Norris Ewing）技术军士在中国某地拍摄时，为了躲避围观人群对镜头的遮挡，只好将自己的吉普车顶当作临时拍摄平台。艾温当时是被派驻在中缅印战区陆军航空总部工作的通信兵照相连摄影师。美国国家档案馆图片。

译者配图：由丹·诺瓦克拍摄的战友—六四照相连摄影师唐纳德·普林格尔（左）和摄影师汤米·阿莫（Tommy Amer，右）。美国国家档案馆图片。

　　索劳和来自洛杉矶的乔治·寇克瑞科（George L. Kocourek）技术军士在一起合作时，曾经被分派到腾冲的中国人处住宿。天气一直都非常糟糕，以至于很长时间都得不到空投食物，他们俩仅有的口粮是五天的米饭配给，后来索劳说从美军的"K"级干粮转吃中国伙食，在那时候的确是一件令人胃口大开的愉快事情。

明尼苏达州的丹·诺瓦克（Dan Novak）技术军士，因在艰苦条件下出色完成任务而被授予铜星奖章，从密支那到腊戍，他一路都跟随中国驻印军同行，详细记录了战役全过程。他是和第一支乘滑翔机到达密支那抢占机场的美军部队航空工兵营降落在那儿的。诺瓦克生动地拍摄了美军滑翔机队冒着跑道一端日军的枪林弹雨在另一端降落并卸下武器装备的情景。其实，诺瓦克最"牛"的影片并非这些让他日后获奖章的片段，在八莫，就在距离日军战壕一百二十五码的战场上，他记录了美军 P-47 战斗机采用俯冲轰炸的战术对他眼前的日军阵地进行轮番攻击的场景。宾夕法尼亚州的佛兰克·谢瑞尔（Frank W. Shearer）

　　译者配图：丹·诺瓦克进行拍摄工作时，被战友拍摄下来。摄于 1945 年 1 月 16 日。这是诺瓦克正在刚刚攻克的缅甸南坎拍摄中国驻印军新一军的军官们视察一座佛寺废墟的场景。美军通信兵摄影师谢瑞尔拍摄。

技术军士当时就和诺瓦克一起趴在八莫的前沿阵地上，"冒着敌人的炮火"执行拍摄任务。谢瑞尔本是照片摄影师，后来也成为第二"牛人"，就在诺瓦克拍摄俯冲轰炸的飞机的同时，他决定抢拍炸弹掀起的爆炸巨浪，但是，就在他左右调节身位试图找到最佳角度的时候，一枚口径七十毫米炮弹的弹片盯上了他，所幸，仅仅被划伤而已。他因此而获紫星奖章。他没有丝毫惧怕而停止战地摄影的步伐，相反，他一出院就又端着照相机左瞄右对、搜寻拍摄目标。在八莫，谢瑞尔伴随在战区总司令索尔登中将前后，有一次，日军炮弹落在距离他们吉普车仅三十码之处，那一次没有拍下照片，因为他们认为那地方不安全所以决定不在那里逗留。

译者配图：来自加州洛杉矶的查尔斯·齐默曼（Charles Zimmerman）技术军士，是中缅印战区美军通信兵第一六四照相连的战地摄影师。1945年2月4日摄于缅甸。美国国家档案馆图片。

译者配图：获得一枚空军奖章的威廉姆·萨佛兰（William Safran），在密支那上空的一架 C-46 上拍摄地面的战斗实况。美国国家档案馆图片。

　　一六四照相连还有两位荣获紫星奖章的战友，加州的米尔特·廓夫（Milt Koff）技术军士和洛杉矶的汤米·阿莫（Tommy Amer）二等兵；廓夫是跟随在胡康河谷里的"梅里尔的抢夺者"，阿莫是华裔，又曾担任《中缅印战区新闻综合报》记者，深受上司喜欢。

　　洛杉矶的查尔斯·齐默曼（Charles Zimmerman）技术军士和华盛顿州的唐·普林格尔（Don B. Pringle）二等兵（他后来再次加入通信兵服役，现在正在日本）两人都获得铜星奖章。普林格尔除了干摄影活儿外，还在八莫的战斗中敲掉日军一个机枪阵地，击毙了三名日本兵。齐默曼早期曾干过徒步测绘"驼峰"航线，一路进入中国这样的绝活儿。纽约的路易士·瑞克佐科斯基（Louis Raczkowski）因为拍摄到八莫的炮战照片而荣获一枚铜星奖章；一六四照相连还有人获得一枚空军奖章，他就是威廉姆·萨佛兰（William Safran），在密支那的滑翔机行动中表现出色。

一六四照相连的资深摄影师威廉姆·布朗（William Brown）技术军士也来自洛杉矶，他在丛林中度过了多年，简直快成了一座雕塑固定在那里了。在1944年沙杜祖（Shaduzup）的坦克大战中，正是布朗拍摄到了第一张战地照片，当时他乘坐的坦克遭遇麻烦，在日军炮火中倾翻，全体成员镇定自若，从逃生孔里钻出来，全部毫发无损地返回。

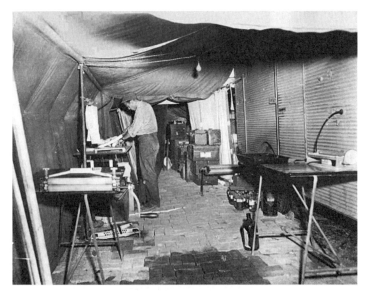

译者配图：1945年3月14日，缅甸八莫。一六四照相连"H"小分队的前方工作室。查尔斯·齐默曼拍摄。美国国家档案馆图片。

一六四照相连的另一个精彩故事最初是由堪萨斯州的汤姆·范宁（Tom Fanning）二等兵讲出来的。1944 年，《中缅印战区新闻综合报》大肆报道他抓获了三名日军俘虏，范宁因此而声名大振。新闻报道说范宁藏在一棵大树上拍摄公路，他发现自己的摄影包落在树根下，正要下去寻找却发现有三个人在公路上，他以为是中国士兵，便大声喝令他们离开路面，因为三人正好闯入他的镜头。他很快意识到那是三个日本兵，并且是主动来投降的，就这样，范宁用他的照相机俘虏了日本人。这是新闻报道的描述。实际上，范宁那天晚上在他的帆布吊床上昏睡，突然有人拍他肩膀叫醒他，他睡眼惺忪地发现身旁站着三个病饿交加、狼狈不堪的日本兵，原来他们是按照美军心理战部门散发的劝降指引传单主动找上门来投降的，为自己换取一些食物和药品。将三名战俘移交给宪兵部后，范宁又缩着身子继续睡他的大觉去了。

　　一六四照相连的头儿是亚特兰大的赫伯特·里德（Herbert Reed）上尉以及俄亥俄州克里夫兰的戴夫·伯曼（Dave Burman）上尉。通信兵照相连队还负责完成"目标——缅甸"的战时纪录片的拍摄任务。战区官兵人物、军用地形、滑翔机队降落密支那、空投食品等都在这群小伙子们的拍摄对象之列；中国军队在兰姆伽训练中心的训练过程也被他们记录下来；纽约的维克多·凯菲茨（Victor F. Kayfetz）中士和费城的约翰·瓦棱斯（John G. Valence）技术军士还拍下了食品空投员们在机舱内的影片；戴维·奎德（David L. Quaid）中士也参加了这次拍摄行动，还在摄像过程中负伤，他是被一个空投的骡马喂食袋在落地前击中而致腿骨碎裂。

　　空军也有一支非常优秀的成建制的摄影部队活跃在中缅印

战区。空中摄影师罗伯特·法瑞尔（Robert A. Ferrier）上士服役于缅甸的第三战术航空队，常引以自豪的是能够抓拍到大概是最接近地雷爆炸的超近镜头，他时常乘坐 B-25 轰炸机沿缅甸铁路线超低空飞行拍摄近镜头。有一次他的飞机贴着一段被炸烂的铁轨飞行，一枚日军地雷突然在他飞机的尾观察孔正下方爆炸，扬起的泥土和弹片击中飞机的油箱和机翼，飞机被冲击得摇摆不定，回到基地，定下神来才发现飞机两翼被撕开，

译者配图：1944 年 4 月 20 日，缅甸某地。一六四照相连摄影师戴维·奎德中士在查看一门 1942 年撤退时史迪威将军遗留下来的四英寸炮。戴维·奎德这张照片被译者发现后，经史迪威将军外孙约翰·伊斯特布鲁克（John Easterbrook）上校联络到了奎德的女儿，她喜获这张照片后，带去看望仍然健在却居住在一家养老院里身体抱恙的父亲戴维·奎德，老人非常激动，还能回忆起来当时被战友拍摆这个 pose 的情景。在欣慰地看到了这张照片的几个月后，戴维·奎德与世长辞。

引擎整流罩被粉碎，一条油管破裂，油箱成了筛子，真是九死一生。这一次法瑞尔将全过程都拍摄成影片。他当年初学战地摄像还是在地中海战区。

并非所有空军照相兵都上前方拍照，有些人负责最后的冲印工作。轰炸机轰炸造成的破坏效果照片需要迅速地冲印出来交给指挥官们，照片解读人员必须在将照片提交给空军基地的各类指挥人员前作出报告，基地官兵们还得跳进拍摄舱里小心地将那些照相机拆卸下来，这些设备都是在飞机起飞前往日军占据区域执行任务前安装上去的。拍摄任务是由接受过摄影培训的战斗人员进行的，拍摄成果一旦回到后方，处理中心的人员则开始昼夜不停地进行冲晒。在中国，极度缺乏正规的冲印暗房和设备，常常是在一间土坯农舍里凑合；十四航空大队还曾将几个飞机炸弹槽摆放在工作台上当贮水池用；二十码长的干酪包布和几块木板混合而成做为晾干架；需要天平量度化学药剂时，摄影兵们就到当地的村镇上从中药铺买一副古老原始的杆秤回来用。

在驻华空军照相兵中有"解放者"轰炸机摄影师佛兰克·杜恩（Frank J. Dunn）上尉；有主管其他所有士兵的主助理查尔斯·司杜朴斯（Charles H. Stoopes）军士长；还有最先拍摄那些近期才发布的影片的乔·马丁（Joe Martin）技术军士和诺曼·透纳（Norman S. Turner）技术军士；有上士爱德华·欧贝尔（Edward A. Uebel）负责显影液定影液的调配工作，他曾因在乘坐的飞机坠毁后仍表现英勇而获银星奖章；中士威廉姆·查特欧奇（William E. Chartowich）和瓦尔特·辛普森（Walter A. Simpson）以及赫伯特·瓦尔登二世（Herbert B. Walden）一起进行晒像工作；泰德·布儒纳（Ted Brunner）上尉负责完成最后一道工序。

译者配图：一六四照相连的爱德华·迈克米科（Edward Rmacormick）驾驶第一辆吉普车通过惠通桥。美国国家档案馆图片。

　　桂林沦陷时两位空军照相兵碰巧在那里，他们因此而意外获得了一个"幸运"的"假期"。隶属驻华空军第十四航空大队的战地摄影师哈罗德·吉尔（Harold E. Geer）上士和佛兰克·图特威勒（Frank W.Tutwiler）中士早在该地被敌攻克前几个月就被派往桂林空军基地，专门拍摄"飞虎队"的对日攻击。日军先头部队逼近以及装备极差的中国军队开始撤退的消息传来，随之美军亦展开转移，他们俩预感到这次是不容错过的绝好机会，一定能够拍摄到难得的素材。吉尔和图特威勒将多余的摄影器材装上一架撤退的飞机，人留下来，开始了他们的摄影历险。他们使用16毫米和35毫米的电影摄影机以及C-3型照相机。中国民工在机场掩埋了炸弹，用石灰画上大圈以警告空军的飞机切勿在上面降落，在约定的时间，所有炸弹一齐被引爆，彻底摧毁了机场；营房、理发店、食堂、康乐中心被浇上汽油，美军人员伤心地目睹了火焰吞没这些呕心沥血建设而成的舒适

译者配图：隶属驻华空军第十四航空大队的战地摄影师哈罗德·吉尔上士和佛兰克·图特威勒中士拍摄的桂林机场撤离前自我摧毁营房设施的场景。美国国家档案馆图片。

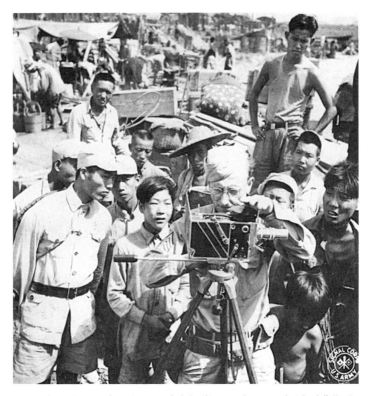

译者配图：1944年9月27日，来自加利福尼亚的一六四连照相兵戴维·阿尔伯特（David E. Albert）在柳州南站拍摄逃出桂林的难民潮时，为他的 Cins Kodak 照相机装胶卷，周边挤满了好奇的难民围观。美国国家档案馆图片。

的基地设施。吉尔和图特威勒冷静地拍摄了全过程，记录下所有细节，这是桂林——这个以前被视为自由中国的最新的也是最美的城市，落入日军之手的前一天。难民们攀上一切可以搭乘的交通工具离开，甚至包括牛车和三轮车，铁路运输人满为患，两位照相兵冒着危险拍摄了许多火车站难民潮的照片。待到机场被彻底摧毁后，他们才把器材打包装箱，带上他们对桂林的最后几天的所有详细记录撤离，一个完整的、足以用图片讲述的故事将来会永远被后人牢记。

可以说，美军拍摄日本本土的第一张空中侦察照片，肯定是由二十四岁的弗吉尼亚人温佛莱德·索德赖特（Winfred A. Sordelett）拍到的，他当时驾驶一架无武装的 P-38 轻型侦察机从驻华空军基地起飞后，于 1943 年 10 月 31 日从空中拍摄了日本，带着他所有的拍摄成果成功返航回到中国的基地。他因为这次破纪录的往返二千二百英里的航行而荣获飞行优异十字勋章。途中他想办法躲过了日方雷达扫描，丝毫没有引起敌人的炮火；他轻装出行，唯一的维生营养仅靠一片四盎司的巧克力和一罐放在脚下的水，每次想吃喝就得拔掉氧气罩，他毫无武装，照相机和胶片取代了机关枪和炸弹；如果万一飞机燃油耗尽（实际上他是靠副油箱飞回的），他第一件任务便是将飞机和摄影器材全部毁掉，要么坠毁要么迫降后销毁，别无选择，因为胶片盒太重，靠人力是搬不动的。

一张照片胜过千字，中缅印战区数万张照片的拍摄可不是吹出来的，鲜血、汗水、眼泪是冲洗这些照片的液体，下次当你看见任何一张 CBI 照片时，请记住这一群"咔嚓"部队的照相兵们！

（晏欢　译）

悄然逝去

杨福音

解放前，我五岁的时候，奶奶（长沙话叫嬭驰）易桂卿带我坐轿子去湘阴。她的老家在湘阴营田湾里屋，如今属汨罗县。到家了，轿子停在一个好大的禾场坪里，坪中央有高大的麻石牌坊，上面刻有两个大字，奶奶指着那两个字说"圣旨"。老家的易有光，我叫他叔叔，他辈分比我高，年纪小我一岁。早几年，我又去湾里屋老家，那里已是一片荒草萋萋，但脚下的土堆里分明露出大块的青砖。有光叔说，以前的老家大得很，光是天井就有六十多个。我爸爸妈妈高兴的时候，也曾对我说过，那时放寒暑假，他们回到湾里屋，随便拉开抽屉，里面有朝廷的红顶子帽子，还有光绪皇帝的御批御笔。其实，那年月讲这些，并不是什么光彩事。家里大人们高兴的时候，也只是偶然间小声地露一点点。故我如今快八十岁了，过去的家事只是依稀仿

图1　奶奶易桂卿

图2　父母杨导宏、吴湘珍摄于20世纪80年代。

佛而已。记得奶奶还对我说过，她的爷爷做过宫廷画师、侍读。他的爸爸易孝泉在京城读过书，出洋留过学，赴新疆当过差，后在京城做律师。他的亲九妹是郭嵩焘的曾孙媳妇，我叫她九姨娭毑。2004年秋天，我在四川绵阳举办个人画展，特地去成都看望这位九姨娭毑，那时她已一百零一岁了，耳聪目明，很是健旺。她告诉我，抗战时逃难到四川，背去棉絮被子，四川老人说，背这些破烂有什么用，那些御批御笔帽子随便带一点点就够吃的了。

　　我出生一个月，我的爷爷就因病去世了，那时他才四十九岁，我的爷爷叫杨次清，他的爸爸，即我的老爷爷，叫杨汉滨，祖籍江西丰城，十二岁挑一担笼子到长沙钱庄做学徒，开始创业。几年后，独立门户，建商号"力丰"，办典当、钱庄、丝绸业，员工上百号。老爷爷的妻子家为苏州首富，在长沙建有苏州会馆。老奶奶家姓凤，十七岁嫁入我们杨家，这位老奶奶

图 3 父亲杨导宏的论文《艺术教育的意义与目的》发表于 1937 年《陕西省教育厅教育月刊》。

从小受传统文化教育，爱好唐诗宋词琴棋书画。到我爷爷手里，生意遍及汉口、长沙、沅江、南昌。爷爷口袋里装两个算盘，一个金的，一个象牙的，他能同时左右两手打算盘。大姐告诉我，爷爷平时在外或讲汉口话，或讲长沙话、沅江话，或讲南昌话，在家则是一口吴侬软语。他做的被服厂跟国共两党都有往来，后来这个厂子查出一贪污案，牵扯到他，判了坐两年班房，我爸爸代他去坐牢。爸爸刚在牢里坐了不到两个月，我出生了。妈妈用一床大红毯子包着我送到牢里给爸爸看后刚回到家，法院通知说贪污案与我爷爷无关。爷爷躺在病床上高兴地说，是这个伢子给家里带来了福音，就取名叫杨福音吧！

我的爸爸叫杨导宏，1936 年毕业于上海美专十七期西画系，受业于刘海粟先生门下。他的这个班曾因一张照片天下闻名，照片上是他们一群学生课间围着一位侧身站立的女裸体模特儿。"文革"后，街上有书介绍潘玉良。我对爸爸说，书上讲，潘玉良教过上海美专。爸爸说，是啊是啊，她教了我们一个月就去法国了。我说您老对她上课还有印象吗？爸爸说，潘老师

图 4　母亲吴湘珍 2005 年所作山水画。

一进教室，教室里就喷香的。那时江青、金山在上海排话剧《钦差大臣》，爸爸帮忙搞舞台布景。以前家里有一叠江青的照片，黑白的，两寸一张，"文革"时爸爸监督我将这些照片连同一车老书画全部烧掉了。王式廓比爸爸高一班，他们是好朋友。爸爸说王式廓到我们家里，临走取我们家的大衣穿上，像拿走一根烟一样容易。后来王式廓邀爸爸去日本留学，机票也准备好了，我奶奶高低不肯，爸爸没去成。再后来王式廓去了延安，画素描《血衣》成名，新中国成立后为中央美院教授。西画家刘抗也是校长刘海粟的学生，毕业后留校任教，正好带我爸爸

图5 1937年，西洋画展目录
封面上的父亲肖像。

图6 母亲吴湘珍十七岁摄于长
沙明宪女中。

这个班，后来是新加坡中华美术家协会主席。1991年我还在湖
南书画研究院做专业画家，一天，听说刘抗先生到了长沙，住
在省委蓉园九所，我赶过去看他，不遇。九所负责人说他们几
位去岳麓山了。我写了张条子贴在刘抗先生的房门上，上书我
是您的学生杨导宏的儿子，特来拜访未见甚感遗憾，云云。第
二天我在画室画画，万万没有料到刘抗先生拄着四只脚的拐杖
找我来了。他一头白发一脸红润，站着讲话不想坐。他说他记
得杨导宏，他是班上三个画得好的之一，这三个学生是班上采
集组的成员。我说可惜爸爸去年病故了，以前他时常讲起刘抗
老师，给了我很深的印象，昨天我是代表爸爸来看望老师的。
刘抗先生听了不住地叹息。爸爸毕业时在学校印制的精装同学
录上，录了一首法国作家纪德的诗，头一句是，你骑着白云的马，

跨遍天涯……可见，爸爸那时也有着青春的朝气。爸爸毕业后去陕西教书，又举办个人画展。他写的文章《艺术教育的意义与目的》，如今看来，还是有其现实意义的。解放后，爸爸是一名普通的美术干部，从事群众性的美术辅导工作。

我的妈妈吴湘珍也是出身名门，她给我讲过一个故事。说她的外婆是京城一位外交官的儿媳，这位外交官突然病故了，恰逢要接待一个外国人，上面说外交官去世了，就让他儿子代替出席这次活动吧。这位儿子，就是我妈妈外婆的丈夫，他是一提鸟笼子贪玩的大少爷，他懒得出席。上面无奈，说只好请他夫人出面了。于是这位老太太出席了这次外事活动，李鸿章还在她面前打了个千。

1937年，妈妈十八岁，作家丁玲到长沙，要招收两名女学生去延安，妈妈是其中之一。丁玲在长沙北正街考我妈妈写文章，考完，丁玲说一月之内派人通知你。过了一两个月，妈妈和学校同学在青少年宫（那时叫教育会坪）集会，一个女人走到她面前拍了拍她说跟我走。妈妈见她赤脚套在布鞋里，觉得欠文雅，也就没跟她走。那时正好爸爸从陕西飞回长沙与妈妈完婚，延安之行也就不了了之。

图7 上海美专新制第十七届毕业生合影。最后排右三为杨导宏。

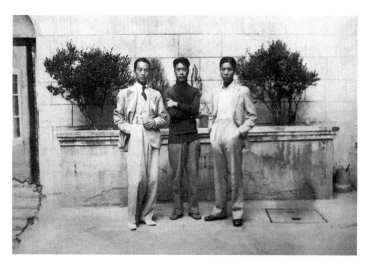

图8 父亲杨导宏（中）1936年摄于上海美专。

　　妈妈学过画，读初中时拜陈国钊先生为师。陈国钊是湖南人，曾做过湖北省博物馆馆长，退休后住回长沙。1983年省政协举办新春画家茶话会，省里许多名画家如陈白一、李立等见了陈国钊，都十分恭敬，他们曾经都是陈国钊的学生。我对陈老讲起妈妈的名字，他连说记得记得，又当场画了幅梅花送我，这幅作品至今仍保存在我的仓库里。妈妈一生从事教育工作，退休后画简笔山水。我曾为她印过一本画集，叫《母亲山水》。她说，这也只是私下里让家里人高兴高兴。

　　爸爸妈妈喜欢京戏，尤喜欢梅派。爸爸的京胡拉得好，属海派一路。他们去世后，我在画室里安放了他们的照片。我一边画画，一边打开平板电脑听《贵妃醉酒》，相信他们二老也能听到。

二 伯

王 淼

二伯王麟祥是大伯王瑞林的弟弟，我的堂伯。

二伯是解放初期离开家乡去北京工作的。应该是1950年，当时国家刚刚从长期的战乱中复苏，物资匮乏，百废待兴。大家虽然过上了太平日子，但生活却并不宽裕，对于小城的年轻人来说，外出参加工作尚不失是一条最好的出路——就像今天的打工潮一样，离开家乡，奔赴远方，是为彼时年轻人的一种风尚。

那时候机会也的确很多，新政府急需各种人才，有没有学历都无所谓，只要你有一技之长，就有可能远走高飞。小城虽小，但作为老区，当时的流动人口却并不算少。二伯是被军管会（军事管制委员会）的一位领导看中的，当时的二伯虽然只有十五岁，却已经有了担任数年儿童团长的履历。更为重要的是，二伯长相端正，聪明伶俐，做事情干净利落，从不拖泥带水，因此深得军管会领导的好感。当军管会这一临时机构最终完成了它过渡时期的历史使命之后，被宣告撤销，并为固定的政府机关所取代。军管会领导转赴北京任职，将二伯带在身边，二伯亦就此成为北京人，从而改变了一生的命运。

图 1 20 世纪 50 年代初，初到北京的二伯。

成为北京人的二伯跟着老领导在外交学院工作，担任老领导的通讯员。外交学院本来是知识分子扎堆的地方，人在北京的二伯所面临的第一个问题，就是文化知识太差，无法应对外交学院的日常工作。为了让二伯提高文化素养，老领导专门安排他去人大的夜校补习班学习，白天工作，晚上听课，工作、补习两不误，可见老领导对二伯照顾之周详。

正是在人大的补习班上，二伯认识了后来的伯母。

伯母是天津人，同样是在那个年代因缘际会来到北京，被分配到海淀医院工作。她和二伯既是夜校的同班同学，又是同桌，他们经常在一起讨论学习中遇到的难题，有时也会有意无意地聊及一些学习之外的事情，比如各自的家庭情况、工作情况，以及个人的生活习惯和业余爱好，等等。遇到刮风下雨、风高夜黑的日子，二伯就会主动将伯母送回单位，就这么一来二去的，他们二人的关系也变得越来越亲密。那时的二伯和伯母正值青春年华，他们在夜校的学习生活中彼此倾慕，互生好感，乃至最终喜结连理，这一切都是水到渠成、顺理成章的事情。

成家后的二伯在单位分到了一间筒子房，他有了属于自己的家，也终于在北京有了立足之地。而二伯和伯母之间则一直相濡以沫、感情甚笃，他们在那个贫瘠的年代里彼此扶持，相互帮衬着对方的家庭，虽然日常生活中也有过一些磕磕碰碰，

图2 1958年，新婚的二伯和二伯母。

但他们几乎从来没有红过脸，更没有吵过架，以至后来燕姐——他们的大女儿每每说起父母之间的感情，总会用羡慕的语气，说他们一生互相忍让，彼此包容，称赞他们是世间夫妻关系的典范。

在以后的岁月中，二伯业余钻研无线电，成为外交学院的专职电工。他与人为善，任劳任怨，乐于助人，疏于求人，除了正常的工作之外，很多同事家中的日用电器的维修，几乎全被二伯包揽下来。说起来这也是一项耗时耗力的活儿，但二伯

图 3 20 世纪 60 年代初，二奶奶在北京帮二伯和二伯母照看孩子。

总是随叫随到，哪怕是深更半夜、或者风雪交加的天气，他从来没有怨言。好在那时一般人家也并没有多少可称作电器的家什，当然更没有太复杂的家电，像常见的晶体管收音机之类，二伯基本上都能够轻松拿下，而他也因此在单位获得了良好的口碑。

　　二伯与伯母成婚之后，燕姐、青姐和山哥先后来到了世间，那是二伯平生最为忙碌的时期，白天上班，晚上照顾孩子，一天到晚连轴转，几乎没有一刻空闲。因为实在忙不过来，二伯只能将三个孩子轮流送回山东老家，让二爷爷和二奶奶帮忙照看，有时，他也会把老人接到北京，请他们临时帮忙照料一下。不过，尽管那时日子过得窘迫，就像彼时所有的普通人家一样，毕竟也是一个热闹、温馨的小家庭——二伯正值壮年，精力旺盛；伯母温柔贤惠，勤俭持家；三个孩子聪明伶俐，活泼好动。虽然在经济上常常入不敷出、捉襟见肘，但一家人却过得其乐融融，充实而自足。

大概从 20 世纪 60 年代起，山东老家的亲戚们开始频繁造访二伯一家。那时去一趟北京并不容易，一般家庭的生活条件基本相似，糊口尚且困难，旅游更属奢侈，偶尔出行，肯定有必须出行的理由，也大都会投奔亲戚，省下一笔住宿的费用，有亲戚在北京，应该算是一大利好。彼时二伯家的筒子房已经换成了一套简陋的老式单元房，其中有一个狭窄的门厅和两间小小的卧室，但即便如此，来一个亲戚还好说，如果来两个人

图 4 20 世纪 60 年代的二伯母

以上，二伯家的三个孩子就只能找地方去借宿了。以我个人为例，我从小到大，就在二伯家住过很多次，现在回想，犹觉汗颜，不知曾给二伯的家人带来多少困扰。

　　我第一次去北京是 1973 年，那时还不到七岁，跟随麒祥叔去二伯家过年。本来麒祥叔只是顺路来我家看看，并没有带我去北京的意思，偏偏是我不想放过那次难得的机会，抢先上车并赖在车上不下来，父母无奈，才选择了妥协，而我也终于实现了自己平生的第一次远游。那次我在二伯家一共住了一个月的时间，天天跟着山哥滑雪、做游戏，日子过得既新鲜，又

图5　1969 年左右，二伯在江西上高外交部"五七干校"期间。

图 6　70 年代的全家福

快乐。意外的是，我在与小朋友的嬉闹中摔破了头，不得不推
迟了返回的时间，二伯和麒祥叔感到愧疚不已，而我则用一口
纯正的"京片子"安慰他们："我是故意摔的，就是想在北京
多住几天！"

　　我第二次去北京是 1976 年，跟随父母去东北出差，回来
时取道北京，探望二伯和伯母，也顺便旅游。当时我父母都没
有到过北京，原打算提前给二伯拍封电报，让他接站，我自告
奋勇，告诉父母只要乘上 103 路公交车坐到动物园，我就有把
握找到二伯家。殊不知 103 路公交车本来就是经过外交学院的，

图 7　80 年代的全家福

我却不明就里，只对动物园印象深刻，结果舍近求远。不过，父母第一次来北京，由我带到了二伯家，我的心里还是觉得挺自豪。

　　那次北京之行，我和父母三人住在二伯家，占用了一间卧室，燕姐和青姐只好去同学家借宿。在京第一天，父母带我重游了动物园，谁料第二天夜里就发生了唐山大地震。半夜里二伯紧急敲门，大呼："地震了！"然后我在懵懂中就被母亲拖下了四楼，尚不知道发生了什么事情。其后几天，大雨如注，住在二伯用帆布和塑料布搭建的防震棚里，我照吃照睡照玩不误，父母却是度日如年，心事重重。二伯一边带着父亲去邮局拍电报，给家中通报平安，一边和父亲一起去火车站，轮流排队购买返程车票。直到三天以后，他们终于买到了车票，我们一家三口经过一番折腾挤上人满为患的火车，才总算逃离了北京。

进入 80 年代，一般家庭的生活条件开始逐渐好转起来，老家亲戚去北京的次数也明显增多了。此时燕姐已经在友谊宾馆上班，二伯家的生活压力相对纾解了不少，但二伯和伯母的生活却还是一如既往的俭朴。1981 年暑假我去北京，又一次住在二伯家。某天，二伯带我去故宫游玩，我们各自以自行车代步，一路骑行赶赴故宫。当我们刚刚拐进西长安街时，后面突然追上来一个人，反复打听二伯骑的自行车价格几何，二伯一头雾水，再三询问之下，方知此人看二伯衣着朴素，尤其骑的自行车非常破旧，居然把二伯当作倒卖二手车的贩子了。此事给我留下至深的印象。

图 8　80 年代，二伯在单县烈士陵园祭奠大伯。

图9 80年代，二伯（左）和麒祥叔在单县张家牌坊前。

80年代后期，燕姐正式从友谊宾馆辞职，赴美国发展，成为海外华人的一员；青姐自北大法国文学系毕业之后，转赴法国留学、打工；而山哥则考取了南京的一所大学，虽然毕业后回到北京工作，平时却很少在家——当初二伯义无反顾地走出小城，却没想到孩子们比他走得更远，而一个热热闹闹的大家庭，也一时变得冷清下来。事实上，燕姐去美国发展，二伯和伯母曾经是极力反对的，一来是因为友谊宾馆的工作比较稳定，去美国则需要承担很大的风险；二来是因为他和伯母都不擅交际，缺少人脉，也实在帮不上燕姐什么忙。但最后看到燕姐态度坚决，二伯和伯母也就顺其自然了。

孩子们的远走高飞，让二伯和伯母一时无所适从，不过，时间一久，他们也就慢慢适应了留守父母的孤独。只是世事无常，有时会让人猝不及防、无法面对，正当劳碌一生的二伯和伯母即将迎来退休的日子、安享二人的世界时，一场意外的变故彻底改变了他们的生活。

那是1992年的春节期间，山哥新婚，燕姐和青姐从国外归来，一家人团聚，欢欢喜喜过了个大年。大年初五，本来是伯母退休前的最后一个值班日，但为了给初五返回美国的燕姐送行，伯母专门与同事调换了一下时间，改在了初三值班。初三那天，伯母一早骑自行车去单位值班，街上并没有几个行人，再过一个路口就是海淀医院，偏偏就在这时，一辆小型货车呼啸而过，将正在经过路口的伯母刮倒在地。尽管伯母被迅速送

图10　2005年，在美国生活的二伯儿孙满堂。

到医院抢救，但因为伤势过重，伯母最终还是不治身亡。

伯母的意外去世，给二伯带来了沉重的打击，正是从那时起，二伯开始吃素，以慈悲之心面对世间万物，以悲悯之心面对世间苦难。二伯突然间就变老了，他鬓发皆白，步履蹒跚，真正步入了老年。伯母去世后不久，二伯就办理了退休手续。按照规定，二伯解放前曾经当过儿童团长，完全是有资格离休的，各种待遇都会提高不少。但如果办理离休，不仅手续繁琐，而且还要回山东老家寻找证明人，书写证明材料。二伯为人闲散，他不愿四处奔波，到处求人，最终还是办理了普通的退休手续。

晚年的二伯是在一种平静、安详的状态中度过的。青姐一

图11 二伯、麒祥叔、虎祥叔和我父亲，兄弟四人最后一次合影。

家和山哥一家追随早已在美国安家的燕姐，先后去了美国，二伯独自一人留在北京，每天只是散散步，读读书，打打太极拳，偶尔也会和退休的同事一起去爬山，生活既规律，又简单。二伯很少出远门，亲戚们则依然常来常往，如果有一段时间不见老家的亲戚来，二伯就会一再打电话邀请他们。人老了，总是想念亲人。

2005年，燕姐、青姐和山哥将二伯接到了美国——在这之前，他们曾经多次给二伯做工作，让他去美国生活，都被二伯拒绝。初到美国的二伯没有熟人，语言不通，依然是各种不适应。但时间一长，二伯也就逐渐习惯了异国的生活。据燕姐告诉我，二伯找到了自己的乐趣，他开始研究环境问题，对全球变暖尤为关注，常常是三台电脑同时工作，标记、书写、打印，每天忙得不亦乐乎。晚年的二伯成为电脑达人，网络高手。

2015年夏末，二伯最后一次回国，与亲戚们一起重返山东老家，为英年早逝的烈士大伯王瑞林扫墓。当时二伯的身体尚好，他虽然预感到这将是他最后一次返乡，但依然期望以后有机会再来。三年之后，二伯在美国溘然长逝，其后不久，燕姐、青姐和山哥将二伯的骨灰带回北京，与伯母合葬于西山森林公园一侧的公墓中，落叶归根。

二伯一生平凡，没有精彩的故事。他出生于1935年6月13日，去世于2018年8月2日，享年八十三岁。

父亲的教育人生

赵光军

　　家父赵鲁庆在世时，经常给我们讲的有两件事：一件是他的恩师张寿朋在他最困难的时候，借给了他一块银元；另一件事是"文革"中他惨遭红卫兵的毒打。第一件事父亲去世前让我大哥记到了他的回忆录中，但没有留下第二件事的文字记录。

　　1918 年 2 月 12 日，也就是农历正月初四，父亲生于今山东省德州市德城区黄河涯村一个农民家庭。据家父讲，我爷爷"靠自学粗识文字，爱与文化人相交往"。1929 年，父亲的私塾老师李上林老先生建议祖父把我父亲送到德县吕家街高等小学堂读书。吕家街高等小学堂是一个改了十一次名字的百年学校，后来合并于德州学院。1859 年，德州知州张应翔与德州守备叶宗训共同设立"州卫书院"，地址在德县吕家街中间路西、清代文学家户部侍郎田雯故居的南面。1904 年时由山东省提学使签发毕业证，毕业生等同于秀才。1914 年改为德县县立高等小学校，1920 年到 1927 年军阀混战期间被迫停课，1928 年春节后改为德县县立第一小学，1937 年 10 月德州沦陷，学校被迫关闭。

　　当 1929 年父亲入学时，"由于家中困难，不能一次交清生活费，只好每周回家东借西贷求得一两块银元的生活费。有一次竟没有借到一文钱，仍返校上课，当时规定不交钱不得进餐，这一天中午正当改善伙食，便出校门出大西门、经火车站、太平街转了一圈，又回到学校，同学问：'你吃饭了没有？'我说：'吃过了。'其实仍饥肠辘辘，下午向张寿朋老师借得一元钱，交上生活费，才度过这短暂的一天，吃上了全天唯一的一顿饭。待周末回家取回一元钱归还了张老师……"

父亲去世后，我在整理他的遗物时看到了这段文字，突然明白了父亲为什么那么热爱教育事业，热爱他的学生！他的学生也深深地爱着他！2018年4月，我拜访了我父亲早期的学生，宁津县委原副书记、地委党校原副校长贺栋林先生，贺先生说："我跟赵老师上学的时候，有一回病了，俺赵老师拿了十个鸡蛋去看我……"贺先生说起此事时已是老泪纵横。父亲的另一个学生刘洪漠教授，曾是德州市人民医院外科主任，刘教授说："俺赵老师在曹庄教我们时，每个学生交五升米当束脩，有的家里条件差给不了这么多，俺赵老师也不计较。俺班三十多个同学后来出了六七个大学生。我，山东医学院毕业，刘瑞德，

图1 1966年，济阳一中毕业班合影。二排左数第十人为父亲。

图2 1977年，济阳太平中学毕业班合影。二排右数第七人为父亲。

山东财经学院毕业，刘洪涛大学毕业后当了铁道兵……"望着面前这位八十多岁的外科专家，我想起了二十多年前父亲在世时，他劳累了一天还骑车到我家给我父亲看病的情景，每次来都忘不了给他的老师捎上点吃的。

1932年，父亲以第七名的成绩从德县吕家街高等小学堂考入德县师范讲习所。德县师范讲习所创建于1905年，由繁露书院改建，1912年曾改为单级师范，1915年改称小学教员讲习所，同年又改为师范讲习所，1937年，日本全面侵华，德州沦陷后停办。作为师范学校，德县师范讲习所的每个学生每月补助一块银元，学生大部分是农家孩子，要求进步的多，进步教师也多，或许已有了中共地下党员。"有一位蔡英佛老师经常给学生讲农民受穷的原因，还有一位老师赵延珠经常向学生讲共产党的道理，齐帮固老师则带领学生到马颊河去宣传，公开向农民讲共产党的道理。"1931年九一八事变后，日本占领了东三省，父亲在老师和同学武联鹏的带领下到德州火车站，声援北平学生赴南京请愿团，并组织几十名学生准备去南京请愿。后来父亲的同学中有很多成了抗日战士，父亲经常提到的有刘子光、魏国光、武联鹏、曹书元等。父亲也是在这一时期接受了新思想，埋下了革命的种子。

1934年，父亲从德县师范讲习所毕业，经李上林老师介绍，到黄河涯南王程寨当了一名私塾先生，"每年三十四块银元，另外十七个学生交十个铜板的菜金和全年的米、面、柴。"1936年，父亲应九龙庙一长辈至亲的力邀，到九龙庙执教，"此时学生增加了许多，已有教育部门规定的教科书，还订阅了一份《申报周刊》"，可"好景不长，七七事变后，日本鬼子开始向南入侵，学校停课，学生都逃难去了，也不能讲学了，只好带着全家赶着车东奔西跑到处逃难……"等回到家中，家里已被翻了个底朝天，能拿走的都被拿走了，我大哥一个尿透了的褥子也给扔在了院里。父亲就到边临镇寻找共产党领导的抗日队伍，一连五天也没找到，父亲只好回到黄河涯，一边种地一边打听那些失联的进步同学。

1940年，父亲又回到九龙庙执教，日本人统治下的老百姓的日子异常困苦，父亲一边教学一边向学生传播抗日思想。1942年，父亲的同学刘子光到黄河涯住在我家和父亲畅谈了两三天，临走时，还送给我大哥十元边币。同年秋天，刘子光直接到九庙龙学校找到我父亲，说："你已经是共产党员了，你的任务是在黄河涯铁路上发展党员，如果顺利就写'精神愉快'，否则就写'精神不好'，捎信找仙人桥张志信。"从此，父亲

图3 学生在修理电机。

一边教书一边做抗日工作,被后人称为德陵地区"四大抗高"校长。1946年至1948年,父亲在抬头寺曹庄完小、黄河涯小学任负责人,黄河涯小学的学生刘慧章夫妇、张毓萱夫妇都是我父亲的学生。

1949年前后,父亲根据组织的决定,到陵县徽王庄官道孙完小任校长,从黄河涯村到官道孙一百多里,来回全靠步行。父亲去教书,一早就走,中午到好友、同是"抗高"校长的华应民家吃午饭。1950年冬遵照上级指示,父亲和华应民在陵县县城原文庙创办陵县一中,"这时只有破旧的棂星门和土房十数间，院子中间有一座旧文庙大殿，已破旧不堪……有一个土炕、一张旧方桌、一把茶壶……早晨，在门前的湾里洗洗脸。"（来自华应民的《回忆录》）曾任德州地区行署副专员、德州市人大副主任的王维义是这里的学生。

1952年到1954年5月，父亲到德州小学教师轮训班任班主任，为新中国德州地区的小学师资队伍建设奠定了一定的基础。1954年6月，父亲被调到济阳县和王清水共同创建济阳一中，从此将一生中大部分的时光献给了济阳的教育事业。1956年，建成济阳二中的父亲，6月又奉命去济阳县孙耿创建济阳三中。三年困难时期，为了减少师生流失，父亲带领师生背着大锅到处寻找能充饥的植物。父亲"一方面抓勤工俭学，生产自救，带领师生在原有十亩校田的基础上，耕起操场，开垦洛北水利工程废弃土地二十多亩，种粮种菜，还办起了饲养场和面粉厂，养猪、养羊，师生自己动手，推磨磨面，补充师生口粮的不足，改善师生的生活。一方面抓教学工作，深入教研组、深入课堂、深入师生宿舍，与大家同甘共苦，极大地鼓舞了广大师生战胜困难的决心，调动了广大师生的积极性。老师们虽然饥肠辘辘，拖着浮肿的双腿，但没有一个因个人或家庭生活困难而退职回家的，每天坚持备课、上课、批改、辅导，晚上在昏暗的油灯下工作到九点。学生在领导、老师的影响教育下忍着饥饿上课、苦读苦学，很少因生活困难辍学的…… 因连续几年升学率高被德州地区教育局确定为重点中学"（《济阳文史资料·教育专辑》）。

1961年10月，父亲又回到了济阳一中，五年后父亲的厄运开始了。这位从十五周岁投身教育事业，积极寻求革命真理，1942年就参加地下党组织的老教育工作者被打成了"走资派"，遭到了红卫兵惨无人道的折磨。有一天晚上，当凶器抢向我父亲头部的一瞬间，被一个学生抓住并失声喊道："校长！快跑！"父亲一口气跑到城关一片麦子地里，因受了重伤瘫倒在麦田里。天快亮时父亲踉踉跄跄地来到城关完小王春鸣老师家，王老师把我父亲送到了一个管冷库的亲戚那里藏了起来。从 1966 年我三岁到 1973 年我父亲恢复工作，我就见过他两次面，当时才三岁的我，因父亲的问题被赶回了老家。1969 年冬，我去济阳一中探望父亲，我永远忘不了那个隆冬漆黑的夜晚，在那个关我父亲的大教室里，父亲戴着老花镜，在灰暗的灯光下给我找破棉袄里的虮子。

1973 年，恢复了工作的父亲身负精神和肉体上的累累创伤，从济阳一中到济阳县二太平公社创建济阳七中。在那个经济到了崩溃边缘的年代，教育经费异常不足，为了早日建成学校，父亲回到老家黄河涯赊砖赊瓦，家乡的乡亲们也愿帮助被尊称"赵先生"的父亲，从两百多里外拉来砖瓦建好了学校。

1977 年高考恢复，考学几乎是农家子弟的唯一出路，父亲和袁绍钧狠抓教学质量，老师们也干劲十足。范维新老师，"文革"前山东大学数学系数学家潘承洞的学生，范老师除了上课，每天下午课外活动时间还在室外搞数学讲座。1978 年，济阳七中在全县化学竞赛中获得全县第一名，高兴得父亲把自己的一级工资让给了化学老师。父亲对不负责任的教师毫不留情，有位教师是"文革"前的大学生，家是济南市的想调回济南工作，父亲就是不放人！这位教师的家人找到了我父亲德县师范讲习所的同学刘叔叔说情，父亲想想那些学生，最终还是没有给老同学一个面子。在这位教师长达两个月旷工不回校的情况下，父亲一边报告上级，要求扣发这位教师的工资，一边请了一个因成分原因不能上大学的"老三届"代课。

为了给学生补充营养，学校办农场、养猪。为了改善办学条件，学校办起了修理电机的小工厂，把济南无线电厂当垃圾处理的大量电路板拉到学校，点燃后取铜卖铜……学校靠自己的力量买了发电机，学生晚上上自习用上了电灯。1978年，还买了一台上海产金星牌黑白电视机，让学生了解外边的世界。当时学校的住房相当困难，我家和其他教师一样也是一间房子，还兼作父亲的"校长办公室"和会客室，每年春节两个下乡的姐姐因为没有地方住没法回家过年，当兵的二哥和常年在新疆工作的大哥都很少回家探亲。

　　1979年9月，六十一周岁的父亲被调到德州师专工作，成为德州师专第一任图书馆馆长兼机关党支部书记和工会副主席。工作环境变了，工作性质变了，管理对象也和过去不同了，父亲一切都是从头学起，学习"中图法"，带领老师们到省内

图4　1977年，父亲（前排中）参加德州地区教育代表会议时合影。

其他大学学习。年过花甲的父亲为了搞好图书馆工作，既当馆长也当馆员，还自学英语。1983 年，六十五周岁的父亲光荣离休了。从十五周岁到六十五周岁，父亲整整从事了半个世纪的教育，私塾、小学、中学、大学，父亲拾级而上。与其说父亲是一位教育工作者，不如说父亲是一位教育播种者。

　　1995 年 11 月 11 日，父亲走了，只给我们留下了一张一元三角三分的存折，而老人家却给我们留下了一笔巨大的精神财富。

征 稿

　　《老照片》是一种陆续出版的丛书，每年出版六辑。专门刊发有意思的老照片和相关的文章，观照百多年来人类的生存与发展。

　　对稿件的要求：所提供的照片须是20年以前拍摄的（扫描、翻拍件也可），且有一定的清晰度，一幅或若干幅照片介绍某个事件、某个人物、某种风物或某种时尚。文章围绕照片撰写，体裁不拘，传记、散文、随笔、考据、说明均可。

　　编辑部对投寄来的照片，无论刊用与否，都精心保管并严格实行退稿，文字稿恕不退还，请自留底稿。稿件一经刊用，即致稿酬。

　　来稿请寄：山东省济南市英雄山路189号B座　山东画报出版社《老照片》编辑部

　　邮　编：250002

　　E-mail：laozhaopian1996@163.com

　　网　址：www.lzp1996.com

　　电　话：（0531）82098460（编辑部）（0531）82098460（邮购部）
　　　　　　（0531）82098479（市场部）（0531）82098455（市场部）

　　邮购办法：请汇书款至上述地址，并标明收款人"山东画报出版社有限公司"和注明所购书目。

　　邮发代号：24-177

《老照片》网站与微信公众号

　　官方网址：www.lzp1996.com

　　微信公众号：山东画报出版社老照片

我们姐弟仨

潘加宁 口述　陈　杰 整理

　　我们三姐弟出生的时候，父母以我们出生地的大江大河来命名他们的孩子。我是老大，1946 年出生于重庆，取名加宁（谐音嘉陵，意为出生于嘉陵江畔），妹妹 1948 年生于南京，取名扬子（南京位于长江畔，长江又名扬子江，后来因为扬子太像日本人的名字，改名力力，因她脸上有一粒一粒小红点），弟弟 1950 年出生于杭州，取名之江（杭州在钱塘江畔，钱塘江又名之江）。图 1 是我们姐弟仨的第一张合影，摄于 1951 年的杭州，当年我六岁，妹妹四岁，弟弟两岁。从穿着来看，我们比一般家庭的孩子都要穿得好，可见我们家当时的生活条件，即使在城市里也是属于中等以上的。

　　我父亲潘祖襄出生于浙江绍兴的官宦人家，曾祖潘寅是咸丰年间的刑部左侍郎，祖父潘次风当过湖北襄阳知府。父亲上面有三个哥哥，均毕业于国内名校。初中毕业后，父亲于 1933 年考入浙江嘉兴秀州中学，他的同班同学中有程开甲，2013 年曾获国家最高科学技术奖。高中毕业后，父亲以优异成绩考入清华大学，当时正是战火纷飞的年代，清华大学已南迁到云南昆明，跟同样南迁的北京大学、南开大学联合办学，称西南联

图1 我们姐弟仨的第一张合影。摄于 1951 年的杭州。当时我六岁，妹妹四岁，弟弟两岁。

合大学。父亲于 1939 年进入西南联大商学院读书，1943 年毕业。当时梅贻琦校长决定派联大 1942 届和 1943 届三、四年级外语系学生共三百名参军服役两年。刚从商学系毕业的父亲放弃去美国留学的机会，毅然报名参了军，他被派往昆明美军总部担任翻译，一直到 1945 年抗战结束。这一段经历，成了他以后在历次政治运动中不断挨整和写检查的缘由。

我母亲盛昭华是孤儿，抗战期间，她随难民流落到昆明，在一个好心人的帮助下进入云南玉溪卫校学习。1940年，在联大青年夏令营活动中，与父亲相识。抗战胜利后的1945年10月20日，父母在重庆结婚。大约1947年，父亲进入南京国民政府的交通部工作，当时全家都迁到了南京，妹妹就出生在南京。1948年，父亲在其三哥的安排下到了香港。解放前夕他坚持返回杭州，进浙江省交通厅工作。解放后，父亲仍留在省交通厅，担任省交通厅交通运输股股长。我们一家住在杭州柴园弄。父亲工作很忙，但我们家庭生活还是很安逸的。

　　宁静的生活很快被打破了。1951年的"三反"运动中，父亲从最初的"打虎队队长"被打成"大老虎"，并被判刑五年。后来证明是被他人诬告，所谓"严重问题"纯属子虚乌有，在关了十八个月后被无罪释放，但还是留下了一个"不起诉处分"的处分。父亲被抓以后，家里失去了生活来源，母亲必须出去寻找工作才能养活全家，但三个小孩谁来管呢？只好忍痛送人抚养或照看。那时候，齐家是我们住在南板巷的老邻居，齐家夫妇为人正直，他们也没有小孩。母亲跪在地上求齐家夫妇收养我们，齐家夫妇说三个人只能领养一个，母亲说随便哪一个，齐家就领养了我，并每月给我家十元人民币。因齐家父母都有工作，他们就叫了一个保姆照看我，接送我上学。我在齐家读了幼儿班和小学一年级。妹妹当时被送回了绍兴老家，由大伯父抚养，但妹妹在绍兴老家又哭又闹，一天到晚吵着要妈妈，不到一个月只好接她回来，和弟弟一起，请一个专为别人洗衣的马家照看。马家是穷苦人家，马家女人靠洗衣服养活自家的两个孩子，同时兼顾照看弟妹，也是够辛苦的。

　　母亲因为学过医，不久被安置到杭州市劳动局下属的医务

图2　父亲缺席的"全家福"。

室工作，平时经常要下工地服务，工作很忙，但她一边工作，一边仍不停地为父亲的事申诉。一次，她去乔司劳改农场看望父亲，父亲让她下次来带一张全家福给他。于是母亲把我们姐弟叫回来，去照相馆拍了一张父亲缺席的"全家福"（图2）。照片上，母亲的脸上露出了久违的笑容，孩子们稚嫩的脸上却比较严肃，虽然他们尚不清楚这个家庭到底发生了什么。那一段时间，也是我们家生活最困难的时候之一。

　　1953年，父亲被无罪释放，之后把我接回了家。一家人重新生活在一起，可是随后的政治运动接踵而至，过了没几年，厄运降临到母亲头上。在1957年的"反右派运动"中，母亲被打成"右派"，随后下放到余杭县的东塘农村，接受劳动改造。1958年，就在母亲发配农村劳动几个月后，正在外出差的父亲被单位召回，被动员下乡，当时说是去劳动锻炼一阵子，少则三个月，多则半年就回来。父亲找大哥来商量了半天，两个老实人决定，一定要响应党组织的号召，克服困难去农村，当时单位还张贴红榜表示欢送。于是父亲带着三个小孩从杭州来到余杭县塘栖农村。

我们坐了一夜的船，第二天早上船到塘栖。接着坐船到了塘栖镇郊的李家桥，当时塘南公社各大队都摇了船来接城里来的"五类分子"（指地主、富农、反革命分子、坏分子、右派）。这些人都被农民领走了，最后就剩下我们家。怎么会多出一家呢？原来我们家并不属于"五类分子"，所以上面也没有档案（二十年后，弟弟去查过档案，确实没有父亲下放的档案记载），单位说下来就下来了。当时，孤林大队还有一条空船，一位公社干部说，那就到孤林去吧。这样全家就被带到了孤林。船到孤林，天已经黑了。孤林共来了五户人家，事先都已安置，我

图3 全家福。摄于1961年4月6日。那年我十六岁，妹妹十四岁，弟弟十二岁。

们家属于额外的，无处安顿。这时出来一个农民，看我爸也是个老实人，就说住我们家吧，这个人叫胡万珍。我们后来也搬过多处住处，基本上都住在当地农民家的偏房里。

令人感到可怕的是，到了农村就被当作"五类分子"看待了，再也无处说理，当地人说，你不是"五类分子"，怎么会下放到农村来呢？虽然爸爸不断去单位讨说法，但事情一直无法解决。而且在"文化大革命"中，他的所谓当过美军翻译的"历史问题"被不断地深挖，不断地被加码。就这样，回城成了遥遥无期的奢望，我们全家在这块陌生的土地上居住下来，一待就是二十年。

图3摄于1961年4月6日，那年我十六岁，妹妹十四岁，弟弟十二岁。拍照是父亲的提议。父亲在西南联大读书时期，就学会了拍照、冲印和放大技术，他留下了很多那个时期的照片，他喜欢拍照。父亲说，很久没有拍过照片了。于是我们全家每人都换上了新衣，一起坐了大半天的船，来到塘栖镇上的照相馆，拍下了这张全家福。当时我已经考入塘栖中学，读初二。我佩戴着校徽，校徽上写"杭州塘栖中学"六个字。我读初中时，正是"三年困难时期"，我一个月交五斤粮食到学校，这也是父母千方百计省下来的，所以那时候饿肚子是常事。

这年的下半年，妹妹也小学毕业了，虽然她成绩很好，可是因为一些问题，未能顺利进入初中学习。当时陈启道老师介绍妹妹给塘栖中学袁宝珠老师家当小保姆，主要是抱小孩，洗尿布，晚上就和我睡在学校的寝室里。妹妹做事很尽心，寒冷的冬天，她在河滩上敲破冰层洗尿布，手冻得像红萝卜。袁老师对陈启道老师说，这个女孩真会做事，叫她管小孩我很放心。因为妹妹还想再考初中，所以做了一个学期不做了，第二年她

图4　姐弟仨合影，也是在塘栖照相馆拍的。摄于1966年。当年我二十一岁，妹妹十九岁，弟弟十七岁。

考进了塘栖中学。弟弟那个时候读小学，那时的小学，学生只读半天书，还有半天要回家割羊草。

1962年，母亲"右派分子"摘帽，按当时的政策，母亲可以回杭州，但由于父亲的问题没有解决，母亲说，要苦苦在一起，一家人坚决不分开。母亲当时是有工资的，每月37.5元，而父亲什么待遇也没有了，他像农民一样，脱了皮鞋下地，什么农活都学着干。父亲干一天活，只拿一半的工分，一年到头，还要透支，甚至还要倒贴钱给队里，才能分到口粮。我们全家基本上靠母亲的工资生活。

图4摄于1966年，也是在塘栖照相馆拍的。当年我二十一岁，妹妹十九岁，弟弟十七岁。先说说我自己，我1962年初中毕业以后，考进了杭州青年中学，因经济困难，未能就读。后来爸爸有个在西南联大时期的一个同学，帮我联系去长乐林校读书，虽然林校伙食是全免的，但那时家里只有十元钱，我想

把十元钱拿走，当了路费，但弟妹就不能在塘栖中学读书了，想了好长时间，我对父母说放弃吧，这十元钱可让弟妹去读书。这样，我就在家劳动了一年。1964 年，我当上了孤林大队的民办教师，因为当时像我这样有初中学历的在农村还是很少。我很喜欢教书，一心一意地想做好这个工作。可是好景不长，过了几个月后，还是因为我的家庭成分等原因，上面领导说不能担任民办教师，被清退回家。当时是陈旭东老师无奈地告诉了我这件事，我的心像被刀割一样得痛苦和绝望。这样过了一个月后，大队领导说，让潘加宁来当耕读小学的老师吧。耕读小学实际上就是扫盲班，就是晚上给大龄男女上课，主要是识字教学，白天学生和老师仍参加农业生产劳动。我上一个晚上课只记一个工分，大约值七分钱。从我家到学校里有一里多路，四周没有一户人家，晚上上完课回来，在梅树林下走，没有路灯，只看到树下摆放的棺材，阴森森的，可吓人了！我每次经过都大声唱歌，壮自己的胆子。有时棺材里还发出尸体的臭气，我只有屏住气快步经过。而且棺材里的死人我都认识，他们在世时同我讲话的声音仿佛就在耳边响起……那些年，我就一直当着夜校的扫盲老师。扫盲老师其实没有教师身份，但我喜欢教书这个职业，一直坚守着心中的信念，我渴望能当上一个真正的老师。

再说我妹妹。照片中的她当时已经是塘南公社红星大队的民办教师了。妹妹当老师的经历也颇多曲折，她初中毕业后也回家了，没有工作。有一次，当地的小学缺少老师，校长知道我教学工作认真，就带信来让我去学校代课。当时妈妈同我商量："加宁，你妹妹再没有工作要发疯了。她那么要强的人，一天到晚在家抄毛主席语录，你一定要照顾她。你会摇纱织布，你让给她去教书吧。"这样妹妹就替我去当了代课教师。

妹妹先去龙船坞小学教书，可是只教了一天就被辞退了。村里的书记说，潘力力成分不好，怎么能在学校教书？当天夜里，妹妹悄悄地回到家里。妈妈问："你怎么回家了？"妹妹哭着说："人家不要我教了，我白天回来，怕被人看见难为情。我只好半夜三更回家。"

后来孤林小学陈旭东老师生病叫她去临时代课，正巧那天校长吴兆发来听课，对妹妹的教学能力留下很好的印象，说她上课小孩管得牢，字也写得漂亮。后来学期结束放假了，吴校长就推荐妹妹下学期去塘栖北面的邵家坝教书，教了一个学期又调她到西介河、塘北村等小学教书。1969年，父亲又成了批斗对象，妹妹也不能再继续教书了，她去跨塘桥砖瓦厂做工，掼砖头。塘北村人看见了，回去告诉校长。校长说，塘北村要这位好老师，让潘力力把户口迁到塘北村来，不吃孤林村的粮食，孤林村也就不能再叫她回去了。后来妹妹就把户口迁到了塘北郑家埭。

照片中的弟弟已经十七虚岁了。弟弟人很聪明，接受能力很强，他在农村的广阔天地里茁壮成长，养成了天不怕、地不怕的性格，可是一生中最好的学习时光却被耽误了。他在孤林庙里的小学读到三年级，转到长山桥小学直接读五年级。1961年小学毕业，他考取了塘栖中学，初中只读了半年，因为家里没有钱就退学了，回到家里参加劳动。当时农村人说：世上有三苦，撑船打铁磨豆腐。这三件事弟弟都做过。弟弟十五六岁时学打铁，师傅叫老孙。当时学徒只管吃饭，没有工钱。打铁很费体力，他年纪小没力气。磨豆腐是跟田畈心的青田和尚学的，磨豆腐三更天就要起床，年轻人真受不了。这两件事都半

图5 姐弟仨摄于 1979 年的杭州。

途而废了。倒是划船，他练了一身好技术。在塘栖水乡，劳动、出行都少不了船。划船去城里运肥料，去镇上交公粮，去乌镇、嘉兴赶集卖甘蔗，生产队里摇船的活，总少不了他。到1966年，弟弟已经成为农活上的一把好手。去河港里捻河泥，还有养水草、洗白麻，他样样农活都拿得起。弟弟是个求知欲非常强的人，记性非常好，可是那个时候适合他读的书实在太少了，父亲从城里带来的那一箱书，如《杜工部全集》《雷雨》《原野》及《萌芽》期刊等已经被他翻烂了。公社发到大队里的马列著作《哥达纲领批判》《国家与革命》等书，平时堆在大队部的角落里没人看，他也看得津津有味。比较重要的《人民日报》社论，他到现在都能大段背出来。当然，他有很多知识都是父亲教给他的。因此，在农村的同龄人中，他属于见多识广的。

时光飞逝，十多年过去了。图5是三姐弟摄于1979年的杭州。我们三姐弟穿的都是白色的确良衬衫，这在当时是最时髦的。我们三人的境况也发生了巨大的变化。

照片中的我三十四岁了，已经有了两个孩子，由于我一心想当个老师，父亲说，像我们这样的家庭，你只有嫁个贫下中农才有可能当成老师。1969年，我嫁给了塘南姚家坝一复员军人，对方是贫农出身。丈夫一家兄弟五人，我嫁过去时，家里的房子连门也没有，做饭都配不齐碗。结婚以后的五年，我在塘南中心小学分校南湖小学（地址在姚家埭徐家坞红顶山上）任"赤脚老师"（只记工分，没有民办教师的资格），每天只拿到男教师的一半工分，是大队给的，到生产队还得扣除一分工分，因为口粮是在生产队拿的。1974年，我才转为民办教师。那时有农忙假，我要参加"三熟制"夏收夏种劳动——割大麦、交公粮、收菜籽、养蚕等。暑假期间要参加"双抢"（抢收抢种），收割早稻、种下晚稻，与时间赛跑，劳动强度很大。国庆期间放假正好收割络麻。像我这样的，各种农活一样也不少，所以照片上的我，看上去又黑又疲劳。

照片中的妹妹看上去要比我精神得多。她那时已结婚回杭城，在浙江省电力设计院工作。她回城的经历也颇多曲折。妹妹是个很要强的人，她从来没有向命运屈服过。她在学校读书时，表现很积极，她很早就入了团，是余杭县可以改造好的子女代表。她不甘心在农村过一辈子，所以她一直到1977年三十岁时才结婚，这个年龄结婚在当时的农村极为罕见。妹夫是电力设计院的工程师，比妹妹大八岁。妹妹的婚事是孟宝铭一家张罗的。孟宝铭是1964年驻孤林村的社教工作队队长，他当时是杭州市中级人民法院刑事审判庭庭长，带了一个工作队到孤林村搞"社教"。工作队有十几个人，大多是大学生。工作队进驻孤林村，查到我爸的案子是个冤案，孟宝铭是个正直的人，认为我爸这案子怎么能这样办呢？于是通过公社宣布潘祖襄不是"五类分子"，属于人民内部矛盾。这样把我们一家拉了出来，村里人看我们的眼光都不同了。后来，孟宝铭夫妇一直关心着我们一家人的生活，我们两家也一直来保持着良好的关系，孟宝铭夫妇把妹妹视作自己的女儿一样，给她张罗婚事，并从他们家里出门婚嫁，还为妹妹调回城里做了很多努力。妹妹结婚以后，仍在塘北小学教书，过了一年多，才调回杭州。

弟弟的变化是最大的。1977年恢复高考的消息传来，弟弟决心通过高考来改变自己的命运。他参加了1977年的高考，他

图6 姐弟仨于1986年在杭州武林新村妹妹家楼下的合影。

虽然只读过半年初中,但他爱学习,人又聪明,语文、历史成绩一直很好,特别是临考复习阶段父亲给了他很多复习指导,所以他是当年塘南公社唯一高考成绩上线的考生。不过当年高校录取政审这一关很严,加上学校志愿填得太高,弟弟当年未被录取。县里派人让他去塘栖中学代课,教高复班学生历史课。

1977年,母亲的历史问题率先得到解决,上面有政策,母亲回城复职了,但父亲的问题还没有解决。那个时候,国家政策允许父母可以提前退休让在农村的孩子顶职回城,于是母亲提前办理了退休手续,让弟弟顶职回到了杭州,弟弟就这样进入了杭州市下城区卫生防疫站工作。

图6是我们三姐弟于1986年在杭州武林新村妹妹家楼下的合影。1986年,对我来说是人生中的一个重大转折。那年,我在当了十年"赤脚老师"和十三年民办教师后,被转为公办教师,能和男老师一样同工同酬了,而且能按月发工资,不用担心拖欠。1987年,我连加了两级工资,收入也增加了,生活在一天天地好起来。我从1983年调到塘南中心小学后,就一直在这所学校里工作,我每年都担任低段年级的教学和班主任工作,还担任了塘南乡低段年级教研组长。几乎每个学期都要上公开课。我训练学生的说话能力和口算能力,取得了不少成绩,得到同行的肯定。我对学生关心爱护,获得了县"爱生积极分子"称号。

1986年,我妹妹潘力力在省电力设计院行政科工作,她工作能力很强,受到单位领导的肯定。1984年起她就读省级机关在职业余大学附设高中(夜校),1987年正式取得高中学历,后被转为国家干部。

1986年,弟弟已经是杭州广播电台的新闻部主任了。1978

年弟弟在防疫站工作半年以后，后来调到下城区政府工作。在工作之余，开始了他如饥似渴的学习生活，他似乎要把少年时期失去的学习时光全部都恶补回来。工作以后，他因为超出报考年龄，不能再参加高考，但求学的道路并未就此中断。1980年9月，杭州市下城区教师进修学院办起了业余大学中文科（夜校），他第一时间去报考，并被录取。一大批像他这样被"文革"十年耽误了学习的大龄青年进入夜大学习。在那段时间里，他一边工作，一边学习，一边向报社投稿。仅在夜大的头两年，他就在省市报刊上表了一百多篇新闻报道。他每天早晨5点就起床学习。后来夜大曾经历停办的风险，弟弟非常焦急，给《杭州日报》写了一份内参《这棵幼苗不能扼杀》，呼吁让夜大学生继续读下去。这件事引起了著名报告文学作家陈祖芬的注意，她写了长篇报告文学《关于候补中年知识分子的报告》，引起了有关部门的注意，夜大也得以继续办下去。

1984年，杭州人民广播电台公开向社会招聘记者，弟弟以优异成绩考取，很快在工作岗位上崭露头角。

这期间，最令人痛惜的是父亲的去世。1980年初，在子女们的多次申诉下，父亲终被落实政策，由浙江省交通厅退休，并得到妥善安置。1981年，父亲回到阔别二十多年的杭州城。回城后，他返聘参与《浙江交通史》的编写，同时给拱墅区职工业余学校讲课，帮助青年补习英语。1983年，杭州市总工会让他以高级知识分子的身份参与疗养，并补发高级知识分子证书。他非常兴奋，感觉重新拥有了几十年来失去的尊严，由于过于激动，引发心肌梗死，不幸去世，终年六十六岁。

十年过去了。图7是1996年在妹妹家拍的，当年我五十一岁，妹妹四十九岁，弟弟四十七岁。1996年，对我来说，也是

图7 这张照片是1996年在妹妹家拍的，当年我五十一岁，妹妹四十九岁，弟弟四十七岁。

一个值得纪念的年份，因为那一年我中师函授毕业了，经过三年的学习，我付出了比常人更多的努力，终于取得了中等师范专业的毕业文凭。1999年我评上了小学高级老师。

1996年，妹妹仍在省电力设计院工作，而弟弟潘之江已经调往深圳了。我们三人中，弟弟的变化和取得的成就是最大的。他在杭州广播电台工作的六年中，取得了大学文凭，入了党，评上了中级职称。1990年初，去了省委办公厅工作。1993年3月到7月，任职于海南长江实业集团。1993年12月调入深圳，先后担任深圳广播电台总编室主任，新闻频道总监。1996年深圳广播电台在《早新闻》节目中开设了"广播快评"栏目，弟弟为这个栏目写过三百余篇广播快评，他写的广播快评都在千字左右，从选材、思考到行文、成稿通常在半个小时左右，这

个节目为观众所喜爱。后来精选九十九篇以《敢问理在何方》
为名由人民出版社出版发行。

　　小时候母亲说我们仨像一根藤上的三朵小花，成年时我们
像一根藤上的三个苦瓜，老了就变成了一根藤上的三个甜瓜。
我们尝尽了人生的酸甜苦辣，也见证了时代的发展、社会的进
步，领略到阳光熙暖和岁月静好。回想我们姐弟仨，无论在过
去怎样艰苦的环境下，我们不曾放弃过心中的理想。我们都在
农村干过繁重的体力劳动，但是我们一刻也没有放松过看书、
学习。因为我们一直坚信，一个人向前走的力量存在于我们的
内心，人有了信念和追求，才能忍受艰苦、适应环境，才能实
现自己最大的人生价值。

· 书讯 ·

山东画报出版社　2021 年 7 月出版
定价：298.00 元

日俄战争

日本与欧美记者东亚争霸之写真

李洁 撰述　刘云志 辑录

本书以图文并茂的形式记录了 1904 年
至 1905 年日俄战争的诸多方面，如日俄双方
海陆军的作战状况、医疗医护、战地生活和
军事装备等。书中收录的一百余幅图片，均
选自云志艺术馆的藏品，分别为日本随军摄
影记者和欧美的战地记者所拍摄，为迄今日
俄战争最丰富的影像记录。

嘟柿情深

刘仁波

　　每当秋季去大兴安岭林区出差或游玩时，遇见有卖嘟柿的，我总是耍近前买上两碗，或将其捧在手中凝视，或将其贴于鼻前静静细闻。若是偶见一位步履蹒跚、臂挎盛满嘟柿的土篮筐走街串户叫卖嘟柿的老翁时，我会毫不犹豫地紧跟在他的身后，并陪着他默默地走上几个小时，静静地注视着老人的一举一动，聆听着从老者口中发出的叫卖之声，直到老人卖完筐中的所有嘟柿后消失在夜色中。

　　平心而论，我并不喜欢食用这种颗粒较小、甜酸混杂、吃到嘴里满是紫色汁液，轻易即可把舌头和牙齿都染成紫色的学名为蓝莓的野果，更不是闲来无事地跟在老翁身后消磨时光，我之所以钟情这样做，是缘于对父亲的思念。

　　20世纪60年代末，因生活所迫，还是懵懵懂懂的我只能听从大人们的安排，随多病的母亲和两个姐姐离开在林区居住的父亲和哥哥家，去投奔远在千里之外的在农垦居住的大姐家。我依稀记得在送我们去火车站的路上时，父亲拉着我的手，用沙哑而又低沉的声音对我说道："孩子你要记住喽，到了你姐家后要懂事明理，多照顾你姐的孩子，要眼里有活，更要好好

图1 这是我（后排左一）过十二岁生日时，父亲花钱让我和小伙伴照的一张合影。当时我说也和父亲合照一张，父亲却推脱了，事后我才得知，那时拍一张二英寸黑白照需要三角钱，父亲是舍不得钱啊！谁知，从那以后我和父亲几乎是一年见不上一面，到父亲去世我们也没照上一张合影，这成为了我终生的遗憾。

读书！"我看着父亲那饱经风霜的脸，摸着父亲那满是老茧的手，不住地点头应允着。

当载有我们娘几个的火车徐徐开动时，我清楚地看到了站在车窗外站台上那一生刚强、年过古稀的父亲此时已满眼泪水，那瘦弱的身躯犹如一根枯枝，在凛冽的寒风中不住地摇晃。

父亲原是一家国营缫丝厂的工人，膝下共有七个子女。在同事们眼中，他是一位技术过硬、热情豁达的老大哥；在儿女的眼中，他是一位尽职尽责、和蔼可亲的好父亲。为了让我们就业，在他即将退休的时候，不得不忍痛割爱，用自己的公职换来了我大哥和我二姐的工人身份。那时的父亲，身体还算硬朗，闲不住的他靠着自己那多才多艺和灵活的头脑在外谋一些活计，挣一点零用钱补贴家用，儿女们的生活还算说得过去。然而，时过境迁，光阴荏苒，火车站上与我们分别的父亲与当年相比已判若两人，岁月的风霜和长年的劳作已经使他进入风烛残年、弱不禁风的时光，他再也没有能力和体力去为儿女们打拼了，只能伤感地看着亲人们别他而去，他束手无策。多年后在回忆起那个场面时我

图2 这是我父亲七十三岁那年拍摄的照片。摄于1972年。

在想，父亲当时的内心一定伤痛到了极点，所以这个古稀老人才会咽哽声哑，泪眼婆娑，他的眼在流泪，心一定在滴血。

我与母亲及两个姐姐共四人到大姐家后不足半年时间，母亲也因心绪不佳，老病复发而过世。当得知消息的父亲赶到时，母亲的遗体已入土安葬几日了。在我的引导下，父亲来到了母亲的墓旁，静静地看着那新立的坟头，一言不发。过了很长的一段时间，父亲弯下腰，用他那骨瘦如柴的双手，颤抖地从母亲的坟头捡着落叶和杂草，又一捧一捧地从坟旁的地上捧起鲜土，轻轻地撒在母亲的坟墓上。我那个时候年岁小，无法揣测父亲的内心世界，但我看得出来，老人家当时肯定心如刀绞，伤痛万分。

母亲去世两年多以后，我考取了一所镇重点中学，中学离大姐家有四十七里之遥，没有任何通行的车辆。为了继续报答

图3 父亲去世时,我的四个姐姐合影。分别为三姐(左一,已故)、五姐(左二)、四姐(左三)、二姐(右一,已故)。

大姐的收养之恩,每个星期六的下午我都要坚持徒步从学校走回姐姐家,干完其家中上周积攒的活,并备足下周的生活必备品后,再摸黑徒步返回学校,每次都累得我近乎虚脱,但一年四季风雨无阻,寒暑不误。

父亲得知我的情况后,托林区来的人给我捎来口信,叮嘱我不可因劳累而中断对大姐的照顾(姐夫当时在外地部队服役),不可因艰苦而耽误学业。同时还说,他想办法帮助我解决交通工具的问题。我点头应允,我知道这几点我肯定要努力去做,并一定做好,这倒不能说自己是一个最敢于吃苦、知恩图报、好学上进的好孩子,更主要的一点是我非常佩服和尊敬我的父亲,老人家的话我向来是百依百顺,言听计从。

至于说父亲要给我解决交通工具一事,我当时还以为是捎信人为哄我开心自己添加上去的呢，因为我知道，父亲既无存款，又年老体弱，去哪搞钱给我解决交通工具呀？所以我并未放在心上。

几个月后初冬的一个星期六下午，当我拖着疲惫不堪的身体一步三晃、三步一歇地从学校返回快要接近姐姐家居住的村外时，影影绰绰地看见一个非常熟悉的身影正站在村口的路上向我招手，我揉揉眼睛驻足细看，终于确定了那个人就是我日思夜想的父亲！我的血液沸腾了，一边动情地呼喊着父亲，一边拔腿向父亲飞奔而去，待来到父亲身边时，控制不住激情的我一下扑入了父亲的怀中，任凭那不知是思念的还是酸楚的泪水流过脸颊，滴落并浸湿了父亲的衣襟。父亲也是一语不发，用他那青筋暴露的大手，轻轻的抚摸着我的头和我的肩。我们父子二人就这样互相拥抱着，默默地在寒风中伫立着。

不知过了多久，父亲打破了沉默："孩子，别哭了，父亲知道你小小的年纪吃了不少的苦，也缺少同龄孩子们那来自于父母的爱，我何尝不想把你接到身边，一起共享天伦之乐啊！无奈父亲老了，连自己都需要靠儿女赡养，只能让你委曲求全了。"话罢，父亲扭过脸去，用手擦了擦眼角溢出的泪珠，生怕被我发现什么似的，又佯装看了看远处说道："沙子迷眼了……"

我知道父亲最后这句话的用意，他是怕我为他的泪水而更加伤感，我更不想再加重父亲的悲伤，赶紧止住哭声借机说道："那我给你吹一下吧，看能否把沙子吹出来。"父亲连忙摆手，"不碍事，一会儿就好了。"我没有强求，并转变了话题，询问起父亲是何时来的，近来身体状况如何。

聊了一会，父亲突然面露喜色地催促我："走，赶紧回你

图 4　父亲去世三周年时，我（前排蹲者）与大姐（后排中间者，已故）、三姐（后排右一，已故）和外甥、外甥女在内蒙古扎兰屯吊桥合影留念。摄于 1975 年。

姐家，看看我给你带什么礼物来了！"听了父亲的话后，我只好依依不舍地离开了父亲的怀抱，挽着他的手臂向姐姐家走去。

当我们父子二人刚刚迈进姐姐家栅栏的大门时，父亲便抬手指了指停放在院中的一辆崭新的凤凰牌加重自行车，并对我说："这就是我送你的礼物，你以后就可以骑着它去上学，再也不用吃徒步之苦了。"我霎时间哑然了，瞪着大大的眼睛，傻傻地看着父亲。"这是给你买的自行车，也就是我曾承诺给你买的'交通工具'，你自己过去看看喜不喜欢吧！"父亲见我一动不动呆若木鸡，笑了笑并朝我屁股上拍了一下，催促道。

我仿佛如梦初醒，猛地回过神来，几步跨到自行车前，像观赏金银玉器、琥珀钻石一样，细细观察着那锃光瓦亮的车身，把手往衣袖上擦了擦，小心翼翼地抚摸着车把和车座，生怕自己一不小心会把自行车碰散了。此时的我真是喜出望外，凫趋雀跃，一回身便抱住了早就站在我身边的父亲，狂呼乱蹦了起来。

那个年代，自行车可是一件奢侈品，名列于家庭"四大件"（自行车、手表、缝纫机、收音机）之一，像这样一辆加重自行车，少说也得一百六七十元，这对于平均月收入二十几元的那个时代而言，这是多少家庭可望而不可求的。我做梦都没有想到，今天能够拥有了它，言语无法表达我的喜悦与激动。

高兴了一会儿，我的情绪慢慢稳定了下来，用不解的眼光看着父亲，老人家从哪儿搞来这么多钱买自行车呀？

父亲看见我忽然转变的表情，似乎明白了我的疑惑，轻描淡写地说："我别的活计也干不动了，正好林区有野生嘟柿，便上山采了一秋天，卖了钱，就给你买了这辆自行车。"

"啊！"我惊诧地大喊，浑身打了个激灵。

　　我对采摘野生嘟柿是有体验的，那是一项充满着危险和艰辛的活计，且不说在山上要时时防范毒蛇猛兽的突袭、树枝的划伤、蚊虫的叮咬等，只就采摘果粒而言，需要臂上挎着篮子，双手一起忙活，遇到高枝时还需爬上爬下，手脚并用，这是非常考验耐力的。全天下来，腰酸背痛，腿软臂麻，浑身难受，苦不堪言。体格健壮的青壮年也是采几天就得休息两天，一般老年人也只是偶尔上几趟山，找些零星的处于地势平坦的低矮的枝杈摘一些，自己吃不了时，再拿到集市或居民区去卖，仅此而已。而靠天天采嘟柿卖钱，攒够买一辆自行车的钱的，在那个时代大概我父亲是第一人。

图5　父亲去世二十周年时，我大哥（前左三，已故）、大嫂（前左二，已故）、三姐（前右一，已故）、五姐等合影于内蒙古大杨树镇。摄于1992年。

我细细地算了一笔账：买一辆那样的自行车需要一百六十多元，而按当时的市场价格每碗嘟柿最多能卖一角至一角五分钱，父亲最少需要卖一千五百碗嘟柿才能凑够买自行车的钱！况且，野生嘟柿这种果实颗粒很小，很长时间都采不够一碗，加之它的收获期只有短短的一个月左右，那就是说，父亲不但每天要往返于二十几里的山路，同时还要每天采、卖五十多碗嘟柿，方能在一个采摘季节攒够买自行车的钱款，不敢说老人家昼夜都在奋斗，但顶着星星走、披着月亮归的说法绝不为过。他是在用自己的生命为子女打拼着。

　　我慢慢地抬起头来端详着父亲，那因风吹日晒而有些暴皮的脸庞，那因劳累过度而略显弯曲的背部，那因睡眠不足而微微塌陷的眼窝，那曾被蚊虫叮咬过，仍然清晰可见的密密麻麻的脓包，我的心似箭穿，肉如刀割，伤悲齐聚，音哽语失。

　　不久后的一个春季，父亲病故于我的另一个姐姐家中，享年七十五岁。

　　也就是从那个时候开始，我对嘟柿这种野生小果，从心灵深处产生了眷恋，一种特有的偏爱！

老照片 第一三七辑

胡梦华先生其人其事

曹立先

胡梦华,安徽绩溪宅坦人,生于 1903 年,1924 年毕业于东南大学(简称东大,后改名为中央大学,现为南京大学)文科。1929 年在安徽省凤阳县任安徽省立第五中学校长,同年从政,曾任国民政府行政院机要秘书,国民党中央组织部党务视察室主任,中央训练部部长,河北省政府秘书长、省政府代主席,天津市社会局局长等职务。全面抗战期间,任国民政府军事委员会战地服务团中将主任,组织领导战地服务工作。在天津解放前夕,他接受中共交给的任务,在保护敌伪档案、掩护地下工作人员等方面,作出了突出贡献。1951 年至 1975 年被错误地关押在战犯管理所。1975 年被特赦后,任天津市政协委员、市政协文史专员。1979 年平反,被定性为爱国人士。1983 年在北京病逝。

出身名门,与胡适家族渊源颇深

胡梦华,行名昭佐,又名梦华,字圃荪。农历闰五月初五出生。祖父胡宝铎(1825—1896),清同治年间进士,曾任兵

140

部主事、员外郎、军机章京，特赏三品衔，被清廷封为资政大夫，赐世袭云骑尉。后无意丁功名仕进，以父母年迈需要照顾而隐退。回到家乡后，曾参加安徽省志纂修，晚年设馆课徒，从事写作，著有《浒晴丛稿》等书。父亲胡文骐是秀才，曾任安徽蒙城县教谕。鉴于政治腐败，也无意仕途，转而经商营生，并教授子女读书。

胡适是安徽绩溪上庄人，上庄距宅坦仅十几里的路程。胡适与胡梦华都是绩溪"明经胡"的后裔，有着密切的近世血脉亲缘。1881 年，胡适的父亲胡传只身北上赴京城赶考时寄宿于绩溪会馆，在这里，他与族兄、时任军机章京的胡宝铎促膝长谈，

图1 1923 年，国立东南大学西洋文学系学会合影。前排右起第一人为胡梦华，后排左起第三人为吴淑贞。

并在胡宝铎的大力相助下步入仕途，担任过上海"淞沪厘卡总巡"、台湾"全台营务处总巡""代理台东直隶州知州"等职。

1920 年，胡梦华报考南京高等师范（简称南高）时，父亲陪他往南京应试。胡适恰好在南京作暑假演讲，同乡就建议胡梦华的父亲找胡适写信给南高校长郭秉文，托他关照通融。父亲和胡适都照办了。而胡梦华的考试成绩很好，正常录取了，胡适的信并没有起到作用。第一天上课时，英文科主任张士一教授在课堂上将这封信公开了，当众说，这是北大教授胡适博士写的人情信，他推荐的这位学生，我们英文科已录取了，但并不是凭胡博士的信，而是根据他的考试成绩。

1922 年 12 月 1 日，胡梦华与南高同学吴淑贞在南京花牌楼中国青年会举行结婚典礼，那时他俩大学都还没有毕业。吴淑贞是绍兴淳安人，父亲是广东潮州镇守使吴星亭将军。胡梦华的父亲从芜湖赶到南京主持婚礼，请胡适证婚，东南大学教授梅光迪、楼光来两位老师分别为男女双方的介绍人，新婚夫妇所敬佩的老师杨杏佛、柳诒徵、吴宓诸教授及同学多人都参加了婚礼，为一时盛大婚庆。

笔耕为乐，与鲁迅等展开笔战

胡梦华生长在书香门第，又因为是端午佳节诞生，故立志效法屈原，以身许国。他自幼勤奋好学，先在安徽芜湖启蒙，后入芜湖狮子山雅各中学、安庆百子亭保罗中学就读，均以优异成绩毕业。1922 年秋南高扩展为东南大学，他就转入该校西洋文学系攻读。1924 年夏，以文学士毕业于东南大学。

由于家庭环境、社会关系的影响，胡梦华酷爱文史。在求学期间，就才华过人，擅长写作，在报刊上时有文章发表。他对文学、社会、教育、哲学等方面均有独创的见解，为当时文坛所重视。他时常发表文章的报刊有：邵力子主编的上海《民国日报》副刊《觉悟》，张东荪、李石岑主编的上海《时事新报》副刊《学灯》，钱智修主编的上海《东方杂志》，沈雁冰、郑振铎先后主编的上海《小说月报》，凌梦痕主编的上海《绿湖》以及绩溪人士程本海主编的《微音》等。

1920年进南高、东大学习后，胡梦华和吴淑贞同在英文科、西洋文学系学习。课余之暇，他俩互相讨论，共同创作，发表文章。他们曾从这些文稿中选编了一辑《异域文苑》，准备出版，可惜在一次暴风雨中书稿落水被巨浪冲没。后来，他俩又

图2 1920年，南京高等师范招收的女生合影。左起第二人为吴淑贞。

从已发表文稿中选辑二十五篇关于文艺理论、文学批评的文章，汇集成书，定名为《表现的鉴赏》，在 1928 年 3 月由上海现代书局出版发行。这本书中的文章论及鲁迅、郁达夫、汪静之及吴芳吉诸名家，可以反映出 20 世纪 20 年代文坛之一斑，具有一定的史料价值，亦可见他俩当年的文学风采。

《表现的鉴赏》中第二十一篇文章《读了汪静之的蕙的风以后》，1922 年前后在报刊上发表时，因为观点不同，曾受到鲁迅等人的批评，展开过笔战。此时，胡梦华尚在求学，竟敢同比他大二十多岁的文坛名将对垒，是一般人所不能企及的。

通过写作、投稿及有关文艺等问题的探讨，胡梦华结识了不少笔友，其中比较知己的是梁实秋。1920 年至 1921 年间，他在东大读书时，通过共同探讨文艺，与当时在清华大学读书的梁实秋虽未见面，却"书信往返，甚为相得"。不久，梁实秋南返，访胡梦华于东南大学。1923 年，梁实秋赴美留学，在上海黄浦码头"杰克逊总统"号轮船旁边与梁话别者"唯郭沫若、郁达夫、成仿吾与梦华四人而已"。可见二人交谊之深。正因为这样，《表现的鉴赏》一书在 1982 年出版时，即由梁实秋请当代名画家刘开渠绘制封面，梁又亲为作序。

不畏牺牲，积极从事抗日工作

1938 年 1 月，国民党中央组织部部长陈立夫出任教育部长。此时，大批北平、天津学生南下需要安置。于是，陈立夫决定以这些人为基础，组织战地服务团，以利用闲散人力，为抗战服务，并决定由胡梦华负责。

在军事委员会第六部领导下，胡梦华奉命组建战地服务团，任中将主任，并率领战地服务团在平汉铁路沿线开展工作。主要任务是配合国民党军队就地动员民众，联系党政部门协助抗战。其具体工作为深入沿线农村宣传抗日，指导民众组织训练，协助军队建筑防御工事，护理伤病员，了解日伪动态以及侦查汉奸等。

战地服务团两个大队分别在南京市立中学和安徽中学集训一个月。原计划第一大队沿津浦路北进，配合津浦路沿线军队；第二大队沿平汉路北进，配合平汉路沿线军队作战。不久，按照军事委员会第六部的要求，放弃原计划，胡梦华率两个大队一同到达汉口，再转车北上，将团部设于郑州开展工作。同时扩充组织人员，建立第三大队，收容从北平、天津南逃的各校学生。

战地服务团成立后的一年中，在收留流亡学生、发动民众、组织民众、宣传抗日等方面，都起到了重要作用。

其实早在1935年，胡梦华在北平工作时，由于日本帝国主义气焰日盛，他的处境也日益危险。日本浪人曾不止一次地到胡梦华家寻衅，意在胁迫。他曾到胡适家躲避过。每每谈及此事，他总是愤恨不已。

1940年，胡梦华任河北省政府秘书长。临时省政府设在洛阳，当时国民党第一战区司令部也在洛阳附近。他常应邀到第一战区司令长官卫立煌处写文章，为抗日献计献策。后来，省政府主席庞炳勋投敌，他也就愤而辞职了。

胡梦华在率领战地服务团到平汉路前线工作和担任河北省政府秘书长时，在给弟弟的信中曾谈到"此行生死难卜，好男儿以身许国，不成功便当成仁"的话，以明其报国之志及准备为国献身的决心。

图3 1947年，胡梦华、吴淑贞夫妇在天津合影。

同时，胡梦华还写信给国民党中央执行委员、组织部长张厉生。一是谈他一生志在报国，但成就不大；二是拜托张厉生照顾母亲和弟弟。那时，母亲和弟弟住在绩溪宅坦。他将给张厉生的信稿抄了一份从洛阳寄给弟弟，意思是说，万一他牺牲了，家中有事可以去找张厉生。

胡梦华与张厉生是1929年到1935年在河北省党部工作时结识的，在一个较长时间内，都是跟随张厉生一起工作，成为张的心腹。1935年底，张厉生调任南京国民党中央组织部部长，他任组织部党员训练处处长、党务监察室主任，直到抗战。抗战期间，张厉生任行政院秘书长，他任行政院机要秘书。他去河北省任秘书长、代主席，也因为张厉生是河北人。抗日战争胜利后，张厉生推荐他到天津任社会局长。因为他处事果断，有魄力，活动能力和组织能力都比较强，受到了陈果夫、陈立夫的重视，并推荐给蒋介石，担任行政院机要秘书，主办蒋介石兼院长的"手令"督倡实行。

深明大义，为解放天津立功

抗战胜利后，胡梦华自1945年7月至1949年1月，任天津市社会局局长，其间曾兼任国民党天津市党部委员、市民食调配处处长。

这里需要提到胡梦华的一位本家胡应华。按家族辈分，胡梦华比胡应华高两辈，是他的族叔公。1946年，二十岁的胡应华带着同乡写给胡适夫人江冬秀的信，前往北平求学。按照家乡人外出找同乡店的习惯，他先找到北平的老胡开文笔墨店落脚。我的祖父曹根泰，时任老胡开文北平分店经理。祖父与胡适一家相识多年，关系很好，第二天便带胡应华去见江冬秀，并见到了胡适。在胡适的鼓励下，胡应华考取了中国大学。

1947年冬，胡应华因家里经济困难，无力继续在北平上学，就写信给胡梦华，请他帮忙找工作，以解决生活问题。胡梦华先在社会局下属的天津市度量衡检量所内给安排一个工人名额干了三个月，后又在民食调配处内给安排了一个办事员的工作。

祖父与胡梦华也很熟悉，每次去天津分店公干，都要拜访他。我的姑姑、父亲都去过胡梦华在天津的家。解放后，胡应华到我家常常和祖父谈起胡梦华的事情。他曾说，到1948年下半年，国民党政府军事上节节败退，天津的达官显贵纷纷偕眷南逃。胡梦华那时也曾恳求辞职，但当时的天津市长杜建时只免去了他所兼任的民食调配处处长职，而请辞社会局长事未予批准，所以他只能让家属南走，自己留在天津。那时胡应华也是只身一人在津，有时晚上就去他家玩玩。他家有一台质量很好的收音机。他家的佣人跟胡应华很熟，在闲谈中听到佣人说，

图4　1963年，吴淑贞在美国留影。

他每晚都用这台收音机收听解放区的广播。有一次在他房内床头发现一本书，书皮是印着《三侠五义》，翻开一看，内容却是中国人民解放军关于接收城市工商业政策的文章。胡应华曾探问这本书是从哪来的，他回答自有来处，并叮嘱不许对别人说。当时胡应华就感到他可能与共产党有联系。

天津解放前夕，中共天津市地下党通知黎智等通过当时天津社会局所属的社会救济院院长、中共地下党员刘绛文和胡梦华联系，进行策反工作，指明形势，讲清政策，要他接受中共地下党交给的任务，帮助地下党做些力所能及的工作。胡梦华积极接受地下党的指示，并做了不少工作。

那时候，天津市空气紧张。在特别戒严的时候，一般人不能通行。胡梦华因为是社会局长，有特别通行证，就利用他本人乘坐的局长专用小轿车，掩护地下党同志开展工作，以及运送宣传品及其他物品等。他还建议把他的专用小轿车交给地下党使用，并以社会局长的名义给地下党同志开具证明，帮助他们以合法身份公开活动。同时，按照地下党指示，全力保存社会局和民食调配处的全部档案，为解放后的顺利接收打下了基础。

1950年秋，胡梦华进入华北人民革命大学研究班学习。1951年3月，因历史问题被羁押。那时天津市已宣布国民党天津市长杜建时、警察局长李汉元、社会局长胡梦华三人为天津地方战犯，他知道自己的问题一时不会解决，也就安心到战犯管理所去了。

1975年，胡梦华被特赦。回到天津被安排担任市政协委员、文史专员，除学习、参观外，主要是写文史资料。他与胡应华又取得了联系，谈及他在天津解放前夕和共产党秘密联系的一些情况，想请求有关部门给他落实政策。胡应华当

图5　1975年，刚刚被特赦的胡梦华。

时积极鼓励和支持他申诉。后经天津市统战部派人查实，他在天津解放前确实接受了共产党地下组织交给他的任务，在保护敌伪档案、掩护地下工作人员等方面做了好事。经中华人民共和国最高人民法院批准，胡梦华属于爱国人士，撤销一九七五年度赦字第一八七号特赦通知书。

丧妻之痛，在心中挥之不去

胡梦华与吴淑贞在结婚二十多年中，互敬互爱，相敬如宾。1948年初冬，二人在天津张各庄机场握别不久，天津解放；吴淑贞先到上海，后又偕同子女转赴台湾。从此，抚养教育儿女的重担，就由她一人担当。由于世态炎凉，吴淑贞力孤无援，艰辛备尝，终于积劳成疾，因糖尿病于1964年在美国逝世。胡

梦华为此抱憾终生，每每谈及，总是老泪涔涔，可见他对妻子一往情深。他们共有四男二女，均学业有成。

旅美会晤陈立夫

1979 年到 1983 年在旅居美国期间，他曾在纽约与陈立夫会晤，老朋友在异国重逢，别是一番滋味。他劝陈立夫回大陆看看，陈立夫则劝他往台湾游一游。两人争论不下，还是各奔东西。但胡梦华也了解到陈立夫等人对他们过去在南京的住房异常关心，他回国后，曾将这一情况告诉政协，并建议妥善处理。

1983 年 9 月 11 日，胡梦华因心脏病突发，溘然长逝，享年八十岁。

· 书讯 ·

山东画报出版社　2021 年 7 月出版
定价：358.00 元

前世青岛

德国人镜头里的胶澳租借地

李洁 撰述　刘云志 辑录

书中收录了一百余幅图片，均选自云志艺术馆的藏品。这些照片记录了德国自 1898 年至 1914 年强租青岛的历史，均由德国人所拍摄。其中许多照片十分珍稀，为首度披露，而且画质高清，实属罕见，在很大程度上填补了德据青岛的影像空白。

成也枣庄，败也枣庄

——姑爷爷周毓瑛的军旅生涯

李 硕

我的曾祖父李庆藩（字屏符），山东泰安人氏，祖籍苏州。清末秀才，曾考取廪生。后在泰安县城设学教书，为民国初年泰安著名经学家和书法家。因学识渊博，治学有方，声名远播，吸引众多泰安学子投奔门下，如王耀武（曾任国民革命军第七十四军军长、著名抗日将领、国民党山东省政府主席）等。

曾祖父育有二子二女。长子李嘉淦（我的祖父），长大后继承父业教书育人，曾任民国泰安县教育局局长、甘肃岷县县长；长女李嘉金因病早逝；次女李嘉玉（字润珩），济南第一女子师范学校毕业，嫁与东北军少壮军官周毓瑛；次子李嘉泳，毕业于民国中央大学生物系，曾为我国著名生物学家童第周之助手，深得童第周赏识，后追随童先生到青岛大学任教，生前为中国海洋大学教授、生物系主任、著名生物学家，为我国无脊椎动物胚胎生物学奠基人。

本文要讲的是我的姑爷爷（我父亲之姑父）周毓瑛。

周毓瑛（1896—1964），别号俊廷，名毓瑛，山东诸城伏留村人（该地解放后划归安丘）。少时就学于山东省立模范小学堂、山东省立济南第一中学。1919年保定陆军军官学校六期

图1 1946年，蒋介石在南京接见周毓瑛并合影。

步兵科毕业。毕业后先是到张勋部当了一名见习排长，后来又转到毅军赵荣华旅任连长，当时他的团长正是于学忠。此后，周毓瑛的命运便与于学忠捆绑在了一起。

1924年，于学忠在直系军阀吴佩孚手下任师长，将周毓瑛调到司令部当参谋，次年又下放到战斗部队担任营长。1927年，于学忠在与北伐军的战斗中败北率部投入东北军。中原大战之后，周毓瑛随部队再次入关，担任东北军第一军司令部参谋科长。1930年，东北军第一军改编为东北集团军第五十一军，于学忠为军长。周毓瑛担任警卫团团长。五十一军是一支有历史的部队，从最初的北洋陆军，再到毅军，然后是张作霖的奉军，最后成为国民党东北军部队，算是一支老牌的"王牌军"。

1935年6月，国民政府任命于学忠为陕甘川"剿匪"总司令兼第五十一军军长，该军编为西北"剿匪"军二路军第八纵队，参加了阻击红一方面军西征的作战。周毓瑛任西北"剿匪"总指挥部（总指挥张学良）第五十一军第一一三师第三三九旅上校旅长，率部驻守甘肃兰州。

1936年12月"西安事变"爆发，于学忠奉张学良之命在兰州采取军事行动，策应西安方面和平解决事变。12月12日夜晚，古城兰州，一阵激烈的枪声响过，一支部队迅速解除了驻兰州国民党中央军的武装并扣押了部分国民党中央驻兰要员，这就是历史上鲜为人知的"兰州事变"。"兰州事变"是"西安事变"的延续和重要组成部分。此时，周毓瑛部驻守兰州，成为"兰州事变"的重要参与者。

1937年，于学忠被任命为江苏绥靖公署主任，五十一军由甘肃调至江苏淮阴整编，于学忠兼军长。七七事变后，该军隶属第三集团军，开赴山东担任海防守备。同年12月，日军占领南京以后，为了贯通南北战场，打通津浦路，南路日军从镇江、南京、芜湖渡江北上，五十一军奉命从青岛南调，开赴蚌埠、临淮关一线，参加津浦路北段抗日阻击作战。

此时周毓瑛担任五十一军一一三师师长，并晋升为少将军衔。1938年2月，五十一军参加了徐州会战，在台儿庄附近的陶墩、柿树园、彩里徐（在今枣庄市台儿庄区和峄城区）一线阵地阻击敌人，同北上欲夹击中国军队的日军第十三师团激

图2 我的姑奶奶李润珩。这是她解放后在北京教书时拍的照片。

战十日，双方阵地反复易手，战况惨烈。五十一军此战牺牲六千多人，为取得台儿庄战役胜利立下不朽功劳。在台儿庄战役中，周毓瑛指挥部队奋勇作战，所部六〇三团几乎全军覆没。台儿庄战役，周毓瑛一战成名，成为著名抗日将领，所以，枣庄（台儿庄是枣庄属地）是他的成名之地。

1939年1月，国民党军事统帅部为建立敌后根据地，成立鲁苏战区。3月中旬，五十一军奉命由安徽省立煌县开赴鲁南，进入沂蒙山区，负责沂水、蒙阴、安丘一带守备。此时，于学忠免去军长兼职，牟中珩接任军长，周毓瑛任副军长。同年6月，日军以第五师团为基干，并调集第二十一、第三十二、第一一四师团和第五独立混成旅团各一部，对沂蒙山实施分进合围大"扫荡"。五十一军利用沂蒙山区的有利地形，与日军周旋，经二十余天的作战，粉碎了日军的"围剿"。在此次作战中，第一一四师师长方叔洪在冯家场战斗中阵亡。

1942年，周毓瑛升任五十一军中将军长，率部参加了豫东会战。抗战胜利后，周毓瑛率部赶赴河南参与接收日军受降事宜。1945年10月被授予忠勤勋章，1946年5月被授予胜利勋章。

1946年，五十一军改番号为整编五十一师，周毓瑛仍然担任整编师师长（军长），率领部队进驻徐州。

全面抗战八年，为避战乱，我们全家迁居重庆。叔祖父李嘉泳中央大学毕业后留校任教，父亲李连群在绵阳山东流亡学校国立六中毕业后考入朝阳政法学院法律系。而姑奶奶李润珩则受共产党地下组织影响（八路军重庆办事处工作人员齐淑容，她的丈夫就是中共高级干部张苏）参加了邓颖超领导的"中国妇女联谊会"并与李德全（冯玉祥夫人、解放后担任卫生部部长）等爱国进步人士结为好友（20世纪70年代初我在北京姑奶奶家还见到周恩来总理和姑奶奶在重庆的合影）。在此期间，周毓瑛极少回到重庆与家人团聚，一直忙于前线作战。抗战胜利后，姑奶奶李润珩受邓颖超的委托，偕周毓瑛的老母亲、幼子周森，连同叔祖父李嘉泳全家从重庆辗转兰州来到徐州策反周毓瑛及所属整编五十一师。而叔祖父一家旋即从徐州去青岛参与童第周创办的青岛大学海洋生物研究所（即解放后青岛中

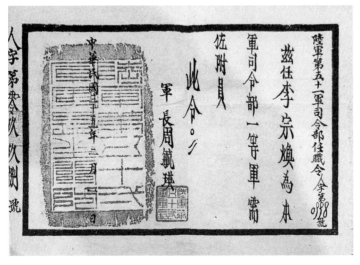

图3　国民革命军五十一军军长周毓瑛颁发的任职令。

图4 这是周毓瑛发妻、我姑奶奶李润珩与幼子周森于抗战时期在重庆拍的照片。

国科学院海洋研究所前身）。

　　谁知周毓瑛在蒋介石的笼络下，抱着"建功立业"的想法厉兵秣马准备进攻山东。然而，让他没有想到的是，枣庄将是他和整编五十一师的毁灭之地！

1946年12月，蒋介石集结数十万大军重点进攻山东。战前，蒋介石特意将周毓瑛召至南京，慰勉有加并合影留念以励斗志。

12月，国民党徐州绥靖主任（薛岳）公署第一绥靖区司令（汤恩伯）部第十九集团军集合周毓瑛的整编五十一师与马励武整编二十六师以及蒋纬国亲手打造从印缅战场回归的美械第一快速纵队共六万精锐部队发起了鲁南战役，拉开重点进攻山东的序幕。粟裕、陈毅所部解放军且战且退诱敌深入，骄横一时的马励武整编二十六师和第一快速纵队贪功冒进，被陈毅、粟裕指挥的山东野战军和华中野战军包围聚歼。继而，十余万解放大军将固守在枣庄的整编五十一师团团围住，发起猛烈进攻。整编五十一师是一个军的编制，共拥有两个旅及师直属部队两万五千余人，经过抗战枪林弹雨艰苦卓绝的磨砺，且刚刚补充了美械装备，战斗力很强。此后经过长达十八昼夜的围困进攻，双方死伤惨重，周毓瑛部弹尽粮绝，通过打入整编五十一师的中共地下党工作人员、周的亲戚戴玉凤联络，周毓瑛率残部一万一千余人放下武器投降。至此，这支具有八十余年建军历史的部队彻底消隐于史册，周毓瑛也成为东北军主力五十一军最后一任军长。后来重新组建的五十一军已毫无东北军血统，在上海由刘昌义率领起义。

周毓瑛戎马一生，成也枣庄，败也枣庄。

周毓瑛被带到华中野战军第一师师长陶勇的指挥部，原本以为会受屈辱，没想到陶勇却主动伸出手来笑呵呵地说："周师长，我们是不打不相识啊！"周毓瑛一脸愧色，赶紧将手上戴的戒指取了下来送给陶勇，说："这是我的一点儿心意！请陶司令务必接受！"没想到陶勇却摇着头说道："我军向来不搜俘虏的腰包，更不收俘虏的财礼，你是中将师长，我们也不例外。"

　　战争结束后，1947 年 2 月 2 日，山东野战军司令员兼政委陈毅亲自接见周毓瑛等鲁南战役被俘国军将领，他拉着周毓瑛的手说："放下武器就好，给东北军留颗种子吧！希望经过此次见面，各位将军能够明白中国共产党和人民解放军争取和平民主的真诚愿望，看穿蒋介石发动内战的险恶用心。"

　　此后，周毓瑛与另外四位东北军将领一起被送往东北佳木斯解放军军官训练团学习。1948 年，在华野陈毅司令员亲自关照下（陈毅曾对负责处理周毓瑛被俘事宜的有关人员说，周毓瑛打日本鬼子是很坚决的），周毓瑛被释放回到南京（1947 年我姑奶奶已经带着独子周森来到南京居住）。蒋介石对于这个败军之将没有理睬，倒是山东老乡、国民党国防部次长秦德纯给予了很多照顾。部队打没了，兵权是再掌不了了，周毓瑛对蒋介石政权已毫无用处，只得在南京做起了寓公。对于周毓瑛在鲁南战役兵败被俘而于一年后被释放回南京之事，许多史料存疑，认为解放战争俘虏国民党将领数百名，为什么单单释放了周毓瑛？是不是他负有特殊使命？但周毓瑛只身一人被释放回南京之事我曾于 20 世纪 70 年代在北京亲耳听姑奶奶李润珩讲过，又有周毓瑛独子周森自传和我父亲李连群回忆录为证，确凿无疑。至于其中原因已无从考究。

　　解放后，我姑奶奶李润珩回到北京教书并与周毓瑛解除婚姻。周毓瑛迁居兰州，政府按照起义投诚人员待遇安排他在甘肃商业厅供职。1964 年，周毓瑛因病去世，享年六十八岁，得以善终。

小清河往事

牛国栋

> "小清河，长又长，山东是个好地方。青山绿水好风光，出产稻麦和高粱……"
>
> ——选自 20 世纪 50 年代山东小学《国文》课本

济南自古多水，百泉争涌，河流纵横，湖阔泊明。

发源于河南济源王屋山并与长江、黄河和淮河并称华夏"四渎"的古济水从城北穿行而过，济水之南的这座城市才有了大号。而趵突泉、五龙潭等众泉还是古泺水的源头，相传春秋时"（鲁桓）公会齐侯于泺"就是指的这里，历下古城先秦时因此称为泺邑。泺水最初由华不注山脚下注入济水河道，所以有了泺口、泺上台、下泺堰等老地名。

唐以后，济水上游在东平以西淤塞，东平以东且逐渐北移的济水下游改称清河，济水从此消失。为解除清河北移后济水下游故道年久失修、洪涝频繁和交通不便之患，金天会八年至十五年（1130—1137），被金人立为"大齐皇帝"的刘豫在华不注山阴筑下泺堰，将泺水导入济水故道，成为运河，取名小清河，将位置偏北的清河称为大清河。从此，趵突诸泉成为小清河源头。济南民间早有深不可测的五龙潭底有海眼之说，意思是五龙潭下与大海相通，当然这只是美好的传说，可小清河开掘后济南泉水通向大海却是不争的事实。

古时济南城北，是数百处清泉聚流而成的巨大湖泊，与城内大明湖遥相辉映，浩渺的湖水一直蔓延至鹊华二山脚下，人称鹊山湖，湖中荷花连连又有莲子湖之名。每至风云变幻，波涛声震，云雾润蒸，"鹊华烟雨"便成为济南一道靓丽风景，引来无数骚客。唐天宝年间，李白、杜甫与高适结伴与北海太守李邕相聚大明湖，诗酒历下亭，仍未尽兴，便泛舟莲子湖直抵鹊华二山。李白高兴地吟诵道："初谓鹊山近，宁知湖水遥"；"湖阔数千里，湖光摇碧山"。

图1 1903年4月，在小清河黄台码头下船的英租威海卫首任文职行政长官骆克哈特一行。

图2　清末的西护城河。小清河的帆船可直通这里。

　　小清河开掘后，莲子湖水位逐渐下降，北园一带水田退缩，大田则由北向南逐日增多，池塘棋布，水田如镜，风吹稻浪，莲花映日，蒲苇丛生，尽显滨湖湿地景象。有"元四家"之称的书画大家、"松雪道人"赵孟頫曾在济南任同知、济南府路总管府事三年，他在小清河畔建有别墅，对这一带的田园景色感受良多。元贞元年（1295）十二月，他回到自己的家乡吴兴，凭当年记忆，他还应邀为父亲的挚友、祖籍济南的画家、词人周密所作《鹊华秋色图》，以满足友人的怀乡情愫，也暗示自己对田园生活的向往和对现实的逃避。从画中清冷的深秋之景象不难看出，元代初年，鹊华二山依旧，小清河之滨的浩瀚湖水却已不在。但见林木森森，流水潺潺，村舍俨然，孤舟横卧，

161

渔翁独钓，一派优美且伤感之诗意。济南本土的元代散曲家张养浩与赵孟頫殊途同归，他辞官还乡，在小清河畔建造云庄别墅隐居八年，写下了讴歌济南风物的不少名篇佳句。在描绘小清河时他以散曲的形式生动地吟唱道："大小清河诸锦波，华鹊山坡，牧童齐唱采莲歌。"1855年，黄河在河南封丘县铜瓦厢决口，并脱离江苏淮河段而夺大清河道由山东入海，大清河从此消失。而山东境内也由此形成了一大一小、一浊一清的两条河流相伴并行、共赴大海的奇异景致。

小清河形成后的各个历史时期虽不断加以疏浚，但灾害、淤积频仍。清光绪十七至十九年（1891—1893），山东巡抚张曜责令当时任登莱青道的洋务运动后期的代表人物盛宣怀整治

图3 20世纪20年代，小清河沿岸风光。

图4 1927年10月,小清河上架起济南第一座钢筋混凝土桥——济泺桥。其拱形及大小与著名的赵州桥相仿,桥身长四十五米、跨距三十二米、宽十米。

小清河,在缺少人力物力的情况下,盛宣怀创造性地采取"劝捐筹款,以工代赈,分期分段"的方法,征调民工数十万,耗银七十万两,用时三年,使小清河再次得以疏浚治理后全线贯通,船只可由寿光县羊角沟直达济南府黄台码头,流域内水灾也有所减轻。如今小清河五柳岛上树立有盛宣怀所著《修浚小清河记》石碑。而卒于任上的张曜因治理黄河和小清河有功,官府为其在大明湖畔曾公(曾巩)祠旁建张公祠(今与南丰祠划归一体),以示纪念,百姓们则尊其为"河大王"。他还力倡在黄河大坝和小清河两岸遍植柳树,人们称之为"张公柳"。

　　1902 年 12 月，上任仅四个月的山东巡抚周馥为了调查了解山东情况，冒雪从济南乘坐小船顺小清河到了入海口羊角沟，然后去烟台港、威海卫和胶州湾。他为此还赋诗一首："朔风吹雪海天寒，满目沧桑不忍看。列国尚尊周版籍，遗民犹见汉衣冠。是谁持算盘盘错，相对枯棋着着难。挽日回天宁有力，可怜筋骨已凋残。"不难看出，这位有良知的清廷大员在晚清没落时的感伤情怀。仅四个多月之后，出任英租威海卫的首任文职行政长官骆克哈特（James Stewart Lockhart），中文姓名为骆任廷等十三人应周馥之邀，从小清河入海处乘船溯流而上，航行五天后于 1903 年 4 月 27 日下午抵达黄台码头。骆氏记述道：小清河除开始阶段（指下游入海一段——笔者注）土地比较贫瘠外，两岸景色非常美丽，让其觉得自己似乎"置身于西方而非东方"。他的随行人员还拍摄了不少小清河及其沿途的珍贵照片。这也是目前所知仅有的一次洋人的小清河之旅。

　　济南开埠时在 1904 年，为补充水源以利通航，在济南西北的玉符河东堤建睦里闸，引玉符河水东流入小清河，使小清河西延至睦里闸，形成后来全长二百三十七公里的完整水系。

　　1906 年 4 月，南起胶济铁路黄台站，北至小清河黄台桥码头之间建全长六公里的轻便窄轨铁路，人称"清泺小铁路"。1913 年，津浦铁路通车后，拆卸小铁路，铺设标准铁轨，并与津浦铁路泺口站相连接，改称津浦铁路泺黄支线，从此将津浦铁路、胶济铁路与小清河、黄河联系起来，最终形成铁路、公路、水路融为一体的综合性交通枢纽。

　　小清河既承担着水路交通和行洪的重任，又改变了鲁中西部人们的生活。鲁北渤海滩涂盛产食盐，小清河遂成为盐运水道，时称"小盐河"，济南也成为盐运大码头，至今小清河济

图 5　民国时期的小清河五柳闸段

南段仍保留着"盐仓码头"的老地名和遗迹。当时，泰安、东昌、兖州、曹州诸府所用的食盐，都由泺口转运，木材、药材、毛皮等货物也在这里集散。每年春季开始，渤海湾盛产的鱼、虾、蟹等海鲜也经小清河运抵济南，使济南人早早尝到了海鲜的美味。正像清代诗人王初桐《泺水》诗中描绘的那样："泺口腥风四月天，海鲜新到利津船。东人最重溥河鲫，贩进城来更值钱。"直到20世纪二三十年代，小清河的帆船可溯流而上至西护城河铜元局码头。西门桥北，河中帆影点点，桅杆列列。码头上人声鼎沸，车水马龙，一派繁忙景象。

　　20世纪20年代中后期，张宗昌任山东军务督办兼任山东省省长，后任直鲁联军总司令，大权独揽的他力主打造济南"北商埠"。为充分发挥小清河的航运作用，1925年至1926年，在今天桥区境内开挖了一条长6.6公里的人工河道，在凤凰山下建凤凰闸与小清河连接起来，当时称新引河，后来称工商河。河道走向呈U形，以成丰桥为界分为东工商河和西工商河。由于成丰桥靠近胶济铁路商埠总站和津浦铁路济南府站这两座大型火车站，在此设有货物码头，从而沟通了小清河、黄河与胶济铁路和津浦铁路枢纽之间的交通联系。沿河的成丰街、官扎营、宝华街一带建起诸多面粉厂，东工商河畔建起的造纸厂、纺织厂、染织厂等大中型企业，也都利用河道运送原料和成品，甚至排放污水。

图6 20世纪40年代，华山脚下小清河码头帆船停靠，河边是一排排盐垛。

图7　20世纪五六十年代的小清河

1927年10月，为保证成丰桥至泺口之间铺设的义威路（今济泺路）全线贯通，在小清河香磨李庄河段架起长四十五米、跨距三十二米、宽十米的义威桥（今济泺桥），从而打通了黄河、小清河沿岸与济南市区之间的陆路联系。这也是济南境内第一座钢筋混凝土公路桥。而这义威的路名和桥名，均为纪念被封为"义威大将军"的张宗昌。

20 世纪 30 年初，韩复榘任山东省政府主席期间，责成山东省建设厅下设小清河管理局，成立小清河临时工程委员会，对小清河再行勘测，拟定《整理小清河工程计划大纲》，包括干流、支流、水源及海口整治及修筑码头等计划项目并着手实施。1931 年至 1933 年，疏浚整治了小清河五柳岛至林家桥小清河干流，两岸筑堤。兴建五柳及边庄两处闸坝工程。五柳闸也成为省内第一座现代化船闸。

余生也晚。20 世纪 60 年代末我家由城中广智院旧址迁居国棉一厂宿舍，最初住的四宿舍属整个厂区最北端，距小清河林家桥段仅百米之遥，夜阑人静时北窗外传来清晰的河水流淌

图 8 20 个世纪 50 年代初，疏浚工商河。

声。那时河水虽不再清澈，但尚有少量运沙石的拖挂驳船行驶。岸边杨柳下有人依然用《鹊华秋色图》中描绘的那种搬网捕鱼。因这一带地势低洼，每至夏日汛期突降大雨时，水位猛涨，河面会与两岸地面持平，沿河的养鱼池里不少鲤鱼和草鱼会被冲到河中，当地人称"上鱼"，此时下网捕捞自然会收获颇丰。浩荡的河水更成为孩子们的天然泳池，一些胆儿大的男孩儿光着屁股爬到凤凰山铁路桥向河里"扎猛子"，引起围观者阵阵喝彩。

1970年秋，"济南市革命委员会"和"生产指挥部"联合下文，动员全市力量疏通治理小清河。河道两岸红旗招展，只见一群群高中生和解放军叔叔们穿着黄胶鞋或胶靴，挽着裤腿和袖子，从河床上用镐头刨、铁锹挖，将淤泥装在脸盆、水桶或柳条筐里，或人传人接力，或肩挑手抬，或小车推，运到河岸装到卡车上运走。治理后的小清河得以恢复了短暂的清澈。不长时间后小清河再次出现了严重浑浊，河水散发出不可名状的刺鼻异味。1997年1月15日，小清河正式停运。

2008年，小清河济南段又一次进行疏浚，整砌河岸，修建码头，安装景观灯。2011年10月1日，自五柳岛至洪园节制闸之间的长约九公里的河道，在断航二十余年后试水通航，一度开行了画舫。

2021年前夕，传来济南港开工及小清河复航工程全面启动的消息，听说2022年小清河复航工程即可全面竣工，济南再一次直通大海已不是梦，而是美好的等待。

杜美大戏院的黄金时代

李建华

孤岛娱乐舒适之宫

1899 年法租界在上海第二次扩界，1902 年越界修筑了一条长 474 米的小路，因当时法属越南总督杜美（Doumer）而得名杜美路（今东湖路）。1908 年，杜美路 9 号建有一座医院及药材仓库，后改建成溜冰场和夜公园。20 世纪 20 年代，这座花园住宅由犹太人加登（S. Gatton）入住。许步曾先生在《爱因斯坦的两度访沪》一文中写道："1923 年元旦，爱因斯坦在工部局礼堂作了相对论讲演。同日下午，他还出席了上海犹太宗教公会的招待会……招待会由犹太人加登夫妇为东道主，在杜美路 9 号他们宏伟的住宅举行。上海犹太人社区的名流大都出席了招待会。"

1939 年，加登夫妇私宅再次易手，由德籍犹太人 K. 冈勃和 H. 科恩盘下并改建成影院，初名杜美大戏院，占地 2913.35 平方米，建筑面积 2900 平方米。同年 6 月 4 日影院开幕，首映美国派拉蒙巨片《欲望》。影院地处法租界，相对"国泰""巴黎"来说，"杜美"闹中取静，隔壁的格罗希路（Route de

Grouchy，今延庆路 4 弄、18 弄）弄堂里厢当年住着不少白俄侨民，故影院的观众除少数洋行买办、银行高级职员等华人外，大多是白俄侨民。俄国十月革命胜利后，大批白俄贵族被迫离乡来到中国寻找生机，他们在上海觅得生存空间，并在影院娱乐消遣，过上了舒适滋润的日子。故而当年有人戏称杜美大戏院为"白俄侨民俱乐部"。杜美大戏院在开业广告写道："开沪上电影经济之路，为孤岛娱乐舒适之宫。以二轮票价看

图 1　1939 年 6 月 4 日《申报》第 21 版杜美大戏院开幕广告。

第一流名片，凡属新片本院第一家放映。"影院低调开幕，走的却是小众高端路线。杜美大戏院早期（1939—1941 年）以放映美国八大电影公司和英国鹰狮影片公司的影片为主，不放映国产片。

战后放映美国影片

　　经原东湖电影院经理张利人先生介绍，笔者采访了原杜美老职工金国良先生。金国良于 1944 年 7 月经人介绍进入杜美大

图2 1947年夏天，金国良摄于杜美大戏院花园内，背景为影院大门口。

戏院，直到1994年离开东湖电影院，与这座影院结缘长达半个世纪。年逾八旬的金老先生，精神矍铄，记忆清晰，说起"杜美"往事滔滔不绝，一连串老上海的电影公司和影片名，将笔者带进了"杜美"的黄金时代。

1944年，十三岁的金国良进入杜美大戏院工作。那时正处汪伪统治时期，只在下午放映三场电影，即下午2点半、5点1刻、8点半。"杜美"不加入"华影"，特立独行，以放映苏联影片（原版片）为主，其中有不少苏联革命影片，如《夏伯阳》《农夫》

等，在当时左翼文艺圈内影响很大，交大一些师生将"杜美"作为接受进步思想场所，时常赶来观摩革命影片，还在影院内散发传单。

1945年8月15日，日本宣布无条件投降，"杜美"立马插上苏联国旗，以示庆贺。抗战胜利后，"杜美"又恢复放映美国影片。当时，"杜美"没有"译意风"，放原版片靠打灯片显示出中文字来给观众看。

金国良在"杜美"从拉门"小郎"（boy）做起，到了十六七岁开始跑外勤，去影片公司拿片子。他经常去虎丘路光陆大楼（华纳兄弟、派拉蒙、20世纪福克斯影片公司设在楼内）或河南路桥堍河滨大楼（米高梅、哥伦比亚、联美、环球等公司）

图 3　20 世纪 80 年代，东湖路 9 号东湖电影院。

图4 1981年夏，原杜美大戏院老板冈勃（中）回上海东湖电影院与老职工合影。左起依次为沈立甫、黄伯华、冈勃、陈家森、金国良。

取片。专职跑片（送片）是后来的事，早期都是影院派员去影片公司取片的。放映前，影院老板与影片公司签合约，按票房分成。

1948年之后，影院开始施行跑片。金国良记得当年放电影《出水芙蓉》（米高梅）时，"杜美"跟静安寺路上的"大华"（新华电影院前身）之间跑片。但也不是每部影片都跑片，只有拷贝紧张的影片，为满足观众先睹为快而与其他影院跑片。

金国良回忆道，过去没有早场电影的，每天放一部电影，即便有早场，也是动画片。新中国后才开始做早场电影。一般一天做三场，下午2点半开始，做到晚上8点左右。那时他每天午饭后从南市大兴街家里出门，先走到八仙桥，乘法商1路有轨电车（1908年开通，1948年后改6路，十六铺至福开森路，今26路无轨电车）到霞飞路华龙路站下车，随后走到杜美路上班。

"每天上班蛮开心，像在屋里厢一样"，讲起"杜美"，金国良美滋滋的，至今仍留恋那段黄金岁月。过去，电影院内很少有衣帽间，杜美大戏院专辟一小房间做衣帽间，方便观众寄放衣物。"杜美"老板待人接物相当人性化，对员工也很客气，进出遇上都会打招呼，像自家人一样。老板给员工的薪酬也不低，一个月发两次工资，工资法币九十多块，高的一百零六块，当时一两黄金也不过九十出点头；通常一天只做三场电影，有时加场，老板每场加发五角钱报酬，霞飞路（淮海路）上吃一顿罗宋大菜不过一块钱。遇上夏天高温天（那时三十三摄氏

图5 20世纪80年代，金国良在东湖电影院放映室工作。

175

度就算高温了），老板还会以一杯冰啤、一小碟沙拉、一块牛排犒劳员工。"碰到辯种老板，侬还会偷懒伐！"

讲起老板来，金国良充满了感恩之情。当时"杜美"的中国员工有十几个人，还有六个白俄小女孩做领票（领位员，帮助客人找到座位），中国人做售票、检票、放映、清洁等。"杜美"老板冈勃很念旧，1948 年离开上海后，于 1981 年再次来到上海，通过中旅社找到原"杜美"老职工，并在下榻的宾馆宴请大家。后来老板过世了，老板娘也来过一次，与"杜美"老职工叙旧，临走还送每位红包三百美元，聊表心意。讲到这里，金老稍稍有点激动："与老板、老板娘的合影，我还珍藏在家。"金国良以前一直收集电影说明书以及海报，到了"文革"中生怕抄家，无奈将自己辛辛苦苦收集的影片说明书和海报统统毁掉了。真是可惜！

1948 年，犹太人冈勃将"杜美"作价转手白俄奥大力克（顺昌路 90 号亚蒙大戏院，后来改名"大同"，也是他开的）经营，后来又由白俄皮尔泼（又译皮白尔）接盘经营，直至 1953 年。

国内首创立体电影

1953 年，杜美大戏院外籍老板离开上海，影院由职工维持了将近一年，1954 年 7 月 1 日，由市文化局接管，并改名东湖电影院，仍为专业电影院。1960 年，经市电影公司批准进行大修，改建放映室，设置立体电影银幕。同年 3 月 4 日，东湖电影院成为全国第一家立体电影院。改建之初，影院因没有可供放映的立体故事片，上海电影系统就开始科研攻关，先试制了几部彩色纪录片《青春的旋律》《欢乐的童年》《黄浦江畔》《漓

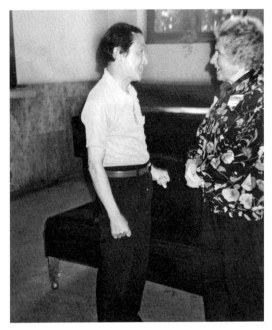

图6 20世纪80年代后期，原杜美大戏院老板冈勃夫人回上海时，与金国良先生攀谈合影。

江山水》，供"东湖"首映，并引起了轰动。

金国良记得，当年为了顺利放映立体宽银幕电影，市电影局分管副局长蔡贲等在东湖电影院蹲点指挥，一批专家到场，换银幕、配立体眼镜，大家忙得不亦乐乎。当时放映设备不是进口的，是上海电影技术厂、上海电影机械厂研发自制的。宽银幕用的变形镜头玻璃，也是上海工业玻璃六厂攻关搞出来的。天马厂摄影师查祥康担任《魔术师的奇遇》摄影，在放映这部立体故事片之前，也来到东湖电影院与研发变形镜头的师傅一起攻关。

1962 年 7 月 1 日，上海天马电影制片厂摄制的中国第一部彩色宽银幕立体故事片《魔术师的奇遇》在东湖电影院隆重献映。影片由著名导演桑弧执导，著名喜剧演员陈强、韩非、孙景璐领衔主演。影片讲述了魔术师陆幻奇解放前后在上海不同的生活经历，中国影坛的三大喜剧明星的精彩表演令人叫绝，而立体电影的技术将喜剧效果渲染得淋漓尽致。

影片上映后，场场爆满，一票难求。上海市民闻讯纷纷涌向"东湖"，挤满了原本人迹稀少幽静安宁的东湖路，出现了观众通宵排队购票的火爆场面。从淮海路口到另一头的四岔路口（新乐路、延庆路、长乐路、富民路），天天人山人海，绝不亚于 2010 年初放映 3D 大片《阿凡达》时的盛况。

看过《魔术师的奇遇》的老上海观众晓得，一场电影近一个小时，却要分两次放映，中间需换片，因为当时东湖立体电影院只有一台立体放映机，而拷贝盘容量有限，只好分两盘放映，于是中场稍作休息，换片后继续放映后半段。这部影片连续放映了四年，为中国连续放映时间最长的影片（这一纪录后被 1980 年上映的《庐山恋》打破），直到"文革"爆发才停映。

1962 年东湖电影院还举办过法国电影周，放映《塔曼果》，陈云、邓颖超、柯庆施、曹荻秋等人曾前来观看。

1966 年"文革"开始后，8 月里的一天，一帮红卫兵来到东湖电影院，二话不说，用纸将"湖"贴掉，写成"风"字，即易名"东风电影院"，直至 1972 年 1 月 12 日恢复原名"东湖"。遗憾的是当时没用相机拍下这一幕。"文革"期间，上海影院以放映八个样板戏为主，"东湖"也不例外。

"文革"过后，文化娱乐领域逐渐复苏，大众喜闻乐见的电影重新走进百姓生活。1979 年 2 月，中影公司引进了美国立

图7 徐汇东湖电影院元老金国良（中），原电影院经理张利人（左）与笔者合影。摄于2014年12月11日。

体故事片《枪手哈特》，在影院放映时再度轰动上海。1982年，"东湖"放映了我国改革开放后新拍摄的立体故事片《欢欢笑笑》《快乐的动物园》《靓女阿萍》《侠女十三妹》，申城重现观众通宵排队购票的火爆场面，新闻媒体还为此进行了报道。1987年，"东湖"改造院外绿化工程，增立"洗女嬉水"塑像。1988年3月至5月，又投资十九万元，装潢门面、喷泉、座椅等。

无奈退出历史舞台

1992年，东湖电影院经过立体声改造，成为上海第一批三星级电影院，但立体电影终因当时的技术限制、摄制成本、缺少合适的剧本等诸多因素而发展不利，影院营业也大不如前。20 世纪 90 年代以后，卡拉 OK 和 VCD 风靡起来，电影已失去了往日独霸娱乐市场的魅力。面临困局，影院何去何从？

1994 年 5 月，东湖电影院试行转制，影院"以房养文、自收自支"，遂与日本藤田公司合作成立上海东湖富吉达商务公司，拆除影院，原址上筹建东湖大厦，拟在裙房里为"东湖"保留三个放映厅。

不幸的是，1998 年，大厦造到地面二层时，日本遭遇东南亚金融危机，藤田公司资金链断裂，工程被迫停工。当时藤田已投入一千万美金，而东湖是藤田在中国唯一投入现金的项目，为了不让大楼成为烂尾楼，还"东湖"一座电影院，藤田公司退出项目前，再向中方投入四百七十二万美金，作为补偿。最终，藤田公司在此项目上近一千五百万美金打了水漂。"东湖"拿了这笔钱再造一座电影院是没问题的，但考虑到大厦基础是按二十五层来做的，加之原施工方住宅总公司愿垫资继续施工，最终决定完成大厦项目建造。

2000 年大厦竣工，名东湖大楼，除放映厅外，其余楼层开始招租。2001 年，东湖大楼以近三亿元人民币转让给上海地产集团，更名地产大厦。大楼内的 KTV 和三个放映厅全部归属地产大厦。此时东湖电影院已名存实亡了。2003 年，"东湖"投入放映设备与工作人员和地产集团合作在大厦内建一座内部电影院，平时还可作开会之用。直到 2010 年，"东湖"人员退出地产大厦。从此，有七十余年历史的东湖电影院在上海影院版图上消失了。

1958 年的民航

刘　鹏

　　很多年前，我在北京潘家园旧货市场淘到一纸盒照片和底片。仔细翻看，发现这是 20 世纪 50 年代全国各地作者给《民用航空》杂志的投稿以及退稿信，内容涉及全国各机场，有五百多张。据了解，《民用航空》杂志早在 20 世纪 60 年代初就停刊了。据 1949—1959 年《中国民用航空局》记载：1959 年，我国民用航空有三万六千多公里的航线和国内外七十多个城市相连，已经构成了一个初具规模的航空交通网。那时北京是航空运输的中心，开通了苏联、朝鲜、越南、蒙古和缅甸的国际航线。随着民用航空运输量的迅速增长，边疆地方和工业基地之间，远程的旅客往来和急需的物资运输都需要利用航空交通。

　　1958 年"大跃进"时期，民航客运量比 1950 年增长了十一倍。民航客机承担了大量非正常的航空运输任务，如运输工业上急需安装的各种机器设备、药品、牛羊、种子、鱼苗等，支援了工农业生产。此外，全国发行的几十种报刊的纸型和各地轮流放映的电影拷贝等，也都利用客机运输。民航还建立了一支直接参加工业生产活动的专业航空队伍，承担护林、探矿、测量、灭虫、播种和施肥等重要任务。这种忽视客观经济规律，搞高

图1　成都民航在西昌装运耕牛。

图2　为了促进畜牧业的发展，新疆的巩乃斯种羊用飞机运往贵州高原繁殖。

图3　装运生猪。

图4　在昆明站装运鼓风机。

图 5　装运由上海运往新疆南部的优质蚕种。

指标造成比例失调，地方航线盲目下放到各省、自治区管理，不讲经济效益，造成那一个时期民用航空出现亏损。这组照片展现了各地机场用客机运输货物的场景。

珍贵的清末"西亭捐局"旧影

羌松延

捐局，系清代专门掌管捐纳事务的机关，相当于现在的税务局。

咸丰三年（1853），清廷为江北大营筹措镇压太平军的军饷，在扬州里下河设局劝捐。次年三月起，此法推行到里下河各州县。不久，抽捐地区也渐次扩展到扬州和通州（今南通）两府所属各地。咸丰十一年（1861），通州成立厘捐局，除在各地设局征收外，还在水路陆路设立关卡，逢关纳税，遇卡抽厘。其中，旱路所设税卡，征收对象大都为"肩挑、手拿""车担往来"的小商贩流动买卖的货物。

西亭，位于通州城东北十余公里的一座小镇，依傍古运盐河而建，当年一片"舳舻往来，恒以千计"之盛景。清同治十二年（1873），知州梁悦馨浚通州各场盐河，沟通通州城与石港、西亭、金沙、余西、余中、余东、吕四七场，作为水路交通枢纽，运盐河西亭段水路货运发达，往来船只很多，官府便在此设立捐局，"办理通州花布等捐"，当地百姓将这一拦船收税处称为"卡子"。据史料记载，当时的纳税流程为"商人运货到卡，由船户或本人前往局卡报验，经查验后，核算收税，开票放行"。

　　这幅老照片中，镌刻"西亭捐局"四个工整大字的匾额高挂在船篷上前方，醒目且威严；"办理通州花布等捐"的告示内容都誊写放大在木板之上；告示正上方悬挂着一块做工精美的虎头图案警示牌，笔者判断该虎头牌应为官府统一制作、颁发，牌上以两江总督部堂名义书有"严拿偷漏"四字，明显比今天的税法宣传口号"纳税协税光荣，偷税抗税违法"多了几分震慑。一对茂盛的紫砂盆栽置于船首甲板之上，而税官则将其官服随意悬挂在告示的右上方，两位成人都手捧水烟筒，与孩童一起站立于船头或船帮、跳板，每个人都显得那么悠闲，但又明显表露出他们面对相机镜头时的那份局促。

西亭捐局的公务船

由照片可见，当年"西亭捐局"的办公用船为南通传统工艺木制船只，船篷用竹篾与芦席编织而成，呈拱形。船篷有门多扇，有的还可开合移动。与一般民船不同的是，除在船头、船舷种有盆景外，捐局的船头饰以精美的木刻雕花，船上还挂有旗帜、灯笼等物——由此可一窥捐局船只的气派。

告示末所署"光绪三十二年（1906）十月廿日"，清楚地交代了该照片摄于晚清时期。照片虽已跨越一个世纪有余，但除颜色泛黄外，其画面、字迹仍隐约可辨，它不仅成为清末南通社会生活的生动见证，更是一份特别珍贵的税务史文献！

随着岁月的流逝，斗转星移，如今的运盐河失去了往日的喧嚣，多数河段早已被填埋，能有一张老照片为我们定格下当年运盐河西亭一角的真实场景，实属不易。

从"写真班"到"照相连"

冯克力

摄影术发明之初，照相机虽身大体重，携带不便，成像速度也不佳，但很快便被施用于战地的影像采集，并催生了"战地记者"这一职业。比如为业界所熟悉的费利斯·比托，这位被称为战地摄影先驱的英国摄影家，早在1860年的第二次鸦片战争时就应英军之邀，随军北上，沿途留下了一大批包括战争场景与各地景观在内的影像纪录。其中流布最广的战地照片，是他所拍摄的被英军攻占后的天津大沽炮台，成为晚清王朝腐败屈辱的写照，被收入了各种版本的历史图集与教科书中。

需要说明的是，比托当年并非是军中的专职摄影师或记者，而是被临时征召而来，战争一结束他就离开军队，继续打理他的"照相"生意去了。军中配备专职摄影记者，还是后来的事情。

本辑刊出的《日俄战争的稀见影像》，包括即将由本社出版的《日俄战争——日本与欧美记者东亚争霸之写真》里面的所有照片，则皆为专职的随军记者所拍摄，其中的主体照片更是日军大本营写真班的职务所为。从1860年费利斯·比托的单枪匹马到1904年的"写真班"，足以见出"战地摄影"的演变与发展。

更有甚者，又过了差不多四十年，在二战的中缅印战场上，美军仅在一个作战方向上即配备了一个专职的"照相连"（见本辑《活跃于中缅印战区的照相连》），留下了数万张的战场纪录。不难想象，在摄影已然数字化的今天，假如再有战事发生，参战的乃至被裹挟于征战之中的，将人人都有机会成为战地的"摄影记者"了……

当然，这并不是我们所希望的。

巧合的是，本辑刊出的这两组与战地摄影有关的图文，都与历史上的日本有关。前之"写真班"再现了日本处于军国主义鼎盛时期对外扩张的"丰功伟烈"，后之"照相连"定格的则是其军国主义迷梦的破灭。

这，恐怕不仅仅是一种巧合，也是自古以来那些穷兵黩武、奉行军国主义国家的必然下场吧！

撑阳伞的孩子

（云志艺术馆　供稿）

国内订阅：全国各地邮局

邮发代号：24-177

地　　址：山东省济南市英雄山路 189 号 B 座（250002）
E-mail：laozhaopian1996@163.com
网　　址：www.lzp1996.com

责任编辑／赵祥斌

装帧设计／王　芳

扫码听书　　《老照片》微商城

微信公众号　　《老照片》网站

ISBN 978-7-5474-3858-9

9 787547 438589 >

定价：25.00 元

老照片

OLD PHOTOS

定格历史 收藏记忆

主编 冯克力

雪域高原上的延安汽车老兵 毕醒世

采访黄仁宇 吴玉仑

《神秘的大佛》拍摄期间访刘晓庆 邓洪秀

东方蜻蜓——记中国第一位女飞行员李霞卿 邹怀德

父亲引我走上摄影之路 曾毅

山东画报出版社

获得民航机驾照后的李霞卿（着色照）

　　这张原照（见内文）画质优良，以至于其耳饰、手饰、现代主义的壁炉金链条和旗袍上的花纹纹样，都清晰可辨。为精益求精，着色过程中，我们在这些细节上花费了大量时间精细操作。其间，对比了同时代时尚女性的妆容、眼线、描眉、首饰和同时代精品旗袍文物作为基础参照物，以尽最大努力还原其本来面貌。（参阅本辑《东方蜻蜓——记中国第一位女飞行员李霞卿》）

（邹怀德　供稿）

OLDPHOTOS

老照片

主编 冯克力

山东画报出版社

图书在版编目（CIP）数据

老照片.第138辑／冯克力主编. --济南：山东画报出版社，2021.8
ISBN 978-7-5474-3859-6

Ⅰ.①老… Ⅱ.①冯… Ⅲ.①世界史—史料 ②中国历史—现代史—史
料 Ⅳ.①K106 ②K260.6

中国版本图书馆CIP数据核字（2021）第179206号

老照片.第138辑
冯克力主编

责任编辑 赵祥斌
特邀编辑 张 杰 丁 东 邵 建
装帧设计 王 芳
特邀审校 王者玉 赵健杰

出 版 人 李文波
主管单位 山东出版传媒股份有限公司
出版发行 山东画报出版社
    社 址 济南市市中区英雄山路189号B座 邮编 250002
    电 话 总编室（0531）82098472
         市场部（0531）82098479 82098476（传真）
    网 址 http://www.hbcbs.com.cn
    电子信箱 hbcb@sdpress.com.cn
印 刷 山东临沂新华印刷物流集团有限责任公司
规 格 140毫米×203毫米 1/32
    6印张 118幅照片 120千字
版 次 2021年8月第1版
印 次 2021年8月第1次印刷
书 号 ISBN 978-7-5474-3859-6
定 价 25.00元

兵团岁月（上）

谭 泽

1965年10月和1966年4月，山东八千知青应征生产建设兵团，奔赴青海省柴达木盆地的格尔木，其中有四千人来自青岛。我作为当中的一员，在那里工作、生活了十五年，度过了宝贵的青春年华。这段特殊的人生经历，至今让我难以忘怀。

——题记

高原行路难

当年青海的交通条件之差，完全出乎想象。除了西宁市区，全省再没有一条柏油路面。

西宁的海拔近两千三百米，我们刚到时上楼有些气喘吁吁。而格尔木海拔近两千八百米。从西宁到格尔木是青藏公路的前半段，全程八百公里都是砂石路面。还要翻过日月山、橡皮山和坨坨山，其中很长一段路还要从牧区草原上通过。我们去的时候正值春季，许多地方都翻浆，路过青海湖沿岸时，经常遇到汇入湖中的溪水把道路冲断，使汽车陷在里面。

砂石路面被汽车轮子碾过之后，往往变成了搓板路，车行其上颠簸得非常厉害。沿途每隔几十公里就有一个养路道班，工人们牵着骒马或者骆驼，后面拉着铁刮板，来来回回地把搓板路面刮平。

大客车一路颠簸，左摆右晃，有些路段的摇摆竟达二三十度。这是大家从没经历过的，每个人的心都悬到了嗓子眼，担心客车随时会翻掉。

沿途海拔不断升高。为了让初上高原的我们有个适应的过程，客车每天早上出发晚，下午停得早，八百里路整整走了四天。

途经青海湖停车休息时，下了公路路基不过三四十米就是湖水。2011年驾车重返格尔木，到了青海湖沿岸，汽车拐下公路要跑七八分钟，才能抵达湖边。由于人为的开发、截水等原因，

图1 坑坑洼洼的土路

图2 没有交通车,外出搭车能坐在车厢里也很幸运。

青海湖的面积缩小了一二百平方公里。这是题外话了。

后来每次探亲,来来回回走在这条路上,经常都会遇见翻到山下或者抛锚的汽车。

我后来在团部的邻居是个卡车司机,有一年冬季开车从西宁回来,途经海拔三千八百多米的橡皮山时抛锚了,被困了一夜。山上光秃秃的没有一棵树木,他只好把汽车大厢板劈下来烧了取暖,这才没有被冻坏。

退休前担任青岛红星化工集团董事长的姜志光,在兵团当过司机。有一年冬季他去拉过年的副食品，路上汽车抛锚了。当时天已擦黑，他怕车上的东西被偷，不敢坐在驾驶室里，就裹着皮大衣躺在车旁地上守着等待天亮，结果睡着了。当时气温零下二十多摄氏度，路过的藏族牧民发现后好不容易才把他叫醒，不然他很可能会被冻僵。

战友陈大夫讲过一次艰难的经历。他搭师汽车连的卡车从西宁回格尔木，爬坨坨山时，车出了故障，水箱老是开锅。司机把卡车头部两边的遮板打开以求降温，还是不行，就走走停停，但这总不是个法儿。最后让陈大夫蹲到车前轮的叶子板上，

图3　知青乘坐汽车进入马海二团驻地。

旁边放了一桶水——幸亏青海湖牌卡车的前轮叶子板比解放牌又宽又平，陈大夫一只手抓住车灯，按照司机的手势，另一只手不时地用茶缸往发动机上泼水降温。当时正值冬季，陈大夫冻得浑身打颤，一直坚持了一个多小时才上到山顶。

从1974年开始，国家着手改造青藏公路，并全程铺设柏油路面，前后历时十一年，于1985年完工。回青岛后，我曾两次驾车回格尔木。从西宁到格尔木原来需要两到三天，现在早上七点出发，下午五点前就到了。真是不可想象！

风的记忆

到了格尔木，首先感受到的是肆虐的风沙。

1966年5月2日下午，我们抵达格尔木。乘坐的大客车还没有停稳，就惊奇地发现远方一个庞大的黄色柱子直插云霄——这就是传说中的龙卷风，它打着转，迅疾地袭来。只不过几秒钟，风柱就到了眼前，大概有几十米的直径，尘土沙石和着卷起来的断枝废纸呼啸着越过我们乘坐的汽车，绝尘而去。那一刻，我们在车厢里感到了呼吸的困难。大家面面相觑，脸上身上全是一层尘土。刚到格尔木，还都有点革命的浪漫主义情愫，有人说："这是柴达木给我们的见面礼，也是一个下马威。"有的战友多年以后坦言，就是这场龙卷风把那颗火热的心吹得哇凉哇凉了。

住下以后发现，这里春季每天下午都要刮一次大风，一刮就是几个小时。其中有几次印象非常深刻。

一个星期天，我们结伴去由济南知青组成的八连玩，在宿舍里打扑克。突然天色暗了下来，看不清牌了。有人一边喊着"都不准偷牌"，一边急忙拿出煤油灯点上。很快煤油灯的灯芯变成了一个黄点，屋里漆黑一片，人也感到呛得慌。十多分钟之后风过去了，床上、桌子上和身上落上了一层黄尘。

第二天听说，这场大风来临时，行驶在路上的汽车、拖拉机和马车都被迫停了下来。好几个连队伙房青砖砌的大烟囱被刮倒了。最悲催的是一个战友借了别人的新自行车出门，起风时正在路上，骑不成了就扶着自行车蹲在路边。路是砂石铺的，刮起的砂子石子打得脸生疼。风停之后再看那辆自行车，车架上的烤漆被砂石打得斑斑点点，惨不忍睹。听说这位战友最后买了辆新车赔给了人家。

还听说那天风刚起的时候，大家都躲回屋子里，我们知青连连长只有三四岁的小儿子还傻傻地站在院子里。战友徐亚夫骑马路过，一弯腰把他提起来带回家里，否则不知会发生什么。

还有一年的春天，吃过晚饭后在连队礼堂里看电影。起风了，沙尘从破了玻璃的窗子冲了进来，银幕上什么也看不见了。开始大家还坐着不动，想等大风过后继续看，因为那时一年也看不了几场电影。结果风越刮越大，没有要停的意思，大家只好打道回府。

宿舍就在礼堂大门的前方二三十米处，大家都相互提醒要向着风来的方向斜着走，防止大风把人吹得偏离方向。伸手不见五指，又没有参照物，矫正的角度没办法掌握。本来不过一两分钟的路，竟然摸索了一个多小时也没走到。后来听到周围有好多人在喊："这是在哪里啊？"可谁也不知道在哪里。有人提醒说别走了，蹲下来等着风停吧！

将近下半夜，风小了，才隐约发现已走到离宿舍很远的条田里去了。有已回到宿舍的战友把煤油灯摆到屋里窗台上，引

图4 沙尘暴

导着大家走了回去。

那天晚上闹出不少笑话。有的人掉进了一米多深的兔子窝里，有的南辕北辙走到了礼堂背面的北草原上，还有的男生摸索着找到房门，推门进去发现是女生宿舍……

以后才知道，这叫沙尘暴，是格尔木地区最严重的气候灾害。格尔木是典型的高原干旱地区，年平均降雨量仅为41.5毫米，而年蒸发量却在3000毫米以上，植被又少。从几百公里之外刮来的风，经过这里带起了沙土，便形成了沙尘暴。

我们入住托拉海地区以来，大量开荒造田，特别是十几年来为了做饭和取暖，几十平方公里之内那些生长了几百上千年的红柳被砍伐殆尽，致使格尔木的风沙更加肆虐。

1997 年夏天，我回城十六年后第一次重回格尔木时，我原来的办公室已经闲置多年了，门外堆积了风刮来的近二十厘米厚的沙土。进入 2000 年以后，格尔木发生过几次严重的沙尘暴。这是大自然对人类的报复。

栖身茅屋

先于我们去的战友都住着劳改农场撤走留下的房子，质量还不错。距离格尔木 300 公里的马海二团的战友，住的是已经荒废多年的原马海农场的房子。

马海比格尔木海拔高一百多米，更荒凉。当年马海农场人员的组成，主要是劳教人员和 1960 年招来的河南青年。随之而至的"三年困难时期"，粮食不够吃，周围荒芜异常，没有野菜也没有树皮。当时上面有规定，所有的司机都不准搭载外逃的河南青年，一旦发现要判刑。许多人被饿死了，马海农场也垮掉荒废了。

借着兵团成立之机，上面决定恢复马海农场。山东知青抵达马海前，兵团安排一些先期到达的部队复员老兵和从劳改农场调来的就业职工，整修打扫荒废多年的房屋，据说有的屋子里还有遗落的干尸。

我们连住的房子，是先于半年到的工程团一连的青岛战友盖的。房子虽然新，但是很简陋，不过是用土坯围起四面墙，加上几根房梁，平顶上铺一层芦苇，抹一层泥，称作茅屋也不为过。好在那里干旱，极少下雨。

房间里面是两溜大炕，炕里没有烟道，填满了土。两溜炕中间有一米宽的走道。北面的大炕住十二个人，正好是一个班。

图5 兵团女战士在帐篷前留影。

南面因为两头有门,只能住十个人,有两人要插到别的屋里去住。

我们不习惯睡大通炕。再说,炕下是实的,箱子、脸盆之类的东西没有地方放,脱下的鞋子都堆在走道上,很碍事。在大家的强烈要求下,终于把大通炕拆掉,换成长条凳上架铺板。

房子的门窗质量很差,透气漏风,夏天进蚊子,冬天灌寒风。刮起沙尘暴的时候,屋里也是黄沙弥漫。虽说这里雨水很少,但是只要有一点雨,屋顶就漏,床上要放上脸盆接水。甚至外

图 6 女战友宿舍里的大通铺。

面下小雨，屋里下大雨——屋顶上的雨水积得多了，一下子漏下来，比外面的雨还大。

时间久了，门窗的玻璃破了，屋顶也见着天了，大家都懒得去修补。仗着年轻，就这么硬挨了过去。20 世纪 70 年代防地震的时候，班里的人都搬到院子里住，只有我和后来在中国海洋大学当教授的刘战友，坚持睡在屋里。我俩觉得，就这芦苇顶的破房子，塌了也砸不死人。

有一年，我们班搬到离连队七八里远的工地上，负责那边麦地的田间管理。那里没有房子，就找了一块稍微空旷些的地方，挖了两个地窖子，大的住人，小的做伙房。吃了好久二百多人的大锅饭，终于可以吃小灶了，很让大家兴奋了一阵子。我还用毛笔在伙房的门上写了"北京饭店托拉海分店"的字样——托拉海是我们这一片的地名。

为解决吃水，我们在地窖子的旁边挖了一个挺大的蓄水坑，通过渠道灌满了水。过了没有多长时间，一天中午我正躺在床上迷糊，突然感觉有土块掉到脸上，睁眼一看，旁边的土墙在往下掉土。我一个翻身跳下床，刚跑了几步，那一面土墙轰然塌了下来，把我的床铺整个埋了。原来是为了挑水方便，水坑挖得离地窖子太近，土墙被水渗透而塌。大家一起帮忙，把我的床铺和被褥挖了出来。

地窖子不能住了，只好另选地方重新挖一个。之后的好几天，我们就只好露宿地头。

图7　当初的住房现已是破屋残壁。

农业连队住的还算好的，最苦的是水利连队。他们春夏秋三季在戈壁滩上修引水的干渠，住在单层的帆布帐篷里。高原上日夜温差大，戈壁滩上的温差更大，白天帐篷里面像蒸笼一样，晚上又很冷。我曾经去那里找同学玩，发现大白天男生在帐篷里都光着膀子，还要不时地从外面往帐篷顶上泼水降温。泼上的水也不过几分钟就蒸发了，接着再泼。到了夜里，被子上面还得压上皮大衣。据说天亮发现帐篷被风刮跑了的事情，也时有发生。

后来陆续有人结婚，连里就把大宿舍用土坯隔成一间间小屋，分给战友做新房。各家再用土坯或者草泥在小院里自建一个小厨房。

这期间曾经发生一件很搞笑的事。有一对战友要结婚了，连里让一间小屋的两个单身战友腾出房子，搬到大班里去。单身战友住的房子搞得很脏，平时洗脚水都是直接泼在屋里地上，准备结婚的战友都要把旧屋里地面的土换掉。这位准新郎在挖地三尺的时候，突然发现地下埋有一大堆鸡蛋皮。此事传到连里，领导们想起两年前伙房曾经丢了一筐鸡蛋，把原先住在这个屋里的俩哥们儿叫来一问，立马就招了。

一个两年前的"大案"就这么破了。

恐怖的蚊子

5月初到了格尔木，一个多月后迎来第一个夏季，领教了蚊子的肆虐。

连队所在的托拉海，是兵团最荒凉也是蚊子最猖獗的地方。营房背面是漫漫大草原，夹杂着灌木丛和沼泽地。蚊子就是从

图8　头戴防蚊帽的兵团女战士。

这里孳生出来的。

　　这里的蚊子有两个特点，一是多，就像进了养蜂场，手随便一挥就能感觉到与蚊子的碰撞；二是它们不像内地的蚊子白天蛰伏晚上出动，而是白天比晚上还多。连队给每个人发了防蚊帽，就像是养蜂人戴的那种。幸好那里的夏季温度不高，平均只有17摄氏度，需要穿长衣裤。下地劳动时，我们都全副武装，戴好防蚊帽，把袖口扎紧，再戴上手套。为防蚊咬我还把套袖套到脚脖子上，因为任何一个空隙蚊子都能钻进去。劳动时，两耳被蚊子发出的嗡嗡声搅得没有一刻安宁，简直要精神崩溃。

说来一般人不会相信，如果在地里不动，只要几秒钟衣服上就会落满密密麻麻的蚊子。大家做过无数次试验，戴着手套一巴掌下去，打死的蚊子通常都有三四十只。在地里休息时，会抽烟的在防蚊帽前面剪一个小洞，烟卷通过小洞插进嘴里。有时在地里喝水或者吃饭，把防蚊帽的下檐撸到嘴唇之上，飞舞的蚊子就会随着水或饭一起进入嘴里。大家苦笑曰"苍蝇蚊子都是肉"。

我们去之前这里是劳改农场，听说那时他们惩罚犯人的方法之一，就是将其扒光，推到院子里，任由蚊子叮咬，犯人一会儿就告饶了。

图9 夏季出工要戴上防蚊帽。

干有些活时可以全副武装，打土坯的时候要下手往模具里装泥，不能戴手套，还要把袖子撸起来，大家就把露出的胳膊上糊满泥，以防蚊子叮咬。

那时一个宿舍住二十多个人，随着人们进进出出，屋里的蚊子比外面少不了多少。晚上临睡前，在屋子中间的地上点上一堆半干的芦苇，慢慢沤烟驱赶蚊子，结果把人也熏得够呛。躺在床上还要盖好被子，再把枕巾搭在脸上遮挡蚊子。大通铺上一个挨一个地躺着，不知道的还以为进了太平间。

有个睡在我旁边的战友皮肤不好，脸上手上胳膊上被蚊子叮咬之后，只要一挠就破就流黄水，那样子就像电影《夜半歌声》里的主人公，十分可怕。白天他可以努力控制不去挠，睡着以后就身不由己了。他每天临睡前，便让我用背包带将他的手脚都绑住，天亮再解开。

后来探亲时，大家都买了蚊帐带回来，起码可以睡个安稳觉了。

夏季最难过的是上厕所。所谓厕所不过是在平地里挖一个大坑，周围插上一些红柳枝围挡一下。之后盖起厕所也是没门没窗扇，下面都是空的，里面的蚊子和露天地里差不多。蚊子太多，根本就褪不下裤子。开始我买过防蚊油，上厕所时头上戴好防蚊帽，大腿根、屁股上抹上防蚊油。一瓶防蚊油一块多钱，用不了几次，一月只有六块钱的津贴费，此项消费实在太奢侈，买过一瓶就再不买了。唯一的办法就是坚持到半夜风起，蚊子稍微少一点，在野地里找一个迎着风的地方去方便。

每年夏天，能安安稳稳地上个厕所，竟成了一件求之不得的事情。

大人还好说，最让人心疼的是孩子。战友们有了孩子以后，稍微看不住，小孩跑到院子里，立刻就被蚊子包围了。两三岁的小孩根本不知道躲避和驱赶，有路过的战友看到，赶快抱起来给送回家去。可是整整一个夏天，总不能不让孩子去院子里玩会儿透口气吧？

连队曾经组织过灭蚊，配了药水，到周围喷洒，用今天的话说就是作秀。周围几十几百平方公里的大草原，蚊灾哪里是用这种办法能解决得了的！

1997年夏天，我重返格尔木老连队时，发现蚊子少了。一问才知道，这里每年都动用飞机撒药灭蚊。

真为今天的格尔木人庆幸！

缺水的日子

连队平时吃水没有问题。昆仑山的雪水源源不断地流淌下来，汇成格尔木河。河水通过兵团水利连队修建的水利枢纽和东、西大干渠，及一条条支渠引入各个连队灌溉田地，也进入我们连在院里挖的大蓄水坑，足以解决二百多人的生活用水。

平时猪、马渴极了也跑到水坑边饮水，大家并没有嫌脏。有一次渠道决口，水淹了女厕所，之后又进了蓄水坑，我们把决口堵住后，连续往坑里放水，将污物冲走。第二天大清早连长拿着长竹竿站在坑边，趁着大家还没有起床，把漂在水面边上漏网的卫生纸捞出来。眼不见为净，大家照样挑水坑的水吃。

每年上冻前，水管站发出停水通知，以防结冰后把水泥板铺的水渠涨垮。连里抓住最后时机把蓄水坑灌得满满的。

天冷结冰后，就在蓄水坑冰面凿一个窟窿，放下水桶打水。水越来越少，冰面也慢慢下沉。最后只有厚厚的冰，没有水了。

大家开始用钢钎凿冰，回去放到炉子上化成水。冰里夹有枯草、泥沙，甚至羊粪蛋，化了后要过滤、沉淀。这时在地里劳动休息时，送水就改为送筐冰，敲成碎块发给大家，放到嘴里慢慢融化解渴。有孩子的家长都趁着冰多的时候，多凿一些储存到小院里的背阴处，留待慢慢融化后给孩子饮用。

刚到兵团时，师勘测队曾经给连里打了一口机井，八十米深。因没有电，需要人力压泵提水。压一桶水很累，而且每次压水前要先灌进小半桶水做引水。渠道送水时谁也不去机井压水，只有冬季才用。时间久了，机井淤死，报废了。

后来就用铁板焊了一个大水箱，放在马车上，去草原的泉眼处拉水。草原上没有路，水箱不能装满，那样太重，三匹马也拉不动。一路上马车晃得很厉害，不断地溅出一些水，回来

图 10 靠近格尔木河的连队流井。

17

图11 连队都是在水池上担水。

能剩一半就不错了。除了保证伙房做饭用，每个班十二个人一天只能分到一桶水，用来饮用和刷碗、刷牙、洗脸。所谓洗脸不过是用茶缸舀水弄湿毛巾擦擦而已。至于擦澡、洗衣服，开春之前都基本免谈。

从草原泉眼拉回来的水发涩，还咸。里面的成分没有检验过，独此一份，不好喝也得喝。三班有个叫张旭福的战友红框眼镜腿松了，他烧了一点热水想烫烫掰一下，眼镜腿放进热水里，立马褪色了。我们都惊呼，这水里有什么化学物质啊?

从水坑里的冰吃完到来年三月下旬渠道放水，有三个多月，一直都吃这样的水。

连里曾经挖过两次井。没有勘测，看到哪个地方野草旺盛，就在哪里挖。两次我都参加了，很原始的方式。先挖一直径二十多米的坑，每挖到两米左右深，往里缩一米，继续挖，形成一级级台阶，以便层层往上接力抛土。到最后圈越来越小，快出水了，就二十四小时不能停了，生怕渗出来的水造成塌方。

出水后在井底摆一个木框，在上面转着圈砌石头，水面之上改用青砖砌到接近地面，最后砌一圈石头，防止提水时水桶把井口撞坏。再把挖出的土全部填回去。和古代人打井是一个办法。

遗憾的是，两次打的井，一处出水量太少，只有十几厘米深，打不上水来；另一处的水苦涩得不能喝。从此连里打消了掘井的念头。

我调走之后，连里又请打井队打过一口机井，一百多米深。出的水碱性太大，不能喝也不能用，又是白忙活一场。一直到回城时，老连队冬季吃水的问题还是老样子，没有一点改善。

岁数大了后，兵团战友中好多人牙齿不好，大家都说一定与年轻时大冷天啃冰和喝苦水有关系。至于又苦又咸的水到底对身体其他方面造成多少伤害，谁也说不清楚。

（图片由祝杰提供，未完待续）

雪域高原上的延安汽车老兵

毕醒世

　　这张身穿 50 式解放军军装的军人合影（图 1），拍摄于
1950 年的重庆。照片中的他们大多是在解放战争时期，由延安、
西安跟随贺龙率领的西北军区部队转战到大西南的汽车兵。
这些汽车兵中的好些人出身于八路军延安汽车队，是我军最
早的汽车兵。照片中那位戴大盖帽的军官叫陈俊伟，曾经是
延安汽车队、延安汽车大队的队长、大队长。此时的他即将
赴京报到，接受新的任命。这张照片就是西南各地的战友聚
集重庆欢送老队长时拍摄的，它的收藏者是照片中的毕秉彝
（第三排左三）。

　　2013 年 1 月，笔者有幸赴成都市西藏军区肖家河干休所，
采访了这位土生土长的延安人——毕秉彝。毕老讲述了自己在
延安西北菜社、延安汽车队和转战西北西南、奋战雪域高原的
经历。本文是根据采访毕老的录音、笔记整理的，并经毕老和
家人审阅；对于重要史实和一些历史细节，笔者还采访了相关
人的子女，参考了相关历史资料。

图1 1950年，重庆，延安汽车大队的老战友欢送老队长陈俊伟（前排中）赴京履新时合影。第一排左起依次为高锦斌、张明德、白志友、陈俊伟、黎兴华等；第二排左一张桂英（张明德的爱人）、左六张瑞荣、左七刘芳甫（高锦斌的爱人）；第三排左一杨世林、左三毕秉彝、左四高余智。

一

1938年11月20日，日机首次轰炸延安城。

那天，九岁的毕秉彝，在北街看望过肖家舅舅后回家，走过钟鼓楼，到达南街后遭遇日本飞机大轰炸。随着炸弹巨大的爆炸声，毕秉彝被倒毙的人群压在了地上，幸运的是他毫发无损，只是浑身沾满了血污……

日机轰炸给延安的老百姓带来了意想不到的灾难，城里人纷纷往城外跑，有的跑到了乡下，有的住在了偏僻的山上，人们原本正常的营生全都被打乱了。

毕秉彝的父亲毕柱斗原来在市郊的一所乡村小学教书，所得酬谢勉强可以维持家用。可是，日机轰炸后，学生离散，其无业可寻，只得加入捡拾日机炸弹皮的拓荒者队伍，捡到的炸弹皮售卖后可得一些零钱。母亲持家无米下锅，常常到大机关的灶房讨要一些锅巴回家。

1940 年，毕秉彝和另外两个小伙伴准备到火柴厂报名当小工，却阴差阳错地到了西北菜社当了勤务兵。

西北菜社是八路军总后勤部的招待所，相当于"八一"饭店，设在了后勤部不远处——文化沟（也称大砭沟）沟口缓坡上的一个小院内。小院西面的房子是餐厅、招待间；南面的房子是伙房；北面的房子是面包制作间，里边有烤面包的炉子。餐厅只能摆几张大圆桌；门面房是个军人小卖部，两位售货员都是残疾军人，一个是一条腿，一个两条腿都没有了，销售的香烟有黎明烟和中华烟。

西北菜社不仅承担招待任务，同时也对外营业。由于这里的厨师很有名气，能够在此美餐一顿，是当时延安许多工作人员所向往的美事。这里可以过往汽车，交通方便，行人来来往往，有来用餐的，也有来购买日用杂货的。

毕秉彝当兵，开始还不知道这就是革命，只想能够吃饱饭就好了。母亲把家里的被子拿来给他用；单位给他发了一套军服，管他吃饱饭，但是不发一分钱的工资。

由于毕秉彝年纪尚小，主任李印选给他的任务是打扫卫生、跑腿送信、打杂看院，其实就是给主任当勤务兵。过了两年，他的个子长起来了，主任就让他当服务生，主要工作是招待客人端盘子。

毕秉彝干工作十分卖力，人际交往也非常灵活，他的工作岗位调整后，很快就与厨师们成了好朋友。赵师傅是四川人，

图2 1944年冬，八路军延安汽车大队在汽油供应异常困难的情况下，利用木炭代替汽油培训驾驶员。左起依次为学员马广文、学员马士彪、驾驶员白志友、大队长陈俊伟、驾驶员范进轩、学员张玉贤等。

老红军；同师傅是个高个子；贺师傅是面包房的师傅，人缘很好。毕秉彝的妹妹毛娃来探望哥哥，总是可以得到贺师傅给的一块面包。

在西北菜社工作，毕秉彝感到很愉快，因为他可以经常见到中央首长，还给毛泽东主席请客的宴席端过盘子呢！

一次，毛泽东在杨家岭宴请外国友人，西北菜社的工作人员带上用具、食材等来到杨家岭，由赵师傅在靠山的窑洞里做饭炒菜，餐桌设在中央办公厅的"飞机楼"上，由帅气的小伙毕秉彝给毛泽东和客人们端盘子。

还有一次，中央要在王家坪设宴请客，规模比较大，客人中有很多外国人。西北菜社的员工需要倾巢出动来完成这项重要任务。最有意思的是，他们要把那些大圆桌都搬运到王家坪，由于没有什么运输工具，这些庞然大物很难搬动，大家只好把大圆桌的桌面从文化沟一直滚到王家坪，路途虽然不足一公里，但是要渡过延河，还是要费一番气力的。

当时，延安的过往车辆还是很多的，有的是社会上的商务运输车，有的是国军的军需车，而真正属于延安本土的车辆并不多。延安的汽车驾驶员经常到西北菜社吃饭，菜社的服务生毕秉彝非常喜欢和这些精气神十足的小伙子打交道，并爱上了他们驾驶的汽车。

"我可以学习开汽车吗？"毕秉彝喜欢汽车的时间很长了，终于开口询问前来用餐的驾驶员了。

曾经是叶剑英的警卫员、当时是八路军总部汽车司机的清涧人白志友回答说："当然可以，不过要有人推荐，你最好是找政府写一封介绍信吧！"

毕秉彝跑到延安市政府，找到当科长的本家哥哥毕秉鉴，希望他能够好好推荐一下自己。

这件事居然办成了。延安八路军汽车队的队长陈俊伟看到延安市政府的介绍信后，愉快地接受了这位在馆子里"跑堂"的服务生，并告诉毕秉彝，要学习开车，首先要在汽车队学习基础知识和汽车维修技术……

二

从 1946 年开始，不满十八岁的毕秉彝就是延安汽车队的一员。他是个阳光小伙子，专捡车队的脏活累活干，比如摇大轮。由于没有电力，当时汽车队唯一的小型机床是靠人工转动皮带轮带动的。这个皮带轮的直径大约有两米，个子高挑、体力过人的毕秉彝摇起它来都十分吃力，还需要一个助手帮忙。他没事做了，就练习摇车，将浑身的力气散发出去。而后，他学会了钳工和修理，在广东师傅的调教下，成为维修车辆的一把好手。

汽车队位于延安城南郊的十里铺，与总兵站部隔河相望。在汽车队工作之后，毕秉彝才了解到，汽车队隶属八路军后勤部，上级部门是总兵站部，主要工作任务是维修和管理车辆，并肩负培训驾驶员的工作。平时，汽车队只有两辆汽车可以直接调动，一辆车负责给重要部门运送物资，另一辆车是教练车，专门负责培训驾驶员。在延安开车的小伙子都不简单，很多曾经是重要领导的警卫员，如江西瑞金人杨世林，曾经是林彪的警卫员。

当时，延安只有二十多辆汽车，一般情况下，这些车由用车部门使用，保养和维修工作统一由汽车队负责。延安的两辆轿车，一辆是边区政府主席林伯渠乘坐的，司机叫卢克；另一辆是朱德总司令乘坐的，司机是钟步有；毛泽东坐的车是一辆救护车，司机叫周西林，而且这辆车也并非专车专用，经常会被派作他用。周恩来在延安也没有专用的小车，经常坐大卡车。后来，美军观察组成员撤离延安，所使用的多辆中吉普、小吉普全部留下来了。这时，首长们用车就方便多了，如，贺龙就有了一辆专用的中吉普。

单位使用的车辆基本上是大车，有的单位将大车的驾驶室改装一下，驾驶室里就可以多坐几个人了，变成了客货两用车。

那时候汽车耗材奇缺，比如，没有润滑油了，就用老麻油替代；修理工具也很难得到补充，美军观察组的车辆也需要延安汽车大队维修，修好了车，他们就可以向"大鼻子"要几件维修工具，以此作为报答。

1947年初，由于国民党胡宗南部队进犯陕甘宁边区，局势变得越来越紧张。这时，毕秉彝接到一项重要任务，毛泽东乘坐的那辆救护车抛锚在了延安城东郊的李渠村附近路段的一条山沟旁，车队领导命令他负责看管这辆车和实施掩护措施，等待救援维修。毕秉彝想办法将这辆车拖拽到路边的一个破窑洞里，并用干草进行了掩护，等待从延安运送配件的车到来后给予维修。想不到，汽车队抵达后，从延安撤出的中央机关队伍随后也出现在了公路上。当时，毛泽东、周恩来坐的都是中吉普。周恩来向他们喊话：你们都撤离吧，我们把延安放弃了，不要回去了。

于是，延安汽车队的几位维修毛泽东专车的战友也随大部队撤离了。

三

毕秉彝和几位战友先是跟着"四纵"王世泰的部队打韩城、战西府，后又跟着"二纵"王震的部队打运城，在黄河上不知往来穿梭了多少次。在运城战役中，我军缴获了敌方的多辆汽车，由于缺少司机，许多车无法开动。有一次，毕秉彝开车接送王震，王震得知他是延安汽车队的，要求他留在"二纵"发展，属下即让他火线入党，并发了表格让他填写。

没过多久，毕秉彝的驾训师傅、老战友白志友开车给"二纵"运送重要物资，与毕秉彝在山西战场上相遇了。战友相见，感慨万千，白志友动员毕秉彝一起返回延安，说延安已经收复了。

图3 1949年11月11日，西安，延安汽车大队整编后奉命进军西南。第一排左二为白志友。

国民党胡宗南部队撤出陕甘宁边区之后，陆续有多个单位回到了延安。毕秉彝回到延安的那天，刚好被前来汽车队打听儿子下落的母亲看到。母亲喜出望外，亲眼看到儿子还活在人世，抱住毕秉彝痛痛快快哭了一场。

分赴各地的许多战友陆续回到了延安，延安汽车队也改成了延安汽车大队，隶属陕甘宁晋绥联防军司令部管，大队长依然是陈俊伟，大家依然叫这个广东人为阿陈，并不以大队长相称。阿陈是个华侨，驾驶技术和维修技术都是一流的。队里还有阿林、阿黄、阿李，他们都是广东人，大多也是华侨。由于

27

奔赴延安之前，他们都与汽车打交道，技术也都非常过硬。

1949 年 5 月，西安和平解放，延安汽车大队整体开赴西安，毕秉彝他们打上背包徒步向西安进发。大队长陈俊伟不想丢弃他的收音机，大家也只好将专门为这台收音机供电的一只电瓶抬上。

延安汽车大队的指战员抵达西安之后，住在西安东郊的一家工厂内。这时候，大队增添了很多辆美国的大道奇，东北解放区又调来了十辆苏联车。于是，西北军区在延安汽车大队的基础上组建了西北汽车团，隶属贺龙直接领导，并准备开赴大西南。

在此之前和之后，延安汽车大队的战友除奔赴大西南者外，一部分留在了西北地区，一部分跟随中央机关进京了……由此，延安汽车大队一分为三，延安的汽车兵从此走向了全国各地。

西北汽车团的车辆很快多了起来，而驾驶员大大短缺，部队一方面快速培训新的驾驶员，一方面在西安招聘了许多社会上的挣工资的驾驶员，由于物价不稳定，这些驾驶员每月的报酬按照洋面市价来计算。此时，毕秉彝他们这些老驾驶员也可以领到技术津贴了。

在进军西南时，毕秉彝当上了排长。他带领六辆汽车，与进军西南的先头部队一同从西安出发。他们排的汽车车厢底拉着现大洋，上面坐着贺龙司令的警卫部队。车队要经过刚刚解放的地区，必须按照画线行进，防止进入雷区；要翻越秦岭，往返接送部队，情况万分危急。

1949 年 12 月 27 日，成都和平解放，贺龙率其总部于 28 日抵达新都。29 日，毕秉彝所在的汽车部队护送西南军区参谋长张经武指挥先头部队入城。12 月 30 日早上，解放军十八兵团一部在贺龙的率领下，举行了盛大的入城式。

　　西北汽车团抵达成都后，部队进行了整编，吸纳了解放过来的国民党汽车部队，西北汽车团被整编为西南汽车三团，一团、二团是"二野"带过来的。此时，西南军区成立，贺龙为司令，西南军区又增加了汽车四团、五团、六团，共六个汽车团。后来，我军又对汽车运输兵进行统一编制，统称为中国人民解放军汽车第××团，西南军区的汽车一团、二团改为十五团、十七团，三团改为十八团。

　　图4　1950年1月29日，西北军区后勤部运输部汽车团第四连于四川绵阳整编临别留念。第一排，左五左手握右腕者为白志友；左六左手握右手者为杨世林。第三排，左五左手搭黑衣人肩膀者为毕秉彝。

29

四

20 世纪 50 年代初，毕秉彝所在的团随十八军进军西藏，从此，他便扎根了雪域高原。

1954 年，他在汽车十六团任连长时，上级下达了一项重要的任务，就是组建一支小分队，抽调三十辆汽车，队长由汽车十六团的陕西老乡、修理连连长何金义担任，他则担任指导员，负责指挥车队护送达赖喇嘛一行出藏进京参加重大活动。他们要在扎木迎接达赖喇嘛的马队。由于达赖一行行走的道路要经过高山、峡谷、冰川等险要路段，到达扎木的时间很难预测，所以小分队需要安营扎寨，耐心等待。他们等了一个月左右，终于将达赖一行接上了，然后克服艰难险阻，行程七百多公里，将达赖一行安全地送到了金沙江畔，光荣地完成了这项政治任务。

和许多我军的指挥员与技术骨干一样，从 20 世纪 50 年代初开始，毕秉彝进入部队学校学习文化知识与军事理论。他先后读完了速成小学、速成中学、速成大学。

1956 年，二十七岁的毕秉彝经战友的夫人介绍，认识了在政府部门工作的中共党员贺素华，收获了爱情，与这位成都姑娘喜结连理。爱人为了支持他的工作，向组织申请调动，通过部队严格的政治审查，进藏当了部队的职员，入职西藏军区后勤部机要秘书的岗位。由于他俩都坚守在雪域高原，先后出生的五个孩子不得不留在成都，由外婆看护。

让毕秉彝引以为傲的是，1962 年，他的团参加了中印边境自卫反击战，他以副团长的身份指挥汽车十六团七百余辆汽车，

图5 1956年，毕秉彝与贺素华结婚合影。

运送作战部队四个团的兵力与装备，并在作战前线指挥部协助指挥调度后勤保障部队，配合十一师完成作战任务。在战斗中，毕秉彝与三十三团田启元团长相遇，他对这位出自陕北红军的"二杆子"战神非常敬仰。尤其是他了解到十一师原来是"一野四纵"的部队，是陕北红军的老班底后，更是增强了自己来自陕北的军人自豪感。

他为前线部队完成后勤保障任务做了大量的工作，赢得了田启元团长等首长的高度赞扬，田团长还专门派部下给毕秉彝送来了猪肉表示感谢。

我军在中印自卫反击战中缴获了大批印军车辆，按照上级指示，毕秉彝的汽车十六团对这些车辆进行了保养和维修，最后交还给了印军。

正当部队论功行赏，毕秉彝有可能又一次得到提拔时，他接到延安的老父亲来信，说社教工作队给延安的毕氏家族划定的成分是地主。由于土地革命时期和1947年土改运动时，延安

图6 已经是副团长的毕秉彝,经常深入一线驾车、修车,与战士打成一片。

城都在国民党控制之下,城里的老百姓一直没有被划定阶级成分,到1964年开始的"社教运动"才补划阶级成分。以往,毕秉彝在"干部履历表"中的阶级成分一栏,一直都填写的是城市贫民;现在发生了翻天覆地的变化,他家的阶级成分居然变成了地主!

尽管他对此非常难过,还是随即向组织做了如实汇报。其结果是,他失去了这次提拔的机会,爱人贺素华也失去了由职员转为现役军人的机会。

在战争中成长起来的他，对于提拔与不提拔有非常豁达的认识，可是，部队中别有用心的人，却在私下传说他隐瞒了阶级成分，并专门告诉了1966年刚刚进入部队的陕北新兵。不谙事理的家乡来的新兵们，看到毕副团长的小孩，居然叫他们为"小地主"！听到小老乡们这刺耳的声音，多次在死亡线上鏖战、立过数次战功的他，竟流下了在艰苦岁月中都没有流过的眼泪。

改革开放后，延安城的毕氏家族被错划的阶级成分得到了纠正；1979年，毕秉彝也由正团提拔为副师，被任命为西藏军区后勤部副部长。1980年，他与成都军区师以上干部受到军委副主席邓小平的接见。

图7 1962年，由中国人民解放军汽车16团维修好的被缴获的印军汽车等装备即将交还印军。

图8 20世纪60年代，拉萨，毕秉彝（右）与战友合影。

　　图9 20世纪90年代，成都，延安汽车大队老战友欢聚。前排左起依次为张克云（张瑞荣的爱人）、张瑞荣、白志友、杨世林、白玉兰（杨世林的爱人）、何兰英；后排左起依次为张明德、刘芳甫（高锦斌的爱人）、高锦斌、毕秉彝。

五

毕秉彝和几位战斗在雪域高原上的延安汽车老兵，都有属于自己的传奇经历，自己的人生感受。1982年离休之后，毕秉彝才结束了奔波于雪域高原的军旅生涯，与爱人到成都安度晚年。

2021年5月，已经九十二岁高龄的毕老及家人在电话与视频中接受了笔者的采访，笔者看到毕老依然精神矍铄。

离休后的他，已经回了好几次延安，感慨延安的巨大变化。但是，这还不过瘾，他经常在电视、网络、报纸上了解延安的变化和发展，家乡一有大好事发生，他都会激动得喜笑颜开，热泪盈眶……

就在毕老接受这次采访的两个星期后，笔者得到他家人信息，毕老因病在西部战区总医院与世长辞了。

至此，毕老所在的成都原西藏军区肖家河干休所（现更名为四川省军区成都第十四干休所）的一百多位离休军人，大多都与世长辞了，其中有许多是从延安奔向雪域高原的汽车兵。毕老的亲密战友白志友，1935年参加陕北红军，部队抵达西藏后，他曾经当过西藏军区汽车部队多个修理所、修理厂的所长、厂长，1971年任西藏军区后勤部副部长，1977年离职休养，1997年逝世。

毕秉彝认为，从延安汽车大队走向我军各个部队的战友们，有一个共同的特点，就是保持了艰苦奋斗的优良传统，吃苦耐劳，勇于奉献。由于他们是我军汽车兵的种子，因而，他们中的大多数人都将一生奉献给了汽车部队。

采访黄仁宇

吴玉仑

1998年底，我们《读书时间》节目组跟随出版界的一个团去美国采访，任务有二：一是拍摄一个黄仁宇先生的专辑；二是采访《学习的革命》作者之一的珍妮特·沃斯。

到洛杉矶后，先参观了一个图书博览会，之后同行的出版社的一些人便都到迪士尼公园去玩了。我们则抓紧时间去圣地亚哥采访了沃斯，之后便马不停蹄地赶往纽帕尔茨采访黄先生。因为在沟通采访事宜的时候，我们得知黄仁宇先生的夫人患有癌症，马上要去纽约治疗，等我们采访完，他们老两口就要动身就医，所以不能后延。

采访黄仁宇是我一直想做的选题，只是苦于他在美国，岁数又大了，出行不方便，这么多年从没回过大陆，所以只能等待机会。

20世纪90年代中期，学者散文开始流行，诸如"天一阁""王道士"等的文字在读者当中有很大影响和众多的追随者。

不久黄仁宇先生的《万历十五年》开始流行，那是因为他独特的叙事方法。在书中他这样写道——

图 1 作者在黄仁宇家所在的小镇纽帕尔茨。

这一年阳历的 3 月 2 日，北京城内街道两边的冰雪尚未解冻。天气虽然不算酷寒，但树枝还没有发芽，不是户外活动的良好季节。然而在当日的午餐时分，大街上却熙熙攘攘。原来是消息传来，皇帝陛下要举行午朝大典，文武百官不敢怠慢，立即奔赴皇城。……文武百官看到端门午门之间气氛平静，城楼上下也无朝会的迹象……不免心中揣测，互相询问：所谓午朝是否讹传？

这种文字现在看着没什么可大惊小怪的，但想想二十多年前那会儿，我们啥时读过这样的历史书！读者纷纷赞叹"历史原来可以这样写"，而且你会发现，把历史书写得有散文味，比把散文写得有历史味更难。

可以这样说，黄仁宇的历史著作在这个时间节点上受到读者青睐是正逢其时。

汽车出了纽约市沿着高速公路开了一百多英里，穿过了凡是读过黄仁宇先生著作都知道的那条著名的赫逊河，我们便来到了纽帕尔茨小镇。那是 1998 年 11 月，一个阳光明媚的上午。冬日的阳光懒洋洋地洒在这个安静的小镇上，使这个远离喧嚣的地方更增加了一抹宜人的色彩。山清水秀，恬淡安逸，真是个养老的好地方。

黄先生说，他曾多次接待香港、台湾和世界其他地方的华人新闻记者，不过接受来自祖国内地的记者采访，还是第一次。这也让我们有点与有荣焉的感觉。

黄先生在自己的著作中多次提到赫逊河，并且还出版了一本学术著作《赫逊河畔谈中国历史》。想来他以此做书名有两层含义，一是他的家在这里；第二层意思可能要深奥点，那就是在万里之遥的赫逊河畔观察中国，会有"不在此山中"的清醒或者超然，可以摆脱圈子里的人情关系、学术派别以及政治氛围，写起来少一些干扰，少一些顾虑吧！

黄先生的书在国内畅销了二十多年，无论是学界还是普通读者，看了都说好。这几年也开始有一些质疑的声音，觉得对他的评价是不是太高了。历史学上的争论很正常，专业学术观点分歧其实也不太干我们普通读者的事，我这里主要想写写不到三个小时的采访里，面前的这个人给我留下的印象，和数年以后越来越清晰的感觉。

黄先生家的客厅不太大，屋子四处都摆放着书。见一侧墙上挂着孙中山先生的手书条幅"乐天长寿"，我刚要大惊小怪，黄先生赶紧说"那不是真品"，语气自然而平和。居中一组沙发，墙壁上方悬一镜框，内镶横幅"应无所住而生其心"，书法遒

图2 主持人刘为和黄先生夫妇交谈。

劲有力，没注意是何人所书。查此语"应无所住而生其心"，乃出自《金刚经》。"住"指的是人对世俗、对物质的留恋度；"心"指的是人对佛理禅义的领悟。大意是说人应该对世俗物质无所执着，才有可能深刻领悟佛法。

黄先生个子不高，短短的一头白发，深色的眼镜衬着白皙的皮肤，一看就是做学问的模样，与那横幅蕴寓的意境很搭。

寒暄过后便开始了我们的采访。黄先生从自身的简历谈起，先从军，后来进入大学，半路出家开始钻研历史，写书的初衷和过程。他从《万历十五年》谈起，逐次谈及《中国大历史》《资本主义与二十一世纪》等书，并涉及中国的改革和对一些历史人物的评价。谈及具体的历史问题，黄先生差不多把他在书中反复强调的重点复述了一遍，这些都没给我留下更多的回味。

整个采访我觉得有两点可重点说一下。

其一，黄仁宇的书中有一个很特殊的表述，他多次提到"在数目字上进行管理"，这是我从没在其他历史书中见过的说法。所以我们自然要当面请教一下如何理解这个概念。黄老这样解释道——

"管制人类的方法基本上只有三个，第一个是精神上的激劝，像牧师、政治指导员，鼓励人民为善；第二个方法是武力强迫你就范，警察诠释这个条例是怎么样的，你违反了法就要惩办；第三个方法就是激励每个人都去追求自己的兴趣，然后造成一个系统，每个人彼此都互相竞争又互相合作。所以不管你是好人还是坏人只管你是不是合法或者非法，有了一个客观的标准。这种办法就是变成一个全面货币管制的办法。全面的货币管制就是工资、财政、税收、公债、私人的交易经理、法律，

图3 同事熊文平摄像，我拿个反光板补光。

图4 临告别时，黄先生把我们带去的书和他赠给我们的新出版的书《新时代的历史观》认真地签上名送给我们。

全部只有一个标准，就是说可以在数目字上管理。"（根据采访录音整理）

　　我的理解就是要有一个量化标准，一切用数字说话。类似现在所谓的"大数据"吧！

　　其二，还有一段采访给我留下了非常深刻的印象，以至于对我以后的阅读都有很大的启迪。黄仁宇先生特别强调对历史人物的评价无所谓他对错、无所谓他好坏，历史学家的任务就

图 5 侃侃而谈的黄仁宇先生

图 6 我与黄仁宇夫妇合影。

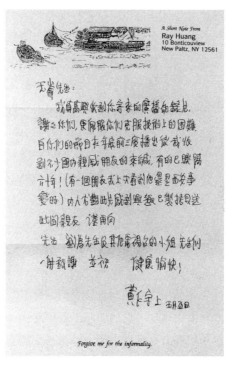

图7　黄先生手札

是站在一个高度说明，为什么在那个时间段在那个地方会出现
那样的人，这个人在当时的情况下所发生的作用是怎样的，他
给后世带来的影响是怎样的。不同的人看问题的角度不一样，
不同的时间所得出的结论自然也会不一样，这都是正常的。

　　整个采访历经两个多小时，主持人刘为提问，我的同事熊
文平负责摄像，我则拿一个反光板在需要的地方补一点光，所
以我能够比较清晰地观察到整个场景。

　　黄先生坐在沙发上，但他不是后仰着将身体陷在沙发里，

而是自始至终地将身体前倾，保持着仔细聆听的态度，用一种很尊敬对方的身体语言同我们交谈。我看得出来他这样长时间坐在沙发上将身体前倾是很吃力的，以至于他不得不用右手支撑在身体右后方，这使我有点感动。采访结束时黄先生对我们说，他的妻子得了癌症前景渺茫，能不能请她也讲几句，让她开心，这又让我感动了一次，真乃谦谦君子也！黄先生对夫人评价很高，因为夫人是他每一部著作的第一读者。我们当然满足了他的心愿。我想黄夫人大概不知道他的先生黄仁宇在中国学界有多大的知名度。

节目在央视《读书时间》播出后观众反应非常强烈。不久我们接到了黄仁宇先生从美国寄来的信，字迹工整娟秀，配以黄先生专用的私人信笺，风格清新，看得出他是很认真的。

黄仁宇先生在信中很高兴地告诉我们，看了节目以后他非常高兴，很多在国内多年不见的朋友，也是通过这个节目看到了他并跟他取得了联系。最典型的一个例子，就是他和一个朋友上次见面还是在六十年前西安事变时，这次也是通过我们的节目见到了他，非常激动非常高兴。

遗憾的是才过了一年多，2000 年的时候我们就收到了黄先生去世的消息，真让我吃惊不小。黄夫人的癌症治疗得怎么样我们不得而知，但得知黄先生这么快就去世了，还真是心里有点堵得慌。

从美国回来后就陷入事务性工作中，当年《读库》的张立宪约我写一篇采访记，也因为静不下心来一直没动笔，这一放就是二十多年。

文中的几张照片都是当年采访时匆忙拍摄的，配上文字留个纪念吧！

相识忆明珠

亦 金

上小学高年级的时候，爱写作文的我，从爱好诗歌文学的班主任老师那里借到的一本《诗刊》上，读到了忆明珠先生的长诗《跪石人辞》。就是这首美妙的诗歌，使我将忆明珠的名字清晰地存储到了记忆里。这个名字是记住了，但我年幼无知，却存有一个困惑：怎么在百家姓之外，还有姓忆的人呢？连名字都弄不清楚，至于忆明珠到底是怎样的一个人，也就一直模糊着。

一直到2006年春，我才开始对忆明珠先生有了比较多的了解。那时，我酝酿着将自己收藏的清代进士书法作品，整理出版一本《清代百名进士墨迹》，我想找一位书法水平比较高的山东籍的老作家来题写书名。与我素能倾心吐胆的、祖籍也是莱阳人的曾任明天出版社社长的赵镇琬先生，向我推荐了他的堂兄忆明珠先生。我这才知晓：忆明珠先生原名赵镇瑞，又名赵俊瑞，是一位诗文书画俱佳的老作家。

为了让我对忆明珠先生了解得更多，赵镇琬先生送给我由江苏文艺出版社出版的三卷本《忆明珠文集》和由长江文艺出版社出版的以介绍诗书画文为内容的忆明珠、冯骥才、贾平凹、

图 1 年轻时的忆明珠

汪曾祺先生的《中国当代才子书》。赵先生还送给了我一张忆明珠先生写有柳宗元诗句的书法作品和画有菩提达摩面壁的绘画作品。我越读忆明珠先生的诗文，越品忆明珠先生的书画，对他越加仰慕，更觉得请忆明珠先生题写《清代百名进士墨迹》书名最合适不过。

经赵镇琬先生引介，我给忆明珠先生写了一封恳请题写书名的信。我很快便惊喜地收到了忆明珠先生的来信，信中对我出版这本书，写下了鼓励的溢美之词："山东人做事，每有豪举壮学出人意表者，如先生之此书即是。这需要花大功夫搜求研究以成，甚难事也。"并随信寄来题写的四幅书名，让我择选而用。先生的题写，为该书的出版增辉不少，我心中满怀感激，遂有了能够早日登门拜访答谢先生的念想。

2006 年冬，我到南京去参加一个全国的出版工作会议，终于有了一个登门拜访忆明珠先生的机会。在那个下午，我在与忆明珠先生电话相约以后，便搭乘出租车，赶到了江苏省作协的肚带营街道宿舍附近。下了车刚要打听，一抬头，望见一位迎着寒风站立在巷口向四下里张望的老者，我根据赵镇琬先生曾经给我描述的忆明珠先生"头大，眼大，鼻子大"的特点，就猜想那个长得就像忆明珠先生自画的菩提达摩一样的老者，十有八九就是忆明珠先生。我压根就没有想到，年已八十岁的他能亲自到大门外来迎候我。听赵镇琬先生说过，他已很少自己下楼，来了客人，都是以门槛为界，站在门槛里边迎，也站在门槛里边送。他能屈驾下楼跑到大街上迎接我这个比他小了二十四岁的晚辈，对我真是破天荒地抬举。他的夫人蓝桂华，

图2 "文革"后，忆明珠在仪征破山口。

图3 1980年，忆明珠在仪征鼓楼桥上。

也像忆明珠先生一样热情，听得忆老一声"山东老乡来了"，匆忙从为招待我而准备饭菜的厨房里跑出来，递上一杯热茶。

我给先生带去了由他题写书名的《清代百名进士墨迹》的新书，还有我也不知道他喜欢不喜欢的产自老家沂蒙山区的徐公砚。我见他接过后爱不释手，也就安心了。他告诉我，自己乃一介书生，平生所爱不过笔墨纸砚而已，山东出的几种砚台，加上你送的这一方，差不多凑齐了，故乡的砚兄砚弟，在我家里大团圆了。作为回赠，忆明珠先生送了我好几张书画小品，我自是喜欢得不得了。那天晚上，我俩都喝了点酒，谈得很多，可谓是一见如故、相见恨晚。我自知浅薄，主要是倾听，听他谈童年，谈坎坷，谈诗文，谈书画……但他谈得最多的还是远离故土的乡愁。我被忆明珠先生的学识渊博、妙语连珠所征服，难怪与先生要好的一些文友评说："忆明珠文比诗好，字比画好，这还都不如谈吐好。"我倒觉得不能这样类比，应当是诗文、书画和谈吐皆赏心悦目、沁人心脾。之后，我又收到了忆明珠先生的来信，信中道："前时您因公来宁期间，蒙拨冗光临寒舍见访，深为铭感。阁下与我虽素未谋面，而一见如故，得作倾心长谈，这该是一种缘分吧！"这次相见，一下子拉近了两人之间的关系，交往也频繁起来。除了书信和电话形式的交往，我单独或与赵镇琬先生结伴先后四次到南京去看望过他，也曾委派孙辈、明天出版社副社长刘尚礼去看望他。我一直以为，能与忆明珠先生交往，乃我人生一幸事也。

每当我收到忆明珠先生用毛笔挥洒书写的来信，读着那信笔写来的富有诗意的文字，都有一种久违的传统通信方式的"见字如面"的亲切之感，遂萌生了为忆明珠先生出版一本信札墨迹的念头。我特别感叹忆明珠先生对中国传统文化的那份执着追求，正如忆明珠先生所说的，他"之所以坚持使用毛笔，只因觉得中华千百年来文化之发展维系，始终与毛笔联接在一起的，诸以当电脑书写兴起之际，我却把毛笔握得更紧了"。从出版的角度审视，在中华民族几千年来秉持的用毛笔书写信札的传统方式渐行渐远之时，能够出版近乎填补空白的当代人信札的这样一本图书，其传承价值、艺术价值、收藏价值自是不言而喻。我即与青岛出版社的社长孟鸣飞和副总编辑高继民先生进行了沟通，与二位的选题意图一拍即合。

我与赵镇琬先生商量后，便将出版这本书的想法告诉了忆明珠先生，老先生随即给我写信说："决定出版我之手书信函墨迹，这实出我意料。"他并请赵镇琬先生为其组织准备稿件。

让我万万没有想到的，忆明珠先生竟要我为该书写序，我实在不敢当，再三推辞，并建议由赵镇琬先生或其他德高望重之人为其写序。但忆明珠先生不改初衷，依然坚持由我来写序。我自知才识浅陋，只好请出对忆明珠先生知根知底的赵镇琬先生代为捉刀。赵镇琬先生把序写好后，我没有什么改易，只是建议在序首加上一句："我非常敬仰忆明珠先生。"其实，这序的著作权应归属赵镇琬先生，属于我的只有这一句话。忆明珠先生拿到这本新书后，在给我的来信中，除对故乡山东为他出版这本书给予"壮举、豪举"的赞扬外，还对我在序中加的那句"我非常敬仰忆明珠先生"的话，说是对他的"溢美之词"，说是"我这个老头可不敢当啊"，说是"一定要坚决地还给你"。忆明珠先生的这本书问世后，至少在全国作家圈子里引起了不小的反响，得到了不少赞赏之声。有位也是喜欢收藏忆明珠先生墨迹的在《中国收藏》杂志供职的作家和书画家，专门将山东出版忆明珠先生手书信函墨迹一事，作为文坛的鲜见之事，单设篇章，记载在自己出版的著述里。令我高兴的是青岛出版社慧眼识珠，继而又为忆明珠先生出版了《抱叶居墨迹二种》一书。我觉得能为我敬仰的忆明珠先生做一点力所能及之事，心中十分欣慰。

2015 年秋，受荣宝斋（南京）拍卖公司老总邀请，去南京参加拍卖会。我与也仰慕忆老的潍坊的满孝全先生一起，带着潍县青萝卜，专门又去看望很是想念的忆明珠先生。这是我第四次看望，也是最后一次看望。之所以说是最后一次，是因为在这次拜访后，仅相隔两年多，忆明珠先生以九十二岁的高龄驾鹤西去，再也没有下一次相见了。我记得，忆明珠先生见了我们送去的潍县青萝卜，随口道出在山东民间流传的谚语："烟台的苹果，莱阳的梨，赶不上潍县的萝卜皮"；"吃着萝卜喝着茶，气得大夫满地爬"。我有点惊讶，老先生怎么连家乡的这些俗话都记得这么清楚呢！老先生让夫人蓝桂华洗净一个青萝卜，切成条状的小块儿，用一个白色瓷盘盛着，放在了我们围坐的茶桌上。忆老让我们吃，自己也拿起一块吃起来。他吃着，好像陷入了沉思，意味深长而喃喃地说："小草恋山，萝卜恋窝，人老了恋故乡啊！"并且把"萝卜恋窝"这话，接连重复了好几次。一方水土一方情。我在与忆老的接触中，还是头一次听过他说这样深沉的思乡之语，这分明是由故乡的青萝卜牵动了他埋藏在心中的乡愁啊！鲁迅先生有言："野人怀土，小草恋山，亦可哀也。"忆老的著述我逐篇读过，在其文章里曾使用过"萝卜恋窝"这句话，与鲁迅先生说的"小草恋山"真乃是相对应的佳配之句。更令我拍手叫好的，我送忆明珠先生以青色萝卜，而忆明珠先生却赠我的是昨夜刚画好的盛满两篮子红色樱桃的樱桃图，上题一首自作诗："林间樱桃枝头鸟，皆我幼时老相好。画个篮儿盛樱桃，又当窝窝巢小鸟。"我猜想，这不就是忆明珠先生把自己比喻成时时想飞回巢儿的鸟儿吗？忆老的恋乡之情，也牵动出了我所知道的忆老的怀念故土的那些事儿。老先生十七岁离开莱阳，只是在1974年母亲病危时回过一次莱阳。母亲去世后，他在莱阳也没有什么至亲的人了。这也许就是他后来再也没有回过莱阳的缘故吧！他说作为一个远离故土的游子，"怀乡病"是美好的。在三卷本的《忆明珠文集》中，有三十多篇诗歌、散文，或通篇或章节写下了他对故乡的情真意切的怀念之情。有的怀乡文章，读之令人落泪。他曾写道："芳草啊，芳草！这几年我特别怀念故乡，特别怀念故乡那一片芳草的山坡。"他和山东的老作家孔孚、桑恒昌、许评等人，都

图4 1994年春，忆明珠与夫人蓝桂华在南京街头留影。

是书信往还的赤诚的文友。在这之前，他到过山东的菏泽、淄博、莱芜、东营等地，留下许多赞美故乡的诗歌、散文。尤其那次去菏泽看牡丹，浓浓的乡情，艳艳的花海，引爆了他创作的激情，一次竟写下了以牡丹为题的两篇散文和十九篇诗歌。尤其是其中一首："花大如斗，胆大如斗；敢红敢绿，敢醉秋春似酒；敢让百花先，敢殿三春后。"似奔腾的江河，如汹涌的大海，寄托着对故乡的一种何等的情怀。尽管我和赵镇琬先生数次邀请他，我也知道他的许多山东文友，也包括莱阳县作协的同志，都数次邀请过他，但由于他年龄和身体的原因，忆明珠先生终究也没能再踏上山东的故土。故乡的人，不会忘怀他，因为他是这片土地上骄傲的儿子。山东和莱阳，这两个地名，是忆明珠先生永久的烙印，这个烙印也将会永远地出现在记载他的篇章里。

在忆老仙逝不久，我和赵镇琬先生受邀去参加了青岛出版社为他举办的绘画作品展。这是我和赵镇琬先生第二次观看忆老的绘画作品展。第一次，是忆老还在世时，在他视为第二故乡的古称真州的仪征忆明珠故居里。两次书画展，有生前与故后之分，有故土与他乡之别，人之感受的滋味不同。在忆老去世后再去看展，心情自然是伤感沉重的，但他的书法绘画能回到他的故乡，与故乡的人见面，自是一件十分难得的事情。

我分明看得出，忆老的那些书法、绘画中，有他的脉搏和心曲，也饱含着他的情思和感叹，或许还有对后人的嘱托与希冀。在他诸多的作品中，最拨动我心弦的还是那张"采得黄花回"的绘画，你看，一位身躯向前稍倾的背着交叉的手儿、拿着一朵盛开的菊花的老翁，沐浴在夕阳的余晖里，正向我们缓缓走来。我仿佛觉得他真的回故乡来了，带着一生所创作的丰硕的成果回到故乡来了。

《神秘的大佛》拍摄期间访刘晓庆

邓洪秀

北影来乐山拍电影

一部好的电影会捧红一些影星，也可以捧红一座城镇。1980 年电影《神秘的大佛》让乐山大佛走向了全国、走向了世界，1986 年电影《芙蓉镇》让同名的湘西小镇一时红遍全国。而这两部电影的女主角都是由刘晓庆担纲领衔主演。本文就谈谈四十余年前刘晓庆在乐山拍摄电影《神秘的大佛》时的一些往事。

1980 年 3 月，影片《神秘的大佛》正式在四川乐山开拍。因出演《南海长城》《瞧这一家子》《小花》而在影坛崭露头角、成为当时深受观众喜爱的青年演员刘晓庆作为女主角来到乐山，这一消息像长了翅膀一般很快传遍了乐山城。人们都密切关注着在乐山拍摄的第一部故事片，对影片充满了神秘感与殷切的期望。

访谈影星刘晓庆

1980 年 7 月初，在北影厂美工师王一的推介下，笔者在陕

图 1 刘晓庆素颜照

西街口的地委第二招待所三楼单独与刘晓庆进行了一次访谈。那天我先到王一的 303 房间，不一会儿王一带着刘晓庆进到房间来，互相握了握手，彼此问好，刘晓庆就坐在了我对面的床沿上。接着王一借故出去了，就剩下我和刘晓庆，开始我还有点紧张，毕竟刘晓庆已是家喻户晓的电影明星。

面对着近在咫尺的刘晓庆，起初我总想从这张靓丽的脸上寻觅出她在电影《小花》中饰演游击队员何翠姑那坚毅刚强的眼神，以及她在《瞧这一家子》中饰演张岚的泼辣张扬又略显轻佻的咋咋呼呼的神态，但都看不出任何电影镜头中的痕迹。眼前的她就是她，是原汁原味、朴素本色的刘晓庆！

这天，刘晓庆穿着特别朴素，不施粉黛，就像"邻家的女孩"一般，素装淡雅却难掩其绝美的容颜，而且完全没有一点明星的派头，十分随和，一下扫除了初次见面的尴尬气氛，我慢慢平静下来，开始了长达半个小时的访谈。

对于刘晓庆出名之前的情况，以前我就有所了解。刘晓庆是涪陵人，四川音乐学院附中（初中）1968级毕业生，1969年下乡到了宣汉县胡家区农村当了知青，1972年在修建襄渝铁路时，当上了宣汉县民兵团宣传队队长，在队里集弹扬琴及唱、跳、编导于一身，绝对的主心骨。招工时走不了，县里不放人。一咬牙，刘晓庆自己背着行李在公路边拦车去了达县（今达州）军分区要求参军。现场即兴表演后，刘晓庆靓丽的形象和姣好的身材，特别是她的多才多艺，使她顺利入伍穿上军装，进入达县军分区宣传队。

也就在这一年，刘晓庆随达县军分区宣传队来到乐山，与驻乐部队一四九师宣传队学习交流，住在一四九师招待所，并在乐山川剧团演出文艺节目，当时0044部队还没有建礼堂。达县军分区宣传队当时只有六个女兵、十一个男兵，经常下基层为连队演出节目，深受官兵们欢迎，被誉为四川省军区的一支"乌兰牧骑"式的演出队。刘晓庆进入宣传队，如鱼得水，其文娱天分得以尽情发挥，很快就成了宣传队的"台柱子"。

这次来乐山川剧团演出，因队里人员少，刘晓庆便身兼多职，既演小女孩，又演老大娘，兼跳舞蹈，还要表演扬琴独奏，这可是她在川音学的专业，且兼报幕，容颜才艺皆出众，获得全场观众阵阵掌声和喝彩。

这次的演出，因得到0044部队宣传队小唐、小陈送来的演出票，我得以首观刘晓庆多才多艺的表演。那时的刘晓庆，面庞光洁如玉，莞尔一笑，便能倾倒众生。

我们的话题也就从这次演出开始切入，我说："1972年你随达县军分区来乐山川剧团演出，我就观看到你多才多艺的表演。我爱人那时就是0044部队宣传队的，当时你们来乐山还与她们宣传队学习切磋过《洗衣歌》中的西藏舞蹈。"刘晓庆频频点头称是，这样很快就拉近了我们谈话的距离。

1974年4月，刘晓庆随达县军分区宣传队参加成都军区文艺汇演，时任成都军区司令员的秦基伟看过汇演节目后专门开会评价这次汇演，认为业余宣传队的表演比战旗话剧团专业的好，"兵演兵，有模有样！"并指示要从各个宣传队抽调骨干充实到战旗话剧团。就这样，刘晓庆的芳容气质与多才多艺得到首肯，顺利进入成都军区战旗话剧团。不久，即被前来遴选演员的八一电影制片厂导演张勇手"慧眼识珠"看中，参加拍摄电影《南海长城》，初次登上银幕，饰演甜女。

刘晓庆挺平易近人的，没有那种大明星的架子，她也好像无话不谈。我们用普通话交流，讲到成都或乐山的事情时，也会说几句四川话。

刘晓庆问道："乐山地区川剧团你熟悉吗？"我说："非常熟悉！我兄弟就在川剧团拉小提琴。我还经常为他们剧团拍剧照嘞！"刘晓庆接着说道："我演的《神秘的大佛》中沙舵爷的家庭教师梦婕，她幼年时期（小梦婕）的演员就是在乐山川剧团选的一位小学员来饰演的。"这个饰演小梦婕的小学员叫陈小艺，虽然在这部电影中戏份很少，镜头也不多，但身材、脸型、气质都非常接近刘晓庆，也算为电影的成功锦上添花吧！也许是这初次的"触电"开阔了陈小艺的胸怀和视野，后来陈小艺也成了著名的影视明星。

刘晓庆说，她目前的编制还在成都军区战旗话剧团，是借调到北京电影制片厂的，工资仍由战旗话剧团发，按照正排职

图2 美工师王一与刘晓庆、葛存壮在白塔街地委第二招待所楼顶合影。左边的王一在拍摄这张照片后没几天的一个晚上，在大佛寺东坡楼拍摄完工后，不慎摔伤成为植物人，不久后去世，令人唏嘘不已。

干部待遇，每月五十七元钱。这次随北影《神秘的大佛》剧组到乐山来拍片，为了节省费用，所有演职人员不管是主角还是配角，抑或跑龙套及剧组一般工作人员，无一特殊，全部住在地委第二招待所。所有房间设施条件都一样，没有空调，连电扇都没有，每间房四张床，为防蚊子叮咬，每张床都挂上一顶纱布蚊帐。每层楼一个公共厕所和公用洗澡间，那时的住宿条件就这个水平，每人每天住宿费八毛钱。所有人员伙食标准也一样，每人每天一元，另外享受同等的每人每天八毛钱出差补助。

《神秘的大佛》摄制成本总共只有十几万元人民币，但影响极大，前后发行了近三百个拷贝，在门票平均二毛五分的时代（那时乐山电影院，普通电影票价一毛七分，《神秘的大佛》之类宽银幕电影票两毛钱），票房总创收上亿元。

　　《神秘的大佛》是"文革"后我国拍摄的第一部武打故事片，武打的场面很多。

　　刘晓庆又问我："乐山体委的人你熟悉吗？"我说："非常熟悉呀！70年代乐山举办的各项体育比赛都是体委请我去拍照片。"刘晓庆又问："那你认识体委的体操教练吗？矮矮的。"我答道："很熟悉呀！叫朱朝荣，原是解放军八一体操队的运动员，1969年复员到我们地区印刷厂当了一名机印工。几年后专业对口调到乐山地区体委当体操教练，后来体委在老公园灯光球场旁建起了一座练功房，作为乐山培训体操和举重运动员的场地。"

　　1980年4月后，因电影中有许多武打场面，那个时候的演员基本上都没有找替身，所以在拍电影的时候，不管是一些动作武打戏还是一些其他的危险戏份，都是演员亲自出马，需要演员的"真功夫"。

　　刘晓庆说道："前些时，我每天清晨7点准时到公园练功房去练功，受到朱教练的关照。练功非常辛苦，不时会碰得青一块紫一块的。不过我从入伍进入宣传队开始就经常练功，倒也适应。加之招待所到练功房也就不到十分钟路程，很方便。"刘晓庆边说边卷起裤脚："不但练功，现场拍片时也经常受伤，现在我这腿上都还留有青紫的痕迹。"

　　电影中刘晓庆扮演的女侠梦婕所用武器是软鞭，为了熟练掌握软鞭的功夫要领，刘晓庆自己做了一条鞭子，经常带在身

图 3 《神秘的大佛》拍摄期间，刘晓庆上剧之前在乌尤殿前留影。此照与重庆美术公司大玻璃橱窗里二十四英寸的照片几乎无异。

边，一有工夫就抽出鞭子甩打几下，她的认真敬业和吃苦精神得到摄制组集体称赞，甚至眼睛被踢伤都不耽误拍戏进程。

那时拍电影还没有使用"威亚"，电影结尾阶段大战沙舵爷的情节中，在凌云寺前空坝上拍片，刘晓庆从三米高的墙上一跃而下，地面上没有任何的防摔保护措施，幸好刘晓庆有良好的基本功，动作矫健，身轻如燕，镜头没有转换而一气呵成，使影片拍得真实而精彩。

我又问起拍电影《小花》中她饰演的游击队员何翠姑抬担架上黄山石梯坎的事。刘晓庆说当时用担架抬受伤的赵永生（唐国强饰）上陡坡梯坎，剧情为了让"伤员舒适一些"，要求在前面抬担架的何翠姑（刘晓庆饰）跪着上梯坎。刘晓庆说，导演担心刘晓庆膝盖受伤，提议让她膝盖上裹一层棉垫。刘晓庆认为那样拍特写就会"露馅"，不真实，于是坚持只穿单裤，加之唐国强体重不轻，所以真的是咬着牙一级一级石梯坎跪着抬上去的，拍完后两个膝盖都磕破皮渗出血了。影片播出时，这段场景非常真实感人，成为该片的一大亮点。

《神秘的大佛》电影还未拍完，刘晓庆的编制就从成都军

图4 《神秘的大佛》拍摄期间，刘晓庆上剧之前在乌尤殿前留影。

区战旗话剧团正式调到北京电影制片厂，成为北影厂演员，后来与张金玲、李秀明一起成为80年代的"北影三花"。

刘晓庆还谈道，每拍摄完一部影片，除了工资和出差补贴外，影片上映后，还会发给她几十元钱的奖金，仅此而已。

首次拍照刘晓庆

我告诉刘晓庆，现在四川的几家新华印刷厂正在印制的1981年的挂历中有她的专辑，即从封面到12个月的月历，全是她的彩照。刘晓庆听了十分高兴，毕竟自己是四川人嘛！她忙问我能否为她搞一些寄去北京，我便请她给我留个地址。我从挎包里取出信笺和钢笔，刘晓庆挥笔留下了她当时的地址：北京平安里三号总政歌剧团。

我好奇地问："你不住在北影厂？"刘晓庆答道："我是借调去北影厂的，没有分宿舍。我爱人是总政歌剧团弹钢琴的，我住在他那儿，你寄总政歌剧团写我名字就能收到。"这个"弹钢琴的"就是刘晓庆的第一任丈夫，名叫王立。

至此，访谈差不多了，我对她说，"看在什么地方给你拍几张照片？"刘晓庆说："就去楼顶吧！"此时美工王一也进来了。接着，我们便去了楼顶。这天天气一般，薄云晴天，能见度不高，但光线柔和，拍人像还蛮好。

当时我只带了一部上海4B型双镜头照相机去，这种照相机没有自动卷片功能，每拍一张照片卷片时还得打开后背观察孔看着数字再卷片。之前其他人给刘晓庆拍照，绝对都是长枪短炮式高级相机拍彩片，而我的相机确实很显寒酸，并且还是黑白片，但机会难得，拍好每张照片最重要。

通过刚才的访谈，与刘晓庆已消除了"陌生感"，我也一点不紧张。刘晓庆很谦和，仍着便装，不施粉黛，我给她拍了几张单人照片后，她点名要请葛存壮老师和她的姐妹儿（服装师和化妆师）一起上来合个影。于是我见到了葛存壮老师，当时葛老师也才五十二岁。我给刘晓庆拍了两张与葛存壮的合照，其中一张增加了美工师王一（图2），另一张增加了刘晓庆要好的俩姐妹儿。

这是刘晓庆第二次与葛存壮在电影中演对手戏了。在电影《小花》中，刘晓庆一人饰演两角色，即同时饰演永生娘和何翠姑，而葛存壮则也同时饰演两角色，即饰演大反派丁叔恒和丁稚云。在这部电影《神秘的大佛》中，刘晓庆饰演梦婕，而葛存壮又饰演大反派沙舵爷。两位演员在电影中的角色都是你死我活的敌人或仇人，然而生活中的刘晓庆却特别敬重这位"仇人"，亲切叫着"葛老师"，拍照时也未忘了要与葛存壮老师一起合影。

葛存壮在电影里饰演的是人人痛恨的大坏蛋，而生活中的葛存壮却是和蔼可亲的大好人，这天他脚穿北京老布鞋，手拿折扇，悠闲自得神态慈祥。而刘晓庆一颦一笑间，素装淡雅却难掩其绝美的容颜，身着短袖休闲衫，宽松的下装，一双极其普通的凉鞋，整个衣着打扮朴素而简洁，以后再也难看到刘晓庆类似的照片了。

电影中有这样一个情节："沙舵爷"被梦婕用钢球砸中脑袋而死的镜头需要连续不间断地拍摄，这给化妆师和道具师出了难题，剧组就用一个手控式埋在头发里的"血包"造出被钢球击中头部鲜血顺势而下的不切换镜头，带点血腥味又十分解恨，自然而逼真。

乌尤再遇刘晓庆

7月下旬一个星期天，晴空万里，又是一个大热天。我与内弟唐军相约好友王小方兄妹前往乌尤寺游玩，随身带着上海4B型照相机和自制摄影用反光板。

刚进到乌尤寺，就听有人说这里正在准备拍摄电影《神秘的大佛》，刘晓庆也正在乌尤寺方丈室休息。乌尤寺方丈遍能和尚与我父亲从1942年就成为世交好友，"文革"前我随父母亲多次来乌尤寺游玩都会找遍能，全家人一起在方丈室休息和午餐。

所以听说刘晓庆也在方丈室，我便迈步进到方丈室，果然她正和她的妈妈刘慧华及妹妹冉晓红在一起休息，她妹妹身材背影及发型与刘晓庆像极了。此时，刘晓庆已化好装，穿着白色套裙，等着电影镜头开拍。

我坐在刘晓庆对面，这是第二次面对面与她谈话，已无陌生感。与她才聊了几句，就听到有人叫刘晓庆，说重庆美术公司的摄影师来了，先去拍些宣传照片。我和唐军也就跟着一起来到旁边的山顶上（后来这里重建了一座"乌尤殿"）。重庆美术公司是重庆一家很大的美术、摄影公司，在重庆解放碑旁有一栋大楼，很有实力。只见重庆美术公司的摄影师带着一部日本产"玛米亚"照相机，价值好几万元，这在当时算很高档的相机了。我带的是一百二十八元一部的手动卷片照相机，但有过上一次的拍照经历，这种场面也就"不虚火"了。

刘晓庆到达乌尤殿南面的栏杆前，就决定在此拍摄了。

此时正值盛夏的中午时分，炎阳当空，正是顶光，这在摄影，

图 5 《神秘的大佛》在乌尤寺止息处拍摄中。

特别是人物摄影来说是很忌讳的。刘晓庆穿的又是白色衣服，胶卷的曝光宽容度有限，拍出的人脸部肯定很暗，难以达到理想的效果。但只有电影开拍前的一点点空闲时间，即使顶光也得拍摄。

　　好在那天我带了自制的反光板，赶紧让唐军打开反光板，为刘晓庆脸部补光，方才较好地解决了这一难题。刘晓庆不断地变换着姿势，用现在的语言就叫"摆 POSE"，我和重庆美

图 6 2014 年，刘晓庆来乐山期间，手持获赠老照片。刘晓庆微博照片。

术公司的摄影师噼里啪啦一阵按动着快门，也就拍下了这组刘晓庆的剧装照。

不久后，我去重庆探亲，在解放碑旁重庆美术公司临街的大玻璃橱窗里看到了刘晓庆的二十四英寸照片，与我拍摄的这张（图 3）几乎无异。

刚刚在乌尤殿前给刘晓庆拍完照片（图 4），就听剧组有人喊话："准备开拍了！"我们也就收拾好相机离去。当王小方听说刘晓庆妈妈和妹妹也在时，说应该给她们母女仨拍张合影，我也猛然想起确实应该拍，因为这后来几十年间，刘晓庆的照片像雪片似的见诸各种媒体，但却鲜见刘晓庆和她妈妈及妹妹的合影，很是遗憾！

此时，刘晓庆换了一件蓝色旗袍，外罩一件白色无领开衫，正在乌尤寺山门下"止息"处拍摄电影镜头。我也赶紧下去，与摄影师梁子勇打了个招呼，拍了一张真正的"剧照"——司徒骏在去凌云寺的路上遇到梦婕（图5）。

意犹未尽的故事

之后不久，接到摄影师梁子勇给我的信件，信中说："刘晓庆于八月十二日离开北京，前往黑龙江省五常县山河屯拍摄电影《原野》。"这一年 10 月，成都、重庆新华印刷厂的朋友给我寄来刘晓庆专辑的挂历，我按最初对刘晓庆的承诺，连同我给他拍的照片分批寄到她北京总政歌剧团的家中。或许是因为刘晓庆常年在外拍戏，全身心投入她热爱的事业中，不知道她后来多久才收到我的信件及包裹，也一直未收到她的回复。

1988 年 8 月，为感谢摄制组为宣传乐山所做出的贡献，乐山市政府在嘉州宾馆举行简单仪式，授予《神秘的大佛》导演张华勋、女主角刘晓庆为乐山"荣誉市民"称号。

2014 年 10 月 23 日，刘晓庆来乐山，受到乐山市有关领导亲切接见，并赠送刘晓庆在乐山拍摄电影《神秘的大佛》期间的照片（图6），其中右面一张就是我为刘晓庆、葛存壮、王一拍的合影。

回过头来再看看当年笔者为刘晓庆拍摄的这些黑白素装照片，似乎找到一番返璞归真的感受！

外婆家

扬之水

　　第一次来北京，我三岁。妈妈在福建省计量局工作，往沈阳开会，就带上我，路过北京，把我寄放在外婆家。

　　外婆家四口人：外公、外婆、小舅舅，还有一位，外婆叫她炕妈，是保姆。外婆十七岁生我妈，下面三个儿子：二毛、三毛、四毛。外婆的父亲，名金永炎，湖北黄陂人，是黎元洪的同乡，做过他的幕僚，还做过时日很短的陆军次长，四十七岁就故去了。外婆的大哥在日本东京帝国大学留学，同学中有一位老家在广东新会的日本华侨，学土木工程，毕业后一道回国，先到了外婆的家里。外婆一见钟情，便要定下终身，但大哥、大嫂坚决反对，因为与外婆的门第相比，外公算得是贫寒人家，而且比外婆大十一岁。外婆于是跟随外公毅然出走，从此再没回过黄陂。那一年她十六岁。她父亲死后分在她名下的若干亩土地，她全部让给了哥哥。

　　外婆生育早，又很注意保养，我来北京的时候，她四十多岁，特别显年轻，和我妈在一起，人们常常会误作姐俩。领着我出门，也会被认作母女。我小时候长得很可爱，又乖，外婆见了非常喜欢，她信基督教，便开玩笑说我是上帝送来的小天使，于是

图1　年轻时的外婆

留在身边舍不得让我离开，还给我上了北京户口。

妈妈也舍不得我，又一次到沈阳出差的时候，就把我接了回去。然而工作实在太忙，且常常出差，外婆又特别想念我，因此决定还是把我送到北京。1959年初，妈妈为我买好福州直达北京的46次列车车票，然后把我送上车交给列车员。当时的北京火车站是在前门，外婆到前门火车站把我从列车员手里接回来。列车员说，我一路都很听话，而且大大方方在车厢里唱歌跳舞表演节目。这一次去办理户口的时候，派出所的人特别说了一句：今年以后，如果再迁出的话，可就不容易进来了。

外婆家位于南池子，当时的门牌是南池子北井胡同6号。小小的一个独门独院，北房两间，一明一暗。明间客厅兼餐厅：前面一对沙发，是待客的空间；后面一张餐桌，是吃饭的地方。

冬天，中间生一个煤炉，炉边总坐着一壶热水。原初炉身有一圈镂空的花边，是所谓"花盆炉子"，大炼钢铁的时候把花边敲去炼钢了。暗间是卧室：一个床头柜，一张双人床，靠墙一个带穿衣镜的立柜，对面是大圆镜子的梳妆台。西房两间，北房和西房之间也是一间小屋子，周围没有窗户，但房顶开了一个很大的天窗，我就住在这一间。南屋炕妈住，兼做厨房。东屋堆杂物，东南角是厕所。东北角一棵大槐树，夏天为整个小院撑起一片荫凉。北房门前有个很小的花栏，却因为槐树遮阴，种什么都长不好，只有几株野茉莉尚能发花。

十六岁嫁给外公，外婆做了一辈子家庭妇女。我到外婆家的时候，小舅舅还在北京石油学院读书，一周回家一次。外公在铁道部工作，二级工程师，月薪二百六十七块，十块钱寄给新会老家的妹妹，其余全部交给外婆。十五号是发薪水的日子，一家三口总会到南河沿的文化餐厅吃西餐。土豆沙拉，炸猪排，罐焖鸡，奶油鸡蓉汤，好像永远是这几样。每次到外面吃饭，外婆都会带一个铝饭盒，吃不完的装在饭盒里带回来。三年困难时期，外公享受补助，每个月都可以买到猪肉、鸡蛋、白糖、中华烟、牡丹烟各一条。家里没有人吸烟，烟就送给朋友。

外婆识文断字，喜欢看小说，《野火春风斗古城》《烈火金钢》《小城春秋》《林海雪原》，还有姚雪垠的《李自成》。最喜欢的是爱情小说，《红楼梦》自然奉为第一。她一辈子为自己选择的爱情而骄傲，常说世间爱情最伟大。我的婚姻印证了外婆的理念——丈夫的爱情实践超越了古今中外所有爱情故事中的男主人公。当然这是后话。听京戏，是外婆的一大爱好。家里有个留声机，外婆听京戏，外公听粤剧。但外公天天上班，听粤剧的时间是很少的。外婆偏爱青衣，青衣戏自然以才子佳人居多。东安市场有个吉祥戏院，经常上演京剧，外婆去十次，会有九次带着我。有一次说好不带我去，也没买我的票，出门时我说送送外婆，一直送到南河沿口，外婆心一软，说一起去吧，到那儿补张票。吉祥戏院有门开在东安市场里面，旁边一家小吃店名丰盛公，卖奶油炸糕（一两四个，两毛四）、小豆粥、杏仁豆腐，还有艾窝窝。斜对过的一家商铺卖珠花，一枝用细白珠子穿缀而成的珠凤，平展着翅膀，凤头扬起来，口里衔着珠串，我站在柜台前呆呆看着不走，外婆就给我买下了。

外婆手巧，最拿手的是织毛衣，会织各种花样，而且还有自己的发明创造，因此多与常见的不一样。用毛织品把我打扮起来，是她的一大乐趣。毛线帽、毛围脖、毛衣、毛裤、毛裙子，今年穿过之后，拆掉，再织新的花样。外婆早上五点钟起床，六点钟带上毛活儿去公园。最常去的是中山公园和文化宫，前者门票五分钱，后者三分钱，外婆是买了年票的。我总是紧紧跟随，因此从小养成早起的习惯。从中山公园南门进去，不远处一个白色的藤萝架，外婆喜欢坐在藤萝架下打毛活儿。藤萝架往西，有水榭，水榭对面是唐花坞，唐花坞里最可爱的是含羞草，手轻轻一碰它，叶子就合上了。开在公园里的来今雨轩，既有正餐，也设茶座。正餐很少去吃，多半是买那里的冬菜包子，一两一个，一毛钱，细褶高庄，馅里的肉末是先煸过的，和用生肉馅包的包子味道不一样。文化宫里有一家卖山东馒头，戗面的，用的是富强粉，二两一个，有时候也会去买了带回家来。

外婆家的炕妈，我叫她姥姥。这个姓很怪，外婆说，姥姥来的时候连名字都没有，因为要上户口，外婆给起了名字叫炕淑芹。姥姥的丈夫是蹬三轮的，婚后姥姥一直没生育，丈夫就又娶了一房，生子名小七。姥姥对小七很好，工资差不多都给

71

图 2　年轻时的外婆

了小七，但小七总是拿了钱就走，很少陪姥姥坐一会儿，聊一聊。
有一年在南京工作的大舅舅来北京，逛了故宫回来对姥姥说：
"你长得很像慈禧太后啊！"姥姥答道："我哪儿有她那个福
气哇！"不过我总疑心她是满人。外婆定居北京后，学得一口
标准的普通话，姥姥却是地道的京片子，语言很生动，还会很
多童谣。与人对面，都是称您。他，则称怹，比如说到我外公。
姥姥拿手的都是北方菜：茄子塞肉、青椒塞肉、炸藕合、红烧
带鱼、韭菜盒子，用西葫芦和面做糊塌子。外公外婆都能接受，
因为定居北京之前的十几年里几乎跑遍南北，也能适应不少口
味了。外婆教给姥姥做的一个家乡菜是珍珠丸子，不过春节之
外，平日很少上桌。一日三餐，只有早点一成不变，永远是牛奶、
鸡蛋和黄油果酱抹面包。我生病的时候，外婆就让姥姥给我蒸

鸡蛋羹，煮瘦肉粥。有一种吃食，姥姥常和我提起，便是面茶，但好像总没有机会去吃。1966年春夏之交，姥姥忽然决定一定要带我去吃一次，是在西单南大街的一家回民餐馆，隐约记得叫作西来顺。面茶的味道已经忘了，留在记忆中的是一种感觉：那像是一次告别。

外婆爱美，出门总要化淡妆，旗袍显出腰身的苗条。烫发在王府井北口的四联理发馆，但那是很长时间才去一次，平日就只是在家里把火钳子烧热了自己烫。也给我烫刘海，烫辫梢。来北京不久，外婆就教我给妈妈写信，信写完了，外婆给我涂上口红，要我把嘴唇印在信纸末尾。我对看书有兴趣，外婆就带我到王府井，在帅府园口上的新华书店买书，台阶下面是连环画亦即小人书，留到今天的，有《百鸟衣》《野天鹅》《居里夫人》；台阶上面是青少年读物，买过《大林和小林》《小布头历险记》。

到了外婆家，我就没再上幼儿园。七岁那年，该入学了。按照规定，必须是九月一号前满七周岁，而我的生日晚了五天。外婆带着我去了南池子小学、北池子小学，一概被拒。最后到了离家稍远即位于南河沿的东华门小学，外婆央求再三，依然得不到通融，因为名额已经满了。我忍不住放声大哭。接待我们的是校长和教导主任，校长姓金，主任姓徐，徐主任于是答应尽量想办法，一旦有人转学，立刻通知我们。结果真的有了这样的幸运。

外婆对我特别疼爱，还有一个原因，即我长得很像二舅舅，尤其是双眼皮大眼睛，和父母都不像。二舅舅我没见过，他在北京林学院读书，学生期间到农村实习，回来后学生干部问他所见所闻，他说了一些负面情况，"反右"的时候被划作右派，

图3 外婆与外公合影

发配到青海劳动改造，在那里得了肺结核。一天早上，外婆对外公说：我梦见三毛来和我告别了，穿了一身血衣。那一天果然收到来自青海的包裹，是二舅舅的遗物，中有一件棉袄，前襟上带着血迹，大概是咳血所致。那一年，他二十二岁。

外公秉性忠厚，讷于言，一口乡音始终不改，也是与人交流的障碍。因此只是一心忙自己的专业，家事概由外婆操持。嫁给外公，经历了近二十年的颠沛流离，直到解放，定居北京，外婆才有了她所向往的安逸的生活。外婆常常说："真要感谢共产党，不然哪儿有这么好的日子。"

外婆喜欢的这个独门独院，是到北京后用了若干斤大米买下的。它所在的北井胡同是只有七个门牌也就是七个院落的小胡同，不能通向其他地方，北京人叫死胡同，即每每标示"此巷不通行"的那一类。小胡同里有个拐脖,拐脖处一口井,井水是苦的。胡同尽头处是三号,院子很齐整,住着两户人家,一家姓高,一家姓边,男主人都是工程师,高家的女主人和外婆常有往来,高家三个女儿,小女儿是我的玩伴。二号是个两进的四合院,一户人家,家里有一辆当时很少见的摩托车。井边的一个院子是大杂院,其中一户人家的男主人在良乡公安局工作,女主人是街道居委会主任。

北井胡同的位置大约在南池子的中腰,路东。往北不远是冯家胡同,也是一条死胡同。胡同里有一户中医,家中女儿乳名小慧,大我一两岁,长得很漂亮。多年后在故宫与已是书法家的小慧意外相遇,说起我外婆,在她口中依然历历如绘。冯家胡同往北有家私人诊所名雍华医院,街面很小,里面大有乾坤,好几进,还有后花园。再往北的一条长胡同名葡萄园,胡同里有个普度寺,当然已经不是寺,而是一所小学校。葡萄园里胡同套胡同,往东穿行就接上磁器库胡同,出去是南河沿大街。葡萄园的位置已是靠近南池子北口,胡同口上有家洗衣店名普兰德,外公的呢子衣服会拿到这里来洗。洗衣店旁是个早点铺,卖油条、油饼、烧饼和豆浆。油饼一两粮票六分钱,糖油饼一两七分钱,油条一两九分钱。早点铺对面一家酒馆,好像只卖啤酒,还有切好的肉肠,宽大的玻璃窗近乎落地式,能看见里面喝酒的人。小舅舅的好朋友李英每天都在这里喝啤酒。

北井胡同往南是箭厂胡同。后来才知道,胡同里住着的一户,大儿子是我老伴的高中同学,他妹妹和我老伴说:"我知道你爱人,小时候两只大眼睛,让她外婆打扮得像洋娃娃。"箭厂胡同五号是袁世海的住宅。再往南,依次是灯笼库胡同、缎库胡同、南湾子。缎库胡同里住着罗瑞卿。南湾子通向南河沿，李英就住在南湾子。他参加过抗美援朝，阅历丰富，很会讲故事。南湾子往南的一条胡同名表章库，过去就是皇史宬了。北井胡同向北的斜对面一个灰色的大铁门，是张云逸的住宅。向南的斜对面有个石头缝胡同，也有人叫它南井胡同。再向南，是一所急救站，上方大字写着：电话五五五六七八。车库里停着华沙牌小轿车。文化宫东门就在急救站的不远处。再向前，是冰窖胡同，胡同口有家菜站。南池子副食店在菜站对面，卖油盐酱醋和糕点，还有小百货。菜站旁边是粮店。粮店里卖的粮食分装在方木柜里，木柜之间设台秤，售货员用撮斗从木柜里撮出粮食放在台秤上称分量，然后由漏斗倒向撑在下面的粮食口袋里。粮店再往南的一条胡同叫作飞龙桥。南池子南口有条银丝沟，银丝沟边还住着不少人家。

出南池子北口，对面一条街是北池子，向西，是紫禁城的东华门，向东，是东华门大街。路南有东华门副食店，旁边一家委托商行。再向前，是家澡堂子，名福海洋，外婆带我在这里洗盆堂，单间，四毛五。对面一家琴行，常年卖星海牌钢琴。琴行左近一个餐馆名蓬莱春，我上中学的时候曾在这里包饭，中午一顿，每月十块。接着就是二十七中，孔德学校是它的前身。1968年以后的几年，二十七中曾分出一个学校名延安中学，我在这里读的初中，但很快就又与二十七中合并，除了当事者，如今已经没有多少人知道这个名字了。

东华门大街走到头是一条横马路，向南是南河沿，向北是北河沿。南河沿的道树是合欢亦即马缨花，也称楮树，六月到九月，马缨一般的一朵朵小粉花开满树，幽香溢路。南河沿把角处一带砖墙，露出里面的琉璃瓦顶，这里叫作翠明庄，是中组部招待所，我妈在省委组织部工作的时候，来北京出差就住在这儿。东华门大街东口路北有临街的一所平房，先是出租小人书，后来成为校外活动站，辅导员姓徐，南方人，团团脸，白白净净，待人和气。

南河沿过去又一条横街，是皇城根大街。过了皇城根，就是直通王府井的东安门大街。路南有中国儿童艺术剧院，我在东华门小学读书的时候，学校经常在这里组织活动：看话剧，举行联欢会。《马兰花》《神笔马良》《小铁脑壳遇险记》，都是在这儿看的。联欢会上，我曾登台表演过京剧清唱《四郎探母》。儿童剧院对面一溜儿高台阶，一家副食店名长发德，还有切面铺、裁缝店。再向前，有一个冰窖，常见有人用叉子向外出冰，半米见方，表面粘着草屑，大约是河冰。紧挨着冰窖的是义利面包厂门市部，外婆在这儿买乳白面包和精白面包，都是半斤粮票，前者三毛二，后者两毛八。再往前，就快到王府井了，离路口不远的地方，是馄饨侯，浦五房在它隔壁，在这儿常买的是叉烧肉、笋豆、肉松、广东香肠。对面把角处是懋隆珠宝店，据此不数武有一家鲜花店，外婆不买别的，常年只在这里买玉兰花，玉兰一对，其端顶着两朵茉莉，用别针戴在大襟的纽扣旁边。晚间摘下来放在湿毛巾里，第二天还是新鲜的。

南池子大街两旁都是大槐树，夏天绿荫交柯，遮天蔽日。从东单开过来的3路公交车穿街而过，开往北池子、骑河楼、沙滩、景山东街，地安门是终点站。从外婆家去王府井，走路的话不算远，不过如果逛了街再走回来就有点累，于是会坐上三轮车，到家两毛五。

1966年，平静的生活有了波澜。外婆似乎觉察到什么，有点担心自己的出身，把陈年的相册翻检一过，取出一张军官骑在马上抱着她的照片，撕掉了。她说，我十六岁离家出走，一辈子靠外公的工资吃饭，活得堂堂正正。今后如果过不了我喜欢的生活，我就去死。抄家风起，雍华医院首当其冲。很快到了北井胡同，这时候南池子已是叫葵花向阳路，胡同的名字全部取消。二号院被抄，是附近中学的红卫兵，然后就过去了。外婆松了一口气。八月三十一号，我从北池子门诊部打针回来，家里已是天翻地覆，红卫兵来自良乡，是五号院居委会主任的丈夫从良乡叫来的，给外婆扣上"地主"帽子，勒令返乡。北屋两间贴上封条，只留下西屋。九月三号外婆被居委会主任叫出去扫大街，几个小孩子追着她往身上吐唾沫。当晚，外婆和外公早早睡了。一夜无话。然而次日一上午不见起身，唯闻鼾声大作，叫也叫不醒。小舅舅觉得不对劲，到南湾子叫来李英，李英一见，立刻说：赶快灌白开水，服了安眠药了。结果外公救过来了，外婆一睡不醒。

外婆不在了，外婆家没有了。我的童年时代随之结束。

父母老相册里的故事

张 燕

父母都是解放战争时期参军的老兵，是原山东鲁南军区文工团的战友。1951年底，鲁中南军区文工团部分人员与渤海军区、山东军区等单位的有关人员组成赴新疆文工团，奔赴新疆配合当地的土改工作，母亲因此离开了鲁南。1952年2月出发到甘肃兰州、天水换装，中途还排演了节目《三世仇》，到新疆后驻扎在伊犁。5月去了吐鲁番圩子参加土改演出，国庆节返回伊犁，学习新疆歌舞，为建设兵团部队演出。1953年春季，在到霍城锡伯族地区演出后，又返回伊犁休整，7月奉令到乌鲁木齐准备赴朝。为做好赴朝慰问准备，8月又去天津学习了数来宝、京韵大鼓等曲艺节目。

母亲讲："朝鲜刚停战时，上级指示，李承晚集团靠不住，战事仍有发生的危险，志愿军还要帮朝鲜人民重建家园，文工团还要上！"1953年9月，她作为中国人民志愿军一军文工团的战士，奉命入朝。赴朝时乘坐闷罐车，颠簸了很久才到达安东（今丹东）。鸭绿江大桥刚经历了战火硝烟，铁路运输任务繁重，部队是步行过桥的。踏着脚下松动的枕木，看着桥下湍急的江水，感到激动又很惊险。入朝后看到的是山河破碎，满

79

目战争创伤。入朝后连续下连队到战士们坚守的前沿阵地、坑道演出，由于刚停战，备战任务很重，工作生活条件很艰苦。入冬后天气极其寒冷，零下三四十摄氏度，双手时常冻得红肿破溃。即使这样，为保证演出效果，仍要经常穿着单衣裙装为战士们演出，执行任务间歇就在寒冷的山野休整，可是他们从没觉得苦和累，总是满腔热情，有使不完的劲。文工团以歌舞、曲艺等形式，边演出、边创作，经常组成小分队，深入志愿军的驻地哨所为官兵演出。同时也表演歌颂中朝友谊的节目，不

图1　1953年冬，冰天雪地里的母亲。

图2 1954年春，慰问志愿军的演出结束后文工团战
友合影。右一是母亲。

但战士爱看，朝鲜老乡们也爱看。母亲讲：朝鲜老乡的生活极
度贫困，我们常常把自己舍不得用的生活用品、食物节省下来
送给遇到的朝鲜老人和孩子，他们都很感激我们这些志愿军女
战士。

母亲回忆：文工团在朝鲜参加过多项重大的活动。参加了
志愿军英模大会慰问演出，排演了话剧《粮食》和豫剧《三只鸡》，
受到战士们的热烈欢迎。

老秃山战役是志愿军在抗美援朝西线阵地防御战时期进行
的一次进攻战。老秃山原名叫上浦防东山，海拔266米，地理
位置非常重要，可谓是汉城（今首尔）的门户。美军为夺取该

高地，动用了大量炸弹、凝固汽油弹，使山上草木全无、一片焦土而得名老秃山。以美军为首的联合国军为了坚守该高地投下重兵把守，经敌我双方反复争夺，1953 年 3 月以志愿军攻占美军防守的老秃山并多次打退美军的反扑取得最终胜利。其战斗激烈程度不亚于上甘岭战役，被列为抗美援朝战争七个经典战例之一，载入《中国人民解放军年鉴》。这次战役中的志愿军第四十七军四二三团（现属七十六集团军合成旅）突击连官兵在一面上级授予绣着"把胜利的旗帜插上无名高地主峰"的红旗上纷纷签下名字，连续发起顽强冲锋，前仆后继，最终将胜利的旗帜插上了老秃山。这个连队被志愿军总部授予"不畏强敌，敢打硬拼"的"老秃山英雄连"，也是电影《英雄儿女》中刻画的英雄连队的原型。下部队演出中，文工团奉命整理了

图3　1954 年秋，父亲在上甘岭坑道口缅怀英烈留影。

图 4 1954 年秋，父亲在上甘岭留影。

老秃山战斗英模材料，并进行了大力宣传，演英雄、唱英雄，在部队中掀起了学英雄、立战功的热潮。

　　1953 年底，一军文工团参加了迎接贺龙率领的慰问团大型演出活动。当慰问团成员们看到战士们住的简易棚和满目焦土的阵地时，都流下热泪，心情沉重，反复说"你们辛苦了，祖国人民感谢你们"。在志愿军九兵团驻地，贺老总视察了老秃山阵地。在阵地上贺老总做了重要讲话，官兵们见到贺老总，非常激动，欢呼雀跃。母亲说，祖国慰问团的到来，对身处艰苦战争环境下的战士们真是极大鼓舞和鞭策。

　　板门店是朝鲜半岛中西部一个名不见经传的小地方，因

1953年7月23日朝鲜停战协议在这里签字而名扬于世。在板门店，母亲和战友们参观了中朝方面工程技术人员用三天时间奇迹般盖起的签字大厅，目睹了鲜为人知的中朝与美韩双方交换战俘的悲壮场面。

1954年初，母亲所在的文工团又到朝鲜开城演出，还为朝鲜人民军五军团进行了慰问演出，受到了朝鲜军民的热烈欢迎。

父亲回忆说：1951年原鲁南军区政治部文工团与几个单位共同组建了山东军区政治部文工团。根据中央军委指示，隶属第三野战军的山东军区政治部文工团组建了中国人民志愿军慰问团，全团人员于1954年7月奔赴朝鲜，父亲是慰问团的一员。

图5 1954年冬，任务间歇时，母亲和战友在寒冷的山溪旁洗衣服。左一是母亲。

图 6　1955 年 1 月，父母合影。

入朝后由新义州一直到三八线，他们慰问志愿军将士的足迹几乎走遍了驻朝的志愿军驻地和前沿哨所。慰问团出国前做了充分的准备，团里下设戏剧、民乐、合唱、曲艺和舞美队，编排了非常丰富的演出节目，有山东琴书《梁祝下山》、吕剧《小姑贤》、话剧《堡垒》及歌舞、民族器乐演奏等演英雄唱英雄的节目，深受志愿军官兵的喜爱。父亲主要是参演话剧和歌舞节目，每场演出阵容都很大，所到之处受到志愿军官兵隆重而热烈的欢迎。慰问团也组成演出小分队，翻山越岭为驻守前沿阵地、哨所的官兵演出，让他们都能感受到祖国人民的关心，鼓舞了官兵的士气。

　　慰问团在朝鲜历时七个月，跟着装满演出道具和设备的美式十轮大卡车，穿行在朝鲜的大山里。山里道路异常艰难险峻，时常没有路可行，需要步行爬山越岭。

1954 年秋，慰问团登上了上甘岭 537.7 高地，进入守卫上甘岭阵地的坑道。父亲亲眼看到被敌人飞机大炮狂轰滥炸削平的阵地，满目焦土、寸草不生，山脊上弹壳、炮弹残片触目可见。战友们都被志愿军战士和烈士们钢铁般的意志、巨大的牺牲所震撼，为气吞山河的革命英雄主义精神所感染和鼓舞，团里每个战友都在阵地上拍照，留下难忘纪念，这种感受父亲终生难以忘怀，每每谈及总是热泪盈眶，声音哽咽。慰问团完成任务后于 1955 年 2 月回国。

父亲正是在 1954 年冬天的一次慰问志愿军一军演出时，与母亲意外重逢，之后又在共同慰问志愿军将士和朝鲜军民的革命工作中，昔日的战友情逐渐升华为爱慕之情，战友变为恋人，母亲回忆起来总是幸福满满。1955 年春，母亲回国后转业

图 7 1955 年冬，战友合影。前排左二为母亲。

图8 1958年春，父亲母亲在北京天安门前合影。

到北京从事地方工作。一年后他们喜结良缘。

　　老相册里，有母亲与志愿军战友们在朝鲜演出及在冰天雪地生活工作的合影，有父亲在志愿军慰问团合影和在上甘岭坑道口的留影，真实而生动。那是他们令我崇敬和值得永远铭记的经历，他们也是新中国最可爱的人。父母亲由芳华到耄耋，历经风雨，矢志奋斗，共同见证了共和国的诞生、巩固和发展。那段始于朝鲜的浪漫爱情，沁满了父母亲革命的、平凡而幸福的一生。

东方蜻蜓

——记中国第一位女飞行员李霞卿

邹怀德

1940年7月20日，曾经与胡蝶、阮玲玉等明星被共同评为"星级七姐妹"的演员李霞卿，在美国纽约参加了一场抗战筹款活动。她身穿刺绣旗袍，戴着名贵耳饰、首饰出现在记者的镜头之前。然而事实上，在李霞卿光鲜艳丽的外表之下，还藏有另一个不为人知的身份。

李霞卿于1912年4月16日出生于广东的一个书香家庭，其父李应生是一位爱国革命志士。在李霞卿出生半年前，父亲李应生曾与身为同盟会会员、暗杀团成员的弟弟李沛基共同用炸弹爆破刺杀了清朝广州将军凤山。相传当时他们曾用为李霞卿出生而准备的婴儿车运送炸弹，因此李霞卿还有个乳名叫做"旦旦"。

在出生之前便拥有如此经历的李霞卿，也许注定不会如当时的大家闺秀那样平凡富足地度过她的一生。在十四岁那年，李霞卿来到一部电影的布景场地玩耍。片场的导演一眼便相中了她的美貌，于是邀请李霞卿出演一部无声电影《玉洁冰清》。尽管缺少相关经验，但李霞卿在表演过程中的自然得体仍然给电影工作人员留下了很深的印象。影片上映后，就连著名演员

图1 李霞卿演艺时期的剧照

胡蝶都对她赞叹不已："上海人大饱眼福，从天上掉下个林妹妹来了！"此后，她以艺名"李旦旦"正式进入影视界。凭借着六部电影迅速获得观众们的喜爱，成为炙手可热的著名影星。

李霞卿最著名的演出便是在1928年《花木兰》中扮演主角女将木兰，为了演好这一角色，她不仅学习了射箭与骑马，还在上海寻求武行师父进行了拳术、剑术等功夫培训。在这部电影中，观众们最喜欢看到的便是李霞卿纵马奔驰，搭弓射箭，运用灵动的剑法将贼人击败的镜头。而在戏外，李霞卿的人生也逐渐受到了花木兰的影响。

有一次片场遭遇盗贼，歹徒潜入拍摄现场盗取制作经费后，扬长而去。李霞卿得知，纵身上马追过去，将贼人拦在桥下，三下五除二便夺回赃物，且将歹徒扔在了桥下的河中。此事一出便轰动上海，使得当时已被评为"星级七姐妹"的李霞卿再次名声大噪。然而，在 1929 年时，正处于演艺巅峰期的李霞卿却选择息影。年仅十七岁的她，在父亲的授意下，与自己的丈夫前往欧洲读书深造。

在赴欧途中，第一次乘坐飞机的李霞卿对这种交通工具产生了极大的兴趣。在日后的采访中，李霞卿曾对主持人讲到，在她的童年时代里，常常坐在祖母腿上，听老人讲述仙女腾云驾雾、惩恶扬善的故事。在她旅居欧洲期间，正值日本侵略中国东三省之际。于是她便想要为中国做点事情。这一想法与她对飞行的兴趣在 1933 年的巴黎航展上结合到一起，迸发出耀眼

图 2　1937 年，上海医院国军伤兵撤离城区时的情形。

的火光。同年，李霞卿在日内瓦康塔纳航空学校获得了飞行员执照。

1935年的一个春日，李霞卿坐在一架开放式教练机上，翱翔于旧金山上方两千英尺（约六百一十米）的高空中。这是她人生中的第一次特技飞行课程。当她的教练开始一系列绕圈、侧翻等高难度动作时，李霞卿的安全带突然脱落，她本人也滑出了飞机，向下坠落。在惊吓中愣神了几秒钟后，李霞卿立刻想到培训手册的内容，并按照正确的方式迅速拉开降落伞。在旧金山湾的海面上，一位中国女子从天而降，完成了一次完美跳伞。在被美国海军救上岸后，李霞卿再次成为轰动社会的主角，同时也让她得以加入美国妇女航空协会。这一经历，只是李霞卿在美国奥克兰波音航校生活的一部分。除了惊险紧张的飞行课程外，她还必须学习气象学、力学、导航学等复杂的课程。脱下旗袍换上工装的她，整日埋头在飞机、机械、零件当中。晚年的李霞卿曾经风趣地对记者说道："飞机引擎对我来说，就如同我的手掌一样熟悉。"

1935年底，李霞卿带着她的飞行员执照回到了中国上海。她希望用自己的名气以及实力推动民航事业的发展，但尽管飞行俱乐部接受了她，可民国政府似乎并不愿意向女性颁发飞行执照。经历了一番交涉后，她终于通过一名空军飞行员的评估获得了中国飞行执照。与此同来的，还有一项艰巨的任务——为中国民航评估机场与航线。在中国各地飞行了三万英里（约四万八千公里）后，她出色地完成了这项评估，并且在事后协助组建了中国第一所民航学校，同时也成为学校里唯一的女性飞行教官。

1937年7月，七七事变的爆发，改变了李霞卿推进民航事

图3 1940 年 7 月 20 日，曾获得中国第一张民航机驾驶执照的女演员李霞卿在纽约参加抗战筹款活动时留影。

业的志向。她希望自己能够成为空军飞行员，像曾经扮演过的花木兰那样，为国效力，上阵杀敌。然而，这项充满勇气与魄力的请求却被政府拒绝，此外政府还禁止她成为战时运输机飞行员以及邮政飞行员。对此感到失望的她，选择以其他方式帮助祖国。在上海，她出资建立了红十字医院以收容难民和伤兵。不过日本人占领上海后，医院也遭到查处，李霞卿冒着遭遇空袭的危险离开了那里。

1938 年，她再次回到了美国，决定运用她的人脉以及飞行技巧开展募捐活动。她将自己的珠宝首饰抵押出去，换得一架斯廷森雷莱恩 SR-9B 单引擎飞机。在社会名流、援助组织以及众多美国飞行员的帮助下，李霞卿在三个月内飞遍四十个城市，运用她高超的飞行技巧为民众表演，同时，也为她的祖国募捐善款。直到晚年，她仍然记得到芝加哥进行表演时，当地人对她的热情欢迎，"我受到了美国公众以及华人社区的热烈欢迎，在机场那里我看到了几千人前来观看表演，我从广播中向他们致以问候。而他们则用挂有中美国旗的汽车游行来表达我们之间的情谊"。

图 4　与李霞卿一同在美国进行飞行募捐的女士。

　　从 1939 年到"二战"胜利，李霞卿在美国、加拿大、加勒比地区、中美洲以及南美洲等地进行飞行表演，飞行距离约为四万五千英里（约七万两千公里）。此举不仅为中国抗战筹集到了大量资金，也让大洋彼岸的各个国家了解到中国抗击日本侵略的决心与态度。在秘鲁，她凭借高超的飞行技术一次就募捐到四万元。当时美国《远东》杂志记者问她考没考虑到单独远飞的危险性，她回答："所有的中国人，不论在国内或在世界各地，为了祖国，是很少想到危险的。"此外她还被派拉蒙公司相中，参演了好莱坞影片。繁重的工作使她身心疲惫，但她丝毫不敢懈怠。战争一天没有结束，她便一天不会停止为祖国奔走。

　　战争结束后，李霞卿经上海移居香港，她再次试图涉足航空领域时，却再次遭到拒绝。不过这位巾帼不让须眉的女英雄却没有停止她的飞行表演活动。1958 年，香港启德机场正式启用的典礼上，四十六岁的李霞卿驾驶飞机进行表演。20 世纪 70 年代，年过花甲的李霞卿在美国加州乡村游览时，还借用了农场主的农药喷洒飞机进行了一系列复杂的特技飞行动作，直到飞机不停报警，机翼开始颤抖，她才心满意足地降落。在一声礼貌的致谢后，以微笑面对农场主吃惊的表情。

　　拥有传奇一生的李霞卿不仅以她的实力证明了女性在航空领域中能够获得不输于男性的巨大成就，也通过她的实际行动，为中国度过最危难之时刻做出了巨大的贡献。在蔚蓝的天空中，李霞卿已经留下了属于她的不朽传奇，而我们除了铭记这一切，还需向她致以最高的敬意！

徐州也曾有黄埔军校？

——陆军军官学校第七军官训练班初探

于 岳

　　对于标题的这个问题，即便是对于黄埔军校有较多了解的朋友，答案恐怕也会是否定的，其实许久以前我也一样。八年前的一天，我收藏到了下面这张 1948 年的着色老照片（图1），当我看到上面的题跋时，完全是丈二和尚——摸不着头脑，这"徐州军校"是啥？最初我想到了装甲兵学校，但照片中人物的 T 恤上，又分明写着"陆校"二字，显然并不是的。

　　陆校，就是陆军军官学校（俗称黄埔军校），黄埔军校在徐州设有分校或曰组织机构？当时我是闻所未闻，也压根无从去探究。过了几年，我又收到了另外一张大幅合影（图2），这张照片上的信息量就大多了，时间、地点、班别齐全。将"九里山"这个地名检索之后，我脑中灵光一现，几年前的疑问也登时有了答案：还真是有！徐州军校，原来就是这个陆军军官学校第七军官训练班嘛！更有趣的是，这两张照片竟然还是摄于同一天！

　　附设于中央陆军军官学校的"军官训练班"，是黄埔军校中有别于正期教育的另一个体系，最初是专门为调训国军中行伍出身的下级军官而设立，在 20 世纪 30 年代初即已有之。抗

图1 民国三十七年（1948）年 8 月 30 日摄于徐州军校。

战爆发后，基层军官急需大量补充，黄埔军校遂在全国各地设立了九所分校（另有驻鲁、驻苏两个干训班）。一时间，"主义之花"遍地开放，不过这些分校和干训班也并无设在徐州者。

到了抗战胜利前后，黄埔各分校陆续裁撤并编，军官训练班也停办了近两年。但随后内战又启，国民党军的局面迅速恶化，大量基层军事干部的需求再成燃眉之急。于是，自 1947 年起又陆续在陆军军官学校名下设立第一至第七军官训练班（六、七是于 1948 年成立），分驻北平、西安、沈阳、台湾、迪化（乌鲁木齐）、汉口、徐州。这些训练班虽没有分校之名，实际的管理又归于各地区的训练处，但从某种意义上来说，仍具分校之意味。

此时既然已得知了徐州军校的"真实身份"，我自然也想一探究竟。然而，深入一查却又迷茫了，无论官方校史还是各地文史资料，相关的记载可谓凤毛麟角，只有极少量碎片化的信息，关于其来龙去脉和详细状况仍是一概不知。无奈之下我只好把这个事再次搁下了，这一晃又过了几年。

直到前两天，我在收藏网上见到一件名为"陆军军官学校第七军徽章"的藏品（图3），一看名字便觉得是这个班的东西，点开一看果不其然，于是果断买下。当然，这枚陆军军官学校第七军官训练班第十六期学生毕业徽章，仍然不足以揭开这个班的神秘面纱，一窥它的全貌。不过它上面的文字倒是有两个细节值得一提。

首先是期别。及至抗战胜利时，军官训练班已办到第十四期，后来新成立的这些，期别则是从十五期开始延续。那这个十六期是指黄埔十六期吗？答案是否定的。上文曾说到，军官训练班是黄埔的另一体系，它虽自有期别序列，但与我们通常所说的黄埔几期（均是指正期）完全不是一回事，而且相互间也没有比叙关系。

第二个细节是"学生"二字。学生与学员，如今看来貌似没什么区别，混着用也没关系，但在民国军校教育中，概念上有着明显分野。黄埔正期是从入伍生开始接受完整的一套军官养成教育，其毕业生是"学生"。而像军官训练班这种，同学入校时已是有官阶的，这些则称为"学员"。照此来看，徽章上的"学生"二字岂不是用错了？

还真不是。经查考1948年出版的《最新陆军军官教育纪实》一书中的记载，这是因为1947年设立这些军官训练班时，招生范围有了一些变化。除了行伍军官之外，还增加了优秀军士和

图 2 陆军军官学校第七军官班第九中队全体同学欢送韩教官泰临别纪念。民国三十七年（1948）8 月 30 日摄于九里山本校。

青年军的留营士兵等，也就是说，在这时的军官训练班中，"学员"和"学生"是同时存在的。

徐州自古为兵家必争的战略要地，此时更是国共决战的前沿，设于此地的第七军官训练班，自然也难免深受战局的影响。我托请好友胡博从老档案中查询，得知了该班自 1948 年 3 月设立以来的三位主任，他们依次是温鸣剑、朱岳和曾启亚。另据

陸軍軍官學校第七軍官軍官班第九中隊
三十七年八月卅日

　　曾任该班上校大队长的戴霖回忆，黄百韬兵团在淮海战役中于
碾庄被歼灭后，所属的第四十四军残部番号改为第一一六军，
不足的干部则由第七军官训练班的官生充任。然一个月后，该
军就在河南永城再次被歼——这可能也是第七军官训练班大部
分官生军旅生涯的最终命运。

　　至于第七军官训练班本身，大概也就是在这场大会战中无

图3 陆军军官学校第七军徽章

形消解了。这个短命的训练班的存在时间，自1948年3月至1949年1月止，充其量仅十个月而已。加之它的组织机构难以从重围中撤离，相关文献估计已损失殆尽，也就难怪后人对它几无了解了。

在这八年中，我有幸从茫茫"藏海"中找到了它的三件实物，证明了1948年的徐州九里山，确实有这样一个隶属于黄埔军校的训练班存在过。但我想，短时间内对其探求恐怕难有更多实质性的突破，此际我也当对它略作交代了。于是也就有了本文——虽然它没有太多的干货，但总归是让这个鲜为人知的陆军军官学校第七军官训练班再度呈现在世人眼前了。此文亦有抛砖引玉之意，愿更多的亲历者、知情人加以补正。

（本文写作过程中承单补生先生、胡博先生大力协助并提供宝贵资料，一并致谢！）

美军镜头里的战时"地摊"

晏　欢

　　在过去十五年的抗战历史图片研读历程中，曾见过无数个老百姓摆地摊的瞬间。今从中遴选出数张较为经典的影像，附上原图片说明的翻译和我的解读，分享与读者及同好们。这几幅图片均来自美国国家档案馆，照片背面的原英文图说由本人翻译。

　　图1没有标注具体拍摄时间，但另一张同一地点的近镜头照片的文字标注了"从被日军占领的手中解放的常德"，这样看来，照片极有可能是常德保卫战之后的那段时间所拍摄。从照片中男主人左边摆放的炉具和锅碗看，这个小摊还有可能供应一点点早餐熟食。从背景中的残垣断壁可见常德保卫战给这座城市带来的毁坏有多么惨烈！

　　图2略有摆拍的痕迹。顾客手里的钞票令人好奇，它的面额到底会有多大？从摊主有四个孩子以及他们的服装看，这家人的日子应该算是自给自足的那种。背景中有条铁路，很有可能是当年美军后勤运输司令部在昆明的总部所在，我在其他照片中见过。这样的话，这个小贩就是瞅准了地段，专做洋人生意的。

图1　当这个住在常德附近河福（音：HOFU）的袁姓家庭返回他们的村庄时，所见的是他家被战火摧毁的房屋和店铺，他们不得不临时搭建了一个窝棚以遮风避雨。照片所见，他们在"门"前摆摊贩卖柑橘、茶叶和筷子给那些重返家园的难民们，还卖一些建筑材料。

APO 627 是二战美军 CBI（中缅印）战区中昆明的军邮代码，图 3 是由援华美军 Y 部队在昆明的总部拍摄并发布的。既然是公关办安排的，不可避免地存有摆拍的痕迹；虽是摆拍，仍然可见当时昆明城里菜市场里小摊贩的布局和状貌。这些临时拼凑的"群众演员"，倒也中规中矩，配合得不错，体现了中美亲善的主题。

图 4 中这位女摊主的服装很像是童子军，她可能会一点英语，帮助这位美国大兵完成这单买卖；从她身后的盐巴档，以

图 2 1944 年 11 月，中国昆明。来自德克萨斯州的威廉姆·兰道夫上尉（隶属于美军后勤运输司令部），在向一位中国男子购买苹果。

　　图3　这是Y部队作战参谋部公共关系办公室APO 627（昆明的军邮代码）发布的照片。在城里的市场上Y部队战士们正在采购西红柿和其他物品；再加上已经买到手的为开派对所需的鲜花，图中可见一大捆蔬菜也准备装进篮子；一个小孩把我们的镜头焦点"偷走"了，引起了一大群中国年轻民众的围观。（左起外国人依次为来自巴尔的摩的马丁·罗瑞尔中士、来自明尼苏达州的劳伦斯·瓦尔下士以及来自加州洛杉矶的美国红十字会的工作人员多萝西·威尔森。）

图 4 1944年10月，中国保山。来自密苏里州圣路易的技术军士迈克尔·考什是一位食堂主管，他正在市场上购买食盐。美军通信兵谢莫瑞摄。

及背景中的杂货店铺，看得出这是一家有信誉的老字号，女摊主手中的秤杆拎得几为水平，可谓中外不欺。

腾冲是大约一个月前，即1944年9月14日，由中美联军从日本占领军手中解放的。经此一战，城池尽毁，一片狼藉。图5里的街区遭毁坏相对较少，也反映出腾冲军民战后恢复经济、重建家园行动之迅速。

腾冲岔道是滇缅公路的一段捷径，开通后一部分由印度

图5 1944年10月11日，中国腾冲。中国平民们在腾冲城墙外迅速设立了一处市场，这里是遭受腾冲战役战火摧残相对较轻的地段。美军通信兵摄。

图6 1945年3月2日，腾冲岔道，中国腾冲。来自新泽西州纽瓦克的美国后勤运输车队司机阿尔·帕尔利中士正在向一位当地流动小贩购买糖果。美军通信兵摄。

经缅甸密支那开往中国昆明的运输车队就可以抄近路通过这里了，因此有车队司机在此地出现。目测簸箕里的货物，很像是当地的一种混有花生（核桃）和芝麻的糖块。（图6）

什么坚果？小男孩正售卖的是什么？反正不是最右摊档上摆卖的核桃；从装束看，小孩是典型的腾冲、龙陵模样，但包头巾的妇人，却像是少数民族。时间是腾冲刚刚解放的两周内。

图7中，小男孩那褴褛的上衣与他从容不迫的情态，形成鲜明对比，让人心生喜爱。

从图8看，此时的腾冲已经从小半年前战火留下的残垣断壁中逐渐恢复，边贸之城的经济活动日趋活跃，地摊摆卖的物品种类显然也丰富了不少。见惯了美国军人的腾冲人，淡定自如地与这群汽车兵做着交易。请注意这三位美军的服装，他们一路崇山峻岭，顶风冒寒，自然比当地居民穿得厚重。他们的帽子也很有特色，修筑中印公路（史迪威公路）的所有美军工

图7 1944年9月30日，怒江西岸的滇缅公路旁。来自威斯康星州的上等兵哈罗德·布朗纳正在光顾一个典型的滇西坚果小贩摊档。美军通信兵摄。

图8 1945年1月17日，中国腾冲。刚刚从缅甸驾驶后勤运输司令部的运输卡车经过腾冲岔道抵达腾冲后，几位美国司机在市场上"进行了一点点购物"。

兵都戴这种软质绒线帽，以区别于作战部队。背景中仍然有围观的腾冲民众，因为今天是1944年9月14日腾冲光复以来的又一个大日子——迎来了通过"腾冲岔道"驶达的首批车队。

英租时期的北洋海军提督署

彭均胜

　　坐落在刘公岛中部南坡的一个庞大建筑群落，就是北洋海军提督署，又称水师衙门。这里曾是北洋海军的最高军事指挥机构，始建于 1887 年，是目前国内保存最完整的军事衙门。水师衙门占地一万七千平方米，建筑为清式砖木举架结构，按照中轴线分为前、中、后三进院落。每进院落由中厅、东西侧厅和东西厢房组成。前、中、后院中厅分别为礼仪厅、议事厅、祭祀厅。东、西跨院有长廊贯通，迂曲缦回，与陪厅、厢房连成一体。

　　1898 年至 1940 年，英国人租占刘公岛四十二年。那么，威风凛凛、庄严肃穆的北洋海军提督署在英租时期的命运如何呢？

　　英租刘公岛期间，提督署成为英国皇家海军远东舰队官兵俱乐部。英国皇家海军在刘公岛设有三处俱乐部，分别叫做"联合服务俱乐部""皇家海军俱乐部"和"联合服务高尔夫俱乐部"。

　　英国人将原北洋海军提督署改作"皇家海军俱乐部"，供军士以下水兵们饮酒娱乐的场所。由于提督署大部分建筑都被酒吧占用，酒吧占据俱乐部的重要位置，也称之为皇家海军酒

图1 英租时期海军公所之外景，正门台阶上或为受雇于此的两个本地人。

图2 英租时期，海军公所正门的绘画、雕饰均保存完好。

吧。因而俱乐部的名称往往被忽略,在岛上住过的老人们还记得当时此处的英语发音"坎厅"(Canteen)。

实际上,俱乐部除酒吧业务外,还有各种室内外娱乐项目,由英国人总管和二管在此经营。其布局为:前院正厅为酒吧间,西厢和南倒厅为饭厅,先后由荣成人张宝仁、李宏业和荣成石岛人袁正塞、荣成马山西公鸡嘴人吕宝初当掌柜的;东厢为上士(英国皇家海军袖上有三个扣标志者)图书阅览室。中院的三处正厅和东倒厅均设桌球台,中国人称其为"捅弹房",西厢为水兵图书阅览室,东厢是军士阅览室。后院中厅是酒柜间,西厅是酒吧间,东厅是图书室,西厢是工人宿舍,东厢是发电机房。出了后院,英国人新建了一排平房做为保龄球房,中国人称其为"地滚球"或"大球弹"。院内东端一排三栋平房也是英国人添建,疑似仓储室。西北角的房子是英人总管住宅。

在提督署一进院大门东侧,有一所中西建筑风格相兼的高大建筑物,这里原为北洋海军演武厅,后来英国海军将其拆除,并在原址上重建(建于1904—1905年间),将其辟建为英国海军官兵放映电影和聚会演出的娱乐场所。室内北端建有通贯东西的宽大舞台,台唇呈弧状,台前两角分别树立两根台柱,台柱支撑着屋檐状的吊檐,做工非常精细考究。舞台后山墙外侧,建有化妆室。这些原始的建筑细节告诉我们,建设之初,这里就是一处可供舞台表演的歌舞剧院。另外,南部二层位置的电影放映窗口和放映室,有明显的开凿痕迹,说明电影放映室是后期添加搭建的。增加电影放映功能后,这里成了既可演舞台剧,又可放电影的影剧院。20世纪50年代,大门西墙上还能看到英文坤因豪斯(Queen's House)的字迹。

烟台港东、西防波堤的建设

衣彩艳

站在烟台山上向北望去，东、西防波堤像一条巨龙横卧在烟台山和北码头之间，人们难免会生出很多好奇：这样一个海上巨大工程是何年开工、谁设计建设、如何建成的呢？

海坝工程会的成立

烟台海坝工程会在港口建设过程中起着至关重要的作用。可以说，没有海坝工程会，就不会有现在的烟台港东、西防波堤。

辛亥革命期间，北京政府下令解散烟台军政府，并派王潜刚、张树元等人到烟台执政。1912年12月12日，东海关监督王潜刚分别向北京、济南发电，报请建筑海坝。此次申请很快获准。驻烟领事团也上报驻京公使，拟设建港筹备处，"以华洋各数人任之，专议工程图样，调度财政，兼办前定抽捐一切事务。已蒙转达各国外交部，一律赞同"。

1913年5月15日，在外国人的参与下，烟台正式成立第一个港口建设管理机构——烟台海坝工程会。内设五职，下设三个机构。王潜刚被任命为第一任会长，东海关税务司梅乐士任会计主任，中商会值年总董孙文山、西商会值年总董司徒克和领事团首席领事连梓等三人分任会员。海坝工程会五个成员中，外国人占了三个。虽然会长为中国人，但它自成立那天起，就一直被外国人所操纵。

东、西防波堤工程的筹备

资金储备的落实。海坝工程会成立后，立即进行东、西防波堤工程的筹备工作，首要任务是筹措资金。1913 年 5 月 21 日，海坝工程会召开第一次会议，决定于当年 7 月 1 日起征收"海坝捐"，作为建港工程的资金。北京政府和山东省政府迫于各国驻京公使的压力，每年各拨银 5000 两资助建港工程。海坝捐不能在短时间内征收齐全，道胜和汇丰两家外国银行表示可继续贷款，海坝工程因而得以顺利开工建设。所谓海坝捐实际上就是一种特别税，是在交纳海关税和常关税的基础上另外附加的税项。海坝捐虽加重了商家的负担，但因烟台港口落后的局面已经危及所有商家的根本利益，因而"中外侨民及附近内地土著皆愿纳有限制之税，以作建筑海坝经费"。

建港方案的批准。早在 1900 年烟台港筹划建港过程中，有关部门曾陆续提出几种东、西防波堤的设计方案，但直到 1913 年建港方案才真正落实。荷兰治港公司提出了新的建港方案，即东、西防波堤工程，当即被海坝工程会所采纳。为了有所区别，海坝工程会称东防波堤为"挡浪坝"，西防波堤为"防波堤"。资金落实后，海坝工程会着手招工投标一事。1913 年 10 月底，荷兰治港公司工程总理瑞立德（Van Lidih de Jeude）和另一位工程师爱斯德（Van Exest）抵烟，为工程设计具体施

工方案。全部设计历时 7 个
月得以完成。瑞立德方案，
工程预算为 150 万两海关银。
1915 年 2 月，北京政府和外
国驻京公使团批准了瑞立德
的设计方案和工程预算。

图 1　海坝工程中标情况电文

　　施工单位的公布。设计
方案一经批准，海坝工程会
当即开始招工投标，共有四
家公司参与投标。各家索价
分别是：荷兰治港公司 267.7
万两、烟台投标者 234 万两、
香港投标者 307 万两、上海投标者 323.5 万两。1915 年 6 月 1
日，海坝工程会公布招标结果，决定将工程包给荷兰治港公司。
6 月 9 日，王潜刚与瑞立德、财务总理贵恩签订工程建设合同书。

　　建筑材料的商定。为减少交通不便，承建方决定海坝工程
就近取材，地方政府表示支持。工程会与各地方反复协商，达
成协议，石料以 10000 元（大洋，下同）成交；沙料以 4500 元
成交；西沙旺建厂用地以 440 元成交；采石场选定了芝罘岛东
端大胜子圈，用"草儿帮"山石。

东、西防波堤施工

　　1915 年 8 月 2 日，建港工程正式开工。主体工程结构分东
防波堤和西防波堤（含北码头）两项。

　　东防波堤以乱石为基墩，宽 117—133 英尺（约 35.7—40.5

米），基墩面在烟零线下 20 英尺（约 6 米）处。墩上筑建石墙，下部由大石块按一定序列垒叠，上部由混合石工垒成。东防波堤实体全长 2600 英尺（792.48 米），高 51.5 英尺（约 15.7 米），坝面宽 26 英尺（约 7.92 米）。东防波堤的两端均作圆形，每端下部各有一个钢筋混凝土沉箱，箱长 50 英尺（15.24 米）、宽 40 英尺（约 12.2 米）、高 25 英尺（7.62 米）。其上部即以混合石工筑成。防波堤所用大石块由潜水员在水中斜筑，共列三行，其斜度与水平线成 75 度角。东防波堤外侧置有两吨重的预制石块，用来保护基墩。这些石块是在西沙旺预制场制成，用铁驳从海上运至投放处。沉箱在大胜子圈制成后拉入水中，利用水

图 2 正在建设中的防波堤。

图3 正在建设中的防波堤。

的浮力运至东防波堤两端沉放。内侧建有石阶和浮梯等，两端均设置灯塔。1917年8月21日，烟台"突遇风灾"，"安放之石块以工程尚未完成致遭损失，而水面机械亦被毁坏"，10月3日开始取被破坏的石块，12月1日因冬季停工到1918年4月11日开工，工期延长一年，增加造价16.5万海关两，该项工程于1920年11月13日完工。

西防波堤的底部以沙做墩，覆以树柴，其上铺以乱石，低潮线以上部分均由大小乱石筑成。堤面正中铺设轻便铁路和人行道。堤南端有一个月台，以便于装卸货物。西防波堤全长5876.87英尺（约1791.27米），最窄处59英尺（约18米），顶高17.88英尺（约5.45米）。西防波堤北端建一顺堤重力式码头，也由大石块和混合石工筑成。北码头全长183米、宽44.89米，

图4 荷兰治港公司建设的东防波堤圆形末端

可同时停靠两艘千吨轮船。

在整个工程的施工过程中，荷兰治港公司雇用中外工程师和监工约十五至二十人。劳力均为中国工人，夏季工忙时最多达一千两百人。潜水员用中、日两国人，共十五名。

1921年，历时六年的"伟大之海坝工程"全部竣工。9月14日，海坝工程会举行烟台海坝正式落成典礼，以示庆祝。整个工程耗资两百八十余万海关两。

东、西防波堤工程改变了烟台港天然港湾的形势，解决了长期以来烟台港受北风、偏北风威胁的弊端，促使港口生产发生了重大变化，为烟台商埠的继续发展创造了有利条件。烟台港至此正式成形，烟台港湾内出现了有史以来第一个人工港池。

1904年：溃逃至青岛的俄国战舰

李 洁

1904年8月12日上午，一艘空前巨大的战列舰出现在青岛近海。

经德国总督府派员联系，这是俄国太平洋舰队的旗舰、排水量一万两千吨的"泽萨列维奇"号前来请求避难。

第二天，又有三艘大小军舰相继驶来。

当时，日俄战争打得正激烈。两天之前，俄太平洋舰队从母港旅顺口突围北上，欲返回海参崴，途中遭日本联合舰队堵截，双方损失惨重，在"泽萨列维奇"号上的俄舰队司令与舰长等五十四人阵亡，代理舰长指挥该舰南逃，至青岛近海时，已无力续航，遂请求德国人允许入港。

西方人都知道，德皇威廉二世与沙皇尼古拉二世是表兄弟（实为连襟，即两人的妻子是姐妹），而且，日俄走向战争，德国名为中立，实则同情俄国。正因此，俄主力战舰才不请自至，闯进德国租借地胶州湾。

这不是俄太平洋舰队的战舰第一次驶入青岛了。早在1896年冬，即德国人尚未租赁胶澳（青岛旧称）时，太平洋舰队的几艘战舰就曾在胶州湾过冬。

图 1　看千疮百孔的舰体，就可窥知日俄海战之惨烈。

　　众所周知，俄罗斯虽然将原属中国的海参崴变成了沙皇帝国的符拉迪沃斯托克（意为镇守东方之城），并成为太平洋舰队的母港，但因地理位置的原因，那里每到冬天，港湾结冰严重，大小军舰均冻实在军港里，不得动弹。所以，为了让其主力战舰过冬，每到天寒地冻之季，俄太平洋舰队总要外出借邻国之港过冬，或者在日本，或者在朝鲜（韩国），甚至在英属香港。在 1896 年 5 月中俄签订密约之前，沙俄驻华公使几度商借胶澳，均被清廷拒绝。但有了共同防范日本的密约，大清就不便再坚拒盟邦之请求了，于是，那一天入冬以后，俄舰就驶近胶澳口。

　　不料，当年的胶澳，虽已有总兵衙门和驻军，但却没有足以泊下巨舰的码头。即使李鸿章大人亲来视察时，他乘坐的军舰也只能停泊在青岛村外的近海处。为了过冬期间方便装煤和

图2 到了安全港里，俄国人总算有时间整理内务了。天好的日子，战舰的甲板上晾满了床单与衣服。

卸货，也为了方便官兵们上陆，俄国人曾在清国总兵衙门不远处的海滩上建了一座简易的栈桥。来年开春，俄舰如约而撤。但胶澳近海的不冻不淤和气候适宜，却让俄国人惦记上了。但万万想不到的是，当年（1897年）11月，德国人捷足先登，借鲁西南地区发生了一起残杀了两名德国传教士的"教案"为由，突然从上海派出三艘巡洋舰强占了胶澳，并于翌年（1898年）3月强租了胶州湾，租期九十九年。胶澳到手之后，德国即开始大规模投资兴建这块远东殖民地，并将其改名为青岛。俄"泽萨列维奇"号等战舰逃到青岛时，已是德国经营青岛的第四年，青岛已经有了世界一流标准的大港及七座码头。

其时，总督奥斯卡·冯·特鲁泊（Oskar von Truppel）少将已回国度假，代理总督是冯·塞麦恩（von Semmern）上校。塞麦恩奉命同意了俄方的请求，并按中立国的规矩，派员登上俄舰，降下其国旗，卸下炮栓及汽轮机的主要部件，并嘱所有人不得登岸，由德方提供生活必需品。然后，这四艘俄舰的官兵

图3 对精于算计的中国人来说，赚钱的机会总是有的。这不，几艘渔船就驶近了庞大的俄舰跟前，向困在舰上不得上岸的俄国人兜售起小商品。军舰垂下的缆绳，是买卖双方的唯一通道。

Verwundete Russen

图4 逃来青岛的俄舰上的幸存者，经过相当一段时间的休养后，在德国人的镜头前，惨淡地合影留念。被截肢的战友受到了尊敬，被让到了前排。让人意外的是，还有个两三岁的幼儿也在画面里！他是本舰舰长的儿子，还是跟着德国拍照者上舰来玩的德国幼童？

就成了退出战争的幸运儿。

不料，两天后，有日本五艘军舰前来，向德国当局讨要俄舰为战利品。试想，在没有飞机更没有卫星的百多年前，日本联合舰队能准确地追到青岛来向德国人讨要俄舰，可知岛国情报工作确实厉害。

不过，代理总督塞麦恩拒绝了日本人的要求。日舰只好悻悻而归。

（图片由云志艺术馆提供）

光影里的民国小朋友

许大昕

这群孩子无疑是在某种光里的——也许是爱之光，也许是太阳的光芒，也许是摄影师的光影追求……"20 世纪 30 年代……"——仅仅知道他们来自 20 世纪 30 年代，定格于 20 世纪 30 年代，也被光照耀于 20 世纪 30 年代。

罗曼·罗兰曾经说过："谁要能看透孩子的生命，就能看到湮埋在阴影中的世界，看到正在组织中的星云，方在酝酿的宇宙。儿童的生命是无限的，它是一切。"时代的面目各有不同，物质的穷富各有分岭，但是对一个个崭新的生命来说，这个世界无疑是没有阴影的，在他们无限的感知中，浸满着生命的蜜汁。

20 世纪 30 年代的中国，国事蜩螗，战乱频仍，在诸种不义与离乱之下，民众不屈的抗争是从不曾停止的涌动。即便"国破山河在"，即便"故国不堪回首月明中"，生命，自有它超拔世俗的伟力。

照片里的这些孩子呈现出生命最初的快乐、安适、激动、自足……他们幼小的身影背后是虚实不定的黑与灰，他们幼小的身影笼罩于光中，他们天使般的脸庞绽放于光中……

小姑娘精心打扮，不忘"努力"，举手投足间有些"名媛"味呢！她在想什么呢⋯⋯

烛光里的小女孩——她如此喜乐明亮，以至于她的一身漂亮衣服在她眉眼神情的比衬下都黯然失色了。

吃粽子的男孩，阳光打在他的小胸脯上，他的目光竟有与年龄不相称的静穆

阳光下，这个孩子如此自信，如此开怀，仿佛隔着照片也能听到他的朗朗笑声

他歪着头，被正午骄阳晒得都有些"蔫"了，看他似哭非哭的调皮样儿……

还有什么比肩扛猎物让一个少年更开怀、更飒爽的？

正在这站着呢，不知怎么就来照相的啦——有的小孩格格傻笑着，有的小孩含蓄笑着，有的小孩忙着"交头接耳"，有的小孩瞪着眼睛，还有的小孩皱着眉……

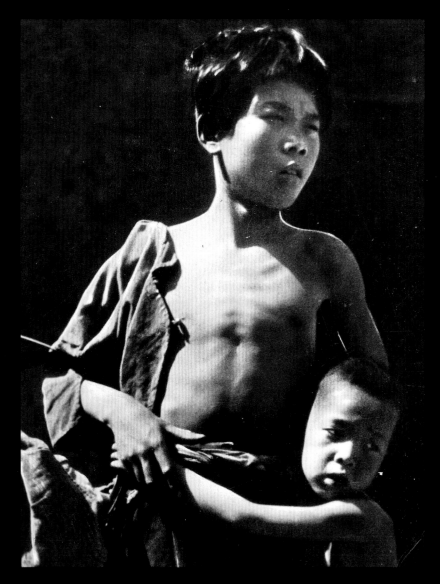

这兄弟俩似乎看到了什么，弟弟紧紧抱住哥哥，哥哥握着弟弟的手——还真有些紧张呢！

　　他们——一个吃着手怡然自得，一个眉头微锁，似有
"无限心事"。

　　他们——一个写一手漂亮字，说不出的得意与快意；
一个笑得如此天真……

125

　　这个扶犁的少年也许并不知道他被定格在了一棵树的后边。他像每个农村孩子一样，跟着他的父辈，开始了辛苦却踏实的稼穑生活。

显然，摄影师也为留住"天使"们的气息，在摄影技术上精益求精。比如很突出的一点：在影像的"阶调"上（也即黑白照片的黑白灰比例上），摄影师选择了凝重的"低调"。弥漫画幅的深暗影调，大面积的黑色和灰色，形成隽永、深切、安稳的情感氛围，衬托得人物更具立体感和质感。此外，摄影师多采用逆光和侧面光。逆光，因为被摄主体恰好处于光源和照相机之间，往往增强了他的质感和层次感，产生特殊的艺术魅力，同时能巧妙渲染出"光照"下的神秘氛围。这种"大高光、高反差"可以深入刻画人物的面貌及内心。侧面光与逆光一样，比纯粹"顺光"更具艺术表现力。

　　定格的这一刻，也许即是这些孩子们这一生最幸福的时刻了，他们未来的遭遇，就像是他们背影里的"黑"，让人无从捉摸了……

（图片由云志艺术馆提供）

父亲引我走上摄影之路

曾 毅

2021 年 6 月 20 日，又逢父亲节，这一天我翻出了父亲生前的照片，不免回想起和父亲相聚的那些珍贵时光，在这个没有父亲的父亲节里，我非常想念我的父亲。

我父亲曾克中是位中学老师，生于 1922 年，逝于 2014 年。他生前曾告诉我，我们家自清末光绪年间就一直居住在济南后坡街，1926 年曾祖父在山东师范学校附属高等小学堂（现黑虎泉西路小学）当校长。黑虎泉西路小学创建于 1904 年（清光绪三十年），恰逢济南开埠，是我国建校最早的小学之一，原名山东师范学校附属高等小学堂，几经易名，1938 年改为济南市南城根小学，1964 年改称为黑虎泉西路小学。祖父曾丕基长期在济南电力公司当电工，抗日战争全面爆发后，被日本鬼子抓走，在东北煤矿做苦力，后来死在东北。

19 世纪 60 年代洋务运动开始，从而启动了中国教育近代化进程，各地纷纷兴办了一些新学堂。到了民国时期，济南先后建立了育英、正谊、德育等一些私立中学。

1936 年父亲在历城卧牛山小学毕业后，考入历城县德育中学（洪楼教堂西）。德育中学校长是美国人舒龙德（张学良的

图1 青年与壮年时的父亲

同学）。七七事变后，1937年12月日本鬼子占领济南，德育中学要求学日语，所以父亲后来日语一直不错。父亲在德育中学毕业，经历城县参议员任寇山介绍到卧牛山小学当教员，教语文和美术（之前父亲跟伯父一起学过画画）。恰巧的是，在我父亲从德育中学毕业八十年之后，我的孙女曾子丹也从1913年建校的育英中学拿到了毕业证书。

　　我父亲年轻时一直爱好学习，追求知识，在小学当老师期间，1942年获得了天津高级职业函授学校入学证书，在新闻系研读修业，力求深造。后来在卧牛山小学担任教导主任，后又当了校长。1947年，父亲又获得了山东省政府教育厅颁发的由厅长李泰华亲笔签发的国民学校高级教员的职称证书。

　　母亲朱玉明也是卧牛山小学的老师。古历戊子年腊月，我出生在济南市按察司街县学东庑我舅舅家里。1950年母亲因难

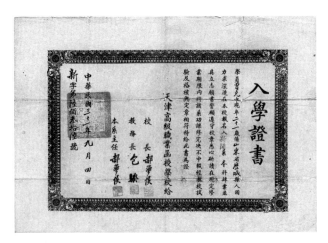

图2 1942年，天津高级职业函授学校发给父亲的"入学证书"。

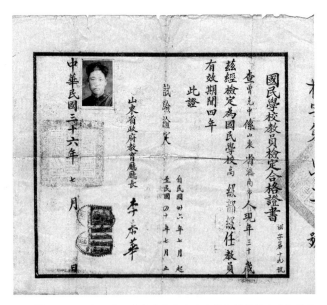

图3 1947年7月，父亲获山东省政府教育厅厅长李泰华签发的"国民学校教员检定合格证书"。

图4 1954年，我和父亲、继母、舅舅和二弟的全家合影。

图5 1956年8月，山东师范学院院长彭畏三颁发给父亲的"中学教师短训班及格证书"。

产去世，那时我还不到两岁。1951年父亲调到历城冷水沟速成师范学校当语文老师，父亲经常骑自行车带着我去他教书的学校，路过小清河的木桥时，心里十分害怕，我紧紧地抓住父亲的衣襟，直到下了木桥看到了许多停泊在河边运货的桅杆大木船，心里才放松了下来，当时的那种情景至今记忆犹新。

　　1952年父亲接到泰安专署的调令，调他到肥城参与筹备成立肥城一中。第二年我随着祖母也一起从济南来到了肥城，住在一中家属院。1955年我开始在与肥城一中一墙之隔的城关完小读书，一直到小学毕业，又在肥城一中读初中。从小学到中学我一直生活在父亲身边，我父亲是语文老师，受他的影响我特别喜欢看散文和小说，尤其是鲁迅、高尔基、巴金等人的小说。那是我一生中最美好、最纯真、最幸福，也是父亲对我影响最大的少年时光。

1956 年，父亲参加了山东师范学院中学教师短训班学习，拿到了由山东师范学院院长彭畏三签署的证明书。1959 年，他在山东师范大学中文系（函授）本科班学习三年完成全部学业后，于 1962 年取得了由山东师范学院院长刘洪轩签章的毕业文凭（山师文凭登记语字第 63 号）。

记得在 1958 年全民大炼钢铁的年代，学校的操场高炉林立，成了大炼钢铁的场地，父亲还担任了 3 号高炉的"炉长"。我和学校老师的几个孩子也一起垒起了"一脚踢"炼铁炉，把家里凡是有铁的东西都拿去炼铁了。在那个"大跃进"的疯狂年代，全校师生齐上阵，学校都变成了炼铁场。

图 6 20 世纪 50 年代，担任班主任的父亲和他的学生在一起。左三短发女同学李德珍大学毕业后，担任了青岛电视机厂厂长，并转型生产海信电视机。

图7 20世纪60年代初，父亲就开始订阅《中国摄影》杂志。

到了1959年，老百姓生活已十分困难，幸好父亲那个时候有每月七十二元的工资，比校长还多二十多块，所以家里还不算太困难。

父亲一直爱好美术和摄影，他经常在业余时间画画，经常为学校运动会和毕业生拍照片。那个时候他就订阅了《中国摄影》杂志，节假日他经常教我学照相，我几乎每个周末晚上都在家里帮他洗照片。从那个时候起，我就朦朦胧胧地对摄影产生了好奇和兴趣，在心里埋下了摄影的种子。

自1953年到1979年二十多年间，父亲一直在肥城一中担

给小伙伴照相
1962年3月摄

图8 1962年，我第一次用相机给小伙伴拍照。

任班主任并教授语文课。二十多年的教学生涯中，他教过成千上万的学生，可以说是桃李满天下了。他当班主任带出的学生中，后来有的教书，有的从政，有企业家，也有军人，不少人都成了社会中坚。

1966年"文革"爆发后，父亲也与学校里的老师一样，被打成了"牛鬼蛇神"，整天被批斗游街。所幸的是因为平时他对学生都非常亲和，所以被不少同学保护，免除了不少皮肉之苦。

1968年我从山东省商校毕业，被分配到单县工作。临走前

图9 晚年的父亲在家享受天伦之乐。

我回到肥城一中看望父亲，我们父子俩彻夜长谈，一夜几乎没有合眼。不知怎么了，平时很少讲话的父亲，那天晚上却口若悬河滔滔不绝，就像他在讲台上给学生讲课一样，从他的人生经历，谈到我的人生理想和未来之路，从曾氏家族的祖庭家风，谈到孔孟颜曾的"四书五经"。

我印象最深的是初中毕业离家时，父亲送给我的清代木版《论语》和吴印咸的《摄影艺术表现方法》两套书，他一再嘱咐我千万要珍藏好，并告诉我将来为人处事和生活中遇到问题，就到《论语》中去寻找答案。希望我牢记曾子"士不可以不弘毅，任重而道远"的先祖庭训，他还亲自用红笔在《论语·泰伯篇》中圈点了这句话。同时他还特别对我说，如果我真喜欢摄影，就把《摄影艺术表现方法》当作摄影的"圣经"，认真学习掌握摄影艺术的真谛。叮嘱我一定要把我上初中时在家亲手抄写的那本《摄影艺术表现方法》也一定要保存好，以此不断激励自己，努力在摄影方面做出成绩，争取做一名好的摄影家。几十年来我一直把吴印咸编著的这本摄影教材奉若圭臬，它真正成了改变和决定我人生道路的"圣经"，使我终身受益，四十多年后我在大学教授研究生的课程恰恰也是"摄影艺术表现方法"。几十年来我一直遵循父亲的嘱托，在我人生的道路上一步一步走到今天。我没有辜负父亲的期望，按照他的要求实现

图10 2002年，肥城一中建校五十周年，我（左二）陪父亲（左三）回母校参加校庆活动。

137

了我人生的梦想。

1979年他离休（因为济南是1948年解放，他一直在小学担任校长，所以按1949年新中国成立前参加工作办理离休）后，又被山东大学聘请到历史系兼课，每月工资十五元（兼课期间往返路费由山大报销），聘期三年。

恰巧我也是1979年3月份，从单县回到了省城济南，被借调到山东省美术馆在省影展办公室（那时摄影家协会尚未恢复），参与新中国成立三十周年全国摄影艺术展览筹备，并参加省摄影创作小组，到淄博、威海、青岛等地深入生活，进行创作。1980年我正式调到济南市文联，在济南市摄影家协会驻会并担任秘书长，1986年当选山东省青年摄影家协会主席、1987年当选济南市摄影家协会主席。直到2006年我调到山东工艺美术学院后，才结束了摄影协会的组织工作。

父亲一生经历风风雨雨、坎坎坷坷，生活中一贯谦和低调，谨小慎微，与世无争。后来随着年纪越来越大，山东大学聘期期满后，就回到家里颐养天年，在家写字画画，休养生息，安度晚年，直至2014年1月11日去世，享年九十二岁。

父亲节之际，令我回想起七年前父亲离世时的情景，在他老人家生命的最后一刻，我却没能守护在他的身边，在他生命垂危之际，我正在上海中华艺术宫忙着一个展览。真是忠孝难两全，我非常亏欠老父亲的生养抚育之恩，让我留下了终生的遗憾和懊悔。

十三岁的"相亲"照

贾玉蔷

　　1940年，我出生在陕西蓝田东川一个农民家庭。那时农村教育落后，我十岁才上小学，学校在村西头破庙里头，全校只有一个老师。上三年级时，那个老师出了事，没老师上课了，学生们都"自寻出路"，去找学校上学。我屋（方言：家）里没人管，自己稀里糊涂的，跑到村子东边二里多路的白玉堂小学，坐到三年级教室跟着听课。这里老师也没说啥，我就成了白玉堂小学的学生。这个学校也是一座旧庙。这年期末考试，我的语文考了80多分，在班里是优秀生。

　　一天晌午，上完最后一节自习，我班王粉苗叫我去她家玩耍。她家在学校南边的潘家村，我想家里也没啥事要做，就跟她去了。到了她家，发现她家里收拾得整整齐齐的，还给我泡了一杯茶。她妈把炕扫得平平整整的，叫我上炕跟她坐着说话。一个大人跟个碎娃这么热情客气，在我还是头一回，把我弄得不好意思的，手脚都不知咋搁才好。

　　过了一会儿，来了个五六十岁的男的，穿着白洋布对襟衫子，灰裤子，戴着新草帽，看起来文质彬彬的。这个人我知道，是雷家河的方毅天，解放前在县里做过事，他爸是远近有名的

方财东。

　　方大伯进了屋，草帽一卸，把我专门瞄了几眼，好像有啥意思。我心里还想，这眼神咋有点怪。他在小方桌前坐下，粉苗她妈下了炕，两个大人开始聊起了家常。我一看没我的事，就下了炕，回学校了。这以后有两三回，我一放学，粉苗她嫂子方雪花就等在路边，和我一道走路一道说话，弯了一大圈，跟我走到我村前的官路上，然后我回家，她再回她屋去。

　　事后，粉苗才给我说了真情。原来叫我去她屋耍，是她嫂子想把我说给她娘家兄弟呢！方大伯那天是代表方家来看人，方雪花和我走了几回路，也是给她兄弟"相亲"呢！

　　这次"看人"，是粉苗的嫂子方雪花做的主，她是方家唯一的姐姐。方家和我村一个大队，两个村相距不到一里路，站在我屋门前一眼就能看到他屋的后门。方家在解放前是个殷实之家，"四清"时定为地主。方雪花的弟弟叫方培章，当时二十三四岁年纪，在新疆工作。方培章他父辈三兄弟方毅天、方毅民、方毅忠，都是有文化的人。他父亲方毅民年轻时参加革命，在陕西商南战斗中牺牲，家里是烈属。所以他姐一手做主，为自己的独苗弟弟操心婚事。

我对方培章印象不深，只记得我还没上学时，一次马楼街道过会，戏台上演过秦腔戏《三娘教子》，他扮的三娘，织布像模像样的，他家的亲亲邻邻一大帮子人都去看。我记得他屋的亲戚都很文明，他姑头上盘的转转，不像一般农村人盘的圆的牛屎扑塌，而是盘得像个提花笼笼垂下来，很别致好看。方培章的演出得到他屋人的一致称赞。那时候他十七八岁的样子。再后来，对他就一无所知了。

方雪花跟我挑明了方家的意思，让我给方培章写封信，寄一张照片。我当时啥也不懂，有些不愿意。回家跟爸妈说了这事，爸妈说人家屋里条件好，你就写个信寄个相片，能行了行，不行了算了。于是我就写了一封信，用的红线竖格的信纸写的，需要修改时就用白粉笔一抹，在上面重写。我信上写的是你姐那一天说了啥啥啥，我现在写信寄相片啥啥啥，信上也没表态愿意不愿意——那么小，哪里知道愿意不愿意。写完了信，拿去给隔壁伯伯看，伯伯识文断字，说写得好，把要说的意思都写明白了。

我爸就带着我去县城，在东街东小南边小巷子里的一家照相馆，照了这张相片。家里离县城有三十里路，清早起来，两个人背着馍，走到十二点到县上。这是我第一回进蓝田县城，一路上是石子路。到了县城，我都分不清东南西北了。照完相，两个人也没敢多转，走到县门街大照壁那儿，就赶紧往回走。

饿了就吃几口馍。

相片上的我，有些紧张，也很凝重。穿的黑粗布做的制服，翻出来的白领子是专门做的假领，戴着红领巾。口袋里插着我的骆驼牌钢笔。那时能有个钢笔，是很不容易的，这骆驼笔是哥哥给我买的，不知道多少钱。记得当时特别爱惜，当作宝贝一样，专门用粗布缝了个笔袋子装着挂在胸前。可惜照相后不久，笔袋子底下开了线，笔没了，只剩个空袋子。

信和相片，都给了方雪花，由她寄给她弟弟。办完这件大事，我当时只觉得完成了任务一样，心里一下子轻松了。信和相片虽然寄了，我心里其实还是不情愿的。我私下给粉苗说，方培章年纪太大了，我还小呢，还正上学呢！粉苗转告了她嫂子，方雪花就来做我的思想工作，几次跟着我在放学路上说话。还举了她一个妹子的例子，说跟了个大十来岁的人，日子过得好着呢！我还是有些不愿意，嫌年龄相差太远了。

大约一个月后，方培章回信来了。寄回了这张照片，照片背面用水笔写了"退回"两个字。回信里说我的年龄太小，又正在上学，用心学习才是大事，并鼓励我好好上学。就这样，我终于摆脱了这件烦心事，一身轻松。其实，这时候我根本不懂婚姻是啥事情，只是按着大人说的办了而已。此后我开开心心上学，成绩一直很好，1956年小学毕业，保送到玉山中学。

一帧照片背后的故事

许文明

　　这是一幅看似普通的为母祝寿的照片。照片上的主人，名叫李鸿宝，生于 1903 年。祖籍山东省沂水县诸葛镇埠前村。其父李发崙，是沂水县西北乡德高望重的开明人士。李鸿宝六岁时，其父聘请清末秀才李善策为塾师，教授李鸿宝整整十二年。李鸿宝天资聪颖，接受能力极强，被李善策誉为"灵童"。尤其是他写得一手欧体好字，20 世纪 20 年代的沂水及其周边县区，许多碑碣，皆由李鸿宝书丹。闲暇时，李鸿宝用蝇头小楷，手抄《辞海》，手稿累积起来，高达数尺。

　　李鸿宝十八岁时，只身赴济南、天津等地，继续求学。1925 年李鸿宝重返故里，动员其父李发崙，帮助筹集资金办学。那年他二十二岁。老人卖掉自家良田十几亩，建起三间学堂。乡邻听说要办义学，自动跑来义务参加建筑校舍。所有教学设施全部由李鸿宝自家负担。学校取名"埠前村贫民夜校"，是沂北地区有史以来第一所贫民义学堂。附近好多村子的贫苦青年，都星夜赶来参加学习。李鸿宝利用夜校这个阵地，除了传授文化知识外，大力宣传进步思想。夜校学员中，有四十多人加入了中国共产党。他为沂水县党组织建设做出了巨大贡献。

母親老大人福體康健永綿鶴算

男鴻寶頓首萬拜

遠場市照真寫业基照東安
號七四六話電
1934.3.13.

图1 1934年，李鸿宝在辽宁安东（今丹东）。

1927年2月，由中共山东区委李清漪介绍，李鸿宝加入了共产党。他是沂水县域内履行入党手续的第一人。随后他以家乡埠前村为中心，在沂北地区发展党员，建立党小组，发动农民运动，建立农民协会。1932年春，经中共沂水县委批准，成立了中共埠前村支部委员会，李鸿宝任书记。埠前村人口不足六百人，但到1932年春就有三十多名中共党员，约占当时沂水县党员总数的七分之一。

正当沂北地区的农民运动如火如荼开展起来时，国民党对沂水县的农民运动、大刀会运动开始了血腥镇压，并趁机对中共沂水县委领导人和骨干分子展开了大搜捕。李鸿宝随后也远走他乡，辗转到了东北辽宁省的安东县（今丹东市）。他租用了一处废弃的制药厂房，开了一个小诊所，以行医为掩护，暂时栖下身来，设法寻找党组织。

转眼到了甲戌年（1934年）农历二月初，李鸿宝对于故乡的消息一无所知。母亲的生日快到了，他这位大孝子，此前匆匆与家人分别，远走关外，亡命天涯，一没有联系上党组织，二没有与家人取得联系，他惆怅万分，终日如坐针毡。

一天，李鸿宝出门办事，偶然在大街上遇见了同村的于成泉。外乡异地，举目无亲时，突然与同村同龄人相遇，两人都

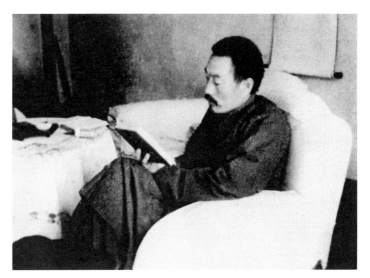

图2 20世纪40年代初，李鸿宝从日本监狱被保释出来后的留影。

喜出望外。于成泉告诉李鸿宝，自己闯东北已经六年了，没挣到钱，连老家都回不去了。李鸿宝把于成泉约到诊所，说："过几天，你务必回关里老家一趟，往来车船等费用由我报销，赶在我母亲生日前，把消息送到，给老人一个惊喜。"送走于成泉，李鸿宝马上去照相馆照了一张相。取来，在照片保护框两边，恭恭敬敬用欧体小楷，为母亲生日题写了祝寿词，用一块红绸子包好，亲自送于成泉到车站。于成泉带着李鸿宝的为母祝寿照片，回了关里老家。

李鸿宝在新中国成立后任山东省人民政府行政处处长。1951年调任政务院内务部社会司司长、救济司司长。1955年受潘汉年、杨帆案牵连，被隔离审查。因其抗战时期在南京任中共情报组组长期间，组织系统内的日本籍成员暴露，致使其与另外十七名情报组成员被日本特务机关逮捕，押解日本东京。李鸿宝得日本友人救援获保释，其余十七人则全部牺牲。1966年，以"叛变嫌疑"定为"历史反革命罪"被判处有期徒刑十二年，在山东聊城供销社看押服刑。1979年刑满释放，1981年平反，恢复党籍，享受正部级待遇。使用名字"纪纲"，1996年逝世，享年九十四岁。

八十七年过去了，照片的主人业已作古，而这帧为母祝寿的照片却完好存世。

我的"高考"

张济航

我是"文革"时期进入北京化工学院的学生，也就是俗称的"工农兵大学生"。人们印象中，这批学生没有经过高考，是由单位推荐、学校审批后直接进入高等学府的。其实也不尽然，回顾我的入学经历，虽没经过像如今这样的考试，却也着实"煎熬"了一把。

记得那是1972年的初春，高等学校的招生工作在全国铺开。当时，我在河北石家庄化工实验厂工作，是一名有着三年多工龄的电工。平日里工作、生活按部就班，出于对知识的渴求，空余时间喜欢读点书，对上大学并无非分之想。可突然有一天，政工科魏科长通知我说："北京化工学院（今北京化工大学）要在咱厂招收一名工农兵学员，厂里研究决定推荐你去，你回去准备一下。"这个意外惊喜令我兴奋不已！不过喜中有忧啊，中学学的数理化知识早就还给老师了，咋准备啊？这让我有些措手不及，当时课本丢失殆尽，又无复习资料，只能在工作之余凭印象回忆中学所学的那些知识点。仅时隔几天，政工科就通知我说北京化工学院招生人员来了，让我马上去应试。我当时真有点儿蒙，感觉脑子一片空白。毫无准备的我穿着工作服就去了政工科。一进门看到一名中年女老师，我想，这大概就是"考官"吧？她非常和蔼地询问了我的工作及家庭情况，拉家常般的谈话一下子缓解了我的紧张情绪。我一一作答后，她拿出一张"卷子"让我做一下。真不好意思叫"卷子"，其实就是一张写有几道数理化题的"纸"。记得数学是一道解二元一次方程组的题。因为有老初三的底子，我信手拈来，不一会儿就解出答案。招生老师看了看答案说："题是解对了，但你能说出是用什么方法解的吗？"我迟疑地挠挠头说不知道。招生老师说："你是用消元法解出答案的，这道题也可用代入法解答。"一经提醒，才隐约想起中学数学课是讲过的。因此，

离厂前，我（居中坐者）和厂领导及工友们合影。摄于 1972 年 4 月 19 日。

从那次起，我算是牢牢记住了二元一次方程组解法的两种名称。物理题则是写出欧姆定律。因为在厂里是电工，工作中经常接触欧姆定律，于是便不假思索地写出 $I=U/R$，并且用欧姆定律计算了一个电阻值。化学题则要求写出几种金属的化学元素符号。其中铁（Fe）、铜（Cu）、铝（Al）、汞（Hg）等顺利写出，但银的化学元素符号没有写出来，确实忘了。接着又做了一道简单的化学反应式的配平，这好像也没太大难度，于是一挥而就。交上答卷后，招生老师态度依然和蔼，没做任何评价，只是让我安心工作，等待消息。事后的头几天还有些许期盼，一个月后期待的心情也就逐渐淡漠了。

4月中旬的一天，我正在工地挖电缆沟，听到一位同事喊我，说传达室有我一封来信。心中预感到可能与招生有关，于是三步并做两步赶往传达室。一进门，桌上果然是一封北京化工学院的"录取通知书"，那一刻我激动万分！拿起"录取通知书"飞快地奔向政工科。经有关部门批准后，随即开始了赴京上学的准备工作。第一时间将喜讯告知家里，父母为我能去北京上大学感到惊喜，鼓励我一定要珍惜这次学习机会，不负众望，学成后报效国家。之后是办理离厂手续，同工友们一一作别。左页就是离厂前与领导和工友们的合影。照片以工厂的生产装置为背景，我身穿工作服，居中落座，喜悦之情溢于言表。

1972年5月5日，我去北京化工学院报到，自此开启了我的大学生活。这就是我的"高考"，至今还令人回味，感慨不已！

不会忘却的记忆

刘禹轩

算来已经六十七年了。

1944 年，我是国立第六中学高中应届毕业生。这是一所随着抗日战争的烽火诞生的"流亡"中学，师生几乎全都是山东人。恰在这时，"大后方"兴起了一场"一寸山河一寸血，十万青年十万军"的运动，目的是征集十万大中学生去当"远征军"，先到印度接受训练，然后到第二次世界大战的东南亚主战场缅甸去和日本侵略军作战。六中一时报名参军的就有六七十人，其中有我当时最好的朋友胡维兴、王世英、刘法旺和张衍升，他们年龄都比我大，年级都比我低，只有一个葛世平小我两岁，年级更低，他是校长的小儿子，一个不折不扣的"带头兵"。学校为他们举行了别开生面的欢送会。说"别开生面"，是因为流亡中学穷得食不果腹，当然不可能大摆宴席，甚至最节约的茶话会也开不起，因而只能在操场上由留校和离校的同学代表致欢送辞和答谢辞，最后由歌咏队唱送别的歌：

涪水清，涪水浊，
哥哥远征到印度。

远征要到印度去，

哪怕山高水又深。

……

图1 1943年11月，十六岁的张思之从国立六中考入国立十八中高中部后参加了"远征军"。

由于年代久远，我已记不起全部歌词，但开头这几句记得清清楚楚。因为涪水是嘉陵江的支流，就从离校不远处流过。第二句的一声"哥哥"，使唱的和听的都满脸泪水，因为唱的多半比听的小，尤其是其中的女孩子，最小的后来成为我的爱妻。作为流亡中学的学生，我们都无家可归，六中就是我们的家，师长就是我们的父母，同学就是我们的兄弟姊妹。这种场合，这种场面，谁能不让眼泪哗哗地流？而这就是我们送给"哥哥"们的礼物！

他们走了，飞过驼峰到了印度，之后果然到了缅甸，而且传来了法旺和衍升为国牺牲了的消息。这又使我再次流下当年送别的眼泪，并且想起了伴随我六十七年的一首译诗：

牛津古尖塔　我行认崔巍

黝黝古尖塔　矗立青天隈

忽念行役人　忠骨异国埋

岁月去何疾　韶华不少待

广场恣跳掷　人间绝忧痌

一旦胡笳鸣　从征无留息

浅草供蹴鞠　清流容艇棹
舍此安乐窝　趋彼血泥淖
事急不顾身　为国为神效

神兮能福汝　就义何慷慨
戎衣荷戈去　不用儒冠裳
永生极乐国　勿念牛津乡

几十年了，我一直记着这首诗，因为它就在我们的课本，中华书局出版的《高中英文选》里，虽然老师没有教我们这一篇，我自己却喜欢它，并且会背。据课本介绍，这首诗是一个英国女孩玛丽·蕾茨（M. Letts）在1915年第一次世界大战白热化时写的，译者则是我国著名的学者吴宓教授。严复当年提出的翻译标准"信、达、雅"，我认为这首译诗都达到了。"神"，在这里就是上帝，英国人信奉，中国人则未必，这里只是照译原文而已。"广场恣跳掷"，六中也有操场，也就是运动场，有篮球场、排球场，也有跳高、跳远的场地，让我们"跳掷"；"浅草供蹴鞠"的"蹴鞠"是我国古代的一种球戏，足踢或杖击为乐。我们有时也踢足球，但只有篮球队、排球队而没有足球队，因为我们的操场上没有绿茵。吴宓先生以"蹴鞠"译 cricket-field，以"广场"译 quad，以"浅草"译 shaven lawns，灵活地改变或保持原文的词性，可谓恰到好处。至于"清流容艇棹"，谁读到这一句能不想到牛津、剑桥两所大学的划船比赛呢？我们虽然没有这一项，却常到涪水里游泳。至于各个球队的比赛

图2 1944年，十九岁的王世英（后排右）与同学参加了"远征军"。

更是学校的节日。世英是篮排球健将，全校的师生员工没有谁不认识他。因此，吴宓先生译的这首《牛津古尖塔》，虽然写的是举世闻名的牛津大学，但是校园生活，特别是其中的活动项目和同学关系，和六中颇多相似之处。因此，我不但在送别

153

的特定场合想到了它，以后也常常想起它；听到法旺、衍升牺牲时，更流着眼泪想起了它："神兮能福汝，就义何慷慨。戎衣荷戈去，不用儒冠裳。"而我呢，却因为要毕业了，想上大学，将来戴戴学士帽，穿穿学士服，即这里说的"儒冠裳"，没有跟你们一道"戎衣荷戈去"，又苟活了这么些年，真是愧对"忠骨异国埋"的你们啊！

在这里，我还想再说几句的是，上面说到的几位"远征军"，在抗战胜利后不是开了小差，考上了大学，就是统一被保送上了大学，没有一个人参加过内战，维兴和世平还早早地成了地下工作者，维兴还当了多年地质研究所的所长直到离休。但是解放后直到改革开放的这段时期，他们的抗战经历却成了一个"污点"，一个沉重的"历史包袱"，一到"运动"就得交代

图3　国立十八中"九九"篮球队合影。右一为张思之。

所谓"历史问题"，到了"文化大革命"更成了批斗、凌辱的对象。幸而随着改革开放，他们都成了"二战老兵"。我还认识一位毕业于山东大学的"二战老兵"，抗战期间上过陆军军官学校，当过远征军，解放后打成"历史反革命"，改革开放后作为冤假错案得到平反，现在八十八岁了，还在担任着青岛黄埔同学会的会长。

现在，上面说到的世英已经辞世。为他和他的战友同学们唱送别歌的女孩、我后来的爱妻，也在"文革"期间被迫害致死。一想到他们我就心痛欲裂。我于1948年大学毕业后从南京到青岛女中教书，世英正就学于附近的山东大学电机系。三个月后，我上了国民党的黑名单，得到通知后空手到山东大学，星夜通过关系被送往青岛市外的解放区。八个月后，即青岛解放的1949年6月2日，我随军入城，参与山东大学的接管工作，世英把我丢在女中的全部家当，包括衣服被褥乃至牙刷肥皂，无一遗漏地"完璧归赵"。这是怎么一回事呢？原来我出走后，次日恰好是星期天，一大早，一辆吉普车冲进女中的大门，下来一个威风凛凛的军官，对扫院子的老工友说："你们这里昨儿晚上跑了个匪谍，你知道吗？我要进去搜查！"不知就里的老工友只能眼睁睁地看着他往里走，又带着我的东西，来回两趟，塞进车里，上了车，一踩油门就扬长而去。这位军官就是身穿美式军装、足蹬美军皮靴、戴上宽边墨镜的世英！这样一位以"孤胆英雄"见称、以专业技术见长的电机工程师，竟被"控制使用"了一辈子，最后在贫病交加中死去，怎能不使我和仍然在世的尔龙、维兴和世平同声一哭！

人们常说，老年人靠回忆养活。

图4 1999年8月18日，张思之、葛世平、刘禹轩、王世英（从左至右）在青岛湛山疗养院合影留念。

图5 1999年，张思之、刘禹轩探望在天津的胡维兴、沙慰夫妇。张思之选用这张留念照片寄送绵阳校友。

我却怕回忆，为的是"去日苦多"。
如果是人都活着，就回忆吧，
往日的苦难也变成了欢乐。
而现在，往日的欢乐也成了痛苦，
为的是人已经生死两隔。
谁还肯守着窗儿独自
把变了味的陈年往事烂咽细嚼？
那么就往前看？却成了"来日无多"。
是的，明年，后年，大后年，再后年，
昏花的眼已经看到了百年的大限，
四条腿还能爬过创纪录的终点线？
让我们都不要回忆吧，
也不要戴上望远镜前瞻。
让我们只生活在现在，也就是今天，
什么都不要想，只是干，
能完成多少活儿是多少，
然后兴奋而又急切地去会见
相互想望已久的最亲爱的人，
一块儿开始永恒的回忆和攀谈。

此文写于二〇一一年

从护路军到铁路公安

张耀武 口述　卢德峰 整理

　　我出生于 1928 年 3 月，今年九十三岁。1935 年开始在辽宁省安东县（今丹东市）四道沟、市立博育国民优级学校上学，1942 年 10 月到黑龙江省铁骊县（今铁力市）神树村火锯厂做工。1945 年 8 月参加护厂队。1946 年 4 月在绥化参加北安铁路局护路队，后改称东北民主联军护路军。1948 年 10 月改编入东北铁路公安大队二中队，后转到哈尔滨车站驻在所任公安员，后任干事、警士等职务，此后一直在哈尔滨铁路公安机关工作直至离休。

　　下面，就讲讲我所经历的一些往事片段，也算是早期铁路公安工作的一个历史见证吧！

参加护路军

　　1945 年 8 月 15 日，日本无条件投降，东北地区光复。11 月 13 日，黑龙江省民主政府在北安正式成立，同时接收了北安铁路。12 月 1 日，北安铁路局成立，这是我党在北满建立的第一个人民铁路机构，省政府主席陈大凡兼任铁路局局长。

当时正处于苏军管制时期，一切都以苏联的军事运输为主。为维护铁路治安秩序，省政府决定解散了原北安铁路警备队（铁路警护团），成立北安护路队司令部，陈大凡兼任司令员，彭敏为副司令员。那时护路部队曾经和苏联红军联合行动，还一起击退了骚扰北安的土匪。他们还把苏军准备销毁的缴获日军的枪支保留了下来，不但武装了北安部队，还支援了西满护路军，这批枪支是郭维城同志亲自带人来领取的。

当时许多工厂倒闭，大量闲杂人员无生活出路，各自谋生。成立护路队时，鱼目混珠进来一些伪官吏特别是伪警护团的官兵，还有伪国兵。那时还没有履行严格的政审，彭敏和参谋长李荫芝便对护路部队进行了集中整训和整编，又招收了部分铁路工人和学生。

1946 年 4 月，我在黑龙江省绥化县（今绥化市）参加了北

图1 1946 年，我（前左）与护路军战友合影。

图2　我在哈尔滨铁路局公安处工作时的留影。

安铁路局护路队。下半年改编为东北民主联军护路军，北安铁
路局副局长彭敏兼任护路军司令员。我是在一团二连，团长是
何庸，副团长是郭金城，参谋长是李荫芝，政委是李清德。一
团下辖三个营，九个连。一连驻在呼兰，二连在绥化，三连在
铁骊，四连在宁年（今富裕县），五连在南岔，六连在北安，
七连在小白，八连在浩良河，九连在莲江口。七、八、九连是
朝鲜族连，其中连以上干部都是由关内来的。一营营长是郝宝
金，二营营长姓姚。一连连长姓穆，指导员王强，后来王强当
了连长；二连连长张翰荣；三连连长崔市三；四连连长邢万祥；
五连连长程铁军；六连连长刘大明，是老红军。当时松北地区
的部队服装也不统一，八路军三五九旅是深黄色，新四军是深

灰色，东北人民自卫军是浅灰色，护路军是深灰色。

抢修哈长线

1947年，我由护路军一团团部警卫排，调二连当上士。当年夏初，我连奉命由齐齐哈尔赴哈尔滨待命。到哈不久，命我连武装抢修哈长线（双城堡—陶赖昭）。此段路是我军为防止

图3 哈尔滨公安处民警合影（后排右三是我）。

161

国民党军入侵松花江以北，自行破坏的。由于形势变化，我军由防御转为进攻，为大军南下，需紧急修复该线路，我连当即赶赴现场。发现这里既乏物资，又无设备，全凭手抬肩扛，劳动强度相当大。连队开展劳动竞赛，在铁路工程技术人员指导下，铺渣石，扛枕木，摆铁轨。因物资匮乏，只好拆了西墙补东墙，将北黑线（北安到黑河）的铁路设施统一拆下，运往该地使用。

这里沿途一片凄凉，杂草丛生，水塔、站舍、桥梁、涵洞无一完整，修复起来相当困难。在修蔡家沟兰棱河桥时，还伤了我连一名战士，他是整个施工过程中唯一受伤的人员。在三岔河施工时，国民党军的飞机曾两次来轰炸，所幸无人员伤亡。当修到离吉林省陶赖昭二十公里处的某一天，附近聚来好多群众围观，还对我们指手划脚。起先我们不知道是咋回事，没有理会他们。事后听说，他们误把我们当成被强迫劳动的俘虏兵，实在是因为我们身上穿得太破旧而被误会。经月余的艰苦努力，完成了铺轨任务。回头又架设通信线路，刨坑埋杆。

我连为此荣立了集体二等功，铁路局还奖励了一面锦旗。在终点陶赖昭，当地政府为我们举行慰问演出。不久安排我下连当班长，工程完毕后，我班留在陶赖昭驻站，其他人员则回哈尔滨休整。

"改番号" "分家"

三年解放战争期间，兵源最紧张的时期是 1947 年，松北地区农村大量扩军。1948 年特别是下半年，形势突变，三下江南，四保临江，我军长驱直入，在这期间就有好多的国民党部队起义、投诚、投降，兵源已不成问题。解放军官教导团，就是对

图4　我（后排左一）与哈尔滨公安处第一批女乘警合影。

那些投降和被俘虏的国民党军官再教育的地方（原铁路医院和极乐寺都曾是解放军官教导团的驻地）。对俘虏的士兵则经过教育后，动员他们为解放战争服务。我连就有一位叫王金城的俘虏兵，以后转业回原籍河南了，教导团的国民党军官经过教育大多也都留用了。我1954年去沈阳学习时，就有两位国民党少校当教官，一个叫郝大德，一个大家都叫他陈教官。

　　1948年由于国内形势大变，四野挥师南下，为巩固后方、健全机构，在当时的松江省政府辖各县大队，抽调一个班支援我连，我连由东北民主联军护路军改编为东北民主联军执法队，我们的袖章是粉红色，印有"东北民主联军总司令部执法队"的字样。不久我连又重新划分为执法队和警备队，执法队留哈尔滨站，警备队去看守桥梁、涵洞。我连排长赵福生、班长张殿文带走一部分人去守松花江大桥，剩余人员就不足一个连了，三棵树所、五常所各派去一个班，其余人员分配到哈尔滨所。我们还叫铁路执法队，我们的胸章上面是"中国人民"几个小字，下面的大字是"铁道公安部队"。

1950年朝鲜战争爆发，我们的胸章立即改为中国人民解放军，分到各派出所的就成为地方政府的工作人员，分到警备部队的还是军人。我们是1953年5月改为薪金制的。我们改执法队时是执法二中队，分配到派出所还保持原来的班编制，班长还叫班长，我改任执法干事。

分连时去警备部队的同志，有的去了六团的团部。以上的事情都是1948年后逐年的变革，不是发生在一年内的事。虽然部队和派出所分开，但还是统一领导，如六团团长程勇兼哈尔滨铁路公安处副处长，公安处处长是耿中孚。公安处和六团驻在同一个大院，虽有一墙间隔，但中间有门相通；公安处正门开在一曼街，六团正门开在阿什河街。每个周一、周六的早操，所有铁路公安部队都集中到哈站前广场跑步，有五六百人之多。总之，在哈尔滨的铁路武装还是实行统一领导，1953年以后才逐渐分工明确，各行其责。

检查员查扣毒品

1949年至1953年上半年，我一直在哈尔滨站派出所，前身叫哈尔滨车站铁路公安驻在所，我当见习干事。所内共六十余人，分执法队和检查班，检查班分男班、女班，每班十人左右。女检查员当时有约十人，包括雷萍、张凡、李凤兰、魏翠香、高瑞兰、高行范、韩淑枝等；男检查员包括韩振维、刘国君、刘荣宽、吕金庸、孙功佐、刘佐民等。

执法队的任务主要是维护候车室、站台以及货场的秩序。检查员负责对上、下车的旅客进行安全检查，赶在检票前到检票口，对可疑旅客进行盘查，有时认为可疑的可搜身；列车到站前，检查员到收票口外，将下车的可疑旅客暂留到早已准备好的空屋内，待所有旅客都下完，搜身检查留下的旅客，男、女检查员到各自房屋简单询问的同时，检查他们所带的物品，一般藏带毒品的旅客随身都不带什么行李。

那时有两列列车是检查重点，一列是由图们开来的，一列是从牡丹江来的。当时大多是女人利用身体携带毒品，外用安全套包着，比秋林香肠略粗些，藏在女人身上，一般不易被发现。

雷萍的经验是，凡将毒品藏在身体内的，多半途中不敢喝水和吃东西，怕上厕所时脱漏出来。雷萍察言观色，见有口渴、嘴干、疲倦、双眼无神的，往往一抓一个准儿。经她查出的毒品不计其数，因此被评为东北铁路公安局的英模，多次立功受奖。

1949 年 1 月，东北铁路公安局由哈尔滨市南岗区邮政街 5 楼宿舍搬迁至沈阳，在沈阳举办第一期铁路公安学习班。学员如今还健在的有两位女士，一位是局离休干部李惠卿，另一位就是雷萍。

坎坷高考

小　非

　　1997年初冬，恢复高考二十年的时候，我年届四十，意气风发。想到高考改变了命运，心情很是激动，于是留下了一段不太完整的文字。然而，时光真的有如白驹过隙，眨眼间二十年又过去了，不知不觉中就进入了耳顺之年。不过，当年的情形，时不时还会在脑海里浮现，内心依然难以平静，不由得翻出了那些泛黄的纸张。

　　1977年8月中旬，秋老虎还在肆虐，天气十分闷热。彼时，我在全国唯一生产小轮自行车的企业当电气焊维修工，厂子里的产品，就是那个年代非常著名的20英寸"飞蝶"牌自行车。

　　有一天夜班的时候，一位工友找到我，说他的自行车前叉断了，让我帮忙焊一下。我拿起电焊把子，换上了两个（2毫米）的焊条，一打火，只听"嘭"的一声，眼前蓝光一闪，屋里顿时漆黑一片。我以为短路跳闸了，走到门口一看，整个厂区都不见光亮，原来停电了。

　　那个时候，电力十分短缺，三天两头停电。到了下半夜，电还没有来，估计当晚是没有指望了。那位工友又找到我，央求用气焊帮帮忙，被我拒绝了。因为"嘎石"（碳化钙）罐的

图 1 1977 年冬，我脸部受伤恢复后与师兄李国勇（右）合影留念。

密封圈出了毛病，头天下午水就放了，准备天亮后维修。那位工友挺缠人，过了一阵又来找我。他年纪比我大，是开车床的老师傅，却之不过，我只好硬着头皮答应了。

我知道罐口已经敞开了大半天，觉得乙炔跑光了，于是掏出打火机，想看看加多少水可以没过嘎石，好歹把这点活应付过去。谁知一摁火机，残存的那点气体"轰"地燃了起来，全部扑到了我的脸上。我疼得大叫一声，左手下意识地捂住了脸，额头上的一大块皮，立刻像熟透了似的，被我抹了下来。

养伤是在痛苦和寂寞中煎熬的。由于面部浮肿，无法看书，整日相伴的只有父亲留给我的那台红旗牌 703 收音机。百无聊赖之际，突然从中央人民广播电台新闻和报纸摘要节目中，传来了恢复高考的消息。我一下子呆住了，浑身的血液如同凝固了一般。我清晰地记得，那一天是 1977 年 10 月 21 日，恰逢重阳节。

图 2　1978 年元月，我参加完高考初选体检后在雪地里留影。

　　其实，这个消息早已在民间流传。按照惯例，当年高校招生的推荐选拔等基础性工作，早已进行完毕。但是，开学的时间过了许久，那些幸运儿并没有接到入学通知书。人们纷纷猜测，高考要恢复了。

　　然而，当真正听到这个消息时，许多人又有些将信将疑，毕竟已被压抑了多年。整整一天，我都在收音机里追踪着那个浑厚的声音，难以自抑。高考恢复了，而且报名不受限制，大家都有机会，这会是真的吗？心情慢慢平复下来后，我决心一试。

这个喜讯，犹如一股春风，不仅吹走了人们心中多年积郁的阴霾，也奇迹般地抚平了我的肌肤，脸上竟然没有留下任何印记。厂里的人看到我时，都不敢相信自己的眼睛，以为我一定是满脸疤痕。

那一年，各省自己命题，时间上略有差异，山东省的高考时间从 12 月 9 日开始。这个日子，很容易让人联想起 1935 年的同一天。正是在那一天，爆发了著名的一二·九学生运动，是巧合，还是刻意？不得而知。

从 1966 年到 1977 年，高考中断了十一年。当然，1973 年夏天也有一次象征性的考试，题目非常简单，只要初中的课程学习到位，就可以轻松地拿到优异的成绩。但是，那次考试是在推荐的基础上进行的，不是谁都可以参加的，而且成绩只是选拔的参考。更让人始料不及的是，由于那位著名的"白卷先生"张铁生一折腾，勉强恢复的考试第二年就夭折了。

紧张和期待中，终于盼到了 1977 年 12 月 9 日，这是一个刻骨铭心的日子。我的考点在烟台三中，那里离工厂并不是太远。为了保险，我还是一大早就坐公交车去了，几乎提前了一个小时。

其间有一个小插曲。"四人帮"打倒后，彼时处于"抓纲治国，大干快上"的阶段，各行各业都迸发出了极大的热情，我们厂的生产也是热火朝天。那个月正值"1278"战役，意思是 12 月份要实现产值 70 万、产量 8000 辆的目标，全厂上下每天加班 4 小时，星期天也不休息。

12 月 8 日那天下午，师傅突然告诉我上大夜班，因为第二天我要请假。让我干一个通宵后再去考试，实在不近情理。其实，那时效率很低，生产也没有紧张到那个程度，很多事情似乎都

图3 1978年夏，调入厂财务科报到当日与全科同事留影。前排居中者为科长鹿崇模、前左为新的师傅张传贵，后排右一是我。

是姿态性的。我们又是维修班组，会战时期每天只要派一个人到气焊车间，帮忙焊焊车架子就可以了。

师傅虽然严格，平日待我也不错，但不知什么心理作祟，在我人生面临重大选择时，竟然如此拿把我。师兄过来打圆场，说是他来替我，师傅就是不答应。

我不服。师傅说，你可以找车间。结果车间主任一脸严肃地让我服从班组的安排。由于全厂加班，大家都没走，接近晚上七点时，我找到了厂党支部书记兼革委会主任赵春学，他正在与政工科长王洪良商谈工作。

我一个小工人，平日根本够不着领导，赵书记也不认识我。但我也不知哪里来的勇气，直接向赵书记述说了委屈。当然，开始时赵书记还是先说了几句年轻人都希望接受祖国的挑选等

图4 1979年7月，第二次参加完高考后翌日傍晚与工友王刚（左）在工厂附近的山坡留影。

高大上的话。但他的层次就比前边那些人高多了，他表示这是好事，应该大力支持。不过，他似乎又不愿当着我的面否定基层干部的意见，婉转地劝慰说，你再去找找你的师傅，好好商量商量。

赵书记的这个态度，让我心里有了底。我也没有再去找师傅，我知道已经戗上了，说了也没用。正常加班一结束，我脱掉工作服就走。师傅在后面威胁我，我根本不搭理他。不过，虽然表面上很硬气，心里还是有些发怵，万一考不上呢？这件事直接影响了考试的心情。

第二天气温很低，寒风呼啸，天上飘着雪花，三中院子里到处都是扎堆的考生。不久，三辆军用卡车开了进来，车厢里站满了海军官兵，他们也是来参加考试的。那个时候，北海舰

图5　1981年5月毕业前夕，在烟台一中实习时与该校指导教师刘世汉合影。右为同学李明选。

队烟台基地还未裁撤。我心里有些羡慕，人家当兵的待遇真是不错，部队直接派车把人送过来了。

　　考试一共两天，头一天上午考语文，下午考政治；第二天上午考数学，下午文科考史地，理科考理化。作文的题目是《难忘的一天》，这个题目很适合我的笔法。我想了想，今天就很难忘，有很多想说的，于是东拉西扯，洋洋洒洒，很潇洒地写完了。政治、史地也没有什么悬念。

　　数学是我的弱项，但题目也不难，小题有根式、对数等，几道大题也基本没有大问题。我那时有一本北京矿业学院的《数学手册》，1973年版，64开本，灰色的封面，高中毕业那年买

图6 1981年夏,在烟台师专校门口留影。背景中的标语牌上为毛泽东题词:"忠诚党的教育事业"。

的,一直随身带着,没事儿的时候也会翻翻。

记得数学的最后一道大题是二元一次方程,要求根据材料的规定长度,求得相邻两个猪圈的最大值。这道题和以前数学课本的例题几乎一样,恰在我的复习范围内。难住我的是一道平面几何的证明题,两个三角形套在一个圆里,只要添加上两道辅助线,就可迎刃而解。我好歹加上了一道,另一道就是无法落笔。然而,一出考场,立刻想起来了,但什么都晚了。

考完当晚,工友拖我到旁边的肉联厂看南斯拉夫的电视剧《夜袭机场》,那是我第一次听说"电视剧"这个名称。那里有一台九英寸的黑白电视机,由于信号差,人又多,根本看不清楚，很快我就走了。其实，关键是脑子里一直琢磨着那道数学题，心中懊悔不已。

第三天上班后，师傅不搭理我。我心中惴惴不安，心想，那么简单的题，如果不是接近满分，怕是没有指望了。

中午在食堂遇到了赵书记，由于有了那天晚上的交流，他很关切地问我考得怎么样，当我说完作文后，他惋惜地摇摇头，什么日子比毛主席逝世这一天更难忘呢？最起码，你的内容就不及格。如同兜头一盆凉水，情绪一下子到了冰点。

后来，得知邻省河南的作文题目是《我的心飞向了毛主席纪念堂》，心中不免对赵书记有些佩服，姜还是老的辣。

冬至的第二天傍晚，中学的语文老师来到烟台，他刚在济南参加完高考阅卷，走到烟台时当天没有回蓬莱的车了，于是找到了我这里。他一直很欣赏我，读书期间，我的作文从来都是班里的范文。

我弄了点散酒，我们一边喝一边聊。听我说完作文的情况后，他说，你的文章没有问题，我心里有数。要是我批，肯定高分。老师这么一说，又像给我注射了一支强心剂。

1978年很快到来了，头年的最后一天傍晚，我回到了蓬莱。当天夜里，一场大雪铺天盖地，漫天皆白，仿佛要遮掩住过去的苦难岁月，一切从头开始。

元旦是星期天，假期顺延，我要在第二天下午返回工厂。然而，大雪封路。1月3日，厂里的电报拍到了母亲工作的小镇，内容是高考初选通过，让我立刻返回烟台参加统一体检。

1月5日，我好不容易回到厂里。政工科王科长说，你怎么现在才回来？体检已经结束了。我一听，傻了一般。王科长拍了拍我的肩膀，安慰道："你别急，轻工系统的体检虽然搞完了，化工系统明天才开始。我联系一下，看看能不能插进去。"

第二天，我随化工系统的考生一起，到了烟台山医院体检。其中的一个结论是：脾脏肿大。看到这几个字，我一下蒙了，完全没有思想准备。

那一年，我们厂一共去了三十八位考生，超过了职工总数的二十分之一，我是唯一通过初选者。厂里很重视，让我再去毓璜顶医院复查一下。

那时人们普遍对高考怀有热情，医生听说体检出了毛病，格外认真仔细。恰好当时有些海军军医在那里进修，于是我成了教学样本，大家轮番在我的肚子上摸来摸去。最后病历上的结论为："自述脾肿大，检查未发现异样。"

图7 毕业合影。第三排右三是我。

我拿着这份病历去烟台山医院理论，没有人愿意搭理我。那年考生太多，全国超过了 570 万，时间又匆忙，连分数都不公布，查分更不允许，这种情况找谁去？

春节很快过去了，新生们登上汽车、火车、轮船，满面春风地奔向了四面八方，想象着他们走进高等院校殿堂时的兴高采烈，我的心中只剩下了沮丧。其实，我当时心中还有一个隐忧，就是头上那顶"可以教育好的子女"的帽子还没有吹走，是不是这件事影响了录取？

半年之后，1978 年的高考就来临了。这一次，我没有报名。我不知道脾脏肿大可否录取，但政治上的问题还是压得我喘不过气来，感觉这才是落榜的真正原因，心里不忍再受一回折磨。

第二年高考结束后，一些上年连初选都没有过关的考生，这一次却如愿以偿。看到他们春风得意的样子，我的心中再次掀起了波澜。

很快就进入 1979 年了，暮春的一个傍晚，我靠在厂区的一棵大树旁，茫然地看着懒散的夕阳。这个时候，一位工友递给我一封上海来信，我立刻想到了失去联系多年的舅舅，他是 20 世纪 50 年代的清华大学毕业生。

舅舅说，党的十一届三中全会已经开过半年，他的所谓"现行反革命"问题彻底平反，让我不要悲观，一切很快会好起来，一定要把握住 1979 年的高考，也许这是我的最后一次机会了。

真是好事多磨，新的规定又来了。经过两次考试，好样的差不多都挑走了，在职职工报考就需要征得单位的同意了。1977 年高考初选合格后，我被厂里视作"人才"，选调到了财务科，科长是个老资格，想好好培养我。不过，一听我又要报名，他的脸立刻拉了下来，无论如何也不同意。

此时已临近报名的最后期限，我只得去央求新任政工科长王承龙。他很开通，出主意说，我先给你开介绍信，别耽误了报名，然后你再去做工作。要是你们科长还不同意，你就去他家。王科长的办法很灵，这个问题终于解决了。

1979 年，高考的题目比第一年难多了。似乎从这一年开始，采取了题海战术，几乎没有什么思考的时间，一道接一道地做题，才能答完卷子。

图8　2000年夏，在烟台师院北校区大门前与读书时期的老师、语言学家、国务院特殊津贴获得者张志毅先生（右二）合影。右二为1973级校友、烟台商务局局长程显萃，左一为1979级同学、作家娇健，右一是我。

语文考试，文理还是一张卷子，其中一道 12 分的古汉语选择题，规定"理科考生做第 1 小题"。"理科"两个字一干扰，竟然没往下继续看，忽略了下面的"文科考生做第 2 小题"。晚上和别人议论卷子，方才知道漏题了，十分懊恼。

那时也是虚荣，觉得第一年虽然没有录取，起码初选合格。而这一年半来，我又没能像大多数人那样，在学校里脱产复习，水平提升不快，几乎全靠老底子。这一次，语文白白丢了 12 分，恐怕初选也过不了关，哪还有何颜面见人？于是决定放弃第二天的考试。

说来也巧，厂里有位毕业于哈尔滨工业大学的老大学生赵工，一直高看我一眼。那天他要出差，一大早来到厂里，见我没去考试，一问缘由，赶紧到技术科为我取来圆规、三角板，看着我上了公交车。这一年，考场在烟台四中，比当年的三中远多了。

我赶到考场时，考试已经进行了近半个小时，监考老师拒绝我入场。说了半天，他仍不肯通融，我的眼泪一下子流了出来。这时总监考巡视到此，见此情况，挥了挥手说，让他进去吧！

那一年，文科初选线是 300 分，我考了 349.5 分，最后却录到了烟台师专，心中觉得还是那个问题。果然，几年后清理冤假错案档案时，必须要与本人面对面。我这时才看到，高考政审一栏里"合格受限"四个刺目的字，满腹酸楚。

世事沧桑，人生的机缘有时是很奇怪的。师专的录取通知书来了以后，我觉得有些丢人，心中一直纠结，想要重考。后来别人劝我，如果拒绝调剂，恐怕以后连报名的机会也没有了。开学一个星期后，我终于去报了到，同学们当时都以为我放弃了。

现在想想，那个时候是多么幼稚啊！如果没有师专的两年，今天会是一番什么样子呢？即使当时的客观条件再好一些，自己主观上再努力一些，去了北京大学、山东大学，真的就会是另外一番情景吗？

也许，这就是命运。从这个意义上讲，社会才是我永远的大学。

"城中村"的往事

周世青

我的童年、少年是在南京城南朝天宫旁的止马营度过的。朝天宫是南京主城的发源地之一,明朝时,这里是朝廷举行盛典前练习礼仪的场所;到了清朝后期,是江宁府文庙和府学所在地,是祭祀孔圣人的地方。文武官员至此须提前止马步行,止马营因此而得名。从莫愁路进入止马营,在小巷的中段向右拐进去,就是止马营56村。这里,显然比周边的街巷空旷,除了房屋,还有较多的花草树木和成块的菜地,宛如一个"城中村"。

1953年的初冬,爸妈抱着刚刚降临人间的我搬家到这里,以后我的两个弟弟和一个妹妹都陆续在此出生,我们全家人在这里集聚。止马营56村是我们家的诞生地,我们在这里度过了十七个春夏秋冬、风霜雨雪,奠定了经受人间冷暖和时代风雨考验的基础。假如把人生比作一场艰辛的马拉松,此处就是我们兄妹的起跑点。

由于外公外婆去世早、妈妈是老大,我们家自然是舅舅、姨娘们南京的家。1952年5月,爸妈新婚伊始,小舅就和他们生活在一起。小舅自小爱好美术,1956年高中毕业时因为南京

图 1　两岁时的我和爸爸

没有美术高校，他报考了中央美院华东分院（即后来的浙江美院，现在的中国美院）。小舅离家去杭州读书，特别是十年以后他在那里安家，让我们全家很不适应。到了晚年，老人家还时常回忆起我婴儿时他在五中读高一，晚上放学回来，他一边背着英文单词，一边摇着摇篮哄我入睡的情景。1960 年前后，大舅和泰庆姨分别在南京工学院、南京大学读书，每到周末他们都来家里小聚。大舅还带来了他的大学同班同学、我们后来的大舅母。人多地方小，家中显得更热闹，吃饭时凳子不够，个高的大舅总是坐在小竹椅上。凌慕兰阿姨是妈妈在市师（南京市立师范学校）读书时最要好的同学，她弟弟凌赤叔叔在我们家墙上的镜框里无意间看到泰庆姨的照片，于是便催生了英俊潇洒的空军飞行员和貌美如花的名校大学生同结秦晋之好的爱情佳话。20 世纪 70 年代初我们全家离开南京、离开了兄妹们生于斯长于斯的 56 村，在苏北的九年里我时常在梦里回来。

图2　妈妈（左上）、泰庆姨（左下）和凌慕兰阿姨（右）

而每次回宁更少不了过来看看，哪怕是半个小时或者二十分钟，哪怕是远远地瞄上一眼，因为这里的一草一木、一砖一瓦都在我的心里，有着挥之不去的记忆。

止马营56村早先是一片菜地，后来盖起了四幢供民国政府高官住的两层楼房。解放后，房屋收归公有，租给了老百姓。原先一幢只住一户达官贵人的小楼，连同汽车房，挤进了四到五户人家。加上楼房周边的房屋，全村竟有二十多户人家。我们家住的是东南方位楼房的楼下一间，加上边上的一小间，门

图3 读初中时的小舅

图4 大学毕业前夕的大舅和大舅母

牌是56村13号。楼上住着的葛爷爷国学好、书法好，儿时的
我常在他身边转悠，多少也学到一些皮毛。如果说在葛爷爷身
上我受到传统文化的熏陶，那么和我家同住楼下的许奶奶则帮
我练就了烹调"童子功"。因为爸妈是"双职工"，我从小学
四年级起就学着做饭。在几家共用的厨房里，我们两家的煤炉
紧挨着，在许奶奶的身旁，学着她做菜的一招一式，也算是"近
水楼台"吧！56村——这个"都市里的村庄"隐藏在小巷深处，
小洋楼似乎有些"孤傲"，村里的孩子小时候一般都中规中矩，
也不去外面玩，总在一起共同编织童年的故事。然而，随着年
龄的增长，孩子们的心就飞出了村外。朝天宫是村里孩子们的
大乐园，在门前台阶间滑"滑梯"是大家玩耍寻乐的传统项目，
石板上那一道道深深的"股槽"便是最好的佐证。

　　孩提时代，我们拍洋画、打弹子、捉蛐蛐、玩官兵捉强
盗，尽情玩耍的同时难免小调皮、恶作剧。记得小学四年级时，
我参加学校组织的游泳深水测验合格后，一路兴奋地唱着歌
走在回家的路上。刚进家门，冷不丁却遭到父亲的一顿臭骂，

图5 我和世平弟（左）、世东弟（中）　　　图6 楼上葛爷爷年轻时

接着还受到皮肉之苦。原来是我用粉笔在墙上写了某小伙伴家长的名字，被人打了红叉叉，人家告上门了。这件事难以忘却，更让我早早发现了老子所说"祸兮福所倚，福兮祸所伏"的普遍性。

在村子里，更多的是邻里谊、伙伴情。隔壁徐家和我们家窗户对窗户，他们家的三个孩子成绩都不错。老大一鸣（徐廷华）年长我七岁，初一时因故中断学业顶职进厂，刻苦自学，数十年笔耕不辍，成为省内知名作家。我的写作启蒙，他给了不少帮助。1970年我们全家下放苏北，他在信中一句"春风又绿江南岸，再度相逢在钟山"的话语，增强了我"打回老家去"的信心。借他的吉言，1978年恢复高考时，我们兄妹四人同时考上心仪的学校。我们的成长离不开父母的培养。在那个物质条件匮乏的年代，他们节衣缩食，坚持为我们订阅《小朋友》《儿童时代》等课外读物，即使是"三年自然灾害时期"也没有中断，这可是别人家小伙伴很难享受到的。毛头（马志双）大我一岁，我们两家相处得好。1958年初夏，妈妈的产假到期，就把刚刚

183

图7 徐家三兄妹和他们的父母，坐中为一鸣。

图8 毛头全家福。毛头（坐中）、三妈妈（坐左）。

图9 特殊年代里的56村姑娘们

出生五十六天的小弟世东白天放在他们家，请毛头的妈妈代为照料。因为毛头妈妈在姊妹中排行老三，我们兄妹都亲切地称她"三妈妈"。毛头来我们家看杂志比我还仔细，加上能写善画，一直是我暗暗学习的榜样。经过几十年的努力，毛头在书法教学上颇有成就，真为他高兴。

如今我虽已年过花甲奔古稀了，但儿时结下的友谊常常令我的思绪穿越时空、回到从前。只要我闭上眼睛，小弟的自立、爱良的淳朴、来云的憨厚、宝传的健壮、小毛的精明、小宝的顽皮……童年伙伴们一个个栩栩如生的形象就会扑面而来。还有些邻家的孩子，由于年龄、性别的差异，或者因为岁月的流逝淡忘了，但只要共同在村里住过的都会有一种特别的情愫。

图 10　20 世纪 60 年代，在朝天宫门前滑"滑梯"的孩子。

离开止马营56村整整半个世纪了。随着城市的发展，在那块哺育我们成长的土地上，早已耸立起幢幢高楼，再也找不到任何旧时的痕迹了，但那些发生在"城中村"里青春年少的故事，依然静静地尘封在历史的记忆中。每每和弟妹们谈起，每每想到情深处，我的眼里总是涌满了幸福的泪水，久久不愿拭去。

书末
感言

现在就拍"老照片"

冯克力

二十多年前，《老照片》面世不久，我曾接受《人民摄影报》记者的采访。临了，记者问我："以你编辑《老照片》的感受，对当下的中国摄影界有何忠告？"我几乎是不假思索地回道："现在就拍'老照片'！"并补充说，"我这里所说的'老照片'，是指那些原生态的、保留了丰富而多元社会生活信息的照片。"

今旧事重提，缘于两件事。

一是近日获赠《老照片》的一位读者（也是作者）孙祺然先生的新作《时光传奇》。在这本摄影集里，作者以平实而朴素的定格，通过改革开放以来街头广告的变化折射出了社会生活的变迁。这些在街头巷尾随机拍得的照片，极少修饰，一派天然，今回头再看，便有了无尽的意味。

另一件事是，今年五一假期中，我在山东临淄听了著名纪实摄影家郭建设先生的讲座。郭先生结合他20世纪80年代拍摄于北京的那些照片，讲述了自己对改革开放初期民众日常生活的记录。随着照片一张张播放下来，这才知道，其中许多堪为中国社会转型的经典瞬间，居然都出自他的定格！在讲述中，郭先生也坦承了自己摄影生涯中的一些遗憾。他觉得早年拍摄的一些照片，包括几幅拿了各种大奖的，为了追求构图的简洁和突出被拍摄主体，取景时往往有意压缩画面，今天再看，追悔不已。他举例说到自己80年代在北京二环某立交桥下拍的一张照片，为了集中表现几头毛驴和牵驴招摇过市者的情态，刻意压缩了周围的场景，以致丢失了许多宝贵的景物信息。他说当初真该把它（他）们放到一个更大的视野里去呈现。

由此可知，对同样一张图片，作为即时拍得的照片来看和作为老照片来回看，即使拍摄者本人，其感觉与判断也是大不相同的。这不同，在很大程度上是由于时间的积累与社会的演变。想来，郭先生对于早年作品的某些"遗憾"，大致上也缘于此吧！

不妨说，在观看老照片的时候，我们实际上于无形中获得了一个新的维度，即历史的维度。在经过了岁月的积淀之后，我们更容易看清哪些照片是有价值的，哪些照片是没有多少价值的。

我想，老照片对于当下摄影的启迪，也正在于历史眼光某种程度的注入了。